刑事重点疑难问题二十八讲

罪名适用与取证指引

高　建　朱兴亚
戴　奎　黄雀艳 ／编著

法律出版社 LAW PRESS · CHINA

序　　言

本书以办案人员的实务需求为出发点，覆盖28个常见重点罪名，内容力求权威、全面、实用，为监察官、公安干警、检察官、法官、律师等办理刑事案件提供法律、案例及取证指引。

[本书内容]

全书由二十八讲组成，每讲分为三部分。第一部分是犯罪构成。以犯罪构成“四要件”理论为分析工具，剖析行为人触犯某一罪名必须具备的实质要素。第二部分是常见疑难问题。将司法解释与生效判决结合，剖析司法实践中认定罪与非罪、此罪与彼罪的重点问题、疑难问题。第三部分是取证指引。从主体证据、主观方面证据和客观方面证据三个维度阐释，认定行为人触犯本罪需要具备的主要证据。

[本书特点]

一是权威性。本书的主要内容来源于现行有效的法律法规、司法解释等规范性文件，最高人民法院和最高人民检察院发布的公报案例、指导性案例，《刑事审判参考》等收录的权威案例。需要特别说明的是，《刑法修正案(十一)》新增刑法条文13条、修改刑法条文34条，涉及本书的非法吸收公众存款罪、集资诈骗罪、故意伤害罪、职务侵占罪和开设赌场罪等5个罪名。本书援引的刑法条文全部为修正后的规定，且列举了新旧条文之规定、详细解读了新旧条文的变化、提出了修改完善相关规范性文件的建议，可以深化读者对修正案的理解。

二是针对性。本书从刑法400余个罪名中挑选28个经常适用的重点罪名并予以深入阐述，既有抢劫罪、贪污罪等传统重点罪名，也有集资诈骗罪、非法吸收公众存款罪等热点罪名，避免“眉毛胡子一把抓”。

三是便捷性。本书注重为读者提供最佳阅读体验，目录已体现各章主要内容，读者通过浏览目录即可快速检索到自己需要了解的内容，节省查阅时间。

四是适用性。本书的宗旨是服务办案工作，所有参与刑事案件的单位和工作人员都可以成为本书的受众，包括但不限于监察机关、公安机关、检察院、法院、监狱等国家机关及其工作人员，律师及其他辩护人、犯罪嫌疑人、被告人等诉讼参与人。

由于本书收录内容较多，又是利用零散的时间编纂，虽经多次审核校订，仍不免存在诸多纰漏，请各位读者、同行予以批评和指正。本书写作过程中，鄢灵、潘美玉、项艳、彭歆、陈榆江、岳增超、文玉琪、曹朝阳给我们提出了很多具体的建议，书稿从结构、内容、行文等方面都因此得以改进。在此致谢！

编　者

2020年12月28日

目　录
Contents

第一讲
LECTURE 01

高利转贷罪

一、犯罪构成

> **刑法第一百七十五条　高利转贷罪**
>
> 以转贷牟利为目的，套取金融机构信贷资金高利转贷他人，违法所得数额较大的，处三年以下有期徒刑或者拘役，并处违法所得一倍以上五倍以下罚金；数额巨大的，处三年以上七年以下有期徒刑，并处违法所得一倍以上五倍以下罚金。
>
> 单位犯前款罪的，对单位判处罚金，并对其直接负责的主管人员和其他直接责任人员，处三年以下有期徒刑或者拘役。

（一）犯罪主体

本罪主体系特殊主体，即向金融机构借款的借款人。这里的借款人，不仅包括自然人，而且包括单位等其他经济实体。根据中国人民银行发布的《贷款通则》（中国人民银行令〔1996 年 2 号〕，1996 年 8 月 1 日施行）第十七条的规定，借款人是指经工商行政管理机关（或主管机关）核准登记的企事业法人、其他经济组织、个体工商户或具有中华人民共和国国籍并具有完全民事行为能力的自然人。

（二）犯罪客体

本罪规定在第三章“破坏社会主义市场经济秩序罪”第四节“破坏金融管理秩序罪”中，侵犯的客体是国家正常的金融管理秩序。在我国，贷款业务是受到国家高度管制的活动，经过金融监管部门行政许可、获得金融许可证牌照的特定机构方可开展。未经许可,任何单位或个人都不得经营或变相经营贷款业务,法律严禁借款人编造事实获取贷款后再转贷牟利的行为,中国人民银行《贷款通则》明确规定:“不得套取贷款用于借贷牟取非法收入。”具体到贷款活动中,借款人在提出借款申请时,必须如实填写贷款用途、偿还能力、还款方式、提供抵押担保等情况,银行等金融机构对其资料进行全面调查和审批后才能予以放贷。

(三)犯罪主观方面

本罪在主观上表现为直接故意,且具有转贷牟利的目的,过失不构成本罪。关于行为人形成转贷牟利意图的时间节点,学术界有不同的意见。有人认为,在行为人获取贷款之后产生转贷牟利之念的,也构成本罪。① 也有人认为,本罪要求行为人从金融机构套取贷款之时就应具有转贷牟利之意图,否则不构罪或构成骗取贷款罪。② 司法实务中,两种观点均有相应案例作支持。另外,如果行为人以非法占有为目的套取金融机构信贷资金的,应以贷款诈骗罪论。

(四)犯罪客观方面

本罪在客观方面表现为:行为人套取金融机构信贷资金,高利转贷他人且违法所得数额较大的行为。本罪客观行为包括两个步骤:

1. 套取金融机构信贷资金

“套取”,是指行为人在不符合贷款条件的前提下,以虚假的贷款理由或者贷款条件向金融机构申请贷款,并且获得由正常程序无法取得的贷款。③ 实践中,判断行为人是否“套取”贷款,关键是看贷款的实际用途。当然,行为人编造虚假的贷款理由或条件,并不要求其行为一定达到欺骗的结果,在行为人与金融机构工作人员共谋、金融机构负责人主观上未被欺骗的情况下转贷牟利的行为,依然构成本罪。“金融机构”包括银行、信托公司等银行类金融机构,也包括保险公司等非银行类金融机构,银行包括各类政策性银行、商业银行和村镇银行、农村信用合作社。所谓“信贷资金”,是指金融机构吸收来自社会和公众的存款等资金,严格按照国家规定的方式、流程、利率、期限和条件向个人或单位作为贷款发放的资金。

---

① 刘宪权:《金融犯罪刑法学新论》,上海人民出版社 2014 年版,第 208 页。

② 张明楷:《刑法学》,法律出版社 2016 年版,第 776 页。

③ 高铭暄、马克昌主编:《刑法学》,北京大学出版社、高等教育出版社 2017 年版,第 401 页。

2. 高利转贷他人并违法所得数额较大

“高利转贷”是指行为人在取得贷款后，又以更高的利率将取得的信贷资金转贷给他人。这里的“高利”与“高利贷”中的“高利”标准不同，不要求利息达到合同成立时一年期贷款市场报价利率四倍的标准，只要转贷的利率高于金融机构的同期银行贷款利率即可。“违法所得数额较大”，根据公安机关的立案标准是指：违法所得数额在10万元以上；或虽未达到上述标准，但两年内因高利转贷受过行政处罚2次以上又高利转贷的。

二、常见疑难问题

（一）高利转贷“违法所得数额较大”的认定

《最高人民检察院、公安部关于公安机关管辖的刑事案件立案追诉标准的规定（二）》（公通字〔2010〕23号，2010年5月7日施行）

第二十六条 ［高利转贷案（刑法第一百七十五条）］以转贷牟利为目的，套取金融机构信贷资金高利转贷他人，涉嫌下列情形之一的，应予立案追诉：

（一）高利转贷，违法所得数额在十万元以上的；

（二）虽未达到上述数额标准，但两年内因高利转贷受过行政处罚二次以上，又高利转贷的。

（二）“转贷牟利”主观故意的认定

案例1-1 李某甲高利转贷案①

争议焦点：如何判断行为人是否具有转贷牟利的主观意图？

裁判要点：被告人与房地产公司达成借款协议，以虚假理由向金融机构贷款后，随即将该款转借给该公司，并获得数额较大的违法所得，可以证实被告人李某甲具有牟取利益的主观故意。

① 参见乳山市人民法院（2016）鲁1083刑初88号刑事判决书。

案例 1－2　徐某等高利转贷案[①]

争议焦点:如何判断行为人是否具有转贷牟利的主观意图?

裁判要点:被告人提出,其以他人名义向银行贷款时,确实准备利用该贷款从事个人综合消费,但后来由于市场变化等原因,在取得贷款后决定不再使用该款,为避免经济损失才转贷给其他公司,其行为不构成犯罪。法院经审理认为,现有证据能够证实被告人以牟利为目的,利用他人名义套取银行贷款后转贷其他公司,其辩解不能成立,被告人构成高利转贷罪。

案例 1－3　唐某某高利转贷案[②]

争议焦点:如何判断行为人是否具有转贷牟利的主观意图?

裁判要点:本案中,上诉人以装修餐厅为由申请银行信贷资金,获得贷款后却并未用于餐厅装修,而是立即将其中大部分资金转借他人,并约定收取高息,其主观上为了牟取高利而套取银行资金的故意明显,其行为构成高利转贷罪。

(三)"高利"标准的把握

案例 1－4　姚某高利转贷案[③]

争议焦点:如何理解高利转贷罪中的"高利"标准?

裁判要点:只要转贷的利率高于银行的利率就应当属于高利转贷罪中的"高利",不必要求转贷利率必须达到一定的倍数。

主要理由在于:首先,刑法没有对本罪中的"高利"进行诠释,《最高人民法院关于人民法院审理借贷案件的若干意见》(以下简称《意见》)中关于高于银行贷款利率 4 倍的规定对于"高利"的认定虽然有参照意义,但二者针对的对象不同,故不能简单以《意见》规定为准。其次,根据刑法第一百七十五条的规定,只要"高利转贷他人"且违法所得数额较大,就构成高利转贷罪。相关司法解释关于该罪追诉标准的规定只对违法所得数额进行了界定,对高利的具体认定未加以规定,这并不是司法解释的疏漏,而是表明了该罪中"高利"的认定标准并非必须达到银行贷款的利率一定倍数。

---

① 最高人民法院刑事审判第一、二、三、四、五庭主办:《刑事审判参考》2008 年第 3 集(总第 62 集),第 487 号案例,法律出版社 2008 年版。

② 参见重庆市第四中级人民法院(2018)渝 04 刑终 101 号刑事判决书。

③ 最高人民法院刑事审判第一、二、三、四、五庭主办:《刑事审判参考》2008 年第 3 集(总第 62 集),第 487 号案例,法律出版社 2008 年版。

（四）高利转贷尚未实际获利行为的定性

案例1－5　唐某某高利转贷案[①]

争议焦点：行为人约定高息但未实际获利的，是否构成高利转贷罪？

裁判要点：虽然上诉人转贷后是否实际获利因证据不足不能认定，但根据其与借款人约定的利息（6个月180万元），其可获得的利益已超过高利转贷罪的入罪标准（10万元），对刑法所保护的法益已经造成侵害，未实际获利并不影响犯罪构成，只是犯罪目的未能得逞，从犯罪形态上构成未遂，可以比照既遂犯从轻处罚。

案例1－6　欧某甲非国家工作人员受贿、高利转贷案[②]

争议焦点：行为人没有取得转贷利息差额收益的，是否构成高利转贷罪？

裁判要点：在案证据不足以证明被告人以他人名义向金融机构借款，系以转贷给他人收取高额利息为目的，且对于高利转贷罪的违法所得数额，应为借款人高利转贷所得利息与其应支付金融机构贷款利息之差。现有证据证明，欧某甲虽以月息3分借给他人人民币150万元，但至案发时仅收回人民币15万元，尚低于其所支付给银行的利息。在庭审之前，被告人已向银行偿还了全部本息，其中利息为39万余元。因此，证明被告人的行为构成高利转贷罪的证据不足。

（五）套取银行承兑汇票后高利转贷行为的定性

案例1－7　姚某高利转贷案[③]

争议焦点：套取银行的承兑汇票是否属于套取银行信贷资金？

裁判要点：被告人以转贷牟利为目的，编造虚假交易关系并出具虚假购销合同取得银行承兑汇票的，属于刑法第一百七十五条规定的“套取金融机构信贷资金”的行为。虽然银行承兑汇票与银行贷款表现形式不同，借贷关系与票据关系

---

① 参见重庆市第四中级人民法院（2018）渝04刑终101号刑事判决书。

② 参见长沙市岳麓区人民法院（2015）岳刑初字第216号刑事判决书。

③ 最高人民法院刑事审判第一、二、三、四、五庭主办：《刑事审判参考》2008年第3集（总第62集），第487号案例，法律出版社2008年版。

在法律上也有不同之处,但银行承兑汇票是纳入信贷科目管理的,在银行内部的管理模式和性质上是相同的,银行承兑汇票贴现时使用的资金属于银行的信贷资金,票据贴现也是银行借出信贷资金的一种表现形式,因此套取银行承兑汇票然后转让他人进行贴现实质上属于套取了银行的信贷资金。

(六)申请小额贷公司贷款后转贷牟利行为的定性

案例1-8 高某某高利转贷案①

争议焦点:行为人向未取得金融许可证的小额贷公司贷款并转贷牟利,是否构成高利转贷罪?

裁判要点:涉案小额贷公司是依法经营小额贷款金融业务的主体,是经银行业监督管理机构授权、省级政府主管部门批准设立和主管的其他金融机构,依法取得中国人民银行赋予的金融机构编码,是否取得金融许可证并不影响小额贷款公司金融机构性质的认定。小额贷款公司依法从事金融业务,被告人有转贷牟利的主观故意,客观上实施了转贷收息的行为,符合高利转贷的构成要件。

(七)套取住房公积金贷款后转贷获利行为的定性

案例1-9 燕某某受贿、高利转贷案②

争议焦点:行为人套取住房公积金转借给他人获利的,是否构成高利转贷罪?

裁判要点:住房公积金系单位及其在职职工缴存的长期住房储金,该储金由住房公积金管理中心存入银行开设的专户,住房公积金管理中心委托银行办理公积金贷款业务,但由住房公积金管理中心自己承担公积金贷款风险。住房公积金个人贷款业务属银行表外业务,住房公积金不属于金融机构信贷资金。住房公积金转借获利并没有侵犯国家对信贷资金的发放和利率管理秩序,未侵犯国家的信贷管理制度,故行为人获得住房公积金贷款后转借给他人获利的,不构成高利转贷罪。

---

① 参见常熟市人民法院(2016)苏0581刑初140号刑事判决书。

② 参见安徽省宿松县人民法院(2018)皖0826刑初244号刑事判决书。

三、取证指引

高利转贷犯罪通常具有以下特点:(1)犯罪呈现组织性、专业性和长期性特点。犯罪嫌疑人对国家宏观层面的金融政策和银行信贷业务的具体规定、风控流程和审批制度都非常熟悉,通过捏造事实伪造材料等手段制作表面上合规的贷款文件,从而顺利获取贷款。犯罪嫌疑人常系惯犯,有的甚至成立专门的空壳公司和关联公司,专门从事高利转贷业务,组织性和专业性颇高。(2)变相高利转贷的行为增多,犯罪手段具有隐蔽性和迷惑性的特点。从实践来看,惯犯的犯罪手段越来越隐蔽,通常获取信贷资金后不直接转借他人,而是以“投资”“参股”“合伙经营”“收取服务费”等名义变相转贷获利,增加了办案取证和司法认定的难度。(3)犯罪嫌疑人套取信贷资金时往往会使用伪造公章、合同和向金融机构工作人员行贿等手段,涉及数罪并罚和牵连犯、吸收犯的认定问题。(4)高利转贷犯罪中常伴随金融机构内部工作人员的违规犯罪行为。

(一)主体证据

本罪的主体既包括具有完全刑事责任能力的自然人,也包括单位。

1. 自然人犯罪的主体证据

(1)基本身份信息证据。能够反映行为人的姓名(曾用名)、性别、民族、年龄、籍贯、出生地、住所地、职业、经历、居民身份证号码等基本信息的证据,例如:身份证、户籍资料、护照、居住证、医院出生证明、个人履历表、犯罪嫌疑人的供述和相关人员(如亲属、邻居等)关于行为人基本情况的证言。对于犯罪嫌疑人拒不交待真实姓名的,可按其自报的姓名记录、起诉。

(2)违法犯罪前科证据。能证明行为人有无违法犯罪经历的文书和证据,例如:刑事判决书、裁定书,不起诉决定书,行政处罚决定书;释放证明书、假释证明书;无违法犯罪记录证明等。

(3)刑事责任能力证据。能证明行为人有无刑事责任能力的证据,例如:户籍证明,医学出生证明,骨龄鉴定意见,精神病鉴定意见,邻居朋友的证人证言等。

2. 单位犯罪的主体证据

(1)企业法人的营业执照、法人工商注册登记证明、税务登记证、办公地和主要营业地证明、法定代表人身份资料、银行开户信息等。

(2)单位内部的章程、协议及有关人事任命书、劳动合同等,以证明单位的组织形式和有关主管、负责人员。

(3)如果主体是以单位的分支机构或者内设机构的名义实施犯罪的，应调取该分支机构、内设机构的有关材料。

(二)主观方面证据

主观方面证据是指能反映犯罪嫌疑人主观上具有转贷牟利目的的证据，即能证明行为人认识到自己实施了“套取金融机构的信贷资金”并“高利转贷给他人”的行为。

实践中，由于犯罪嫌疑人供述和辩解的固定性较差，翻供风险大，而且犯罪嫌疑人会天然地将事实往对其更有利的方向供述，故办案人员不能仅依口供来判断本罪的主观要件，更要通过客观行为证据来佐证其主观心态。一般来说，犯罪嫌疑人客观上存在编造虚假事实套取贷款的行为，后续又有将资金提供给他人并约定高息的行为，就可以认定其存在转贷牟利的主观故意。对于犯罪嫌疑人以“合伙”“投资”之名行转贷之实的案件，需要对所谓“合伙”“投资”的真实性进行调查，如调取书面协议、资金流水、记账凭证、工商登记资料、税务申报资料、财务会计等相关人员的证人证言、投资事项的实地勘察等，通过核实并证伪其理由，来固定犯罪嫌疑人转贷牟利的主观意图。

(三)客观方面证据

客观方面证据是指能证明犯罪嫌疑人实施了转贷牟利行为的证据。具体包括以下两个阶段的证据：

1. 犯罪嫌疑人套取金融机构信贷资金的证据

(1)申请贷款的证据。金融机构对于贷款业务有严格的审批流程和条件要求，犯罪嫌疑人在套取金融机构信贷资金时，会提供诸多贷款申请材料，包括但不限于：借款申请书、贷款合同、授信合同、买卖合同、抵押担保合同、协议书、股东会议纪要、项目书、银行流水、会计资料、估价鉴定意见等。办案人员需要全面收集、仔细核实贷款申请材料中的相关事实来判断其贷款理由或者贷款条件是否真实，例如：通过鉴定核对其签名、印章的真实性；通过证人证言、项目相关合同方的证明材料、审批部门出具的说明来判断其借款用途的真实性；核实犯罪嫌疑人提供的资信证明、收入证明、公司财务报表及资产评估意见的真实性等。

(2)发放贷款的证据。包括：金融机构受理、审核、发放贷款的证据，如贷款合同、审批材料、提款单证、银行划拨账目、银行工作人员的证言等。

(3)金融机构和信贷资金属性的证据。如果犯罪嫌疑人套取的资金不属于信贷资金,则不能构成本罪。故办案人员在侦查中应注意调取反映被害单位系金融机构、贷款资金系信贷资金的证据,包括:金融机构的营业执照、经营许可证、金融业机构代码证、主管部门同意其设立的批复等;有关办理贷款业务的法律法规规定和金融机构内部的放贷流程、规定。境外银行不属于被害主体,而小额贷款公司、农村资金互助社等,要综合其主管部门、申请成立过程、经营模式等各方面作出认定,实践中,依法设立并受金融主管部门监督,从事金融类业务的此类公司、机构可以认定为金融机构①。

2. 犯罪嫌疑人转贷他人并获利数额较大的证据

(1)犯罪嫌疑人的供述和辩解,接受贷款的他人及相关知情人士的证人证言,证实犯罪嫌疑人转贷给他人的时间、金额、利率、原由和是否实际获取利益等情况。

(2)信贷资金流向证据,包括银行转账凭证、借条、对账单、会计凭证、还款记录等,证实犯罪嫌疑人已经将贷款资金转贷给他人。

(3)转贷获利的证据,包括银行的同期贷款利率、犯罪嫌疑人转贷给他人的利率、犯罪嫌疑人收取利息的情况等。

---

① 刘宪权、高扬捷主编:《金融犯罪证据规则》,上海人民出版社2018年版,第56页。

第二讲
LECTURE 02

非法吸收公众存款罪

一、犯罪构成

刑法第一百七十六条　非法吸收公众存款罪[①]

非法吸收公众存款或者变相吸收公众存款，扰乱金融秩序的，处三年以下有期徒刑或者拘役，并处或者单处罚金；数额巨大或者有其他严重情节的，处三年以上十年以下有期徒刑，并处罚金；数额特别巨大或者有其他特别严重情节的，处十年以上有期徒刑，并处罚金。

单位犯前款罪的，对单位判处罚金，并对其直接负责的主管人员和其他直接责任人员，依照前款的规定处罚。

有前两款行为，在提起公诉前积极退赃退赔，减少损害结果发生的，可以从轻或者减轻处罚。

---

① 原条文是："非法吸收公众存款或者变相吸收公众存款，扰乱金融秩序的，处三年以下有期徒刑或者拘役，并处或者单处二万元以上二十万元以下罚金；数额巨大或者有其他严重情节的，处三年以上十年以下有期徒刑，并处五万元以上五十万元以下罚金。

单位犯前款罪的，对单位判处罚金，并对其直接负责的主管人员和其他直接责任人员，依照前款的规定处罚。"

《刑法修正案（十一）》对本罪名进行了修改：一是调整了附加刑，修改罚金数额以法定刑为主要参考依据且两者保持相对固定的立法模式，不对罚金做上、下限规定。今后应当对《最高人民法院关于审理非法集资刑事案件具体应用法律若干问题的解释》进行修改，完善罚金标准、提高违法成本，增强附加刑的威慑力。二是新增了"数额特别巨大或者有其他特别严重情节"的定罪情节，将原有规定的两档定罪情节增加到三档，将法定最高刑从十年有期徒刑提高到十五年有期徒刑，切实解决量刑档次过窄、杠杆作用不明显的问题。需要说明的是，"其他特别严重情节"与"数额特别巨大"应当具有同等的危害程度。根据《最高人民法院关于审理非法集资刑事案件具体应用法律若干问题的解释》的规定，本罪的危害程度主要根据犯罪金额、人数及经济损失判断，因此，应当尽快明确该标准下的犯罪金额、人数及经济损失的标准。三是新增了从轻或减轻处罚的法定情形。非法吸收公众存款罪属于涉众型经济犯罪，社会危害性大，通过新增法定量刑情节可以鼓励犯罪嫌疑人积极退赃，从而减少受害人损失。

(一)犯罪主体

本罪的主体为一般主体,即凡达到刑事责任年龄、具有刑事责任能力的自然人或单位均可构成本罪。

(二)犯罪客体

本罪侵犯的客体是国家的金融管理秩序。犯罪对象是公众存款,也即不特定多数人的存款。如果以单位的名义吸收本单位人员的存款,如内部集资的行为,或者未向社会公开宣传,在亲友间针对特定对象吸收资金的,就不构成本罪。[①]

(三)犯罪主观方面

本罪主观方面表现为故意,不要求特定目的。若是以非法占有为目的骗取公众存款的,成立集资诈骗罪或者其他相应犯罪。

(四)犯罪客观方面

本罪的客观方面主要表现为非法吸收或者变相吸收公众存款。其中非法吸收公众存款是指行为人违反国家法律、法规的规定,在社会上以存款的形式公开吸收公众资金的行为。非法吸收公众存款主要包括两种情形:一是行为人不具有吸收存款的主体资格而吸收公众存款;二是行为人虽然具有吸收存款的主体资格,但其所采用的方法是违法的。变相吸收公众存款是指行为人不是以存款的名义而是通过其他形式吸收公众资金,从而达到吸收公众存款的目的。[②]

根据2010年12月13日《最高人民法院关于审理非法集资刑事案件具体应用法律若干问题的解释》第一条的规定,违反国家金融管理法律规定,向社会公众(包括单位和个人)吸收资金的行为,同时具备下列四个条件的,除刑法另有规定的以外,应当认定为刑法第一百七十六条规定的"非法吸收公众存款或者变相吸收公众存款":(1)未经有关部门依法批准或者借用合法经营的形式吸收资金;(2)通过媒体、推介会、传单、手机短信等途径向社会公开宣传;(3)承诺在一定期限内以货币、实物、股权等方式还本付息或者给付回报;(4)向社会公众即社会不特定对象吸收资金。未向社会公开宣传,在亲友或者单位内部针对特定对象吸收资金的,不属于

① 最高人民检察院公诉厅编:《公诉案件证据参考标准》,法律出版社2014年版,第177页。
② 高铭暄、马克昌:《刑法学》,北京大学出版社2016年版,第399页。

非法吸收或者变相吸收公众存款。

此外，根据上述司法解释的规定，非法吸收公众存款的对象是“社会公众即社会不特定对象”，既包括个人，也包括单位。对于“不特定对象”应从如下两方面理解：首先，出资者是与吸收者之间没有关系的人或单位；其次，出资者可能随时增加，这是非法吸收公众存款的行为方式决定的，但是本罪的成立并不以行为人实际上已经吸收了多数人的存款为条件。①

二、常见疑难问题

（一）非法吸收公众存款主观故意的认定

《最高人民法院、最高人民检察院、公安部关于办理非法集资刑事案件若干问题的意见》（高检会〔2019〕2号，2019年1月30日施行）

四、关于主观故意的认定问题

认定犯罪嫌疑人、被告人是否具有非法吸收公众存款的犯罪故意，应当依据犯罪嫌疑人、被告人的任职情况、职业经历、专业背景、培训经历、本人因同类行为受到行政处罚或者刑事追究情况以及吸收资金方式、宣传推广、合同资料、业务流程等证据，结合其供述，进行综合分析判断。

……

（二）非法吸收公众存款罪的具体行为方式

《最高人民法院关于审理非法集资刑事案件具体应用法律若干问题的解释》（法释〔2010〕18号，2011年1月4日施行）

第二条　实施下列行为之一，符合本解释第一条第一款规定的条件的，应当依照刑法第一百七十六条的规定，以非法吸收公众存款罪定罪处罚：

（一）不具有房产销售的真实内容或者不以房产销售为主要目的，以返本销售、售后包租、约定回购、销售房产份额等方式非法吸收资金的；

（二）以转让林权并代为管护等方式非法吸收资金的；

（三）以代种植（养殖）、租种植（养殖）、联合种植（养殖）等方式非法吸收资金的；

（四）不具有销售商品、提供服务的真实内容或者不以销售商品、提供服务

① 张明楷：《刑法学》，法律出版社2016年版，第779页。

为主要目的，以商品回购、寄存代售等方式非法吸收资金的；

（五）不具有发行股票、债券的真实内容，以虚假转让股权、发售虚构债券等方式非法吸收资金的；

（六）不具有募集基金的真实内容，以假借境外基金、发售虚构基金等方式非法吸收资金的；

（七）不具有销售保险的真实内容，以假冒保险公司、伪造保险单据等方式非法吸收资金的；

（八）以投资入股的方式非法吸收资金的；

（九）以委托理财的方式非法吸收资金的；

（十）利用民间"会"、"社"等组织非法吸收资金的；

（十一）其他非法吸收资金的行为。

（三）变相吸收公众存款的认定

案例2－1 渭南市某某有限责任公司、惠某某、陈某、冯某某非法吸收公众存款，惠某某挪用资金案①

争议焦点：利用经济互助会非法集资的行为应如何定性？

裁判要点：未经中国人民银行批准，不以吸收公众存款的名义，向社会不特定对象吸收资金，但承诺履行的义务与吸收公众存款性质相同，即承诺在一定期限内返本付息的，属于刑法第一百七十六条规定的"变相吸收公众存款"。只要行为人实施了非法吸收公众存款的行为，无论采取何种非法吸收公众存款的手段、方式，均不影响非法吸收公众存款罪的成立。

（四）非法吸收公众存款罪与变相吸收公众存款、民间借贷的区分

案例2－2 惠某某等非法吸收公众存款案②

争议焦点：如何区分变相吸收公众存款与非法吸收公众存款以及民间借贷？

裁判要点：变相吸收公众存款的行为与非法吸收公众存款的行为在非法性

① 参见"陕西省渭南市人民检察院诉渭南市某某有限责任公司、惠某某、陈某、冯某某非法吸收公众存款，惠某某挪用资金案"，陕西省高级人民法院2007年9月21日裁定。

② 最高人民法院刑事审判第一、二、三、四、五庭主办：《刑事审判参考》2008年第3集（总第62集），第488号案例，法律出版社2008年版。

特征和对象特征以及承诺的义务等方面均是相同的，所不同的是非法吸收公众存款是以直接的名义吸收存款，表现在其出具存款凭证，并承诺在一定期限内还本付息；而变相吸收公众存款则不以直接吸收存款的名义出现，而以成立资金互助会或以投资、集资入股等名义，但承诺履行的义务与吸收公众存款性质相同。这里承诺的义务与吸收公众存款的性质相同，即都是承诺在一定期限内还本付息，从而达到吸收公众存款的目的。另外，"民间借贷"只能是针对社会中少数个人或者特定对象之间的"借贷"行为，而对于"向社会不特定对象"吸收存款的行为当然不属于"民间借贷"。

（五）非法吸收公众存款罪的定罪量刑标准

《最高人民法院关于审理非法集资刑事案件具体应用法律若干问题的解释》（法释〔2010〕18号，2011年1月4日施行）

第三条　非法吸收或者变相吸收公众存款，具有下列情形之一的，应当依法追究刑事责任：

（一）个人非法吸收或者变相吸收公众存款，数额在20万元以上的，单位非法吸收或者变相吸收公众存款，数额在100万元以上的；

（二）个人非法吸收或者变相吸收公众存款对象30人以上的，单位非法吸收或者变相吸收公众存款对象150人以上的；

（三）个人非法吸收或者变相吸收公众存款，给存款人造成直接经济损失数额在10万元以上的，单位非法吸收或者变相吸收公众存款，给存款人造成直接经济损失数额在50万元以上的；

（四）造成恶劣社会影响或者其他严重后果的。

具有下列情形之一的，属于刑法第一百七十六条规定的"数额巨大或者有其他严重情节"：

（一）个人非法吸收或者变相吸收公众存款，数额在100万元以上的，单位非法吸收或者变相吸收公众存款，数额在500万元以上的；

（二）个人非法吸收或者变相吸收公众存款对象100人以上的，单位非法吸收或者变相吸收公众存款对象500人以上的；

（三）个人非法吸收或者变相吸收公众存款，给存款人造成直接经济损失数额在50万元以上的，单位非法吸收或者变相吸收公众存款，给存款人造成直接经济损失数额在250万元以上的；

(四)造成特别恶劣社会影响或者其他特别严重后果的。

非法吸收或者变相吸收公众存款的数额，以行为人所吸收的资金全额计算。案发前后已归还的数额，可以作为量刑情节酌情考虑。

非法吸收或者变相吸收公众存款，主要用于正常的生产经营活动，能够及时清退所吸收资金，可以免予刑事处罚；情节显著轻微的，不作为犯罪处理。

(六)利用经济互助会非法集资的行为定性

案例2-3 高某非法吸收公众存款案[①]

争议焦点：利用经济互助会非法集资的行为应如何定性？

裁判要点：本案被告人作为"经济互助会"会首，以高额"尾息"为诱饵，采取"会书"承诺的方法，利用"经济互助会"非法集资3404万余元，"放会"款3226万余元，"炸会"后，尚欠其他会民会款177万余元无法归还。其中，部分会款被被告人用于购买房屋、家具、电器等使用、挥霍。从表面上看，被告人实施了非法占有他人财物的行为，通过非法集资的方式非法占有了他人的钱款，但是，其行为的目的并非非法占有他人财物，侵犯其所有权，因此，其行为的实质是非法吸收公众存款，而非集资诈骗。理由如下：首先，被告人的行为不是以非法占有为目的，而是以非法营利为目的。其次，被告人在非法集资的过程中没有使用诈骗的方法。虽然是否使用诈骗方法不是集资诈骗罪和非法吸收公众存款罪的根本区别，但未使用诈骗方法的非法吸收公众存款行为却可以肯定不是集资诈骗行为。再次，从定罪理论上讲，作为定罪的事实根据，只能是行为人是否构成犯罪和构成何罪的案件事实。被告人行为性质的认定，应从犯罪构成的具体要件出发，实事求是地予以认定，而不能唯结果论。最后，被告人的行为符合非法吸收公众存款罪的客观特征。本案中被告人作为会首，以"经济互助会"的形式非法集资的行为正是"变相吸收公众存款"的典型方式。

---

① 最高人民法院刑事审判第一庭编：《刑事审判参考》2000年第3辑(总第8辑)，第56号案例，法律出版社2000年版。

三、取证指引

非法吸收公众存款罪是一项频繁适用但又充满争议的罪名。一方面,在金融行业高速发展的当下,非法集资事件频发,且手段日趋多样,严重破坏了我国的金融秩序;另一方面,刑法对于非法吸收公众存款罪的规定中有许多概念的界定并不明确,如"公众""存款"等,而司法解释出于对破坏金融秩序活动的打击,往往倾向于对相关概念作扩大解释,致使本罪在适用过程中有"口袋化"趋势。而随着扫黑除恶斗争工作的开展,本罪的犯罪分子也成为此次专项斗争的重点打击对象,因此,在取证过程中,必须广泛收集各类主客观证据,严格按照刑法规定认定犯罪,做到不枉不纵,精准打击。

(一)主体证据

由于本罪主体为一般主体,因此按照一般主体证据的收集即可。需要注意的是,实践中许多非法吸收公众存款的行为是以单位名义实施的,对此应当查明该单位是否真实存在,是否冒用其他单位的名义,是不是为了实施犯罪而设立的单位,非法吸收公众存款的行为所体现的是个人意志还是单位意志,从而区分自然人犯罪与单位犯罪。

(二)主观方面证据

主观方面证据,是指证明行为人实施非法吸收公众存款行为系故意为之的证据,主要通过收集如下证据予以证明:犯罪嫌疑人、被告人的供述和辩解,证实其吸收公众存款的目的、动机、参与人员、预谋过程、分工情况、实施经过、是否曾受行政处罚、是否经人民银行批准、是否具有吸收公众存款业务经营权等情况;被害人陈述、证人证言,证实行为人吸收公众存款的方式、手段、详细经过等;其他证据,如相关物证、书证等,也可反映行为人的主观故意。若要证明单位犯本罪,还需收集单位法定代表人、直接主管人员、其他直接责任人员的供述,以及单位财务账簿、签署文件、会议记录、知情人证言等证据,以证明非法吸收公众存款的行为是单位研究决定的。此外,若是非银行金融机构(如信托公司、证券公司等)构成本罪共犯的,还应当收集相关证据证明行为人明知自己不具有吸收公众存款业务经营权,而实施非法吸收或者变相吸收公众存款、扰乱金融秩序行为的主观故意。

（三）客观方面证据

客观方面证据，是指证明行为人实施了非法吸收或者变相吸收公众存款、扰乱金融秩序行为的证据。主要可通过收集如下证据予以证明：

（1）犯罪嫌疑人、被告人的供述和辩解，可证实其实施非法吸收公众存款的时间、地点、参与人员，非法吸收或变相吸收公众存款的方式、手段、详细经过，非法吸收公众存款的数额与去向，是否经国家有关主管部门批准、是否伪造有关部门的批准文书、是否曾受有关国家机关的行政处罚等。

（2）被害人陈述，可证实其受害的时间、地点、经过，财产损失数额，行为人非法吸收或变相吸收的方式、名义，如高利息、高回报等情况。

（3）证人证言，包括知情人证言、经办人证言、单位有关人员证言、侦查人员的证言等，可证实其所知悉的非法吸收公众存款的过程、手段、结果、数额、存款去向、侦查或鉴定过程中的有关情况等。

（4）物证、书证，如作案工具、非法吸收的公众存款、存款凭证、相关票据、账簿、广告宣传单等，可证实非法吸收公众存款的性质、数额、过程、存款去向等情况。

（5）鉴定意见，如文检鉴定、审计鉴定、会计鉴定等，可证实行为人非法吸收公众存款的数额、给公众造成的损失情况、该单位的经营状况、存款去向等情况。

（6）其他证据，如勘验、检查、辨认、侦查实验等笔录，视听资料，电子数据等。①

现实中，许多集资诈骗、非法吸收公众存款等非法集资的行为是恶势力团伙通过实施软暴力等手段实施的。对此还应查明该团伙是否经常纠集在一起为非作恶、欺压百姓，破坏当地经济社会秩序，可通过收集犯罪嫌疑人、被告人供述与辩解、被害人陈述、知情者证言等言词证据，货币等物证，会计账簿等书证，证实该团伙作案次数、人员、首要分子与积极参加者、对当地经济社会秩序的影响等情况，从而判断其是否属于恶势力。

---

① 最高人民检察院公诉厅编：《公诉案件证据参考标准》，法律出版社 2014 年版，第 585～586 页。

第三讲
LECTURE 03

集资诈骗罪

一、犯罪构成

刑法第一百九十二条　集资诈骗罪①

以非法占有为目的,使用诈骗方法非法集资,数额较大的,处三年以上七年以下有期徒刑,并处罚金;数额巨大或者有其他严重情节的,处七年以上有期徒刑或者无期徒刑,并处罚金或者没收财产。

单位犯前款罪的,对单位判处罚金,并对其直接负责的主管人员和其他直接责任人员,依照前款的规定处罚。

① 原条文是:"以非法占有为目的,使用诈骗方法非法集资,数额较大的,处五年以下有期徒刑或者拘役,并处二万元以上二十万元以下罚金;数额巨大或者有其他严重情节的,处五年以上十年以下有期徒刑,并处五万元以上五十万元以下罚金;数额特别巨大或者有其他特别严重情节的,处十年以上有期徒刑或者无期徒刑,并处五万元以上五十万元以下罚金或者没收财产。"

《刑法修正案(十一)》对本罪名进行了修改:一是调整了集资诈骗罪主刑的结构,将本罪的主刑从"拘役、有期徒刑、无期徒刑"修改为"有期徒刑、无期徒刑"。二是删除了"数额特别巨大或者有其他特别严重情节"的定罪情节,虽然减少了定罪档次,但是将本罪的量刑起点从一个月的拘役提高至三年有期徒刑、将本罪有期徒刑的界分点从五年提高至七年,实则加大了惩处力度。三是删除了本罪罚金的具体金额。非法集资属于利诱性犯罪,针对司法实践中涉案金额越来越大的趋势,原有最高罚款金额为五十万元的标准已经无法达到对犯罪分子给予经济制裁的目的,再犯可能性较大。今后,应当对《最高人民法院关于审理非法集资刑事案件具体应用法律若干问题的解释》进行修改,完善罚金标准、提高违法成本,增强附加刑的威慑力。四是单位犯集资诈骗罪的原规定在《刑法》第二百条现调整至第一百九十二条,并且对直接负责的主管人员和其他直接责任人员的处罚作出了修改,与自然人犯本罪的处罚保持一致,避免行为人以单位为"挡箭牌"逃避或减轻处罚。

(一)犯罪主体

本罪主体为一般主体,既可以是年满十六周岁、具有刑事责任能力的自然人,也可以是单位。

(二)犯罪客体

本罪侵犯的客体是复杂客体,即国家正常的金融管理秩序和公私财产所有权。本罪的犯罪对象主要表现为金钱,但也不排除以实物集资的可能,因此犯罪对象既可以是金钱,也可以是其他财物。①

(三)犯罪主观方面

本罪在主观方面表现为故意,且具有非法占有的目的,即犯罪行为人在主观上具有将非法聚集的资金据为己有的目的。2011 年 1 月 4 日《最高人民法院关于审理非法集资刑事案件具体应用法律若干问题的解释》第四条规定了八种认定非法占有目的的情形。此外,集资诈骗罪中的非法占有目的,应当区分情形进行具体认定。行为人部分非法集资行为具有非法占有目的的,对该部分非法集资行为所涉集资款以集资诈骗罪定罪处罚;非法集资共同犯罪中部分行为人具有非法占有目的,其他行为人没有非法占有集资款的共同故意和行为的,对具有非法占有目的的行为人以集资诈骗罪定罪处罚。

(四)犯罪客观方面

本罪在客观方面表现为使用诈骗方法非法集资,骗取集资款数额较大的行为。具体而言,本罪的客观方面包括以下要素:

第一,行为人实施了非法集资的行为。所谓非法集资,是指单位或者个人违反法律、法规,向社会公众募集资金的行为。非法集资往往表现为虚假承诺回报,承诺还本付息或者承诺分红的,承诺以货币、股权、债权或实物回报的,都符合承诺回报的要素。② 非法集资的形式非常多样,实践中常见的方式有发行有价证券、发行会员证、发行债务凭证、发行受益凭证、发行彩票等。③

---

① 高铭暄、马克昌:《刑法学》,北京大学出版社 2016 年版,第 414 页。

② 张明楷:《刑法学》,法律出版社 2016 年版,第 797 页。

③ 赵秉志主编:《金融诈骗罪新论》,人民法院出版社 2001 年版,第 86 页。

第二，行为人的非法集资行为是以诈骗方法实施的。所谓诈骗方法，是指虚构事实、隐瞒真相的方法。集资诈骗罪中的诈骗方法，是指虚构集资用途，以虚假的证明文件和高回报率为诱饵骗取集资款的手段。①

第三，行为人骗取的集资款数额较大。根据2011年1月4日《最高人民法院关于审理非法集资刑事案件具体应用法律若干问题的解释》第五条的规定，个人集资诈骗数额在10万元以上、单位集资诈骗数额在50万元以上的，应当认定为“数额较大”。

二、常见疑难问题

（一）集资诈骗犯罪与正常民间借贷的区分

集资诈骗和民间借贷都是不通过国家认可的金融机构而自行进行的资金借贷活动，两者的差别在于：

（1）目的不同。集资诈骗的行为人具有非法占有的目的，意图永久性占有投资者的投资款；民间借贷则是债务主体为了弥补生产、生活等方面出现的暂时性资金短缺，并在约定时间内偿还本息的行为。

（2）从客观表现看，集资诈骗承诺的利息往往数额较大，一般情况下，集资诈骗行为人向投资者承诺的利息要高出银行同期存款利率的几倍、十几倍甚至几十倍以上。虽然利率高低并不是集资诈骗与民间借贷纠纷本质区别的界限，但可以作为参考依据。对于集资者承诺明显无法兑现的虚高利率吸引投资，并最终导致投资者血本无归的案件，一般可以认定构成集资诈骗罪。②

（二）集资诈骗罪与非法吸收公众存款罪的区分

《全国法院审理金融犯罪案件工作座谈会纪要》（法〔2001〕8号，2001年1月21日施行）

（三）关于金融诈骗罪

3. 集资诈骗罪的认定和处理

集资诈骗罪和欺诈发行股票、债券罪、非法吸收公众存款罪在客观上均表

① 高铭暄、马克昌：《刑法学》，北京大学出版社2016年版，第415页。

② 高憬宏、杨万明主编：《基层人民法院法官培训教材》（实务卷·刑事审判篇），人民法院出版社2005年版，第192～193页。

现为向社会公众非法募集资金。区别的关键在于行为人是否具有非法占有的目的。对于以非法占有为目的而非法集资,或者在非法集资过程中产生了非法占有他人资金的故意,均构成集资诈骗罪。但是,在处理具体案件时要注意以下两点:一是不能仅凭较大数额的非法集资款不能返还的结果,推定行为人具有非法占有的目的;二是行为人将大部分资金用于投资或生产经营活动,而将少量资金用于个人消费或挥霍的,不应仅以此便认定具有非法占有的目的。

(三)非法传销过程中携款潜逃的行为定性

案例3-1 袁某、欧某某、李某集资诈骗案①

争议焦点:非法传销过程中携传销款潜逃的行为是否应认定为集资诈骗罪?

裁判要点:非法传销和变相传销活动中,参与群众交纳的费用往往完全被组织者非法占有或支配,相当一部分不法分子仅将参与者交纳的小部分费用用于维持非法活动的运作,大部分转入个人账户,一旦难以为继或者罪行败露就携款潜逃。对于非法传销过程中携传销款潜逃的行为如何定性,司法实践中有不同意见。有意见认为,传销或者变相传销具有向社会不特定公众非法募集资金的性质,行为人如果通过这种手段骗取公众钱款后携款潜逃的,应以集资诈骗罪处理。我们认为,传销或者非法传销活动虽然具有价格欺诈等特征,但与非法集资行为存在区别:一是非法集资行为人往往是承诺以定期利息、红利等形式返还巨额利益相引诱;而传销的利益主要是靠传销人自己层层发展下线来获取,没有下线就没有利益。二是非法集资一般没有或者很少有货物经营行为;而传销行为存在货物买卖行为,基本上是上线低价买进再高价卖给下线。三是非法集资的结果往往是几个主要责任人骗取大量非法资金,受害人数众多;而传销中往往是最底层、最后发展的下线、加盟者遭受损失,上线和先加入者一般不会有损失。因此,对于非法传销过程中携传销款潜逃的行为,由于有买卖货物的行为,是在非法经营活动中进行诈骗活动,没有侵犯金融管理秩序,主要侵犯的是传销参与者的财产权和市场经济秩序,因此应以诈骗罪或者合同诈骗罪定罪处罚。

---

① 最高人民法院刑事审判第一庭、第二庭编:《刑事审判参考》2002 年第 2 辑(总第 25 辑),第 167 号案例,法律出版社 2002 年版。

(四)集资诈骗罪中“以非法占有为目的”的认定

《最高人民法院关于审理非法集资刑事案件具体应用法律若干问题的解释》(法释〔2010〕18号,2011年1月4日施行)

第四条 以非法占有为目的,使用诈骗方法实施本解释第二条规定所列行为的,应当依照刑法第一百九十二条的规定,以集资诈骗罪定罪处罚。

使用诈骗方法非法集资,具有下列情形之一的,可以认定为“以非法占有为目的”:

(一)集资后不用于生产经营活动或者用于生产经营活动与筹集资金规模明显不成比例,致使集资款不能返还的;

(二)肆意挥霍集资款,致使集资款不能返还的;

(三)携带集资款逃匿的;

(四)将集资款用于违法犯罪活动的;

(五)抽逃、转移资金、隐匿财产,逃避返还资金的;

(六)隐匿、销毁账目,或者搞假破产、假倒闭,逃避返还资金的;

(七)拒不交代资金去向,逃避返还资金的;

(八)其他可以认定非法占有目的的情形。

集资诈骗罪中的非法占有目的,应当区分情形进行具体认定。行为人部分非法集资行为具有非法占有目的的,对该部分非法集资行为所涉集资款以集资诈骗罪定罪处罚;非法集资共同犯罪中部分行为人具有非法占有目的,其他行为人没有非法占有集资款的共同故意和行为的,对具有非法占有目的的行为人以集资诈骗罪定罪处罚。

案例3-2 许某1、许某2、马某某集资诈骗案①

争议焦点:如何认定集资诈骗罪中的“非法占有目的”?

裁判要点:行为人以非法占有为目的,采取虚构集资用途,以虚假的证明文件和高回报率为诱饵,未经有权机关批准,向社会公众非法募集资金,骗取集资款的行为,构成刑法第一百九十二条规定的集资诈骗罪。在认定行为人是否具

① 参见《最高人民法院公报》2009年第10期。

有非法占有目的时,应当坚持主客观相统一的认定标准,既要避免单纯根据损失结果客观归罪,也不能仅凭被告人自己的供述,应当根据案件具体情况全面分析行为人无法偿还集资款的原因,若行为人没有进行实体经营或实体经营的比例极小,根本无法通过正常经营偿还前期非法募集的本金及约定利息,将募集的款项隐匿、挥霍的,应当认定行为人具有非法占有的目的。

(五)集资诈骗罪与非法集资犯罪的关系

刑法中涉及非法集资犯罪的罪名共计七个,分别是刑法第一百六十条规定的欺诈发行股票、债券罪,第一百七十四条第一款规定的擅自设立金融机构罪,第一百七十六条规定的非法吸收公众存款罪,第一百七十九条规定的擅自发行股票、公司、企业债券罪,第一百九十二条规定的集资诈骗罪,第二百二十四条之一规定的组织、领导传销活动罪以及第二百二十五条规定的非法经营罪。其中,擅自设立金融机构(商业银行)可以视为是非法集资的准备行为,或者说是广义上的非法集资行为;非法吸收公众存款,欺诈发行股票、债券,擅自发行股票、债券,组织、领导传销活动,非法证券、基金当中的非法经营五个罪名属于刑法上处理非法集资犯罪的主体罪名;在五个主体罪名中,非法吸收公众存款罪具有基础性意义,属于非法集资犯罪的一般法规定,其他四个罪名则属特别法规定;集资诈骗罪是非法集资犯罪的加重罪名。①

(六)集资诈骗数额的认定

《最高人民法院关于审理非法集资刑事案件具体应用法律若干问题的解释》(法释〔2010〕18号,2011年1月4日施行)

第五条　个人进行集资诈骗,数额在10万元以上的,应当认定为“数额较大”;数额在30万元以上的,应当认定为“数额巨大”;数额在100万元以上的,应当认定为“数额特别巨大”。

单位进行集资诈骗,数额在50万元以上的,应当认定为“数额较大”;数额

① 最高人民法院刑事审判第一、二、三、四、五庭主办:《刑事审判参考》2011年第2集(总第79集),法律出版社2011年版。

在150万元以上的,应当认定为“数额巨大”;数额在500万元以上的,应当认定为“数额特别巨大”。

集资诈骗的数额以行为人实际骗取的数额计算,案发前已归还的数额应予扣除。行为人为实施集资诈骗活动而支付的广告费、中介费、手续费、回扣,或者用于行贿、赠与等费用,不予扣除。行为人为实施集资诈骗活动而支付的利息,除本金未归还可予折抵本金以外,应当计入诈骗数额。

（七）“社会公众”的认定

《最高人民法院、最高人民检察院、公安部关于办理非法集资刑事案件适用法律若干问题的意见》(公通字〔2014〕16号,2014年3月25日施行)

三、关于“社会公众”的认定问题

下列情形不属于《最高人民法院关于审理非法集资刑事案件具体应用法律若干问题的解释》第一条第二款规定的“针对特定对象吸收资金”的行为,应当认定为向社会公众吸收资金:

（一）在向亲友或者单位内部人员吸收资金的过程中,明知亲友或者单位内部人员向不特定对象吸收资金而予以放任的;

（二）以吸收资金为目的,将社会人员吸收为单位内部人员,并向其吸收资金的。

（八）非法集资中“非法性”的认定依据

《最高人民法院、最高人民检察院、公安部关于办理非法集资刑事案件若干问题的意见》(高检会〔2019〕2号,2019年1月30日施行)

一、关于非法集资的“非法性”认定依据问题

人民法院、人民检察院、公安机关认定非法集资的“非法性”,应当以国家金融管理法律法规作为依据。对于国家金融管理法律法规仅作原则性规定的,可以根据法律规定的精神并参考中国人民银行、中国银行保险监督管理委员会、中国证券监督管理委员会等行政主管部门依照国家金融管理法律法规制定的部门规章或者国家有关金融管理的规定、办法、实施细则等规范性文件的规定予以认定。

（九）单位犯非法集资罪的认定

《最高人民法院、最高人民检察院、公安部关于办理非法集资刑事案件若干问题的意见》（高检会〔2019〕2号，2019年1月30日施行）

二、关于单位犯罪的认定问题

单位实施非法集资犯罪活动，全部或者大部分违法所得归单位所有的，应当认定为单位犯罪。

个人为进行非法集资犯罪活动而设立的单位实施犯罪的，或者单位设立后，以实施非法集资犯罪活动为主要活动的，不以单位犯罪论处，对单位中组织、策划、实施非法集资犯罪活动的人员应当以自然人犯罪依法追究刑事责任。

判断单位是否以实施非法集资犯罪活动为主要活动，应当根据单位实施非法集资的次数、频度、持续时间、资金规模、资金流向、投入人力物力情况、单位进行正当经营的状况以及犯罪活动的影响、后果等因素综合考虑认定。

三、取证指引

随着金融行业的高速发展，集资诈骗犯罪当前在我国金融领域呈高发趋势。作为非法集资犯罪中的一种，集资诈骗罪具有如下特点：（1）集资方式多，诈骗手法多样化。（2）受害人众多，社会影响恶劣。（3）涉案金额大，集资款项难以追回。而随着金融行业的不断发展，集资诈骗罪也呈现一些新的特点，如集资速度显著加快、对外宣传力度加大、集资平台经营模式看似愈加专业合法等。因此对于集资诈骗罪的认定与取证也应当与时俱进，在该犯罪手段越来越隐蔽的情况下，如何有效取证、准确认定，是司法实践中面临的重大挑战。就证据而言，本罪区分罪与非罪、此罪与彼罪的重要依据是非法占有的主观目的，但是非法占有的主观目的在一定程度上又需要通过客观行为予以体现，因此，取证的重点在于主观目的证据与客观行为证据，证明的重点在于行为人具有非法占有目的。

（一）主体证据

除了年满十六周岁、具有刑事责任能力的自然人外，本罪的主体还可以是单位。实践中许多集资诈骗行为都是以单位名义实施的，但不一定是单位犯罪。对此应当重点审查和判断集资诈骗行为所体现的是个人意志还是单位意志,从而判断犯罪主体是个人还是单位。主体证据具体内容可参考本书第一讲“高利转贷罪”中有关“主体证据”的内容。

(二)主观方面证据

主观方面证据即表明集资诈骗行为系行为人故意为之,且具有非法占有目的的证据。主观上非法占有的目的也是本罪与非法吸收公众存款罪的主要区别,因此必须重视对主观方面证据的收集。主观方面主要应收集以下几类证据:

(1)犯罪嫌疑人、被告人供述和辩解、被害人陈述、证人证言等言词证据。其中,犯罪嫌疑人、被告人的供述和辩解可证实其使用诈骗方法非法集资的动机、目的,非法集资的起意、策划、分工、实施过程,赃款去向,是否有偿还能力等;被害人陈述则可证实其被骗经过、犯罪嫌疑人的主观态度等;证人证言可证实行为人实施集资诈骗的过程、不偿还的情况等。

(2)物证、书证。如货币、银行转账流水、财务账簿、收据等,证明赃款来源、去向,行为人集资后是否大量挥霍、携款潜逃、进行违法犯罪活动等,通过其客观行为来证实其主观目的。

(3)鉴定意见。如司法会计鉴定、文检痕迹鉴定等,可证明其虚构事实、隐瞒真相、骗取财物、无法归还等情况。

(4)其他能够证明其非法占有目的的证据,包括勘验、检查笔录、视听资料、电子数据等。

若要证明单位犯本罪的主观故意,则需要收集单位相关人员(法定代表人、直接主管人员、其他直接负责人、知情人等)的供述或者证人证言,以及单位开会讨论记录、签署文件、各类合同、单位财务账目、工作制度、业务培训文件等证据材料,证明非法集资行为系单位集体决定,且所集资金的去向等事实。

(三)客观方面证据

由于本罪的客观方面表现为以诈骗方法非法集资,骗取集资款数额较大的行为,因此收集客观方面证据应当以“诈骗方法+非法集资+数额较大”的模式展开。

(1)证明行为人使用诈骗方法的证据。犯罪嫌疑人、被告人的供述和辩解,证实其向受骗者表示虚假的事项,或者向受骗者传递不真实的资讯,使受骗者产生或维持认识错误,从而作出财产处分行为;被害人陈述、相关证人证言,证实行为人是采用何种方法致使受害者产生错误认识、诱惑其作出集资决定的；非法集资的货币、财务账簿、集资文件等物证、书证，以及文检鉴定、司法会计鉴定、审计报告等，证明行为人采取了欺骗的方法诱骗他人集资。

(2)证明行为人非法集资的证据。通过犯罪嫌疑人、被告人的供述和辩解、被害人陈述、证人证言等言词证据，查明行为人的集资方式、集资过程等事实，从而证明行为人实施了违反相关法律、法规募集资金的行为；用于骗取集资的证件、文件，有关部门出具的证明，以及相关鉴定意见，证明行为人的集资行为违反了相关法律、法规，属于非法集资。

(3)证明行为人骗取集资款数额较大的证据。犯罪嫌疑人、被告人的供述和辩解，证实受其诱骗集资的人数、募集资金的数额、资金去向、返还情况、不能返还原因、是否造成被害人损失或其他严重社会影响等后果；被害人陈述，证实其被骗的过程、数额、财产损失情况、对其生活是否产生不利影响等；知情人、参与人、单位相关工作人员、其他金融机构有关人员等的证人证言，证明其所知悉的集资诈骗过程、诈骗数额、赃款去向等情况；非法集资的货币、用于诱骗受害者的动产和不动产等物证，以及用于集资的证件、文件、集资说明书、宣传材料、合同、账簿等书证，证实行为人非法募集资金的过程与金额以及造成的社会影响；文检鉴定、审计报告、资产评估报告、会计鉴定等鉴定意见，可证实行为人是否虚构事实、隐瞒真相进行非法募集资金，以及具体募集的数额与去向等。①

在本罪的证据收集与审查中，客观方面的事实是比较容易证明的，难点在于主观上非法占有目的的认定。认定本罪的主观故意与非法占有目的，必须坚持主客观统一的原则，既不能仅凭犯罪嫌疑人、被告人的供述主观判断，也不能仅凭损失结果客观判断，而必须结合案件的具体情况，结合司法解释规定的能认定“非法占有目的”的八种情形，根据犯罪嫌疑人、被告人的行为方式与损害后果综合评判。2019 年 1 月 30 日施行的《最高人民法院、最高人民检察院、公安部关于办理非法集资刑事案件若干问题的意见》中指出，办案机关在办理非法集资刑事案件中，应当根据案件具体情况注意收集运用涉及犯罪嫌疑人、被告人的以下证据：是否使用虚假身份信息对外开展业务；是否虚假订立合同、协议；是否虚假宣传，明显超出经营范围或者夸大经营、投资、服务项目及盈利能力；是否吸收资金后隐匿、销毁合同、协议、账目；是否传授或者接受规避法律、逃避监管的方法，等等。这些证据不仅能证

---

① 最高人民检察院公诉厅编：《公诉案件证据参考标准》，法律出版社 2014 年版，第 188～190 页。

明其客观行为,也能体现其主观目的。若行为人根本没有集资经营的能力和条件,一开始就不打算偿还集资款的,应当认定为本罪;若行为人的确是为了集资经营,只是由于市场变化等客观条件导致其无力偿还,则不能认定为本罪。

第四讲
LECTURE 04

信用卡诈骗罪

一、犯罪构成

刑法第一百九十六条第一款、第二款　信用卡诈骗罪

有下列情形之一,进行信用卡诈骗活动,数额较大的,处五年以下有期徒刑或者拘役,并处二万元以上二十万元以下罚金;数额巨大或者有其他严重情节的,处五年以上十年以下有期徒刑,并处五万元以上五十万元以下罚金;数额特别巨大或者有其他特别严重情节的,处十年以上有期徒刑或者无期徒刑,并处五万元以上五十万元以下罚金或者没收财产:

(一)使用伪造的信用卡,或者使用以虚假的身份证明骗领的信用卡的;

(二)使用作废的信用卡的;

(三)冒用他人信用卡的;

(四)恶意透支的。

前款所称恶意透支,是指持卡人以非法占有为目的,超过规定限额或者规定期限透支,并且经发卡银行催收后仍不归还的行为。

刑法第一百九十六条第三款　盗窃罪

盗窃信用卡并使用的,依照本法第二百六十四条的规定定罪处罚。

(一)犯罪主体

本罪的主体为一般主体,凡年满十六周岁且具备刑事责任能力的自然人均能构成本罪。

（二）犯罪客体

本罪侵犯的客体是信用卡管理制度和公私财产所有权。

（三）犯罪主观方面

本罪的主观方面是直接故意，间接故意和过失犯罪不能构成本罪。此外，行为人还必须具有非法占有的目的。例如，使用伪造、作废的信用卡时，必须明知是伪造、作废的信用卡。不具有非法占有目的的善意透支行为，不成立信用卡诈骗罪。

（四）犯罪客观方面

本罪的客观方面表现为，行为人采用虚构事实或者隐瞒真相的方法，利用信用卡骗取数额较大的财物。具体骗取行为包括：(1)使用伪造的信用卡，或者使用以虚假的身份证明骗领的信用卡，骗取财物；(2)使用作废的信用卡，骗取财物；(3)冒用他人信用卡，骗取财物；(4)恶意透支，骗取财物。

《最高人民法院、最高人民检察院关于办理妨害信用卡管理刑事案件具体应用法律若干问题的解释》(法释〔2018〕19号，2018年12月1日施行)

第五条　使用伪造的信用卡、以虚假的身份证明骗领的信用卡、作废的信用卡或者冒用他人信用卡，进行信用卡诈骗活动，数额在五千元以上不满五万元的，应当认定为刑法第一百九十六条规定的“数额较大”；数额在五万元以上不满五十万元的，应当认定为刑法第一百九十六条规定的“数额巨大”；数额在五十万元以上的，应当认定为刑法第一百九十六条规定的“数额特别巨大”。

刑法第一百九十六条第一款第三项所称“冒用他人信用卡”，包括以下情形：

（一）拾得他人信用卡并使用的；

（二）骗取他人信用卡并使用的；

（三）窃取、收买、骗取或者以其他非法方式获取他人信用卡信息资料，并通过互联网、通讯终端等使用的；

（四）其他冒用他人信用卡的情形。

第八条　恶意透支，数额在五万元以上不满五十万元的，应当认定为刑法第一百九十六条规定的“数额较大”；数额在五十万元以上不满五百万元的，应当认定为刑法第一百九十六条规定的“数额巨大”;数额在五百万元以上的,应当认定为刑法第一百九十六条规定的“数额特别巨大”。

《最高人民检察院、公安部关于公安机关管辖的刑事案件立案追诉标准的规定(二)》(公通字〔2010〕23号,2010年5月7日施行)

第五十四条 [信用卡诈骗案(刑法第一百九十六条)]进行信用卡诈骗活动,涉嫌下列情形之一的,应予立案追诉:

(一)使用伪造的信用卡,或者使用以虚假的身份证明骗领的信用卡,或者使用作废的信用卡,或者冒用他人信用卡,进行诈骗活动,数额在五千元以上的;

(二)恶意透支,数额在一万元以上的。

本条规定的“恶意透支”,是指持卡人以非法占有为目的,超过规定限额或者规定期限透支,并且经发卡银行两次催收后超过三个月仍不归还的。

恶意透支,数额在一万元以上不满十万元的,在公安机关立案前已偿还全部透支款息,情节显著轻微的,可以依法不追究刑事责任。

二、常见疑难问题

(一)信用卡诈骗罪中信用卡的认定

案例4-1 张某某信用卡诈骗案[1]

争议焦点:信用卡的认定范围?

裁判要点:我国刑法中的信用卡,既包括国际通行意义上具有透支功能的信用卡,也包括不具有透支功能的银行借记卡。

2004年12月29日,全国人大常委会作出了《关于〈中华人民共和国刑法〉有关信用卡规定的解释》。该解释规定:《刑法》规定的“信用卡”,是指由商业银行或者其他金融机构发行的具有消费支付、信用贷款、转账结算、存取现金等全部功能或者部分功能的电子支付卡。可见,立法机关的意图很明确,就是通过立法解释进一步扩大并统一刑法意义上“信用卡”的范围认定,即针对银行或者其他金

---

① 最高人民法院刑事审判第一、二、三、四、五庭主办:《刑事审判参考》2008年第1集(总第60集),第472号案例,法律出版社2008年版。

融机构发行的电子支付卡,只要其具备消费支付、信用贷款、转账结算、存取现金等全部功能或者部分功能的,都属于刑法意义上的信用卡。据此,我国刑法中的信用卡应当既包括国际通行意义上具有透支功能的信用卡,也包括不具有透支功能的银行借记卡。

(二)冒用他人信用卡的认定

《最高人民法院、最高人民检察院关于办理妨害信用卡管理刑事案件具体应用法律若干问题的解释》(法释〔2018〕19号,2018年12月1日施行)

第五条　使用伪造的信用卡、以虚假的身份证明骗领的信用卡、作废的信用卡或者冒用他人信用卡,进行信用卡诈骗活动,数额在五千元以上不满五万元的,应当认定为刑法第一百九十六条规定的"数额较大";数额在五万元以上不满五十万元的,应当认定为刑法第一百九十六条规定的"数额巨大";数额在五十万元以上的,应当认定为刑法第一百九十六条规定的"数额特别巨大"。

刑法第一百九十六条第一款第三项所称"冒用他人信用卡",包括以下情形:

(一)拾得他人信用卡并使用的;

(二)骗取他人信用卡并使用的;

(三)窃取、收买、骗取或者以其他非法方式获取他人信用卡信息资料,并通过互联网、通讯终端等使用的;

(四)其他冒用他人信用卡的情形。

(三)关于恶意透支"以非法占有为目的"的认定

《最高人民法院、最高人民检察院关于办理妨害信用卡管理刑事案件具体应用法律若干问题的解释》(法释〔2018〕19号,2018年12月1日施行)

第六条　持卡人以非法占有为目的,超过规定限额或者规定期限透支,经发卡银行两次有效催收后超过三个月仍不归还的,应当认定为刑法第一百九十六条规定的"恶意透支"。

对于是否以非法占有为目的,应当综合持卡人信用记录、还款能力和意愿、申领和透支信用卡的状况、透支资金的用途、透支后的表现、未按规定还款的原因等情节作出判断。不得单纯依据持卡人未按规定还款的事实认定非法占有目的。

具有以下情形之一的,应当认定为刑法第一百九十六条第二款规定的"以非法占有为目的",但有证据证明持卡人确实不具有非法占有目的的除外:

(一)明知没有还款能力而大量透支,无法归还的;

(二)使用虚假资信证明申领信用卡后透支,无法归还的;

(三)透支后通过逃匿、改变联系方式等手段,逃避银行催收的;

(四)抽逃、转移资金,隐匿财产,逃避还款的;

(五)使用透支的资金进行犯罪活动的;

(六)其他非法占有资金,拒不归还的情形。

《最高人民法院、最高人民检察院关于修改〈关于办理妨害信用卡管理刑事案件具体应用法律若干问题的解释〉的决定》重点问题解读

(三)关于恶意透支"以非法占有为目的"的认定

根据刑法的规定,"以非法占有为目的"是恶意透支的主观要件,是区分恶意透支与民事违约的最重要标准。司法实践中,认定恶意透支时往往虚置"以非法占有为目的"这一要件,将"经发卡银行两次催收后超过三个月仍不归还"的客观行为直接认定为"以非法占有为目的",或者对持卡人提出的不具有非法占有目的的辩解不予甄别,存在客观归罪、唯结果论的不当倾向。为了坚持主客观相统一原则,《决定》第一条第一款明确了恶意透支的定义;第二款明确了认定"以非法占有为目的"应当坚持综合判断原则,不得单纯依据持卡人未按规定还款的事实认定非法占有目的;第三款列举了应当认定为"以非法占有为目的"的六种情形,强调和引导办案机关综合全案证据审慎认定恶意透支"以非法占有为目的"的主观要件。

(四)关于"有效催收"的认定

《最高人民法院、最高人民检察院关于办理妨害信用卡管理刑事案件具体应用法律若干问题的解释》(法释〔2018〕19号,2018年12月1日施行)

第七条　催收同时符合下列条件的,应当认定为本解释第六条规定的"有效催收":

（一）在透支超过规定限额或者规定期限后进行；

（二）催收应当采用能够确认持卡人收悉的方式，但持卡人故意逃避催收的除外；

（三）两次催收至少间隔三十日；

（四）符合催收的有关规定或者约定。

对于是否属于有效催收，应当根据发卡银行提供的电话录音、信息送达记录、信函送达回执、电子邮件送达记录、持卡人或者其家属签字以及其他催收原始证据材料作出判断。

发卡银行提供的相关证据材料，应当有银行工作人员签名和银行公章。

《最高人民法院、最高人民检察院关于修改〈关于办理妨害信用卡管理刑事案件具体应用法律若干问题的解释〉的决定》重点问题解读

（四）关于“有效催收”的认定

认定发卡银行是否进行了“有效催收”，是判断是否构成恶意透支的要件之一。为防止催收的形式化，合理控制刑事打击面，《决定》第二条明确了“有效催收”的认定问题。第一款结合2011年原银监会制定公布《商业银行信用卡业务监督管理办法》（以下简称《信用卡管理办法》）的相关规定，明确了认定“有效催收”的四项条件：一是要求催收在超过规定限额或者规定期限透支后进行。如果持卡人的透支尚未超过规定限额或者规定期限的，属于对信用卡的合法使用，此时所谓的催收，本质上属于《信用卡管理办法》第六十七条规定的“提醒”，不属于催收。二是要求催收应当采用能够确认持卡人收悉的方式，但持卡人故意逃避催收的除外。实践中，商业银行常见的催收方式包括电话、电子信息（含短信、微信、电子邮件等）、信函、上门等，除持卡人故意逃避催收外，其实质都应能够确认持卡人收悉。三是要求两次催收至少间隔三十日，旨在解决发卡银行短时间内连续催收的不当做法。四是要求符合催收的有关规定或者约定。《信用卡管理办法》第六十八条规定：“发卡银行应当对债务人本人及其担保人进行催收，不得对与债务无关的第三人进行催收，不得采用暴力、胁迫、恐吓或辱骂等不当催收行为。”这项要求旨在解决实践中司法机关和持卡人反映突出的不当催收甚至暴力催收的问题，确保催收的合法性。第二款明确对于是否属于有效催收，应当结合相关证据材料加以认定，意在加强对司法实践的指导。第三款明确相关证据材料的形式要求，以确保证据材料的客观真实。

案例4-2 房某信用卡诈骗案[①]

争议焦点:如何区分有效催收与恶意透支?

裁判要点:认定有效催收,应当对银行是否实施催收、持卡人本人是否获悉催收信息进行审查。

在恶意透支型信用卡诈骗罪中,银行催收方式多样,一般采用短信、电话催收、向户籍地或者持卡人预留的其他地址发催收信函以及上门催收等。持卡人恶意透支后往往采取各种方式逃避银行催收,拒接银行电话、更换手机号码或者拒收催收信函。我们认为,无论银行信函催收还是电话催收,都是催收方式之一,无论哪种方式,均需要其他证据的印证,即查证属实的,方能认定为有效催收。原则上银行应当证明其催收内容、持卡人本人已收悉银行催收信息,否则不能认定催收的效力。这种证明最有效的方式就是由持卡人在催收函回执上签字认可,或者有电话录音的印证。信函催收的,如果持卡人外出,则其同住成年家属签收也可以视为持卡人签收,但在这种情况下应当允许持卡人反证。如果持卡人能够举出证据证明其确实没有收到催收函,如其因为工作或者其他原因长期在外未归,确没有收到家属签收的催收函,则催收不发生效力。实践中,被告人对当庭质证的催收记录不提出异议的,法院可以对催收的有效性予以认可。若被告人庭审中提出异议,则需要具体分析。如果持卡人透支以后故意更换住址、电话号码逃避银行催收的,则只要银行有证据证明按照信用卡协议约定的持卡人地址寄送了催收函或者拨打过电话,即可认定催收的效力。否则,银行单方面提供的催收记录,无法独立证实有效催收。

(五)恶意透支数额的计算和认定

《最高人民法院、最高人民检察院关于办理妨害信用卡管理刑事案件具体应用法律若干问题的解释》(法释〔2018〕19号,2018年12月1日施行)

第九条 恶意透支的数额,是指公安机关刑事立案时尚未归还的实际透支的本金数额,不包括利息、复利、滞纳金、手续费等发卡银行收取的费用。归还或者支付的数额,应当认定为归还实际透支的本金。

① 最高人民法院刑事审判第一、二、三、四、五庭主办:《刑事审判参考》2013年第6集(总第95集),第921号案例,法律出版社2014年版。

检察机关在审查起诉、提起公诉时，应当根据发卡银行提供的交易明细、分类账单（透支账单、还款账单）等证据材料，结合犯罪嫌疑人、被告人及其辩护人所提辩解、辩护意见及相关证据材料，审查认定恶意透支的数额；恶意透支的数额难以确定的，应当依据司法会计、审计报告，结合其他证据材料审查认定。人民法院在审判过程中，应当在对上述证据材料查证属实的基础上，对恶意透支的数额作出认定。

发卡银行提供的相关证据材料，应当有银行工作人员签名和银行公章。

《最高人民法院、最高人民检察院关于修改〈关于办理妨害信用卡管理刑事案件具体应用法律若干问题的解释〉的决定》重点问题解读

（五）恶意透支数额的计算和认定

恶意透支数额的计算和认定问题，是司法实践中困扰办案机关和司法人员的难点问题。《决定》第四条第一款在《解释》规定的基础上，进一步明确了三方面内容：一是明确计算恶意透支数额的时间节点为“公安机关刑事立案时”，鼓励持卡人还款。二是明确恶意透支的数额是指“实际透支的本金数额”，不包括利息、复利、滞纳金、手续费等发卡银行收取的费用。三是明确“归还或者支付的数额，应当认定为归还实际透支的本金”，即不论按照发卡银行的计算方法，持卡人是“还本”还是“付息”，都应当视为归还本金，解决实践中的争议，强化可操作性。第二款明确了检察机关、审判机关对恶意透支数额的审查认定问题。第三款对相关证据材料的形式要求作了规定。

（六）恶意透支型信用卡诈骗案件中犯罪数额的认定

案例4-3 陈某某信用卡诈骗案①

争议焦点：如何计算恶意透支型信用卡诈骗的犯罪数额？

裁判要点：人民法院只应对犯罪所得即透支的本金部分作出判决。

犯罪数额只限于透支本金。恶意透支型信用卡诈骗罪是一种数额犯，只有恶意透支到一定数额时才对恶意透支的行为追究刑事责任。在恶意透支型信用卡诈骗罪中，行为人犯罪时所指向的对象只是透支的本金部分，至于后来透支本金

① 最高人民法院刑事审判第一、二、三、四、五庭主办：《刑事审判参考》2013年第2集（总第91集），第841号案例，法律出版社2014年版。

所产生的各种费用并不是其犯罪时意图占有的部分。《最高人民法院、最高人民检察院关于办理妨害信用卡管理刑事案件具体应用法律若干问题的解释》第六条第四款规定,“嫌疑人的透支数额,应为持卡人拒不归还的数额或尚未归还的数额,不包括复利、滞纳金、手续费等”,也就是通常所称的本金。因此,持卡人意图非法占有和实际非法占有的是本金部分,依据刑法第六十四条的规定,对犯罪分子违法所得予以追缴或者责令退赔的,也仅指恶意透支的本金部分。透支本金所产生的复利等不属于犯罪造成的直接经济损失,只是银行与持卡人约定的持卡人违反还款义务时承担的违约责任。对于透支本金所产生的复利、滞纳金等间接损失,即使是物质损失,也不能以追缴或者返还的方式在刑事裁判中判决,不能通过附带民事诉讼解决,应当通过民事救济途径解决。综上,在恶意透支型信用卡诈骗罪中,人民法院只应对犯罪所得即透支本金部分作出裁判,不应对复利——包括正常利息和罚息、滞纳金、手续费等费用作出处理。

(七)关于恶意透支型信用卡诈骗罪的从宽处理

《最高人民法院、最高人民检察院关于办理妨害信用卡管理刑事案件具体应用法律若干问题的解释》(法释〔2018〕19号,2018年12月1日施行)

第十条　恶意透支数额较大,在提起公诉前全部归还或者具有其他情节轻微情形的,可以不起诉;在一审判决前全部归还或者具有其他情节轻微情形的,可以免予刑事处罚。但是,曾因信用卡诈骗受过两次以上处罚的除外。

《最高人民法院、最高人民检察院关于修改〈关于办理妨害信用卡管理刑事案件具体应用法律若干问题的解释〉的决定》重点问题解读

(六)关于恶意透支型信用卡诈骗罪的从宽处理

根据《解释》原第六条第五款的规定,恶意透支应当追究刑事责任,但在公安机关立案后人民法院判决宣告前已偿还全部透支款息的,可以从轻处罚,情节轻微的,可以免除处罚。恶意透支数额较大,在公安机关立案前已偿还全部透支款息,情节显著轻微的,可以依法不追究刑事责任。为了贯彻认罪认罚从宽制度,推动对恶意透支从宽处理的真正落地,《决定》第五条对《解释》原规定作了三方面调整:一是适度限缩“全部归还”的对象,即不再明确要求“全部归还”的对象为“透支款息”,而按照《决定》第四条的规定相应调整为“实际透支的本金数额”。二是适度放宽从宽处理的时间范围，即不再限制为“公安机关立案前”，而是把握“提起公诉前”和“一审判决前”两个时间节点分别作出规定：在提起公诉前全部归还或者具有其他情节轻微情形的，可以不起诉；在一审判决前全部归还或者具有其他情节轻微情形的，可以免予刑事处罚。需要注意的是，这里的“不起诉”是绝对不起诉，而不是存疑不起诉或者相对不起诉，有利于发挥检察机关在审查起诉环节的职责和作用。三是适度限制从宽处理的适用情形。鉴于《决定》第三条已经上调了恶意透支的定罪量刑标准，因此对于恶意透支达到“数额巨大”“数额特别巨大”标准的，不适用本条规定。对于曾因信用卡诈骗受过两次以上处罚的持卡人，也不适用本条规定。

（八）信用卡套现活动的危害

信用卡套现，实践中一般表现为使用 POS 机、网上支付、电话支付等方法，通过虚构交易、虚开价格、现金退货等方式，在未发生真实商品交易的情况下，变相将信用卡的授信额度转化为现金，支付给信用卡持卡人的行为。违法商户在套现过程中一般通过收取一定比例的手续费来谋取不法利益。信用卡套现活动危害严重：一是非法经营金融业务，容易滋生地下金融活动，扰乱国家金融秩序，进而威胁社会正常经济秩序；二是套现行为制造的虚假交易会导致虚假的经济统计数据和虚假的经济繁荣景象，进而误导经济决策；三是侵犯信用卡业务的正常秩序，给发卡银行带来巨大的信贷风险；四是导致部分个人及中小企业处于高度负债状态，威胁社会安定和谐。

（九）对信用卡套现如何定性处罚

《刑法修正案（七）》已将非法从事资金结算业务规定为非法经营罪的行为方式之一，因此对于实践中利用 POS 机、网上支付、电话支付等方法从事套现活动，情节严重，需要追究刑事责任的，可以适用刑法第二百二十五条规定处理。故《最高人民法院、最高人民检察院关于办理妨害信用卡管理刑事案件具体应用法律若干问题的解释》第七条第一款规定，信用卡套现以非法经营罪认定，并把打击重点定为使用 POS 机等方法实施信用卡套现的不法商户。由于信用卡套现行为的危害主要在于将金融机构资金置于高度风险之中，因此本条第二款把套现金额、逾期未还金额、金融机构经济损失作为定罪量刑的标准。对信用卡套现构成非法经营罪的定罪量刑标准作出如下规定:数额在100万元以上的,或者造成金融机构资金20万元以上逾期未还的,或者造成金融机构经济损失10万元以上的,应当认定为刑法第二百二十五条规定的情节严重;同时将情节特别严重的标准掌握在情节严重的5倍。第三款对持卡人构成信用卡诈骗罪的情形作了规定。持卡人以套取现金为目的,通过POS机商户实施套现行为的,一般不按犯罪处理;但如果其以非法占有为目的,通过POS机商户实施套现行为的,则应当以信用卡诈骗罪定罪处罚。①

《最高人民法院、最高人民检察院关于办理妨害信用卡管理刑事案件具体应用法律若干问题的解释》(法释〔2018〕19号,2018年12月1日施行)

第十一条　发卡银行违规以信用卡透支形式变相发放贷款,持卡人未按规定归还的,不适用刑法第一百九十六条"恶意透支"的规定。构成其他犯罪的,以其他犯罪论处。

(十)利用POS终端机非法套现行为的定性及非法经营数额的认定

《最高人民法院、最高人民检察院关于办理妨害信用卡管理刑事案件具体应用法律若干问题的解释》(法释〔2018〕19号,2018年12月1日施行)

第十二条　违反国家规定,使用销售点终端机具(POS机)等方法,以虚构交易、虚开价格、现金退货等方式向信用卡持卡人直接支付现金,情节严重的,应当依据刑法第二百二十五条的规定,以非法经营罪定罪处罚。

实施前款行为,数额在一百万元以上的,或者造成金融机构资金二十万元以上逾期未还的,或者造成金融机构经济损失十万元以上的,应当认定为刑法第二百二十五条规定的"情节严重";数额在五百万元以上的,或者造成金融机构资金一百万元以上逾期未还的,或者造成金融机构经济损失五十万元以上的,应当认定为刑法第二百二十五条规定的"情节特别严重"。

持卡人以非法占有为目的,采用上述方式恶意透支,应当追究刑事责任的,依照刑法第一百九十六条的规定,以信用卡诈骗罪定罪处罚。

第十三条　单位实施本解释规定的行为,适用本解释规定的相应自然人犯罪的定罪量刑标准。

---

① 刘涛:《〈关于办理妨害信用卡管理刑事案件具体应用法律若干问题的解释〉的理解与适用》,载《人民司法·应用》2010年第1期。

《最高人民法院、最高人民检察院关于办理妨害信用卡管理刑事案件具体应用法律若干问题的解释》（法释〔2009〕19号，2009年12月3日施行）

第七条　违反国家规定，使用销售点终端机具（POS机）等方法，以虚构交易、虚开价格、现金退货等方式向信用卡持卡人直接支付现金，情节严重的，应当依据刑法第二百二十五条的规定，以非法经营罪定罪处罚。

实施前款行为，数额在100万元以上的，或者造成金融机构资金20万元以上逾期未还的，或者造成金融机构经济损失10万元以上的，应当认定为刑法第二百二十五条规定的"情节严重"；数额在500万元以上的，或者造成金融机构资金100万元以上逾期未还的，或者造成金融机构经济损失50万元以上的，应当认定为刑法第二百二十五条规定的"情节特别严重"。

持卡人以非法占有为目的，采用上述方式恶意透支，应当追究刑事责任的，依照刑法第一百九十六条的规定，以信用卡诈骗罪定罪处罚。

案例4－4　张某某等非法经营案①

争议焦点：信用卡诈骗罪与非法经营罪？

裁判要点：行为人为自己或者实际控制的信用卡套取现金，情节严重的，均构成非法经营罪，且套现数额均应计入非法经营犯罪数额。

行为人为自己或者实际控制的信用卡套取现金，情节严重的，均构成非法经营罪，且套现数额均应计入非法经营犯罪数额。首先，从客观方面分析，信用卡套现类非法经营罪规制的是行为人在无真实交易背景下向"信用卡持卡人"直接支付现金的行为，对象是信用卡持卡人，并不禁止行为人与持卡人主体重合。其次，从侵犯的法益分析，信用卡套现行为之所以构成非法经营罪，是因为行为人在未发生真实商品交易情况下，变相将信用卡的授信额度转化为现金，从而使金融机构资金置于高度风险之中，严重扰乱国家金融管理秩序。最后，非法经营罪所体现的规范、指引、教育功能在于从事某种经营应当按照国家规定事先获取经营许可资格，或者遵守特定行业的特定规则。如果行为人未获取相关许可或者违反特定行业的特定规则，就应当认定为非法经营行为，情节严重的即可构成刑法第二

---

① 最高人民法院刑事审判第一、二、三、四、五庭主办：《刑事审判参考》2013年第3集（总第92集），第863号案例，法律出版社2014年版。

百二十五条规定的非法经营罪。用后次所套取现金归还前次套取现金的,应当累计为非法经营数额。明知他人为非法套现借用 POS 机,作为共同犯罪中的帮助犯,应当对共同犯罪行为,即无偿出借期间套现数额承担全部责任,应当计入非法经营犯罪数额,有偿与否,不影响对其犯罪数额的认定。租用 POS 机从事非法套现的行为人为作为出租人的持卡人非法套现的数额应当计入非法经营犯罪数额。作为特约商户,不论是为他人套现,还是为自己套现,其套现数额均应当计入犯罪数额。

(十一)利用职务便利内外勾结违规透支信用卡行为的定性

案例 4-5　冯某某、张某某挪用公款案①

争议焦点:信用卡诈骗罪与挪用公款罪?

裁判要点:与银行等金融机构中的国家工作人员勾结,利用国家工作人员的职务之便,违规进行信用卡透支的行为构成挪用公款罪。

与银行等金融机构中的国家工作人员相勾结,利用国家工作人员的职务之便,违规进行信用卡透支的行为,究竟构成信用卡诈骗罪、贪污罪还是挪用公款罪,主要取决于行为人对银行资金的主观心态是"非法占有"还是"非法占用"。如果行为人以非法占有为目的,以信用卡透支获取银行资金的,根据刑法第三百八十三条第二款和《最高人民法院关于审理贪污、职务侵占案件如何认定共同犯罪几个问题的解释》第一条的规定,应构成贪污罪的共犯,而不是构成信用卡诈骗罪的共犯。如果行为人通过信用卡透支只是为了暂时使用银行公款,并无非法占有银行公款的目的,则其行为符合挪用公款罪的犯罪构成,应以挪用公款罪定罪处罚。

(十二)窃取他人开卡邮件并激活信用卡使用的行为如何定性

案例 4-6　王某某等信用卡诈骗案②

争议要点:盗窃罪与信用卡诈骗罪?

---

① 最高人民法院刑事审判第一庭、第二庭编:《刑事审判参考》2005 年第 4 集(总第 45 集),第 356 号案例,法律出版社 2006 年版。

② 最高人民法院刑事审判第一、二、三、四、五庭主办:《刑事审判参考》2013 年第 4 集(总第 93 集),第 874 号案例,法律出版社 2014 年版。

裁判要点：窃取他人信用卡后激活并使用的行为构成信用卡诈骗罪。

1. 私自激活他人信用卡并使用属于冒用他人信用卡行为。信用卡办理流程一般需经过申领、审核、寄送、激活、使用五个阶段。当事人申领信用卡通过审核后，银行一般会在10至15个工作日内将卡片通过信件的形式邮寄至申领人预留的地址，申领人签收后再将卡片激活并使用。所谓"激活"，即申领人按照发卡银行寄送信件指定的步骤，拨打银行服务电话，按照语音提示输入个人预留身份资料、手机号码、初始密码等重要私密信息，成功通过审核的过程。只有成功激活才能启动"沉睡"中的卡片的各项功能。因此，激活在信用卡的申办流程中占据核心地位，信用卡不特定的价值必须通过激活这一关键步骤的完成才能最终实现。信用卡的激活应当体现申领人的意志，一般由申领人或者经其授权的人进行操作。在信用卡申领人不知情的情况下，利用截取的开卡信件及作为同事知晓申领人身份信息的便利，私自激活信用卡，并以信用卡卡主的身份刷卡取现或者消费，侵犯他人财产权的同时也侵害了国家对信用卡的管理制度，扰乱了正常的金融管理秩序，属于冒用他人信用卡的行为。

2. 未被激活的信用卡不属于"盗窃信用卡并使用"调整的范围。《全国人民代表大会常务委员会关于〈中华人民共和国刑法〉有关信用卡规定的解释》明确规定，刑法规定的"信用卡"，是指由商业银行或者其他金融机构发行的具有消费支付、信用贷款、转账结算、存取现金等全部功能或者部分功能的电子支付卡。当然，该卡应当是真实、有效的。刑法第一百九十六条第三款中的"盗窃信用卡并使用"中的"信用卡"应当是已被激活、能正常使用的信用卡，即具备消费、支付、转账、存取等全部或者部分功能。无效卡、伪造卡、变造卡、涂改卡均不能归入其中，故盗窃未激活的信用卡超出了刑法第一百九十六条第三款规定的"信用卡"外延。

3. 盗窃不同财产权利载体物的处理。随着经济活动日益频繁，有价支付凭证、有价证券、有价票证及信用卡等财产权利载体逐渐丰富。根据最高人民法院2013年出台的《关于办理盗窃刑事案件适用法律若干问题的解释》第五条的规定，盗窃不记名、不挂失的有价支付凭证、有价证券、有价票证的，按票面数额和盗窃时应得的孳息、奖金或者奖品等可得收益一并计算盗窃数额。盗窃记名的载体物，已经兑现的，按照兑现部分的财物价值计算盗窃数额；没有兑现，但失主无法通过挂失、补领、补办手续等方式避免损失的，按照给失主造成的实际损失计算盗窃数额。这里未区分记名载体物财物价值的不同兑现方式。实务中，可视不同情形作相应认定：(1)盗窃不记名、不挂失的财产权利载体物，因能即时兑现财产权利，行为人窃取后，就拥有了对相对应财物的控制权，以盗窃罪论处。(2)盗窃记名的票据、金融凭证、信用卡，行为人不论是否采取其他欺骗行为，在兑现时，须冒充权利人行使权利从而取得载体物财产价值，且“冒用”情形是票据诈骗罪、金融凭证诈骗罪、信用卡诈骗罪客观方面均要求的行为。行为人如果冒充权利人兑现财产价值，则以上述金融诈骗罪定罪量刑。(3)盗窃除(2)以外记名的权利载体物，如果采用伪造银行预留印鉴、印章，仿冒持票人签名等形式兑现财产价值的，由于其后续欺骗行为是取得财产的关键行为，以票据诈骗罪追究刑事责任；如果盗窃的是印鉴齐全的载体物，兑现时无须另行提供身份证明等资料，将其兑现行为视为实现窃取物价值的事后不可罚行为，则以盗窃罪处理。

(十三)拾得他人信用卡并在自动柜员机(ATM机)上使用行为的定性

《最高人民检察院关于拾得他人信用卡并在自动柜员机(ATM机)上使用的行为如何定性问题的批复》(高检发释字〔2008〕1号，2008年5月7日施行)

拾得他人信用卡并在自动柜员机(ATM机)上使用的行为，属于刑法第一百九十六条第一款第(三)项规定的“冒用他人信用卡”的情形，构成犯罪的，以信用卡诈骗罪追究刑事责任。

(十四)信用卡诈骗与诈骗的区别

《检察机关办理电信网络诈骗案件指引》

在一些案件中，尤其是利用网络钓鱼、木马链接实施犯罪的案件中，既存在虚构事实、隐瞒真相的诈骗行为，又可能存在秘密窃取的行为，关键要审查犯罪嫌疑人取得财物是否基于被害人对财物的主动处分意识。如果行为人通过秘密窃取的行为获取他人财物，则应认定构成盗窃罪；如果窃取或者骗取的是他人信用卡资料，并通过互联网、通讯终端等使用的，根据《最高人民法院、最高人民检察院关于办理妨害信用卡管理刑事案件具体应用法律若干问题的解释》(法释[2009]19号)，则可能构成信用卡诈骗罪；如果通过电信网络技术向不特定多数人发送诈骗信息后又转入接触式诈骗，或者为实现诈骗目的，线上线下并行同时进行接触式和非接触式诈骗，应当按照诈骗取财行为的本质定性，虽然使用电信网络技术但被害人基于接触被骗的，应当认定普通诈骗；如果出现电信网络诈骗和合同诈骗、保险诈骗等特殊诈骗罪名的竞合，应依据刑法有关规定定罪量刑。

(十五)银行没有提供必要的安全保密环境的赔偿责任

银行没有为在自助柜员机办理交易的储户提供必要的安全保密环境，由此造成储户损失的，应承担赔偿责任。

银行卡合同系格式合同，其格式条款的效力应依据《合同法》第三十九条、第四十条以及《最高人民法院关于适用〈中华人民共和国合同法〉若干问题的解释(二)》第九条、第十条的规定来认定。发卡行应对其是否履行了《合同法》第三十九条规定的合理的提示和说明义务承担举证责任。

银行卡合同中约定的“凡密码相符的交易均视为本人合法交易”“信用卡持卡人选择最低还款额方式时，支付全部透支款项自银行记账日起，按规定利率计算的透支利息”等格式条款，应按照前述法律规定认定其效力。[①]

案例 4－7　王某某诉中国银行股份有限公司南京河西支行储蓄存款合同纠纷案[②]

争议焦点：违约还是犯罪？

裁判要点：犯罪分子利用商业银行对其自助柜员机管理、维护上的疏漏，通过在自助银行网点门口刷卡处安装读卡器、在柜员机上部安装摄像装置的方式，窃取储户借记卡的卡号、信息及密码，复制假的借记卡，将储户借记卡账户内的钱款支取、消费的，应当认定商业银行没有为在其自助柜员机办理交易的储户提供必要的安全、保密的环境，构成违约。

《商业银行法》第二十九条第一款规定：“商业银行办理个人储蓄存款业务，应当遵循存款自愿、取款自由、存款有息、为存款人保密的原则。”为存款人保密，保障存款人的合法权益不受任何单位和个人的侵犯，是商业银行的法定义务。商

① 杨临萍：《关于当前商事审判工作中的若干具体问题》，载杜万华主编：《商事法律文件解读》总第 134 辑，人民法院出版社 2016 年版，第 24 页。

② 参见《最高人民法院公报》2009 年第 2 期。

业银行的保密义务不仅是指银行对储户已经提供的个人信息保密,也包括为到银行办理交易的储户提供必要的安全、保密的环境。商业银行设置自助银行柜员机,是一项既能方便储户取款,又能提高自身工作效率并增加市场竞争力的重要举措,银行亦能从中获取经营收益。对自助银行柜员机进行日常维护、管理,为在自助银行柜员机办理交易的储户提供必要的安全、保密环境,也是银行安全、保密义务的一项重要内容,这项义务应当由设置自助银行柜员机的银行承担。由于具备专业知识的银行工作人员对自助银行柜员机疏于管理、维护,未能及时检查、清理,没有及时发现、拆除犯罪分子安装的读卡器及摄像装置,致使自助银行柜员机反而成了隐藏犯罪分子作案工具的处所,给储户造成安全隐患,为犯罪留下可乘之机。银行未对自助柜员机进行必要的维护、未能给储户提供安全、保密的环境,导致持卡人借记卡密码泄露,并且在借记卡还在储户本人手中的情况下,未能准确识别被犯罪分子复制的假卡,最终导致储户借记卡账户内的资金被犯罪分子骗走。

三、取证指引

(一)主体证据

本罪的主体是一般主体,即行为人系年满十六周岁、具有刑事责任能力的自然人。可参考本书第一讲“高利转贷罪”关于“主体证据”的相关内容。

(二)主观方面证据

行为人犯本罪的主观心态是故意,故主观方面证据系指能证明行为人上述明知状态及犯罪动机的证据。

信用卡使用人是否具有非法占有的主观故意,主要通过犯罪嫌疑人的供述和辩解、信用卡的开户资料及银行交易流水、犯罪嫌疑人的收入来源及状况等证据证明信用卡来源、信用卡使用记录、偿还能力等情况,综合分析行为人的责任要素。

(三)客观方面证据

客观方面证据系指能证明行为人以非法占有为目的实施了刑法条文规定的4类利用信用卡进行诈骗活动的行为且达到情节严重标准的证据。

(1)通过查明信用卡的来源、状态证明行为人实施了信用卡诈骗行为的证据,如拾得、骗取信用卡并使用等。

(2)证明行为人骗取资金使用情况的证据即骗取资金的去向,如用于购买贵重物品、高档消费,应当调取相应的消费凭证、明细及发票等证据。

(3)"数额较大""数额巨大"的证据,即证明行为人非法占有资金的具体金额,可以通过调取相应信用卡的银行流水予以证明。

第五讲
LECTURE 05

合同诈骗罪

一、犯罪构成

> **刑法第二百二十四条　合同诈骗罪**
>
> 有下列情形之一,以非法占有为目的,在签订、履行合同过程中,骗取对方当事人财物,数额较大的,处三年以下有期徒刑或者拘役,并处或者单处罚金;数额巨大或者有其他严重情节的,处三年以上十年以下有期徒刑,并处罚金;数额特别巨大或者有其他特别严重情节的,处十年以上有期徒刑或者无期徒刑,并处罚金或者没收财产:
>
> (一)以虚构的单位或者冒用他人名义签订合同的;
>
> (二)以伪造、变造、作废的票据或者其他虚假的产权证明作担保的;
>
> (三)没有实际履行能力,以先履行小额合同或者部分履行合同的方法,诱骗对方当事人继续签订和履行合同的;
>
> (四)收受对方当事人给付的货物、货款、预付款或者担保财产后逃匿的;
>
> (五)以其他方法骗取对方当事人财物的。

(一)犯罪主体

本罪是诈骗罪的一种特殊形式,应当具备诈骗罪的一般性特征。但与诈骗罪只能由自然人实施不同,本罪的主体是一般主体,既包括自然人,也包括公司、企业、事业单位、机关、团体等单位。自然人犯本罪,应为年满十六周岁、有刑事责任能力者。

(二)犯罪客体

本罪侵犯的是复杂客体。一方面,从具体行为来看,行为人诈骗指向的对象为公私财物,侵犯了他人财物的所有权;另一方面,本罪规定在刑法第三章“破坏社会主义市场经济秩序罪”第八节“扰乱市场秩序罪”中,故从宏观层面看,该犯罪行为也破坏了国家的正常市场秩序和对经济合同的管理秩序。

(三)犯罪主观方面

本罪在犯罪主观方面表现为直接故意,且行为人主观上应具有非法占有他人财物的目的。实践中,行为人产生“非法占有目的”的时间,既可以在合同签订阶段,也可以在合同履行阶段,但在行为人实施诈骗行为时必须具有非法占有的目的。

(四)犯罪客观方面

本罪在犯罪客观方面表现为:在签订、履行合同过程中,行为人实施了虚构事实、隐瞒真相的欺骗手段,骗取对方当事人财物且达到数额较大标准的行为。刑法第二百二十四条列举了四类具体的合同诈骗行为,并用“以其他方法骗取对方当事人财物的”兜底条款来涵盖司法实践中其他不能一一列举的合同诈骗行为。

另外,关于本罪中“合同”的性质认定,综合《民法典》“合同编”的规定和本罪规定于刑法第三章“破坏社会主义市场经济秩序罪”第八节“扰乱市场秩序罪”的立法安排,本书认为,本罪中的“合同”,其内容须存在于本罪所保护的客体范围内,并能够体现出一定的市场秩序或市场关系,而不能片面地认为凡是利用合同(如行政合同、赠与合同、劳务合同等)进行诈骗的都构成合同诈骗罪。是否构成合同诈骗罪之“合同”,其标准应当根据合同诈骗罪侵害的客体性质并结合立法目的加以界定。

二、常见疑难问题

（一）严格区分合同诈骗犯罪和经济纠纷

《最高人民法院关于充分发挥审判职能作用切实加强产权司法保护的意见》（法发〔2016〕27 号，2016 年 11 月 28 日施行）

二、准确把握、严格执行产权保护的司法政策

5. 客观看待企业经营的不规范问题，对定罪依据不足的依法宣告无罪。对改革开放以来各类企业特别是民营企业因经营不规范所引发的问题，要以历史和发展的眼光客观看待，严格遵循罪刑法定、疑罪从无、从旧兼从轻等原则，依法公正处理。对虽属违法违规、但不构成犯罪，或者罪与非罪不清的，应当宣告无罪。对在生产、经营、融资等活动中的经济行为，除法律、行政法规明确禁止的，不得以犯罪论处。

6. 严格区分经济纠纷与刑事犯罪，坚决防止把经济纠纷当作犯罪处理。充分考虑非公有制经济特点，严格把握刑事犯罪的认定标准，严格区分正当融资与非法集资、合同纠纷与合同诈骗、民营企业参与国有企业兼并重组中涉及的经济纠纷与恶意侵占国有资产等的界限，坚决防止把经济纠纷认定为刑事犯罪，坚决防止利用刑事手段干预经济纠纷。对于各类经济纠纷，特别是民营企业与国有企业之间的纠纷，不论实际损失多大，都要始终坚持依法办案，排除各种干扰，确保公正审判。

《最高人民检察院办公厅关于对合同诈骗、侵犯知识产权等经济犯罪案件依法正确适用逮捕措施的通知》（2002 年 5 月 22 日施行）

二、要严格区分经济犯罪与经济纠纷的界限。经济犯罪案件具有案情较复杂，犯罪与经济纠纷往往相互交织在一起，罪与非罪的界限不易区分的特点。认定经济犯罪，必须严格依照刑法规定的犯罪基本特征和犯罪构成要件，从行为的社会危害性、刑事违法性、应受惩罚性几个方面综合考虑。各级检察机关在审查批捕工作中，要严格区分经济犯罪与经济纠纷的界限，尤其要注意区分合同诈骗罪与合同违约、债务纠纷的界限，以及商业秘密与进入公知领域的技术信息、经营信息的界限，做到慎重稳妥，不枉不纵，依法打击犯罪者，保护无辜者，实现法律效果和社会效果的统一。不能把履行合同中发生的经济纠纷作为

犯罪处理；对于造成本地企业利益受到损害的行为，要具体分析，不能一概作为犯罪处理，防止滥用逮捕权。对于合同和知识产权纠纷中，当事双方主体真实有效，行为客观存在，罪与非罪难以辨别，当事人可以行使民事诉讼权利的，更要慎用逮捕权。

（二）立案追诉和量刑标准

《最高人民检察院、公安部关于公安机关管辖的刑事案件立案追诉标准的规定（二）》（公通字〔2010〕23号，2010年5月7日施行）

第七十七条 ［合同诈骗案（刑法第二百二十四条）］以非法占有为目的，在签订、履行合同过程中，骗取对方当事人财物，数额在二万元以上的，应予立案追诉。

我国刑法和最高人民法院、最高人民检察院的司法解释均未对"数额巨大""数额特别巨大"作出规定。司法实践中，各地法院先后出台过一些指导意见，现摘录部分内容如下，以供参考：

《浙江省高级人民法院关于部分罪名定罪量刑情节及数额标准的意见》①（2012年11月9日施行）

57.刑法第224条 【合同诈骗罪】

合同诈骗数额在2万元以上不满20万元的，属于"数额较大"，处三年以下有期徒刑或者拘役，并处或者单处罚金。

合同诈骗数额在20万元以上不满100万元的，属于"数额巨大"，处三年以上十年以下有期徒刑，并处罚金。

合同诈骗达到数额较大的标准，并具有下列情形之一的，属于"其他严重情节"，处三年以上十年以下有期徒刑，并处罚金：

（1）诈骗救灾、抢险、防汛、优抚、扶贫、移民、救济、医疗款物的；

（2）以赈灾募捐名义实施诈骗的；

① 2011年7月12日上海市高级人民法院、上海市人民检察院、上海市公安局、上海市司法局联合印发《关于本市办理部分诈骗类犯罪案件具体数额标准的意见》（沪高法〔2011〕241号），也采用20万元、100万元为认定"数额巨大""数额特别巨大"的标准。

(3)诈骗残疾人、老年人或者丧失劳动能力人的财物的;

(4)造成被害人自杀、精神失常或者其他严重后果的;

(5)属于诈骗集团首要分子的;

(6)严重情节的其他情形。

合同诈骗数额在100万元以上的,属于“数额特别巨大”,处十年以上有期徒刑或者无期徒刑,并处罚金或者没收财产。

合同诈骗达到数额巨大的标准,并具有下列情形之一,属于“其他特别严重情节”,处十年以上有期徒刑或者无期徒刑,并处罚金或者没收财产:

(1)诈骗救灾、抢险、防汛、优抚、扶贫、移民、救济、医疗款物的;

(2)以赈灾募捐名义实施诈骗的;

(3)诈骗残疾人、老年人或者丧失劳动能力人的财物的;

(4)造成被害人自杀、精神失常或者其他严重后果的;

(5)属于诈骗集团首要分子的;

(6)特别严重情节的其他情形。

《安徽省高级人民法院、安徽省人民检察院、安徽省公安厅关于印发〈关于办理合同诈骗等犯罪案件工作座谈会纪要〉的通知》(2014年12月31日施行)

(二)关于数额标准

个人涉嫌合同诈骗犯罪,数额在2万元以上的属于“数额较大”;数额在10万元以上的属于“数额巨大”;数额在100万元以上的属于“数额特别巨大”。

单位涉嫌合同诈骗犯罪,数额在10万元以上的属于“数额较大”;数额在50万元以上的属于“数额巨大”;数额在500万元以上的属于“数额特别巨大”。

合同诈骗犯罪的数额,一般应以行为人实际未还的数额来认定。对行为人骗取实物后变现的,犯罪数额以被骗物品实际鉴定价值来认定;如果变现后取得的数额高于鉴定价值的,以实际取得的数额认定。

对于多次行骗,并以后次诈骗财物归还前次诈骗财物,在计算诈骗数额时,应当将案发前已经归还的数额扣除,按实际未归还的数额认定;被害人的实际损失额或行为人多次行骗的总额可作为量刑情节予以考虑。行为人为实施犯罪所支付的好处费、车旅费等应当计入犯罪数额。

（三）“以非法占有为目的”的认定

1. 最高人民法院司法观点[①]

（1）“以非法占有为目的”的理解。刑法意义上的“非法占有”，不仅是指行为人意图使财物脱离相对人而非法实际控制和管领，而且意图非法所有或者不法所有相对人的财物，为使用、收益、处分之表示。

（2）“以非法占有为目的”的认定。认定是否具有非法占有目的，应当坚持主客观相一致的原则，既要避免单纯根据损失结果客观归罪，也不能仅凭被告人自己的供述，而应当根据案件具体情况具体分析。实践中案件情况复杂，对于“以非法占有为目的”的认定，应结合行为人的履约能力、履约行为、对取得财物的处置情况、事后态度等方面情况，加以综合判定，具体如下：

第一，主体资格是否真实。在正常的经济交易活动中，交易主体签订合同，目的是履行合同，达到交易的预期目的，而交易的安全、顺利进行并最终完成势必首先要求交易的主体必须真实存在。即便是合同民事欺诈，由于行为人的目的是通过履行合同而谋取不当或非法利益，因而在主体资格上一般也不会弄虚作假。反之，在刑事诈骗中，行为人签约时往往会以虚假面目出现，以虚构的单位或者假冒他人的名义签订合同。

第二，行为人有无履约能力。在司法认定中应注意以下几点：行为人虽不具备实际条件，但有确凿的证据证明其在履行期限内具有相应的生产经营能力，履约有可靠的保障，应认定其具有履约能力；行为人原先有履行合同的能力，但在履行合同过程中，由于客观原因丧失了履约能力，导致无力归还他人财物的，不能以合同诈骗罪定罪处罚；行为人签订合同时没有履行合同的能力，但是在取得他人财物后为履行合同做了积极努力，但因被骗或者其他客观原因丧失归还能力的，不能以合同诈骗罪定罪处罚。

第三，行为人有无采取诈骗的行为手段。非法占有目的是主观心理内容，须通过具体行为方式及行为的实践效果去判断。手段的非法性是认定主观目的的重要依据。对诈骗犯罪而言，行为人非法占有的目的是与实施了诈骗行为联系在一起的。若行为人没有实施任何虚构事实、隐瞒真相的诈骗行为，即使最终没有履行合同，也不应认定为合同诈骗罪。值得注意的是，合同诈骗罪中的诈骗行为与合同纠

---

① 刘德权、何帆编著：《最高人民法院司法观点集成（新编版）·刑事卷Ⅱ》，中国法制出版社 2017 版，第 1105 页，观点编号 524。

纷中的民事欺诈行为,都含有欺骗的成分,但有欺骗成分的不一定就构成合同诈骗犯罪,还须进一步区分民事欺诈与刑事诈骗:首先要看欺骗的内容,如果认为行为人只是在合同标的的数量和质量上欺骗对方还属于民事欺诈的话,那么,在有无合同标的物上欺骗了对方,就已超出了民事欺诈的范围。另外,还要看欺诈的程度,即欺诈手段在签订、履行合同当中所起的作用。在刑事诈骗中,行为人完全虚构事实、隐瞒真相,没有履行合同的诚意和行为,欺诈手段在签订、履行合同当中起着根本性、绝对性的作用,而民事欺诈所追求的利益是希望通过实际履行实现,因此虽然在合同履行内容的某些内容或部分事实采取了欺骗手段,如夸大数量、质量或自己的信誉、履约能力,但对合同最终适当、全面履行的影响不存在根本的、全面的影响,属于意思表示有瑕疵的行为,应认定为一种履约前提下的民事欺诈。

第四,行为人有无实际履约行为。合同诈骗犯罪的行为人在签订合同时或在履行合同过程中没有履行或继续履行合同的诚意,其目的在于利用合同这一手段骗取对方财物,一般没有履行合同的实际履约行为或为履行合同做出努力。即使有一些履行合同的行为,那也不过是为了掩人耳目,绝不是诚心诚意地按合同规定完全彻底地履行合同,履行一小部分合同的目的是为骗财作掩护。行为人虽有履行合同的能力,但签订合同后没有为履行合同做任何努力或者仅履行少部分合同,将取得的他人财物挥霍、用于其他非经营性活动,丧失归还能力的,应认定行为人具有非法占有的目的。“拆东墙补西墙”的行为不属于履约行为,而是一种诈骗行为。

第五,行为人没有履行合同的原因。在合同诈骗犯罪和合同经济纠纷都会出现行为人没有履行合同的情形,但没有履行合同并不一定是合同诈骗,还需具体分析其没有履行合同的主观、客观两方面的原因。

第六,行为人的履行态度是否积极。这一点与行为人不能履行合同的原因紧密相连,作为分析问题的一个角度,有单独提出的必要。倘若行为人在合同生效后不做任何努力,能履行而不积极履行,则说明其有诈骗故意。

第七,行为人对财物的主要处置方式。在不同的心理态度支配下,对合同标的物的处置也会有所不同。行为人将骗取的财物用于个人挥霍、非法活动、归还欠款、非经营性支出等方面的,一般可以认定行为人具有非法占有目的;对于行为人将骗取的资金用于实际经营活动,包括用于炒股、炒期货、开发房地产等高风险的经营活动,并造成资金客观上无法归还的,则不能以合同诈骗罪定罪处罚。需要指出的是，这里强调财物的主要处置形式，指的是确定全部或大部分资金的走向、用途。

第八，行为人的事后态度是否积极。行为人的事后态度，也是区分行为人主观上有无诈骗故意的重要标志。如果行为人因自己的行为导致合同没有履行之后，不是及时通知对方，积极采取补救措施，以减少对方的损失，而是无正当理由地表现出种种不愿承担责任的态度，拒不赔偿、返还对方财物，或找各种理由搪塞应付，东躲西藏，避而不见，甚至收受对方财物后逃匿，可认定其具有非法占有目的。相反，如果行为人事后能积极采取补救措施，用实际行动赔偿或者减少对方损失，就不能认定其具有非法占有目的。

（3）关于非法占有目的的产生时间。对于传统的诈骗罪来说，被害人"自愿"交付财物后，诈骗犯罪已经完成，行为人的非法占有目的一般产生于其非法控制公私财物之前。但在某些情况下，行为人先占有了被害人的财物，然后使用欺骗方法，使被害人自愿放弃财物，从而非法占有他人财产，也符合诈骗罪的特征。合同诈骗罪，行为人在被害人交付财物或者款项之前，可能没有非法占有的目的，也没有采用欺骗手段使被害人产生错误认识，而是在合法占有公私财物后，以非法占有为目的，采用虚构事实或者隐瞒真相的方法，拒不交付货物或者支付货款，或者不偿还资金。因此，行为人的非法占有目的可以在行为人签订、履行合同之前产生，也可以在签订、履行合同过程中产生。

《安徽省高级人民法院、安徽省人民检察院、安徽省公安厅关于印发〈关于办理合同诈骗等犯罪案件工作座谈会纪要〉的通知》（2014年12月31日施行）

一、合同诈骗案件

（一）关于非法占有目的要从客观行为推定主观目的，即从事实、行为、手段、情形、后果等方面，全面收集对被告人有利和不利的证据。

要坚持主客观相一致。对仅有履约态度，没有履约行为的，或虽采取了欺骗的手段，但有真实履约行为的情形，认定非法占有目的时，应当考察签订、履行合同的全部客观行为，并结合行为人对主观故意的供述，慎重处理。

要注重基础事实真实。据以推定的基础事实必须是有证据予以证明的客观事实，且作为推定的基础事实和待证事实之间应当有紧密的常态联系。合同诈骗罪与合同经济纠纷的本质区别，在于行为人是否具有非法占有的目的。

要依次考察行为人签订合同时的履约能力和担保真伪，履行合同中有无实际履约行为、对财物的处置情况、未履行合同的原因以及违约后的表现等方面综合判定。

有下列行为之一，且行为人不能提出合理辩解，一般应当认定具有“非法占有目的”：

1. 以欺骗手段取得财物，用于非法经营或从事违法犯罪活动，导致财物不能返还的；

2. 抽逃、转移资金、隐匿财产，以逃避返还资金的；

3. 隐匿、销毁账目，以逃避返还资金的；

4. 明知没有履行合同的条件，而骗取他人资金不返还的；

5. 隐瞒合同标的已出卖或抵押的事实，与他人签订买卖合同，收取货款不返还的；

6. 采用“借新债还旧债”方式循环骗取他人资金，导致资金不能归还的；

7. 收到对方款物后，不履行合同义务，主要用于挥霍，高利贷等非法投资活动，导致资金不能归还的；

8. 无正当理由，以明显低于市场的价格变卖货物，导致不能归还货款的；

9. 其他非法占有款物，不能返还的行为。

案例 5－1 吴某某合同诈骗案①

争议焦点：行为人在签订和履行合同过程的一些行为具有一定的欺骗性，但客观上具备一定履约能力且主观上积极履约的，能否认定其具有非法占有的目的？

裁判要点：被告人吴某某虽系根据与樱花公司的约定与长城公司洽谈签订协议，但其在担任中介过程中，违背诚实信用原则，为抬高身价，在协议的封面和内容上多处以西门子公司作为主体，给人以代表西门子分公司的印象，待签订协议之后，再予修正；并且在长城公司和樱花公司签订的低压成套项目协议上又私自加进其他内容。上述欺诈行为有相应的证据证实，原判也在事实部分作了相应

① 《最高人民法院公报》2003 年第 1 期（总第 81 期），浙江省高级人民法院，2002 年 3 月 12 日，http://gongbao.court.gov.cn/Details/7102ef267e5d12ded25416eed5c08f.html，最后访问时间：2020 年 6 月 30 日。

的认定，检察机关抗诉对此部分提出的异议成立。但综观全案，吴某某在代表樱花公司与长城公司签订和履行技术合作中，一些行为虽然具有一定的欺骗性，但其主观上尚不具有以欺骗的手段非法占有长城公司财产的目的。吴某某与长城公司签约的直接动机，是希望西门子分公司的有关技术合作项目能够转让成功，使其本人能够从中获取高额技术转让费。在客观上，吴某某作为樱花公司的商务代理，具备一定的履约能力，也有积极履行合同的诚意和行动，拒退保证金是事出有因，并不是企图骗取长城公司的财产，不属于《最高人民法院关于审理诈骗案件具体应用法律若干问题的解释》中规定的"明知自己没有履行合同的能力而采取欺骗手段骗取他人财物的"或者"隐匿合同保证金等担保合同履行的财产，拒不返还"的情形。长城公司虽在与吴某某接洽初期，受吴某某某些不当行为的误导，但终究是在经过考察了解后，确认有获得西门子分公司技术合作的可能，同意与吴某某等人签约并支付有关款项，亦不属被骗；且长城公司通过樱花公司及吴某某等人的中介，最终达到了与西门子分公司技术合作的目的，已经成为受益者。有鉴于此，吴某某的行为不构成合同诈骗罪，检察机关要求按合同诈骗罪对其定罪处罚的抗诉理由不足，不予采纳。

案例5-2 刘某某合同诈骗案①

争议焦点：如何认定合同诈骗犯罪中行为人具有非法占有目的？

裁判要点：如何认定合同诈骗罪行为人主观上的非法占有目的，是司法实践中的重点和难点。一般而言，对行为人是否具有非法占有之目的，可以从以下几个方面进行分析：(1)行为人是否具有签订、履行合同的条件，是否创造虚假条件；(2)行为人在签订合同时有无履约能力；(3)行为人在签订和履行合同过程中有无诈骗行为；(4)行为人在签订合同后有无履行合同的实际行为；(5)行为人对取得财物的处置情况，是否有挥霍、挪用及携款潜逃等行为。

本案中，刘某某在签订合同时无履行能力，之后仍无此种能力，而依然蒙骗对方，占有对方财物，应认定为有非法占有之目的；刘某某在获取湖北五建提供的履约保证金后，小部分款项被其用于购买车辆和偿还个人债务，大部分款项被其直接支取现金，资金被其转移后去向不明，导致无法追还，此节行为亦反映其主观上

---

① 最高人民法院刑事审判第一、二、三、四、五庭主办：《刑事审判参考》2010年第5集（总第76集），第646号案例，法律出版社2010年版。

具行非法占有之目的。故刘某某的行为符合刑法第二百二十四条第五项规定的情形,应当以合同诈骗罪追究刑事责任。

(四)合同诈骗罪中"合同"的界定和范围

案例5-3 宋某某合同诈骗案①

争议焦点:如何理解合同诈骗罪中的"合同"?

裁判要点:准确界定刑法第二百二十四条中"合同"的范围,是合同诈骗罪司法认定中的一个先决问题。对于这里的"合同",应结合合同诈骗罪的侵犯客体并结合立法目的,来进行具体理解和把握。

第一,关于合同类型。合同诈骗罪规定于刑法分则第三章"破坏社会主义市场经济秩序罪"之第八节"扰乱市场秩序罪"中,不仅侵犯他人财产所有权,而且侵犯国家合同管理制度,破坏了社会主义市场经济秩序,因而合同诈骗罪中的"合同",必须能够体现一定的市场秩序。以维护正常市场秩序为宗旨的现行合同法基本涵盖了绝大部分民商事合同,对各种民商事合同行为进行了规范和调整,其对于各种民商事合同的规定应作为刑事法中认定合同成立、生效履行等相关概念的参考,对于合同诈骗罪中的"合同"不应再以典型的"经济合同"为限,同时,不能认为凡是行为人利用了合同法所规定的合同进行诈骗的,均将构成合同诈骗罪,与市场秩序无关以及主要不受市场调整的各种"合同""协议",如不具有交易性质的赠与合同,以及婚姻、监护、收养、扶养等有关身份关系的协议,主要受劳动法、行政法调整的劳务合同、行政合同等,通常情况下不应视为合同诈骗罪中的"合同"。

第二,关于合同形式。与原经济合同法、涉外经济合同法的严格限定不同,在合同法中,除法律、法规有明确规定之外,合同的订立既可以采用书面形式,也可以采用口头形式或者其他形式。口头合同与书面合同均为合法有效合同,同样受到法律的保护。在界定合同诈骗罪的合同范围时,不应拘泥于合同的形式,在有证据证明确实存在合同关系的情况下,即便是口头合同,只要发生在生产经营领域,侵犯了市场秩序的,同样应以合同诈骗罪定罪处罚。

---

① 最高人民法院刑事审判第一庭、第二庭编:《刑事审判参考》2004 年第4集(总第39集),第308号案例,法律出版社2004年版。

（五）伪造购销合同骗取银行资金，致使反担保人遭受巨额财产损失的行为定性

案例5-4　曹某合同诈骗案[①]

争议焦点：1. 反担保人能否成为主合同债务人诈骗的对象；2. 本案系民事欺诈行为还是构成合同诈骗犯罪？

裁判要点：1. 反担保人能够成为主合同债务人的相对方，能够成为主合同债务人诈骗的对象。无论是对于担保合同还是对于反担保合同，担保既是为了保证债权人能够对债务人享有的债权得到履行，也是为了保证债务人能够向债权人履行债务，因此，担保合同的对象应该是主合同的双方而不是单方，与债权人签订担保合同不影响与债务人存在担保合同的效力；而在担保人代替主合同债务人承担担保责任使主合同权利义务消灭后，依法因主合同的债权人债权的让渡而享有的追偿权时，担保人才与主合同债权人脱离关系，而主合同的债务人才能成为唯一相对方。反担保亦同。既然反担保人始终能够成为主合同债务人的相对方，就能够成为主合同债务人诈骗的对象。

2. 曹某具有间接、变相地非法占有反担保人恒通恒基公司担保财产的目的。本案被告人曹某在没有偿还能力的情况下，采取伪造、虚构购销合同事实，隐瞒真相的手段与永宁县农信社签订500万元承兑汇票承兑合同，对于承兑汇票承兑合同中的200万元承兑后因其无力如约偿还债务，导致一连串多米诺骨牌效应式连锁反应，先由西北亚公司承担担保从合同义务，后由恒通恒基公司承担反担保从合同的从合同义务，最终使反担保人恒通恒基公司为其承担了200万元损失而得不到追偿。曹某在反担保人恒通恒基公司为其承担200万元承兑汇票债务而无法偿还的情况下，逃之夭夭，表面上看似乎占有的是永宁农信社承兑汇票的承兑款，并非恒通恒基公司的担保款，实质上却是间接、变相地实现了其非法占有恒通恒基公司200万元财物的目的，符合刑法第二百二十四条第四项或者第五项的规定，与直接非法占有主合同相对方财物的性质是一致的。

3. 曹某具有概括的非法占有他人财物的犯罪故意和不确定的犯罪对象，不影响对其合同诈骗罪的定性。曹某诈骗的对象和犯罪故意的内容并非具体明确的，

---

① 最高人民法院刑事审判第一、二、三、四、五庭主办：《刑事审判参考》2010年第5集（总第76集），第645号案例，法律出版社2010年版。

而是相对确定又具体移动可变的，既可能是永宁农信社，也可能是西北亚公司，还可能是反担保人恒通恒基公司，这是由于主从合同连带责任的不确定性所决定的。但是相对确定，并非绝对不确定，其犯罪对象和犯罪故意的内容最终的确定要看谁最终蒙受了损失。谁蒙受了损失，谁就成为其非法占有的受害方。曹某通过一系列担保合同最终使恒通恒基公司蒙受了损失，所以曹某的犯罪对象就最终确定为恒通恒基公司。根据法定符合说原理，曹某诈骗对象和犯罪故意内容的相对不确定性并没有超过其诈骗合同相对方财物所可能指向的对象与故意内容的范围，符合合同诈骗罪的构成特征，应认定构成合同诈骗罪。

（六）一房多卖行为的定性

案例 5－5　王某某合同诈骗案①

争议焦点：如何准确对一房二卖的行为进行刑民界分？

裁判要点：对一房二卖的行为定性，关键在于行为人主观上是否具有非法占有的目的，具体需要综合行为人一房二卖的具体原因、交房的真实意思表示内容、行为人是否具有调剂交房的能力以及清偿相关债务的能力等方面的事实进行认定。特别是在售房款没有被个人挥霍、占有而是用于继续经营的情况下，对一房二卖行为人非法占有目的的认定更要审慎把握。

在对一房二卖行为人是否具有非法占有他人财物的目的进行分析、认定时，要重点考察一房二卖的具体情由。虽然从表面上，王某某作为普天大有房产公司的实际控制人，实施了一房二卖的行为，非法占有目的似乎不证自明。但实际上，王某某实施这一行为的具体原因有如下几点：(1)王某某认为与唐某达成的以出售 4 套房产为内容的和解协议显失公平，且根据相关民事纠纷情况来看，该说法成立的可能性较大。(2)王某某的公司当时面临经营困境急需资金，该公司与后手再次签订房屋销售合同后，并没有将购房者支付的购房款挥霍，或是用于高风险经营以及其他不当、非法用途，而是用于公司经营和清偿所负债务，这恰恰表明其有继续正常经营的意愿和行为。虽然随后王某某将公司股权、土地等转让他人，未就一房二卖购房合同今后如何实际履行作出明确安排，但双方对债务的承担作了概括的总额约定，不能据此推定王某某此时产生了非法占有他人财物的

① 最高人民法院刑事审判第一、二、三、四、五庭主办：《刑事审判参考》2014 年第 2 集（总第 97 集），第 961 号案例，法律出版社 2014 年版。

故意。(3)就普天大有房产公司与李某的一房二卖行为,普天大有房产公司在作出该决定时即决定为李某调剂房源,且具备调剂房源的能力。(4)本案侦查机关未就普天大有公司一房二卖是否已经给他人造成经济损失提供证据,难以认定王某某的非法占有的主观目的。

(七)正确区分本罪中的单位犯罪和个人犯罪

《最高人民法院关于审理单位犯罪案件具体应用法律有关问题的解释》(法释〔1999〕14 号,1999 年 7 月 3 日施行)

第一条　刑法第三十条规定的公司、企业、事业单位,既包括国有、集体所有的公司、企业、事业单位,也包括依法设立的合资经营、合作经营企业和具有法人资格的独资、私营等公司、企业、事业单位。

第二条　个人为进行违法犯罪活动而设立的公司、企业、事业单位实施犯罪的,或者公司、企业、事业单位设立后,以实施犯罪为主要活动的,不以单位犯罪论处。

第三条　盗用单位名义实施犯罪,违法所得由实施犯罪的个人私分的,依照刑法有关自然人犯罪的规定定罪处罚。

案例 5－6　刘某某合同诈骗案①

争议焦点:本案的诈骗行为应认定为单位犯罪还是刘某某个人犯罪?

裁判要点:单位亦可构成合同诈骗犯罪的主体。本案中,刘某某实施的行为主要是以天陟公司的名义进行的,但刘某某申请成立天陟公司后,该公司并无其他业务,只以本案涉及的事实投资为主要活动,依据《最高人民法院关于审理单位犯罪案件具体应用法律有关问题的解释》第二条“个人为进行违法犯罪活动而设立的公司、企业、事业单位实施犯罪的,或者公司、企业、事业单位设立后,以实施犯罪为主要活动的,不以单位犯罪论处”的规定,对刘某某以该公司名义实施的上述行为依法应当认定为其个人犯罪。

---

① 最高人民法院刑事审判第一、二、三、四、五庭主办:《刑事审判参考》2010 年第 5 集(总第 76 集),第 646 号案例,法律出版社 2010 年版。

案例5-7 周某合同诈骗案[①]

争议焦点:如何理解和把握一人公司单位犯罪主体的认定?

裁判要点:刑法设置单位犯罪,根本上是因为单位具有独立的人格,具有独立于管理人或者所有人的意志。单位经集体决定或者负责人决定,为了单位利益而实施危害社会的行为,其本质是单位自己的行为而不仅仅是直接责任人的行为,应当由单位自己负责。与一般公司相比,一人公司的特殊性仅仅在于其只有一位出资人,出资人与公司之间容易产生关联交易而导致人格混同,一人公司的人格因为其股东的单一性而具有不稳定性。

判断具体犯罪行为中的一人公司是否具有独立人格,应当根据以下五项标准:第一,是否具有独立的财产利益。公司的财产和出资人的财产必须能够分离,公司的财产状况必须是独立的。第二,是否具有独立的意志。在一人公司的股东与管理人分离的情况下,公司的独立意志是比较明显的。在股东与管理者系一人的情况下,一人公司的意志虽然来源于唯一股东,却与其自然人意志不可混为一谈。公司的意志体现为决策权限的法定性和程序性,如果股东为了公司利益在法律及公司章程规定的职权范围内依照一定程序实施特定行为,则这种行为就应当视为公司的决策而不是股东的个人意志。判断一人公司是否有独立的意志,还要看公司形式是否被滥用,公司的人格只有在法律和公司章程规定的程序中才存在。如果滥用公司形式,违背公司的根本利益或者超出法定权限、程序,则股东的行为意志就与公司的意志相背离,公司就失去了独立的意志,而与股东、管理人员混同,这种情形下显然只需要处罚自然人。第三,是否具有公司法所要求的法人治理结构。依照法律规定,具有独立人格的公司必须要有一定的场所、人员和组织机构,股东行使公司法所规定的职权时必须以书面形式作出并置于公司备案。一人公司只有一个股东,公司行为与股东个人行为容易发生竞合,故公司的经营行为应当以公司的名义进行,一人公司必须拥有独立的名义。只有行为是以公司名义实施,且其目的是追求公司利益或履行公司职责,才能视为单位行为。第四,是否依照章程规定的宗旨运转。一人公司应当有自己的章程和特定宗旨,并在法律允许的范围内追求其利益。其收益首先应对公司所负债务负责,而不是直接转为股东的个人私利。一人公司成立的目的必须是依法从事经营活动,且客观上确实从事了一定的合法经营活动。第五,是否依照法定的条件和程序成立。

① 最高人民法院刑事审判第一、二、三、四、五庭主办:《刑事审判参考》2011年第5集(总第82集),第726号案例,法律出版社2011年版。

(八)民刑交叉案件的处理

《最高人民法院关于在审理经济纠纷案件中涉及经济犯罪嫌疑若干问题的规定》(法释〔1998〕7号,1998年4月29日施行)

第一条　同一公民、法人或其他经济组织因不同的法律事实,分别涉及经济纠纷和经济犯罪嫌疑的,经济纠纷案件和经济犯罪嫌疑案件应当分开审理。

第二条　单位直接负责的主管人员和其他直接责任人员,以为单位骗取财物为目的,采取欺骗手段对外签订经济合同,骗取的财物被该单位占有、使用或处分构成犯罪的,除依法追究有关人员的刑事责任,责令该单位返还骗取的财物外,如给被害人造成经济损失的,单位应当承担赔偿责任。

第三条　单位直接负责的主管人员和其他直接责任人员,以该单位的名义对外签订经济合同,将取得的财物部分或全部占为己有构成犯罪的,除依法追究行为人的刑事责任外,该单位对行为人因签订、履行该经济合同造成的后果,依法应当承担民事责任。

……

第十条　人民法院在审理经济纠纷案件中,发现与本案有牵连,但与本案不是同一法律关系的经济犯罪嫌疑线索、材料,应将犯罪嫌疑线索、材料移送有关公安机关或检察机关查处,经济纠纷案件继续审理。

第十一条　人民法院作为经济纠纷受理的案件,经审理认为不属经济纠纷案件而有经济犯罪嫌疑的,应当裁定驳回起诉,将有关材料移送公安机关或检察机关。

第十二条　人民法院已立案审理的经济纠纷案件,公安机关或检察机关认为有经济犯罪嫌疑,并说明理由附有关材料函告受理该案的人民法院的,有关人民法院应当认真审查。经过审查,认为确有经济犯罪嫌疑的,应当将案件移送公安机关或检察机关,并书面通知当事人,退还案件受理费;如认为确属经济纠纷案件的,应当依法继续审理,并将结果函告有关公安机关或检察机关。

案例5-8　广东黄河实业集团有限公司(以下简称黄河公司)与北京然自中医药科技发展中心(以下简称然自中心)一般股权转让侵权纠纷上诉案①

争议焦点:法定代表人以法人名义与他人签订民事合同涉嫌合同诈骗犯罪的,该法人与他人的民事纠纷如何处理?

裁判要点:刘某某作为然自中心的法定代表人,以然自中心的名义,采取欺诈手段与黄河公司签订民事合同,所获取的款项被然自中心占有。上述事实产生的法律后果是除刘某某个人涉嫌诈骗犯罪外,然自中心与黄河公司之间亦因合同被撤销形成了债权债务关系,然自中心依法应当承担相应的民事责任。根据《最高人民法院关于在审理经济纠纷案件中涉及经济犯罪嫌疑若干问题的规定》第十条的规定,将刘某某涉嫌犯罪的部分移送公安机关,而继续审理本案民事纠纷部分并无不当,然自中心以本案与公安机关认为的犯罪事实基于同一法律关系的上诉理由于法无据。

(九)正确区分合同诈骗罪与普通诈骗罪

案例5-9　王某某合同诈骗案②

争议焦点:以签订虚假的工程施工合同为诱饵骗取钱财的行为是诈骗罪还是合同诈骗罪?

裁判要点:从立法渊源看,合同诈骗罪是从1979年刑法中的诈骗罪分离出来的,合同诈骗罪的构成要件在一定程度上为诈骗罪所包容,二者属于法条竞合,是特别法与一般法的竞合关系。因此,当某行为外观上既符合合同诈骗罪的构成要件,又符合诈骗罪构成要件时,应当根据特别法优于一般法的原则,适用合同诈骗罪的法条,定合同诈骗罪,这是刑法理论和司法实践的共识。

合同诈骗罪与诈骗罪在犯罪构成要件上存在诸多不同:(1)犯罪主体不同。合同诈骗罪的主体可以是单位,诈骗罪的主体只能是自然人。(2)犯罪客体不同。诈骗罪侵犯的是公私财物所有权,合同诈骗罪侵犯的客体为复杂客体,即公

① 《最高人民法院公报》2009年第1期(总第81期),最高人民法院(2008)民二终字第62号民事判决书,http://gongbao. court. gov. cn/Details/9e21f36e72745ea8a2c7b0087edc00. html,最后访问时间:2020年7月1日。

② 最高人民法院刑事审判第一、二、三、四、五庭主办:《刑事审判参考》2006年第4集(总第51集),第403号案例,法律出版社2006年版。

私财物所有权和国家对合同的管理制度。(3)犯罪手段不同。合同诈骗罪只限于利用签订、履行合同的方式和手段进行诈骗,而诈骗罪在手段与方式上则没有限制。当行为人既实施了合同诈骗行为,又实施了普通诈骗行为,而且两种行为都构成犯罪时,就应当适用刑法中数罪并罚的规定,分别定合同诈骗罪和诈骗罪,实行并罚。

另外,准确把握合同诈骗罪中的"合同"在其犯罪构成中的地位和意义,是正确区分合同诈骗罪与诈骗罪的关键。合同诈骗罪作为特殊诈骗犯罪在诈骗方法和对象上有其特定性。首先,合同诈骗罪表现为"利用合同"进行诈骗,也就是说,诈骗行为必须是发生在合同的签订、履行过程中,而不能是在这之前或之后。其次,合同诈骗犯罪的行为人非法占有的财物应当是与合同签订、履行有关的财物,如合同标的物、定金、预付款、担保财产、货款等。如果行为人在与他人签订或履行合同的过程中,以其他与合同无关的事由为借口,骗取他人钱财的,则不是合同诈骗。

在本案中,一方面,被告人王某某假冒国家工作人员、伪造工程批文、假借承揽项目需要活动经费的名义骗取他人财物的行为都是在签订合同之前实施的,即在与被害人签订所谓施工承包合同之前,王某某的诈骗行为已经实施完毕,被害人的财物已经被王某某非法占有,其虚构事实骗取钱财的犯罪目的已经实现;另一方面,被告人王某某非法获取的被害人钱财是所谓的活动经费,其诈取钱财的行为并没有伴随合同的签订、履行,其非法侵占的财物亦不是合同的标的物或其他与合同相关的财物。虽然王某某事后也与他人签订了一个虚假的工程施工承包合同,但这仅仅是掩盖其诈骗行为的手段,而不是签订、履行合同的附随结果,是否签订合同已经并不能影响其骗取财物行为的完成。从以上两个方面可以看出,无论是从骗取财物的手段上,还是从骗取财物的性质上,被告人王某某的行为均不符合合同诈骗罪的构成要件,不能认定为合同诈骗罪。

案例5－10 陈某某等合同诈骗案[①]

争议焦点:以适格农民名义低价购买国家补贴农机并出售赚取差价的行为是否构成犯罪?如构成犯罪,是构成诈骗罪、合同诈骗罪还是非法经营罪?

① 最高人民法院刑事审判第一、二、三、四、五庭主办:《刑事审判参考》2015年第1集(总第102集),第1056号案例,法律出版社2016年版。

裁判要点：被告人陈某某、胡某某、彭某某以非法占有为目的，采取欺骗手段，以符合农机补贴条件的农民名义，与农机主管部门签订购机补贴协议，以低价购得农机具并出售，骗取国家的农机购置补贴款，行为构成诈骗罪。

1. 被告人陈某某的行为不构成非法经营罪。非法经营罪以行为人违反国家规定为前提。虽然财政部、农业农村部联合下发的《农业机械购置补贴专项资金使用管理暂行办法》规定，农户自购买享受补贴的农机具之日起，原则上两年内不得转卖或者转让，但是这一规定文件不属于刑法第二百二十五条的“国家规定”。根据《最高人民法院关于准确理解和适用刑法中“国家规定”的有关问题的通知》的规定，刑法中的“国家规定”是指：全国人民代表大会及其常务委员会制定的法律和决定，国务院制定的行政法规、规定的行政措施、发布的决定和命令。其中，“国务院规定的行政措施”应当由国务院决定，通常以行政法规或者国务院制发文件的形式加以规定。

2. 三被告人的行为不构成合同诈骗罪。根据刑法第二百二十四条的规定，合同诈骗罪的特征是“在签订、履行合同过程中，骗取对方当事人财物”。本案中，三被告人以符合农机补贴条件的农民名义，与农机销售商签订农机购买合同，农机销售商按照农机市场价收取了购机款，可见，农机销售商没有被诈骗。三被告人诈骗的对象不是购买合同一方当事人——农机销售商，也不是另一方当事人——农户，而是国家。有观点认为，三被告人以符合农机补贴条件的农民名义，与农机主管部门签订购机补贴协议，骗取了国家的农机购置补贴款，构成合同诈骗罪。我们认为，合同诈骗罪中的“合同”必须能够体现一定的市场秩序，与市场秩序无关以及主要不受市场调整的各种“合同”“协议”，通常情况下不应视为合同诈骗罪中的“合同”。被告人陈某某等人以农户名义与农机主管部门签订的购机补贴协议不受市场秩序制约，不属于合同诈骗罪中的“合同”。

3. 被告人陈某某、胡某某、彭某某的行为构成诈骗罪。首先，三被告人主观上具有非法占有的目的。三被告人以符合农机补贴条件的农民名义，与农机主管部门签订购机补贴协议，主观上就是为了低价购得农机具，从而骗取国家的农机购置补贴款。其次，被告人采取了欺骗的手段。向农机主管部门申请购买享受政府补贴的农机的主体、程序表面上看起来都是合法的，其实相关政府部门受到了欺瞒，并不知道真正购买享受政府补贴农机的主体不是符合农机补贴条件的农民，而是不符合农机补贴条件的被告人。再次，被告人骗取了财物，即国家发放的农机补贴款。三被告人表面上似乎没有直接取得国家的农机补贴款，但经过省级财政部门与农机销售商结算农机补贴款后,被告人已实质占有农机补贴款。最后,陈某某等人的行为具有应受刑罚惩罚性,不宜仅予行政处理。农户自购买享受政府补贴的农机之日起两年内转让的,属于违规行为;农户违规转让享受政府补贴的农机,他人受让的,行政机关可以使用行政手段进行规制。但是,本案中,真正购买享受政府补贴农机的主体并非符合农机补贴条件的农民,而是被告人。各被告人以欺骗手段倒卖农机多台,违法所得数额巨大或者较大,具有严重的社会危害性,司法机关对其行为追究刑事责任是适当的。

(十)正确区分合同诈骗罪与金融类诈骗罪

案例5-11　秦某虚报注册资本、合同诈骗案①

争议焦点:骗取他人担保申请贷款的,构成贷款诈骗罪还是合同诈骗罪?

裁判要点:按照我国刑法学界的通说,在一定条件下,犯罪客体对认定犯罪的性质、分清此罪与彼罪的界限,具有决定性的意义,而犯罪对象往往是犯罪客体的表现形式。因此,通过区别犯罪客体和犯罪对象,可以准确界定通过向银行贷款骗取担保人财产的行为性质。根据刑法第二百二十四条的规定,合同诈骗罪是指以非法占有为目的,在签订、履行合同过程中,骗取对方当事人的财物,数额较大的行为,其侵犯的是复杂客体,即公私财产所有权和社会主义市场秩序,犯罪对象为对方当事人的财物。根据刑法第一百九十三条的规定,贷款诈骗罪,是指以非法占有为目的,诈骗银行或者其他金融机构的贷款,数额较大的行为,其侵犯的也是复杂客体,即金融机构的财产所有权和国家正常的金融秩序,犯罪对象为金融机构的贷款。

我们认为,通过向银行贷款的方式骗取担保人财产的行为,表面上看是骗取银行贷款,实际上侵害的是担保人的财产权益,犯罪对象并非银行贷款而是担保合同一方当事人的财产,对此种行为应以合同诈骗罪论处。银行等金融机构为了确保所贷出的款项安全可靠,一般均要求借款人在申请贷款时提供必要的担保。担保人作为借款合同中的第三人,在借贷人不能偿还贷款本息时负责偿还贷款本息(一般担保)或承担与借款人共同偿还贷款的连带责任(连带担保)。行为人虚构事实骗取银行与担保人的信任,非法占有钱款后,银行可依据担保合同从担

---

① 最高人民法院刑事审判第一庭、第二庭编:《刑事审判参考》2005年第4集(总第45集),第352号案例,法律出版社2006年版。

保人处获取担保,而担保人则是银行债务的实际承担者,受侵害的往往是担保人。即使担保人因某种客观原因,如破产等情况导致无法偿还担保,银行的债权无法实现,从而权益受到实际侵害,但只要担保人与银行之间所订立的担保合同具有法律效力,银行与担保人之间就成立债权、债务关系,法律关系的最终落脚点和行为侵害对象就应认定是担保人而非银行。当然,如果行为人提供虚假担保或者重复担保,骗取银行或者其他金融机构贷款的,则符合贷款诈骗罪的构成要件,理应以贷款诈骗罪论处。

案例 5-12　季某票据诈骗、合同诈骗案①

争议焦点:骗取货物后以空头支票付款的行为如何定罪?

裁判要点:1. 票据诈骗罪、合同诈骗罪与诈骗罪在构成要件上的不同。票据诈骗罪在客体上侵犯的是国家对票据的管理制度,在客观上仅限于使用本票、汇票和支票骗取数额较大的公私财物的行为。合同诈骗罪侵犯的客体是国家对合同的管理制度,在客观上限于在签订、履行合同过程中进行诈骗的行为。票据诈骗罪、合同诈骗罪与诈骗罪之间属于包含关系,票据诈骗罪与合同诈骗罪之间是一种交叉关系。对于法条竞合的处理,刑法没有明确规定,但在刑法理论上,一般认为应择一重处断,即按照刑法规定的法定刑较重的法条定罪处刑;如数个法条的法定刑相同,则按照特别法优于普通法的原则,以特别法的法条定罪处刑。由于 1997 年刑法规定的金融诈骗罪的法定刑重于诈骗罪,合同诈骗罪的法定刑与诈骗罪基本相同,因此,自 1997 年刑法施行以后,对于实施金融诈骗或者利用合同进行诈骗,构成犯罪的行为,不应当再笼统以诈骗罪定罪处罚。

2. 骗取货物与使用空头支票付款的先后不应影响票据诈骗罪的成立。我们认为,季某骗取易高公司的电脑和瑞协公司的啤酒,均是采取"签发空头支票"支付货款的手段实施的。其签发空头支票是在骗取财物之前还是之后,不应当影响票据诈骗罪的成立。因为,行为人完成诈骗犯罪的行为是在其签发空头支票之后,而其一旦完成整个诈骗犯罪行为,其诈骗犯罪的具体行为、侵犯的客体才能最终确定,因此被告人无论是在取得货物之前、同时还是之后签发空头支票,其行为不仅侵犯了普通诈骗罪中他人公私财物所有权这一共同客体,更主要的是还侵

① 最高人民法院刑事审判第一庭、第二庭编:《刑事审判参考》2001 年第 4 辑(总第 15 辑),第 96 号案例,法律出版社 2001 年版。

犯了国家对票据的管理制度这一特殊客体，符合票据诈骗罪的特征。从另一个角度看，行为人先得到商品的行为，尚不能独立构成犯罪，因此，也就不能仅以此即确定其行为特征，进而确定其具体罪名。当然，季某骗取瑞协公司的啤酒，同时利用了购销合同，形式上也触犯了刑法第二百二十四条的规定，构成合同诈骗罪。但如前所述，对这种情形的法条竞合，应按照特别法条优于普通法条的原则，选择适用特别法条，对被告人季某，应以票据诈骗罪定罪处刑。

（十一）正确区分合同诈骗罪与职务侵占罪

案例5－13　虞某某职务侵占案[①]

争议焦点：利用代理公司业务的职务之便将签订合同所得之财物占为己有的，应定职务侵占罪还是合同诈骗罪？

裁判要点：被告人虞某某的行为应当认定为职务侵占罪。合同诈骗罪和职务侵占罪从本质上看都属侵财型犯罪，但在客观方面，具有明显区别：一是行为手段不同，合同诈骗罪是在签订、履行合同中利用各种典型欺骗方法，而职务侵占罪的行为手段则突出行为人利用职务上的便利；二是犯罪对象不同，合同诈骗罪的犯罪对象是合同对方当事人的财物，职务侵占罪的犯罪对象是本单位财物。本案中：

1. 虞某某侵占的是本单位财物而非合同相对人财物。虞某某是金维公司专门负责原材料采购的副总经理，有权直接代表公司购进生产原材料。案发前虞某某已多次代表金维公司向锦纶厂采购原材料，其采用的口头订货方式及赊购的结算方式，足以反映虞某某在采购原材料方面具有的充分、完全的职权及代理权。因此虞某某于2005年1月再次以公司名义从锦纶厂订购38吨已内酰胺的行为，应属职务行为及有权代理，两公司间成立有效、合法的买卖合同。根据《民法通则》及《合同法》的相关规定，38吨货物的所有权从锦纶厂交货之时起转移给金维公司所有。因而，后来为虞某某所支配并擅自处置的35吨已内酰胺及最后变现的702000元人民币，均是金维公司依法所有的财物，侵犯的是本单位的财物所有权。

2. 虞某某擅自支配35吨货物并占有其变现后的部分金钱，是利用了其代理

---

① 最高人民法院刑事审判第一、二、三、四、五庭主办：《刑事审判参考》2008年第2集（总第61集），第484号案例，法律出版社2008年版。

公司业务的职务之便。从本案事实考察,被告人虞某某非法占有财物目的的实现是以其所担任的公司职务为保障的。具体来说,表现在:一是根据金维公司一贯允许的惯例做法,虞某某作为公司副总经理有权决定将所订购的货物不通过本公司而直接转手卖给他人。二是虞某某有权直接代表金维公司向劲大公司等买主收取货款,然后再交付公司。

3. 虞某某在签订、履行合同过程中,并没有实施明显的诈骗行为。就锦纶厂而言,其交付38吨货物,并非由于受到虞某某的欺骗而交货,而是基于对虞某某职务行为的肯定及对金维公司所具履行能力的信任,其交付货物行为并非基于被骗,虞某某没有实施"虚构事实,隐瞒真相"的行为。

(十二)同时包含既遂部分和未遂部分的合同诈骗罪的量刑处理

案例5-14　王某某合同诈骗案①

争议焦点:行为既遂部分与未遂部分并存且分别构成犯罪的,如何准确量刑?

裁判要点:本案的争议焦点主要是:根据诈骗总数额100万元确定法定刑幅度,还是根据既遂数额30万元抑或是未遂数额70万元确定法定刑幅度。

刑法第二十三条第二款规定:"对于未遂犯,可以比照既遂犯从轻或者减轻处罚。"以往,在全案只有未遂或者既未遂并存但既遂部分不够入罪标准,或者既未遂并存且均单独构成犯罪的情况下,比较普遍的做法是先按照犯罪(总)数额确定法定刑幅度,然后认定全案未遂,将未遂作为量刑情节,比照既遂犯确定从宽的幅度,决定从轻或者减轻处罚。但最高人民法院、最高人民检察院于2011年3月联合出台的《关于办理诈骗刑事案件具体应用法律若干问题的解释》第六条规定:"诈骗既有既遂,又有未遂,分别达到不同量刑幅度的,依照处罚较重的规定处罚;达到同一量刑幅度的,以诈骗罪既遂处罚。"这一条确定了不以既未遂累计的犯罪总数额确定法定刑幅度,而以既遂部分和未遂部分分别对应的法定刑幅度择一重处的处理原则。尽管司法解释没有明确办理合同诈骗案件是否贯彻这一原则,但按照在没有特殊规定的情况下,对于同类问题应当同样处理的惯例,(在合同诈骗案件中)也应当贯彻这一原则。

---

① 最高人民法院刑事审判第一、二、三、四、五庭主办:《刑事审判参考》2015年第1集(总第100集),第1020号案例,法律出版社2015年版。

三、取证指引

(一)主体证据

本罪的主体是一般主体,即行为人系年满十六周岁、具有刑事责任能力的自然人,单位也可以构成本罪。主体证据可以参考本书第一讲“高利转贷罪”有关“主体证据”的相关内容。

对于实践中以单位名义实施的合同诈骗,要重点查明所谓的单位是否真实存在、是否冒用了他人单位的名义、是否是为了实施违法犯罪而设立的单位、单位设立后是否是以实施犯罪为主要活动、是否属于名为单位实为个人以及犯罪所得是否归单位所有等问题,以正确区分实施诈骗行为的主体是单位还是自然人①。

(二)主观方面证据

本罪需要证明行为人在主观上具有故意且应“以非法占有为目的”。由于对主观动机和目的的认定需要通过客观行为来体现和推定,因此在认定行为人主观方面时,不能仅仅依赖言词证据,而应坚持主客观一致的原则,根据案件具体情况,结合其他客观证据综合认定。具体而言,包括如下证据:

(1)行为人的供述和辩解,证实合同签订、履行的过程、作案动机、预谋过程、虚构事实或隐瞒真相的具体手段和过程、占有他人财物的过程及赃款去向、是否有偿还能力等。

(2)证人证言,包括合同相对方、参与合同履行签订过程的有关人员的证言,证实合同诈骗的过程及造成他人经济损失的后果。

(3)物证、书证、鉴定意见等,主要包括公章、合同、委托书、工作证、票据、账本、往来资金流水、邮件、现金、现金款物、鉴定意见、有权部门的证明说明、短信通话记录等,用以证实行为人对合同相对方作出的虚假意思表示、合同款物的具体使用和去向、行为人是否携款潜逃、被害人因被骗遭受的实际损失等情况。

(三)客观方面证据

刑法第二百二十四条规定了合同诈骗的五类行为方式,其中前四项系具体列举,最后一项为兜底条款“以其他方法骗取对方当事人财物的”。实践中,可以根据

---

① 彭东主编:《公诉案件证据参考标准》(最新修订版),法律出版社2014年版,第233页。

合同诈骗的不同方式,有针对性地取证。本书针对合同诈骗罪在客观方面证据的共性特点,总结如下:

(1)证明行为人与他人存在具有市场经济特征合同关系的证据。如双方签订的书面协议、传真函、电子邮件往来、公司的营业执照及经营范围、收发货的单据、打款记录、合同标的物的实物及照片等,没有书面合同的应该调取能证明存在口头交易的短信、微信、通话记录等材料。

(2)证明行为人在合同签订和履行过程中实施了诈骗行为的证据。如伪造的印章、介绍信、委托书、名片,伪造、变造、作废的票据、空头支票,虚假的财务验资报告、不动产权证,工商、不动产等部门出具的证明、被假冒公司和个人出具的证明材料和证言,证明签名、印章系伪造变造的鉴定意见,证实公司没有履行能力或系空壳公司的审计报告、税务工商资料、银行账户流水,查无此人的工商注册地和人走楼空的经营场所,行为人收到货物、款项后的财物处置情况,货款、预付款、定金被挥霍转移、偿还他人债务、用于非法活动的记录,行为人注销经营单位、搬离办公地址,恶意更换联系方式等逃匿失联的情况。

(3)证明合同相对方存在经济损失且诈骗数额达到较大标准的证据。如赃款、赃物、资金、物品及清单、照片,审计报告、评估报告、会计鉴定,资金转账记录,发货单、提货单、有关票据,担保财产被查封执行的生效法律文书等。

(4)能证明上述情况的犯罪嫌疑人的供述和辩解、证人证言。

第六讲
LECTURE 06

非法经营罪

一、犯罪构成

刑法第二百二十五条　非法经营罪

违反国家规定,有下列非法经营行为之一,扰乱市场秩序,情节严重的,处五年以下有期徒刑或者拘役,并处或者单处违法所得一倍以上五倍以下罚金;情节特别严重的,处五年以上有期徒刑,并处违法所得一倍以上五倍以下罚金或者没收财产:

(一)未经许可经营法律、行政法规规定的专营、专卖物品或者其他限制买卖的物品的;

(二)买卖进出口许可证、进出口原产地证明以及其他法律、行政法规规定的经营许可证或者批准文件的;

(三)未经国家有关主管部门批准非法经营证券、期货、保险业务的,或者非法从事资金支付结算业务的;

(四)其他严重扰乱市场秩序的非法经营行为。

刑法第二百三十一条　单位犯本节罪的处罚

单位犯本节第二百二十一条至第二百三十条规定之罪的,对单位判处罚金,并对其直接负责的主管人员和其他直接责任人员,依照本节各该条的规定处罚。

(一)犯罪主体

本罪的犯罪主体既包括自然人,也包括单位。自然人犯本罪,应为年满十六周岁、有刑事责任能力者。

（二）犯罪客体

本罪规定在刑法第三章“破坏社会主义市场经济秩序罪”中，侵犯的客体是国家的市场管理制度。所谓市场管理秩序，是指国家通过法律、法规等手段对市场主体及其行为予以调整，从而形成的一种稳定、健康、有序的经济状态，是保证市场经济健康发展的必要条件。对破坏稳定、有序的市场秩序，影响市场经济健康运行的行为，需要运用刑法的力量予以制裁。市场管理秩序一般包括特许经营秩序、进出口许可秩序以及其他经营秩序等。

本罪的犯罪对象主要是专营、专卖或限制经营的物品、服务；进出口许可证、进出口原产地证明以及其他法律、法规规定的经营许可证、批准文件等。

（三）犯罪主观方面

本罪在主观方面表现为故意，即明知其行为是扰乱市场秩序的非法经营行为，还依然为之。本罪还要求行为人主观上具有经营牟利的目的。

（四）犯罪客观方面

本罪的客观行为表现为：违反国家规定，非法经营、扰乱市场秩序，并且情节严重。

“违反国家规定”是成立本罪的前提。何谓“国家规定”呢？刑法第九十六条规定：“本法所称违反国家规定，是指违反全国人民代表大会及其常务委员会制定的法律和决定，国务院制定的行政法规、规定的行政措施、发布的决定和命令。”因此，国务院下属部门或地方政府出台的规范性文件并不是非法经营罪中的“国家规定”，但实践中对于国务院批转的下属部门的规章一般认为也属于刑法范畴下的“国家规定”。

“非法经营、扰乱市场秩序”，根据刑法第二百二十五条的规定，主要有四类：(1)未经许可经营法律、行政法规规定的专营、专卖物品或者其他限制买卖的物品的，即未经有关有关部门批准，经营食盐、烟草等必须由专门机构经营或化肥、农药等限制经营的物品。(2)买卖进出口许可证、进出口原产地证明以及其他法律、行政法规规定的经营许可证或者批准文件的。(3)未经国家有关主管部门批准非法经营证券、期货、保险业务的，或者非法从事资金支付结算业务的，其中“非法经营证券、期货、保险业务”是1999年《刑法修正案》第八条增加的内容,《刑法修正案(七)》又补充增加了“非法从事资金支付结算业务”的行为方式,以保护金融领域正常的市场管理秩序。(4)其他严重扰乱市场秩序的非法经营行为,该规定是兜底条款,以解决立法有限而社会生活不断发展变化之间的矛盾,目前有关法律法规和司法解释已明确作为其他非法经营行为处理的行为有10余种。学界对该条款的研究讨论颇多,有担心该兜底条款被不当扩大适用成为“小口袋罪”之忧。

“情节严重”,是指非法经营行为必须达到“情节严重”的程度,才构成犯罪。关于“情节严重”的具体标准,可参见2010年《最高人民检察院、公安部关于公安机关管辖的刑事案件立案追诉标准的规定(二)》第七十九条,主要以非法经营额、非法获利额为判断基础。

二、常见疑难问题

(一)非法经营行为“违反国家规定”的认定

《最高人民法院关于准确理解和适用刑法中“国家规定”的有关问题的通知》(法发〔2011〕155号,2011年4月8日施行)

一、根据刑法第九十六的规定,刑法中的“国家规定”是指,全国人民代表大会及其常务委员会制定的法律和决定,国务院制定的行政法规、规定的行政措施、发布的决定和命令。其中,“国务院规定的行政措施”应当由国务院决定,通常以行政法规或者国务院制发文件的形式加以规定。以国务院办公厅名义制发的文件,符合以下条件的,亦应视为刑法中的“国家规定”:(1)有明确的法律依据或者同相关行政法规不相抵触;(2)经国务院常务会议讨论通过或者经国务院批准;(3)在国务院公报上公开发布。

二、各级人民法院在刑事审判工作中,对有关案件所涉及的“违反国家规定”的认定,要依照相关法律、行政法规及司法解释的规定准确把握。对于规定不明确的,要按照本通知的要求审慎认定。对于违反地方性法规、部门规章的行为,不得认定为“违反国家规定”。对被告人的行为是否“违反国家规定”存在争议的,应当作为法律适用问题,逐级向最高人民法院请示。

（二）非法买卖外汇行为的定性

《全国人民代表大会常务委员会关于惩治骗购外汇、逃汇和非法买卖外汇犯罪的决定》（主席令第14号，1998年12月29日施行）

四、在国家规定的交易场所以外非法买卖外汇，扰乱市场秩序，情节严重的，依照刑法第二百二十五条的规定定罪处罚。

单位犯前款罪的，依照刑法第二百三十一条的规定处罚。

（三）“非法从事资金支付结算业务”的认定

《最高人民法院、最高人民检察院关于办理非法从事资金支付结算业务、非法买卖外汇刑事案件适用法律若干问题的解释》（法释〔2019〕1号，2019年2月1日施行）

第一条　违反国家规定，具有下列情形之一的，属于刑法第二百二十五条第三项规定的“非法从事资金支付结算业务”：

（一）使用受理终端或者网络支付接口等方法，以虚构交易、虚开价格、交易退款等非法方式向指定付款方支付货币资金的；

（二）非法为他人提供单位银行结算账户套现或者单位银行结算账户转个人账户服务的；

（三）非法为他人提供支票套现服务的；

（四）其他非法从事资金支付结算业务的情形。

《最高人民检察院关于办理涉互联网金融犯罪案件有关问题座谈会纪要》（高检诉〔2017〕14号，2017年6月1日施行）

18. 支付结算业务（也称支付业务）是商业银行或者支付机构在收付款人之间提供的货币资金转移服务。非银行机构从事支付结算业务，应当经中国人民银行批准取得《支付业务许可证》，成为支付机构。未取得支付业务许可从事该业务的行为，违反《非法金融机构和非法金融业务活动取缔办法》第四条第一款第（三）、（四）项的规定，破坏了支付结算业务许可制度，危害支付市场秩序和安全，情节严重的，适用刑法第二百二十五条第（三）项，以非法经营罪追究刑事责任。具体情形：

（1）未取得支付业务许可经营基于客户支付账户的网络支付业务。无证网络支付机构为客户非法开立支付账户，客户先把资金支付到该支付账户，再由无证机构根据订单信息从支付账户平台将资金结算到收款人银行账户。

（2）未取得支付业务许可经营多用途预付卡业务。无证发卡机构非法发行可跨地区、跨行业、跨法人使用的多用途预付卡，聚集大量的预付卡销售资金，并根据客户订单信息向商户划转结算资金。

19. 在具体办案时，要深入剖析相关行为是否具备资金支付结算的实质特征，准确区分支付工具的正常商业流转与提供支付结算服务、区分单用途预付卡与多用途预付卡业务，充分考虑具体行为与“地下钱庄”等同类犯罪在社会危害方面的相当性以及刑事处罚的必要性，严格把握入罪和出罪标准。

（四）帮助他人利用信用卡非法套现行为的定性

《最高人民法院、最高人民检察院关于办理妨害信用卡管理刑事案件具体应用法律若干问题的解释》（法释〔2018〕19号，2018年12月1日施行）

第十二条　违反国家规定，使用销售点终端机具（POS机）等方法，以虚构交易、虚开价格、现金退货等方式向信用卡持卡人直接支付现金，情节严重的，应当依据刑法第二百二十五条的规定，以非法经营罪定罪处罚。

实施前款行为，数额在一百万元以上的，或者造成金融机构资金二十万元以上逾期未还的，或者造成金融机构经济损失十万元以上的，应当认定为刑法第二百二十五条规定的“情节严重”；数额在五百万元以上的，或者造成金融机构资金一百万元以上逾期未还的，或者造成金融机构经济损失五十万元以上的，应当认定为刑法第二百二十五条规定的“情节特别严重”。

持卡人以非法占有为目的，采用上述方式恶意透支，应当追究刑事责任的，依照刑法第一百九十六条的规定，以信用卡诈骗罪定罪处罚。

（五）非法发放高利贷行为的定性

《最高人民法院、最高人民检察院、公安部、司法部关于办理非法放贷刑事案件若干问题的意见》（2019年10月21日施行）

一、违反国家规定，未经监管部门批准，或者超越经营范围，以营利为目的，经常性地向社会不特定对象发放贷款，扰乱金融市场秩序，情节严重的，依照刑法第二百二十五条第（四）项的规定，以非法经营罪定罪处罚。

前款规定中的“经常性地向社会不特定对象发放贷款”，是指2年内向不特定多人（包括单位和个人）以借款或其他名义出借资金10次以上。

贷款到期后延长还款期限的，发放贷款次数按照1次计算。

二、以超过36%的实际年利率实施符合本意见第一条规定的非法放贷行为，具有下列情形之一的，属于刑法第二百二十五条规定的“情节严重”，但单次非法放贷行为实际年利率未超过36%的，定罪量刑时不得计入：

（一）个人非法放贷数额累计在200万元以上的，单位非法放贷数额累计在1000万元以上的；

（二）个人违法所得数额累计在80万元以上的，单位违法所得数额累计在400万元以上的；

（三）个人非法放贷对象累计在50人以上的，单位非法放贷对象累计在150人以上的；

（四）造成借款人或者其近亲属自杀、死亡或者精神失常等严重后果的。

具有下列情形之一的，属于刑法第二百二十五条规定的“情节特别严重”：

（一）个人非法放贷数额累计在1000万元以上的，单位非法放贷数额累计在5000万元以上的；

（二）个人违法所得数额累计在400万元以上的，单位违法所得数额累计在2000万元以上的；

（三）个人非法放贷对象累计在250人以上的，单位非法放贷对象累计在750人以上的；

（四）造成多名借款人或者其近亲属自杀、死亡或者精神失常等特别严重后果的。

三、非法放贷数额、违法所得数额、非法放贷对象数量接近本意见第二条规定的“情节严重”“情节特别严重”的数额、数量起点标准，并具有下列情形之一的，可以分别认定为“情节严重”“情节特别严重”：

（一）2年内因实施非法放贷行为受过行政处罚2次以上的；

（二）以超过72%的实际年利率实施非法放贷行为10次以上的。

前款规定中的“接近”，一般应当掌握在相应数额、数量标准的80%以上。

（六）黑恶势力非法放贷构成非法经营罪的，“情节严重”“情节特别严重”的判断标准

《最高人民法院、最高人民检察院、公安部、司法部关于办理非法放贷刑事案件若干问题的意见》（2019 年 10 月 21 日施行）

七、有组织地非法放贷，同时又有其他违法犯罪活动，符合黑社会性质组织或者恶势力、恶势力犯罪集团认定标准的，应当分别按照黑社会性质组织或者恶势力、恶势力犯罪集团侦查、起诉、审判。

黑恶势力非法放贷的，据以认定“情节严重”“情节特别严重”的非法放贷数额、违法所得数额、非法放贷对象数量起点标准，可以分别按照本意见第二条规定中相应数额、数量标准的 50% 确定；同时具有本意见第三条第一款规定情形的，可以分别按照相应数额、数量标准的 40% 确定。

（七）向亲友等特定对象发放高利贷行为的定性

《最高人民法院、最高人民检察院、公安部、司法部关于办理非法放贷刑事案件若干问题的意见》（2019 年 10 月 21 日施行）

四、仅向亲友、单位内部人员等特定对象出借资金，不得适用本意见第一条的规定定罪处罚。但具有下列情形之一的，定罪量刑时应当与向不特定对象非法放贷的行为一并处理：

（一）通过亲友、单位内部人员等特定对象向不特定对象发放贷款的；

（二）以发放贷款为目的，将社会人员吸收为单位内部人员，并向其发放贷款的；

（三）向社会公开宣传，同时向不特定多人和亲友、单位内部人员等特定对象发放贷款的。

（八）非法经营罪中非法放贷数额和违法所得的计算

《最高人民法院、最高人民检察院、公安部、司法部关于办理非法放贷刑事案件若干问题的意见》（2019年10月21日施行）

五、非法放贷数额应当以实际出借给借款人的本金金额认定。非法放贷行为人以介绍费、咨询费、管理费、逾期利息、违约金等名义和以从本金中预先扣除等方式收取利息的，相关数额在计算实际年利率时均应计入。

非法放贷行为人实际收取的除本金之外的全部财物，均应计入违法所得。

非法放贷行为未经处理的，非法放贷次数和数额、违法所得数额、非法放贷对象数量等应当累计计算。

（九）非法放贷构成非法经营罪同时又有其他犯罪行为的定性

《最高人民法院、最高人民检察院、公安部、司法部关于办理非法放贷刑事案件若干问题的意见》（2019年10月21日施行）

六、为从事非法放贷活动，实施擅自设立金融机构、套取金融机构资金高利转贷、骗取贷款、非法吸收公众存款等行为，构成犯罪的，应当择一重罪处罚。

为强行索要因非法放贷而产生的债务，实施故意杀人、故意伤害、非法拘禁、故意毁坏财物、寻衅滋事等行为，构成犯罪的，应当数罪并罚。

纠集、指使、雇佣他人采用滋扰、纠缠、哄闹、聚众造势等手段强行索要债务，尚不单独构成犯罪，但实施非法放贷行为已构成非法经营罪的，应当按照非法经营罪的规定酌情从重处罚。

以上规定的情形，刑法、司法解释另有规定的除外。

（十）非法经营烟草专卖品行为的定性

《最高人民法院、最高人民检察院关于办理非法生产、销售烟草专卖品等刑事案件具体应用法律若干问题的解释》（法释〔2010〕7号，2010年3月26日施行）

第一条第五款　违反国家烟草专卖管理法律法规，未经烟草专卖行政主管部门许可，无烟草专卖生产企业许可证、烟草专卖批发企业许可证、特种烟草专卖经营企业许可证、烟草专卖零售许可证等许可证明,非法经营烟草专卖品,情节严重的,依照刑法第二百二十五条的规定,以非法经营罪定罪处罚。

《最高人民法院关于被告人李明华非法经营请示一案的批复》(〔2011〕刑他字第21号,2011年5月6日施行)

被告人李明华持有烟草专卖零售许可证,但多次实施批发业务,而且从非指定烟草专卖部门进货的行为,属于超范围和地域经营的情形,不宜按照非法经营罪处理,应由相关主管部门进行处理。

(十一)非法经营食盐行为的定性

《最高人民检察院关于办理非法经营食盐刑事案件具体应用法律若干问题的解释》(高检发释字〔2002〕6号,2002年9月13日施行)

第一条　违反国家有关盐业管理规定,非法生产、储运、销售食盐,扰乱市场秩序,情节严重的,应当依照刑法第二百二十五条的规定,以非法经营罪追究刑事责任。

第二条　非法经营食盐,具有下列情形之一的,应当依法追究刑事责任:

(一)非法经营食盐数量在二十吨以上的;

(二)曾因非法经营食盐行为受过二次以上行政处罚又非法经营食盐,数量在十吨以上的。

第三条　非法经营食盐行为未经处理的,其非法经营的数量累计计算;行为人非法经营行为是否盈利,不影响犯罪的构成。

《最高人民法院关于被告人缪绿伟非法经营一案的批复》(〔2008〕刑他字第86号,2008年11月28日施行)

《盐业管理条例》第二十条虽然规定盐的批发业务由各级盐业公司统一经营,但并无相应法律责任的规定。1995年国家计委、国家经贸委下发的《关于改进工业盐供销和价格管理办法的通知》明确取消了工业盐准运证和准运章制度,工业盐已不再属于国家限制买卖的物品。因此,被告人缪绿伟经营工业盐的行为不构成非法经营犯罪。

（十二）非法经营药品行为的定性

《最高人民法院、最高人民检察院关于办理危害药品安全刑事案件适用法律若干问题的解释》（法释〔2014〕14 号，2014 年 12 月 1 日施行）

第七条　违反国家药品管理法律法规，未取得或者使用伪造、变造的药品经营许可证，非法经营药品，情节严重的，依照刑法第二百二十五条的规定以非法经营罪定罪处罚。

以提供给他人生产、销售药品为目的，违反国家规定，生产、销售不符合药用要求的非药品原料、辅料，情节严重的，依照刑法第二百二十五条的规定以非法经营罪定罪处罚。

实施前两款行为，非法经营数额在十万元以上，或者违法所得数额在五万元以上的，应当认定为刑法第二百二十五条规定的“情节严重”；非法经营数额在五十万元以上，或者违法所得数额在二十五万元以上的，应当认定为刑法第二百二十五条规定的“情节特别严重”。

实施本条第二款行为，同时又构成生产、销售伪劣产品罪、以危险方法危害公共安全罪等犯罪的，依照处罚较重的规定定罪处罚。

（十三）非法生产销售国家禁止用于食品生产、销售的非食品原料行为的定性

《最高人民法院、最高人民检察院关于办理危害食品安全刑事案件适用法律若干问题的解释》（法释〔2013〕12 号，2013 年 5 月 4 日施行）

第十一条　以提供给他人生产、销售食品为目的，违反国家规定，生产、销售国家禁止用于食品生产、销售的非食品原料，情节严重的，依照刑法第二百二十五条的规定以非法经营罪定罪处罚。

违反国家规定，生产、销售国家禁止生产、销售、使用的农药、兽药，饲料、饲料添加剂，或者饲料原料、饲料添加剂原料，情节严重的，依照前款的规定定罪处罚。

实施前两款行为，同时又构成生产、销售伪劣产品罪，生产、销售伪劣农药、兽药罪等其他犯罪的，依照处罚较重的规定定罪处罚。

（十四）私设生猪屠宰场行为的定性

《最高人民法院、最高人民检察院关于办理危害食品安全刑事案件适用法律若干问题的解释》（法释〔2013〕12号，2013年5月4日施行）

第十二条　违反国家规定，私设生猪屠宰厂（场），从事生猪屠宰、销售等经营活动，情节严重的，依照刑法第二百二十五条的规定以非法经营罪定罪处罚。

实施前款行为，同时又构成生产、销售不符合安全标准的食品罪，生产、销售有毒、有害食品罪等其他犯罪的，依照处罚较重的规定定罪处罚。

（十五）在灾害期间哄抬物价牟取暴利行为的定性

《最高人民法院、最高人民检察院关于办理妨害预防、控制突发传染病疫情等灾害的刑事案件具体应用法律若干问题的解释》（法释〔2003〕8号，2003年5月15日施行）

第六条　违反国家在预防、控制突发传染病疫情等灾害期间有关市场经营、价格管理等规定，哄抬物价、牟取暴利，严重扰乱市场秩序，违法所得数额较大或者有其他严重情节的，依照刑法第二百二十五条第（四）项的规定，以非法经营罪定罪，依法从重处罚。

（十六）擅自经营国际、港澳台电信业务行为的定性

《最高人民法院关于审理扰乱电信市场管理秩序案件具体应用法律若干问题的解释》（法释〔2000〕12号，2000年5月24日施行）

第一条　违反国家规定，采取租用国际专线、私设转接设备或者其他方法，擅自经营国际电信业务或者涉港澳台电信业务进行营利活动，扰乱电信市场管理秩序，情节严重的，依照刑法第二百二十五条第（四）项的规定，以非法经营罪定罪处罚。

（十七）出版、印刷、复制、发行非法出版物行为的定性

《最高人民法院关于审理非法出版物刑事案件具体应用法律若干问题的解释》（法释〔1998〕30号，1998年12月23日施行）

第十一条 违反国家规定，出版、印刷、复制、发行本解释第一条至第十条规定以外的其他严重危害社会秩序和扰乱市场秩序的非法出版物，情节严重的，依照刑法第二百二十五条第（三）项的规定，以非法经营罪定罪处罚。

（十八）生产、销售赌博机行为的定性

《最高人民法院、最高人民检察院、公安部关于办理利用赌博机开设赌场案件适用法律若干问题的意见》（公通字〔2014〕17号，2014年3月26日施行）

四、关于生产、销售赌博机的定罪量刑标准

以提供给他人开设赌场为目的，违反国家规定，非法生产、销售具有退币、退分、退钢珠等赌博功能的电子游戏设施设备或者其专用软件，情节严重的，依照刑法第二百二十五条的规定，以非法经营罪定罪处罚。

（十九）有偿删帖、发布网络虚假信息行为的定性

《最高人民法院、最高人民检察院关于办理利用信息网络实施诽谤等刑事案件适用法律若干问题的解释》（法释〔2013〕21号，2013年9月10日施行）

第七条 违反国家规定，以营利为目的，通过信息网络有偿提供删除信息服务，或者明知是虚假信息，通过信息网络有偿提供发布信息等服务，扰乱市场秩序，具有下列情形之一的，属于非法经营行为"情节严重"，依照刑法第二百二十五条第（四）项的规定，以非法经营罪定罪处罚：

（一）个人非法经营数额在五万元以上，或者违法所得数额在二万元以上的；

（二）单位非法经营数额在十五万元以上，或者违法所得数额在五万元以上的。

实施前款规定的行为，数额达到前款规定的数额五倍以上的，应当认定为刑法第二百二十五条规定的"情节特别严重"。

（二十）非法经营的违法所得的认定

《最高人民法院研究室关于非法经营罪中“违法所得”认定问题的研究意见》（公通字〔2014〕17号，2014年3月26日施行）

非法经营罪中的“违法所得”，应是指获利数额，即以行为人违法生产、销售商品或者提供服务所获得的全部收入（即非法经营数额），扣除其直接用于经营活动的合理支出部分后剩余的数额。

三、取证指引

非法经营犯罪案件具有以下特点：

（1）案件数量多，涉案金额大。

（2）非法经营侵害的领域不断扩大，行为手段也翻新多变。传统的非法经营犯罪所侵害的领域主要是烟草、食盐、外汇、出版等行业，近几年随着社会生活的快速变化和互联网行业的快速发展，出现了多种新型非法经营行为，如非法经营电信宽带、非法经营股票咨询、非法帮助他人进行信用卡套现、非法发放高利贷、开设黑网吧、在网络平台非法炒卖黄金期货、在网络平台散布虚假信息或有偿删帖等。

（3）新型案件情节更为复杂，涉及面更广，隐蔽性更强，对取证提出了更高的要求。其中，认定非法经营的数额是取证的难点。

（4）各地认定标准不一。各地各部门对同类经营行为是否属于“专营、专卖”，是否“违反国家规定”的认识并不一致，由此带来认定非法经营罪的地区差异。

（5）实践中非法经营罪有滥用的风险。为了应对不断变化的现实生活，刑法第二百二十五条第四款“其他严重扰乱市场秩序的非法经营行为”规定了一项非法经营行为的兜底条款。然而，现实生活中，或是源于严厉打击犯罪的重刑理念，或是出于案件定性难或案件证据不充分的现实制约，或是出于偏爱“兜底”条款的惯性思维，公安机关往往会对非法经营罪第四款作扩张解释，造成滥用非法经营罪的局面。由此也导致非法经营罪案件中，法院认定不构罪的情形颇为常见。

（一）主体证据

本罪的主体既包括自然人，也包括单位。有关自然人和单位的主体证据内容可参考本书第一讲“高利转贷罪”中关于“主体证据”的相关内容。

（二）主观方面证据

主观方面证据是指反映犯罪嫌疑人明知未经有关部门批准、许可却擅自经营的主观心态证据。主要的证据种类包括：

（1）犯罪嫌疑人的供述和辩解，确定其犯罪的动机、起意的过程、谋划的具体内容，以此证明其对从事的经营活动性质、需经有关部门许可等事项存在明确认知，挖掘出其非法牟利的主观目的。

（2）单位财务人员、经手员工的证人证言，以此证明其犯罪经过、犯罪手段，从而反映其主观上的故意和牟利的动机。

（3）单位犯罪的，还需要收集和提取单位的法定代表人、直接主管人员和其他直接负责人员的供述、单位集体讨论记录、签批文件、单位账目及有关证人证言等证据，以证实非法经营行为系由单位集体研究决定，或者由单位的负责人或被授权的其他人员决定同意的，谋取的不正当利益或违法所得大部分归单位所有。

（三）客观方面证据

客观方面证据是指能证明犯罪嫌疑人违反国家规定，实施了非法经营行为，并扰乱市场秩序达到情节严重的证据。主要证据包括：

（1）经营行为违反国家规定的证据，主要表现为书证，如法律、行政法规、国务院的决定命令中关于某类物品、服务实施特许经营或限制经营的规定；从事非法经营的行为人或单位的营业执照、工商登记资料、许可证，有关国家部门出具的证明材料等，证实其经营活动未取得相应的批准、许可；有关国家机关对非法经营活动作出的行政处罚书、缴纳罚款通知书等。

（2）行为人实施了非法经营行为的证据，主要证据包括：物证，如被查获的非法经营物品，如香烟、食盐，实施非法经营的机器设备等；书证，如合同、收据、借条、欠条、发票、转账记录、银行流水、相关的账册、汇票等，用以证实非法经营的销售数额、价格、金额、获利情况等；犯罪嫌疑人、被告人的供述和辩解，证实其实施非法经营活动的时间、地点、参与人、经营的业务种类、实施的经营手段和方法、非法经营的物品数量、销售数额、营利数额、违法所得数额等；知情人和参与人的证人证言，证实其知情或参与的非法经营活动的开展情况；现场勘查笔录及照片、搜查笔录、扣押物品清单及照片，证实查获的作案工具、销售现场、营业现场和仓储现场的情况。

(3)非法经营行为情节严重的证据，主要证据包括：犯罪嫌疑人、被告人的供述和辩解，知情人和参与人的证人证言，账册、记账凭证、汇票、交易记录、银行账户往来、司法会计鉴定意见等，证实非法经营的数量、价格、营利数额和违法所得数额。

第七讲
LECTURE 07

强迫交易罪

一、犯罪构成

> **刑法第二百二十六条　强迫交易罪**
>
> 以暴力、威胁手段,实施下列行为之一,情节严重的,处三年以下有期徒刑或者拘役,并处或者单处罚金;情节特别严重的,处三年以上七年以下有期徒刑,并处罚金:
>
> (一)强买强卖商品的;
>
> (二)强迫他人提供或者接受服务的;
>
> (三)强迫他人参与或者退出投标、拍卖的;
>
> (四)强迫他人转让或者收购公司、企业的股份、债券或者其他资产的;
>
> (五)强迫他人参与或者退出特定的经营活动的。

(一)犯罪主体

本罪的犯罪主体既包括自然人,也包括单位;既可以是商品和服务的销售者、提供者,也可以是商品和服务的购买者和享受者。自然人犯本罪,应为年满十六周岁、有刑事责任能力者。

(二)犯罪客体

本罪侵犯的客体是自愿、平等、公正的市场交易秩序。与抢劫罪、敲诈勒索罪等侵犯财产犯罪不同的是,虽然本罪也具有以暴力、威胁作手段的特征,但强迫交易的基础还是真实的交易经营活动,只是交易经营活动违背了其中一方的自由意愿而已，突出表现为强买强卖，因此本罪主要侵犯的是正常的市场交易秩序，破坏了市场公平交易原则，这也是本罪列入刑法第三章“破坏社会主义市场经济秩序罪”的原因。

（三）犯罪主观方面

本罪在主观上只能由直接故意构成。从司法实践看，强迫交易罪的行为人一般有贪图利益的动机。

（四）犯罪客观方面

本罪的客观行为表现为以暴力、威胁的手段强迫交易，情节严重的行为。

所谓暴力，是指对他人身体实施殴打、捆绑等人身强制手段，而威胁主要是指对他人实施恐吓、要挟等精神强制手段。暴力、威胁手段都能够让对方产生心理强制，从而在违背自身意愿的情况下进行交易或不交易。暴力、威胁的对象既可以是交易、服务、竞争关系的对方，也可以是有关的第三人。值得注意的是，强迫交易罪中的暴力、威胁手段的程度比较轻，尚不足以达到迫使他人无法反抗的地步，也不能造成轻伤以上后果。如果暴力手段致人重伤、死亡，则按照牵连犯“择一重处罚”的原则，可能构成故意伤害罪等其他罪名。

强迫交易的行为可分为五类。在《刑法修正案（八）》出台前，只包括强买强卖商品、强迫他人提供或接受服务。《刑法修正案（八）》第三十六条对此作了修改，在原来基础上，又增加了三类新的犯罪行为：强迫他人参与或者退出投标、拍卖的行为；强迫他人转让或者收购公司、企业的股份、债券或者其他资产的行为；强迫他人参与或者退出特定的经营活动的行为。经过《刑法修正案（八）》的修改，强迫交易罪可以涵盖商品、服务、投资等领域的交易或竞争行为。

所谓情节严重，根据相关司法解释的规定，可以根据强迫交易的金额、次数、行为造成的人身伤害和经济损失结果等因素判断，具体详见下文“常见疑难问题”。

二、常见疑难问题

(一)强迫交易罪中“恶势力”的认定

案例7-1 吕某某、荀某、褚某某、冯某某等强迫交易案①

争议焦点:长期实施强迫交易行为的犯罪团伙,如何认定为“恶势力”?

裁判要点:自2017年11月以来被告人褚某某、冯某某、吕某某、荀某、王某1、王某2、郝某某等人经常纠集在一起,统一行动,具有恶势力的组织特征;其间以威胁手段强买强卖、任意毁损他人财物,连续实施违法犯罪行为,符合恶势力的行为特征;七被告人以威胁手段控制贺某铁矿渣的自由交易,扰乱经济、社会生活秩序,在尖山铁矿矿区、通往娄烦县凯达选矿厂的公路沿线等地、特别是该地区的选矿厂矿石交易行业造成较为恶劣的社会影响,符合恶势力的非法控制特征;在违法犯罪过程中,被告人褚某某采用向选矿厂预支款购买铁矿渣,或向贺某先拉铁矿渣,待与选矿厂结算后再付款的方式维持该组织的运转,且各被告人分工明确,共同参与分配非法所得,具备恶势力的经济特征。

案例7-2 赵某某强迫交易案②

争议焦点:如何认定强迫交易团伙是否构成实施“软暴力”的恶势力?

裁判要点:《最高人民法院、最高人民检察院、公安部、司法部关于办理实施“软暴力”的刑事案件若干问题的意见》第一条规定,“软暴力”是指行为人为谋取不法利益或形成非法影响,对他人或者在有关场所进行滋扰、纠缠、哄闹、聚众造势等,足以使他人产生恐惧、恐慌进而形成心理强制,或者足以影响、限制人身自由、危及人身财产安全,影响正常生活、工作、生产、经营的违法犯罪手段。第二条第三项扰乱社会秩序的手段,包括但不限于摆场架势示威、聚众哄闹滋扰、拦路闹事等。本案中,被告人赵某某在明知东城国际小区上料被人控制的情况下,仍同意加入其中并到东城国际小区卖沙子水泥,并且不是从业主直接收取货款,而是与路某等团伙成员结账,主观上有参与到路某等人团伙中的故意与明知,客观行为已达到与路某等人共同形成非法影响,使他人产生恐惧,只在其处进沙子水泥,符合强迫交易罪的犯罪构成。同时,从2016年4月到案发,已形成稳定的团伙形式,符合恶势力的条件。

---

① 参见山西省太原市中级人民法院(2019)晋01刑终190号刑事裁定书。

② 参见河北省邱县人民法院(2019)冀0430刑初62号刑事判决书。

（二）“情节严重”的认定

《最高人民检察院、公安部关于公安机关管辖的刑事案件立案追诉标准的规定（一）》（公通字〔2008〕36 号，2017 年 4 月 27 日经公通字〔2017〕12 号文修正）

第二十八条　［强迫交易案（刑法第 226 条）］以暴力、威胁手段强买强卖商品，强迫他人提供服务或者接受服务，涉嫌下列情形之一的，应予立案追诉：

（一）造成被害人轻微伤的；

（二）造成直接经济损失 2 千元以上的；

（三）强迫交易 3 次以上或者强迫 3 人以上交易的；

（四）强迫交易数额 1 万元以上，或者违法所得数额 2 千元以上的；

（五）强迫他人购买伪劣商品数额 5 千元以上，或者违法所得数额 1 千元以上的；

（六）其他情节严重的情形。

以暴力、威胁手段强迫他人参与或者退出投标、拍卖，强迫他人转让或者收购公司、企业的股份、债券或者其他资产，强迫他人参与或者退出特定的经营活动，具有多次实施、手段恶劣、造成严重后果或者恶劣社会影响等情形之一的，应予立案追诉。

《最高人民法院、最高人民检察院、公安部、司法部关于办理利用信息网络实施黑恶势力犯罪刑事案件若干问题的意见》（2019 年 10 月 21 日施行）

二、依法严惩利用信息网络实施的黑恶势力犯罪

5. 利用信息网络威胁他人，强迫交易，情节严重的，依照刑法第二百二十六条的规定，以强迫交易罪定罪处罚。

（三）“情节特别严重”的认定①

《河南省高级人民法院、河南省人民检察院、河南省公安厅关于印发〈关于我省适用新刑法有关条款中犯罪数额、情节规定的座谈纪要〉的通知》（豫高法〔2013〕336号，2013年9月18日施行）

第二百二十六条 ［强迫交易罪］有下列情形之一的，属于“情节特别严重”：

（一）造成被害人重伤或者其他特别严重后果的；

（二）造成直接经济损失二万元以上的；

（三）强迫交易三十次以上或者强迫三十人以上交易的；

（四）强迫交易数额十万元以上，或者违法所得数额二万元以上的；

（五）强迫他人购买伪劣商品数额五万元以上，或者违法所得数额一万元以上的；

（六）其他情节特别严重的情形。

《最高人民法院、最高人民检察院、公安部、司法部关于办理利用信息网络实施黑恶势力犯罪刑事案件若干问题的意见》（2019年10月21日施行）

二、依法严惩利用信息网络实施的黑恶势力犯罪

5. 利用信息网络威胁他人，强迫交易，情节严重的，依照刑法第二百二十六条的规定，以强迫交易罪定罪处罚。

（四）强迫借贷行为的定性

《最高人民检察院关于强迫借贷行为适用法律问题的批复》（高检发释字〔2014〕1号，2014年4月17日施行）

以暴力、胁迫手段强迫他人借贷，属于刑法第二百二十六条第二项规定的“强迫他人提供或者接受服务”，情节严重的，以强迫交易罪追究刑事责任；同时构成故意伤害罪等其他犯罪的，依照处罚较重的规定定罪处罚。以非法占有为目的，以借贷为名采用暴力、胁迫手段获取他人财物，符合刑法第二百六十三条或者第二百七十四条规定的，以抢劫罪或者敲诈勒索罪追究刑事责任。

① 刑法条文未明确规定“情节特别严重”的具体情形。——编者注

（五）以暴力胁迫手段索取超出正常交易价格钱财的行为定性

《最高人民法院关于审理抢劫、抢夺刑事案件适用法律若干问题的意见》（法发〔2005〕8号,2005年6月8日施行）

2. 以暴力、胁迫手段索取超出正常交易价钱、费用的钱财的行为定性

从事正常商品买卖、交易或者劳动服务的人,以暴力、胁迫手段迫使他人交出与合理价钱、费用相差不大钱物,情节严重的,以强迫交易罪定罪处罚;以非法占有为目的,以买卖、交易、服务为幌子采用暴力、胁迫手段迫使他人交出与合理价钱、费用相差悬殊的钱物的,以抢劫罪定罪处刑。在具体认定时,既要考虑超出合理价钱、费用的绝对数额,还要考虑超出合理价钱、费用的比例,加以综合判断。

（六）使用暴力、威胁手段强迫交易致人重伤、死亡的行为定性

案例7-3　宋某某、陈某某强迫交易、故意伤害案①

争议焦点:在强迫交易犯罪活动中,行为人使用暴力、威胁的手段造成致人重伤、死亡结果的,如何定罪量刑?

裁判要点:在强迫交易犯罪过程中,使用暴力可能造成被害人的死亡或伤害的后果,行为人也可能对被害人实施侮辱、诽谤等行为。因此,行为人在构成强迫交易罪的同时,其手段或方法又可能触犯其他罪名,构成其他的犯罪。对于这种情况,应当按照有关牵连犯的刑法处罚原则来处理,即按照“从一重处”的原则对被告人以处刑较重的罪名定罪处罚,而不对其实行数罪并罚。本案应当以故意伤害罪定罪处刑。

① 最高人民法院刑事审判第一庭、第二庭编:《刑事审判参考》2004年第1集(总第36集),第278号案例,法律出版社2004年版。

（七）行为人应具有交易的主观意思和客观的交易行为

案例7-4 李某某抢劫案[①]

争议焦点：使用暴力手段强行向他人当场“借款”并致人轻伤的，如何定罪处罚？

裁判要点：使用暴力强行向他人当场“借款”并致人轻伤的行为，由于被告人主观上根本不具有交易的目的，客观上实施的也不是交易行为，而是以借款为名行抢劫之实，其行为构成抢劫罪。

准确区分强迫交易罪与抢劫罪要注意以下三点：第一，把握强迫交易罪的客体。犯罪客体往往决定犯罪性质，影响罪名的认定。强迫交易罪属于破坏市场经济秩序的犯罪，行为人通过不公平的交易来牟取非法经济利益，因此，只有在经营或者交易活动中才可能发生本罪。如果行为不是发生于商业经营活动中，则缺少构成强迫交易罪的前提条件。第二，注重法定刑对定性的制约。强迫交易罪的法定最高刑只有三年有期徒刑，而抢劫罪的法定最低刑为三年有期徒刑，说明抢劫罪的危害程度比强迫交易罪大很多，因此，强迫交易罪的行为人所使用的暴力、胁迫手段应当轻于抢劫罪，一般不能造成致人轻伤以上的后果；否则，以强迫交易罪定罪就会造成处刑上的不平衡。第三，行为人所付出对价的不公平性应有程度限制。行为人强迫对方进行交易，往往可能以不公平的对价买卖商品、提供或者接受服务，但这种对价的不公平程度应当有限度，不能与正常市场情况反差过于悬殊。如果采取暴力、胁迫手段，以交易为名行侵犯他人财产之实的，则应认定为抢劫罪或者敲诈勒索罪。

本案中，被告人当场使用暴力手段，强行向被害人借款100万元，并逼迫其当场筹借部分款项。虽然其书写了借条，并书面承诺无报酬替被害人解决纠纷，形式上有一定交易性质，但并不符合强迫交易罪的构成要件，不能认定为强迫交易罪，而恰恰符合抢劫罪的构成要件，应认定为抢劫罪。行为人采取纠集社会闲散人员造势、威胁他人，阻止、限制他人竞争等手段，强行获取树木砍伐权，情节严重的，构成强迫交易罪。

---

① 最高人民法院刑事审判第一、二、三、四、五庭主办：《刑事审判参考》2009年第1集（总第66集），第520号案例，法律出版社2009年版。

(八)抢劫罪和强迫交易罪的区分

案例7-5　朱某某、雷某某抢劫案[①]

争议焦点:出租车司机向乘客索要高额出租车服务费的行为,如何定性?

裁判要点:出租车驾驶员在正常营运过程中,为牟取非法利益,采用暴力、威胁手段,强行向乘客索取与合理价格相差悬殊的高额出租车服务费,情节严重的,其行为构成刑法第二百二十六条规定的强迫交易罪,不应以抢劫罪定罪处罚。

强迫交易罪和抢劫罪相比较,犯罪的前提条件不同、侵犯的客体、犯罪目的、犯罪的客观方面有所不同。抢劫罪无须任何前提条件,而强迫交易罪则必须在行为人与被害人之间存在一笔交易;抢劫罪侵犯的客体是公私财物所有权和公民人身权利,强迫交易罪侵犯的客体是交易相对方的合法权益和商品交易市场秩序;抢劫罪的目的是将公私财物非法占有,强迫交易罪的目的是在不合理的价格或不正当的方式下进行交易;犯罪客观方面虽然都有暴力、胁迫内容,但由于犯罪侵犯的客体不同,决定了抢劫罪使用的暴力、胁迫手段,一般都足以危及被害人的身体健康或生命安全,其强度要大于强迫交易罪使用的暴力、威胁手段。

在本案中,被告人系出租车驾驶员,被害人系乘客,双方建立了服务与接受服务的交易关系。被告人为乘客提供服务的过程中,使用暴力和威胁手段强行从被害人身上搜取钱财的行为,其强度不足以危及被害人的身体健康或生命安全。结合二被告人使用证照真实、齐全的车辆作案,作案后将乘客送抵目的地,到目的地后主动把密码箱交还给乘客,给乘客退还一部分钱财等情节分析,被告人不是以非法占有公私财物为目的,而是要以不合理的价格完成交易。因此,本案不符合抢劫罪构成要件,而是强迫交易。

(九)共同强迫交易犯罪中,一人故意伤害致人重伤,其他人的责任承担

案例7-6　宋某某、陈某某强迫交易、故意伤害案[②]

争议焦点:在共同强迫交易过程中,一人突发持刀重伤他人,对其他参与共同强迫交易的被告人应如何定罪处罚?

---

① 《最高人民法院公报》2006年第4期(总第114期)。

② 最高人民法院刑事审判第一庭、第二庭编:《刑事审判参考》2004年第1集(总第36集),第278号案例,法律出版社2004年版。

> 裁判要点：在共同实施强迫交易的犯罪过程中，一人突然持刀重伤他人，超出了实施强迫交易犯罪活动中所形成的共同犯罪故意，被害人被刺而受重伤的后果只能由实施重伤行为的人承担。对其他参与共同强迫交易的被告人，应以强迫交易罪定罪处罚。

三、取证指引

强迫交易罪案件具有以下特点：

(1)犯罪嫌疑人一般结伙作案、团伙作案，涉嫌共同犯罪。

(2)涉及的行业和领域范围广，案件的受害人也多，有在建筑工程、交通运输、矿产资源、渔业捕捞等行业强揽工程、恶意竞标、滥开滥采的；有在商贸集市、车站码头、旅游景区等场所欺行霸市、强买强卖、收保护费的；还有在美容旅游、搬家装修、食品蔬菜等民生领域恶意抬价、强制垄断的。近年来，涉互联网强迫交易行为日益多见，以小区为核心垄断建筑材料供应和搬运服务的装修型强迫交易也集中爆发。

(3)强迫交易罪中的“暴力、威胁”手段经常表现为为谋取经济利益、争夺势力范围、排除竞争对手，而采取堵门、阻工、闹事、控制破坏交通、殴打辱骂等方式，强迫他人退出竞争，迫使他人与行为人发生交易。

(4)犯罪行为造成的不良影响具有长期性和广泛性的特点，犯罪嫌疑人通常利用国家工作人员的包庇或者不履职，欺行霸市，称霸一方，致使在一定区域内生活或者在一定行业由从事生产经营的多名群众合法利益受损，对一定行业的生产、经营形成垄断，有的犯罪团伙在一定区域或者行业内，形成非法控制，涉嫌构成黑社会性质组织或者恶势力犯罪团伙。

(一)主体证据

本罪的主体既包括自然人，也包括单位。有关自然人和单位的主体证据内容可参考本书第一讲“高利转贷罪”中关于“主体证据”的相关内容。

(二)主观方面证据

主观方面证据是指能反映犯罪嫌疑人明知违背对方意愿、有违市场交易规则，仍然强迫对方交易或不交易的主观心态的证据。主要通过犯罪嫌疑人的供述和辩解、被害人陈述、证人证言等证据来确定以下事实：

(1)强迫交易的动机、目的、起因和预谋情况；

（2）共同犯罪的，行为人之间犯意提起、联络、分工及犯罪预备的经过；

（3）单位犯罪的，还需要收集和提取单位的法定代表人、直接主管人员和其他直接负责人员的供述、单位集体讨论记录、签批文件、单位账目及有关证人证言等证据，以证实强迫交易行为系由单位集体研究决定，或者由单位的负责人或被授权的其他人员决定同意的，谋取的不正当利益或违法所得大部分归单位所有。①

（三）客观方面证据

客观方面证据是指能证明犯罪嫌疑人利用暴力、威胁手段实施了刑法条文规定的五类强迫交易行为且达到情节严重标准的证据。

（1）证明犯罪嫌疑人实施了暴力、威胁行为的证据，如组织人员强行堵工、拦路、言语威胁等；

（2）受强迫而进行交易或退出竞争的证据，如购物发票、收据、付款凭证、交付的货物照片及现场勘验笔录、股权转让协议、退出投标拍卖程序的文书等；

（3）违背被害人意愿、正常市场交易规则的证据，如能证明市场交易价与犯罪嫌疑人出价存在差距的商品价格表、证人证言、鉴定意见、工商管理等部门出具的证明等；

（4）情节严重的证据，如造成他人受伤的医院病历资料、鉴定意见，实施多次强迫交易行为的证人证言、报警记录，能反映强迫交易数额的书证和被害人陈述、证人证言等。

主要的证据种类包括：

（1）犯罪嫌疑人的供述和辩解，证实强迫交易行为持续的时间、发生的地点、参与人、指使人，采取的暴力、威胁手段，犯罪工具的来源、去向，强迫他人交易的商品、服务的种类/项目、数量、价格/费用，强迫他人参与或退出投标、拍卖的方式手段，强迫他人转让或收购股份、债券的价格、经过，强迫交易获利的数额等；

（2）被害人陈述，证实内容同上；

（3）证人证言，证实内容同上；

（4）书证、物证，包括商品价格表、装修搬运服务协议书、居间合同、股权转让协议书、营业执照、收款收据、材料清单、银行交易记录、微信转账记录、支付宝交易记录、借记卡交易明细、照片、发票、账簿、行政处罚决定书、商品原物等；

---

① 最高人民检察院公诉厅编：《公诉案件参考标准》，法律出版社 2014 年版，第 260 页。

(5)鉴定意见,包括法医鉴定意见、价值评估鉴定意见等;

(6)勘验、检查、辨认等笔录,包括现场和物证的勘查图、照片和笔录等;

(7)其他证据,如报案材料、接警出警工作登记表等。

第八讲
LECTURE 08

故意伤害罪

一、犯罪构成

刑法第二百三十四条　故意伤害罪

故意伤害他人身体的，处三年以下有期徒刑、拘役或者管制。

犯前款罪，致人重伤的，处三年以上十年以下有期徒刑；致人死亡或者以特别残忍手段致人重伤造成严重残疾的，处十年以上有期徒刑、无期徒刑或者死刑。本法另有规定的，依照规定。

（一）犯罪主体

故意伤害罪的主体为一般主体。凡达到刑事责任年龄并具备刑事责任能力的自然人均能构成故意伤害罪，其中，已满十四周岁未满十六周岁的人，犯故意伤害罪致人重伤或者死亡的，应当负刑事责任；致人轻伤的，则需要满十六周岁才能构成故意伤害罪。另外，根据刑法第十七条的规定，“已满十二周岁不满十四周岁的人，犯故意杀人、故意伤害罪，致人死亡或者以特别残忍手段致人重伤造成严重残疾，情节恶劣，经最高人民检察院核准追诉的，应当负刑事责任”①。

（二）犯罪客体

侵犯的客体是他人的身体健康权。这里的身体健康权，是指己身以外的自然

① 本罪犯罪主体范围的扩大主要是因《刑法修正案（十一）》将故意伤害罪的刑事责任年龄从十四周岁下调至十二周岁，准确理解和运用《刑法修正案（十一）》的规定务必注意：(1)特定情形——犯故意伤害罪致人死亡或者以特别残忍手段致人重伤造成严重残疾，情节恶劣；(2)特定程序——经最高人民检察院核准追诉，两个条件同时具备才能追究年满十二周岁不满十四周岁之人犯故意伤害罪的刑事责任。

人对于保持其肢体、器官、组织的完整性和正常机能的权利。虽然造成一定程度的肉体疼痛,但未造成损害他人肢体、器官、组织的完整和正常机能,不应以故意伤害罪论处。

(三)犯罪主观方面

成立故意伤害罪要求行为人具有伤害的故意,即对伤害结果具有认识和希望或放任的态度。但是,不要求行为人对伤害的具体程度有认识,只要行为人认识到自己的行为会发生轻伤以上的伤害结果并且希望、放任这种结果的发生即可。所谓认识到自己的行为会发生轻伤以上的伤害结果,只要求一般性的认识而非具体的认识,或者说,只要行为人认识到自己的行为会造成并非轻微的伤害结果即可。另外,在通常情况下,故意伤害的行为人对于伤害行为会给被害人造成何种程度的伤害,事先不一定有明确认识。因此,一般按照伤害结果来确定是故意轻伤还是故意重伤。①

对造成伤害结果而言,可包括直接故意和间接故意,而故意伤害致死,行为人对伤害结果出于故意,而对死亡结果则必须是过失的心理态度即属于复杂罪过的情形,这也是区别故意伤害致死同故意杀人以及过失致人死亡的主要标志。需注意的是,在间接故意伤害的情况下,只能是放任对他人身体健康损害结果的发生,而不能是放任死亡结果的发生;否则,应构成故意杀人罪。②

(四)犯罪客观方面

故意伤害罪在客观方面表现为伤害他人身体。

1. 行为对象是他人身体

故意伤害自己的身体,不成立故意伤害罪。只有当自伤行为是为了损害国家或社会利益而触犯有关刑法规范时,才构成犯罪。例如,军人为了逃避军事义务,在战时自伤身体的,应按刑法第四百三十二条战时自伤罪追究刑事责任。毁坏尸体的行为,不成立故意伤害罪,而应成立第三百零二条侮辱尸体罪。

2. 行为内容为伤害他人身体

损害他人身体健康的行为,以作为的方式及暴力方法最为常见,但对故意伤害行为法律并没有以作为及暴力为必要条件。现实中,伤害行为既可以是作为,也可以是不作为。前者如拳打脚踢、刀砍枪击、棒打石砸、火烧水烫等;后者则如负有保

---

① 张明楷:《刑法学》,法律出版社 2016 年版,第 857 页。

② 高铭暄、马克昌:《刑法学》,北京大学出版社 2016 年版,第 461 页。

护幼儿责任的保姆不负责任，见幼儿拿刀往身上乱戳仍然不管，结果幼儿将自己眼睛刺瞎的行为，就可构成本罪。既可以针对人身的外表，造成外部组织的残缺或容貌的毁坏；又可以针对人体的内部，造成内部组织、器官的破坏，妨碍其正常的功能活动。总之，无论是直接由本人实施还是间接实施，亦无论是针对何种部位，采取什么样的方式，只要出于故意，能造成他人的人身健康伤害，即可构成故意伤害罪。需要指出的是，在刑法中，针对他人身体而实施的犯罪有多种，而且也多使用暴力并对被害人身体健康造成一定程度的损害，如绑架罪、抢劫罪等，只要刑法对此另有规定，则不能以故意伤害罪论处。①

3. 伤害他人身体的行为必须造成了他人人身一定程度的损害

只是一般性的拳打脚踢、推拉撕扯，不会造成伤害结果的，则不能以故意伤害罪论处。伤害结果包括两种情形：一是破坏他人身体组织的完整性，以致健康受到伤害，如砍掉手指、割掉耳朵、刺破肝脏等；二是虽然不破坏身体组织的完整性，但使身体某一器官机能受到损害或者丧失，如视力、听力降低或丧失，精神错乱等。② 伤害行为的结果也是多种多样的，根据我国刑法规定，伤害结果的程度分为轻伤、重伤与伤害致死。这三种情况直接反映伤害行为的罪行轻重，因而对量刑起重要作用。如果没有造成轻伤以上的伤害，如没有达到伤害等级或虽达到等级却属轻微伤，则不能以故意伤害罪论处。

所谓轻伤，是指由于物理、化学及生物等各种外界因素作用于人体，造成组织、器官结构的一定程度的损害或部分功能障碍，尚未构成重伤又不属于轻微伤害的损伤。所谓重伤，是指使人肢体残废或者毁人容貌，丧失听、视觉或者其他器官功能以及其他对于人身健康有重大损害的伤害。鉴定应当以外界因素对人体直接造成的原发性损害及后果包括损伤当时的伤情、损伤后引起的并发症和后遗症等全面分析、综合评定。

4. 伤害行为必须具有非法性

基于合法行为而损害他人身体健康的，不构成故意伤害罪，如因正当防卫、紧急避险而伤害他人，因治疗上的需要经患者同意为其截肢，这些行为阻却违法性，不成立犯罪。经被害人同意的伤害，是否合法，要作具体分析。如果被害人的同意是为了达到危害社会的目的，这种同意不能排除伤害行为的非法性；如果这种同意是为了有益于社会的目的、则可以排除他人伤害行为的非法性。

---

① 高铭暄、马克昌：《刑法学》，北京大学出版社2016年版，第460页。

② 田宏杰：《故意伤害罪若干疑难问题探讨》，载《法学家》2001年第4期。

二、常见疑难问题

(一)故意伤害犯罪中"黑恶势力"的认定

案例8-1 严某故意伤害、非法采矿案①

争议焦点:行为人实施了故意伤害等行为,如何认定其构成"恶势力犯罪"?

裁判要点:恶势力,是指经常纠集在一起,以暴力、威胁或者其他手段,在一定区域或者行业内多次实施违法犯罪活动,为非作恶,欺压百姓,扰乱经济、社会生活秩序,造成较为恶劣的社会影响,但尚未形成黑社会性质组织的违法犯罪组织。本案中,严某所实施的非法采矿行为系单纯为牟取不法经济利益而实施的犯罪活动,在实施非法采矿犯罪活动中,因砂石买卖发生纠纷后再安排人员故意实施伤害行为系事出有因,不具有为非作恶,欺压百姓的特征,也不符合认定恶势力犯罪组织的成员要求,同时本案严某与其他同案违法犯罪人员刘某、甘某某等人纠集在一起的时间明显较短,实施的违法犯罪活动也没有达到多次的标准,因此,本案不是恶势力犯罪,不应当认定被告人严某是恶势力违法犯罪组织的纠集者。

案例8-2 蔡某某聚众斗殴、故意伤害、非法拘禁案②

争议焦点:如何认定故意伤害恶势力犯罪集团及其首要分子?

裁判要点:恶势力犯罪集团是指符合恶势力全部认定条件,同时又符合犯罪集团法定条件的犯罪组织。首先,恶势力一般为3人以上,纠集者相对固定。纠集者,是指在恶势力实施的违法犯罪活动中起组织、策划、指挥作用的违法犯罪分子。成员较为固定且符合恶势力其他认定条件,但多次实施违法犯罪活动是由不同的成员组织、策划、指挥,也可以认定为恶势力,有前述行为的成员均可以认定为纠集者。恶势力的其他成员,是指知道或应当知道与他人经常纠集在一起是为了共同实施违法犯罪,仍按照纠集者的组织、策划、指挥参与违法犯罪活动的违法犯罪分子,包括已有充分证据证明但尚未归案的人员,以及因法定情形不予追究法律责任,或者因参与实施恶势力违法犯罪活动已受到行政或刑事处罚的人员。在本案中,蔡某某等人经常纠集在一起,在短时间内,以暴力、威胁或

① 参见长沙市望城区人民法院(2019)湘0112刑初58号刑事判决书。

② 参见江西省新余市中级人民法院(2019)赣05刑终71号刑事判决书。

者其他手段，在新余市区多次实施聚众斗殴、故意伤害、非法拘禁等违法犯罪活动，为非作恶、扰乱社会生活秩序，造成较为恶劣的社会影响，应认定为恶势力团伙犯罪。其次，犯罪集团一般应具备下列基本特征：(1)人数较多(3人以上)，重要成员固定或基本固定。(2)经常纠集一起进行一种或数种严重的刑事犯罪活动。(3)有明显的首要分子。有的首要分子是在纠集过程中形成的，有的首要分子在纠集开始时就是组织者和领导者。(4)有预谋地实施犯罪活动。(5)不论作案次数多少，对社会造成的危害或其具有的危险性都很严重。犯罪集团的首要分子，是指在该集团中起组织、策划、指挥作用的犯罪分子。本案中，蔡某某等人人员较为固定，无正当职业，随时待命参与违法犯罪活动，故可以认定其形成了以共同实施犯罪为目的的犯罪集团，蔡某某是在该集团中起组织、策划、指挥作用的犯罪分子。综合以上两点，可以认定蔡某某属恶势力犯罪集团成员，且属首要分子。

(二)恶势力犯罪集团漏罪、漏犯的追诉

案例8-3 彭某某等21人恶势力犯罪集团案①

争议焦点：如何准确追诉故意伤害恶势力犯罪集团的漏罪、漏犯？

裁判要点：检察机关对公安机关移送审查起诉的普通刑事犯罪案件，发现案件涉黑涉恶但未予认定的，应当通过退回补充侦查，明确侦查方向、补充收集证据，并充分运用自行补充侦查，查实黑恶势力组织结构、违法犯罪事实以及造成的社会影响，依法追诉漏罪漏犯。

对涉案人数众多且时间跨度大的犯罪案件，检察机关如果就案办案，没有坚持深挖彻查，极易导致对恶势力犯罪不能“打早打小”“打准打实”。检察机关审查该类案件时，要强化介入侦查引导取证意识，对移送审查起诉的聚众斗殴、寻衅滋事、非法拘禁、敲诈勒索等案件加强重点研判，对案件中反映出来违法犯罪事实、涉案人员、社会影响等情况进行综合分析、关联对比，认真梳理查找隐藏的恶势力违法犯罪线索，通过追诉漏罪、漏犯精准打击。审查中如发现有恶势力惯常实施的犯罪，要注重审查的亲历性，通过全面阅卷、讯问犯罪嫌疑人、听取被害人意见、走访涉案地区群众等方式，查明违法犯罪次数、手段、规模、人身损害结果、经济损失数额、违法所得数额、引起社会秩序混乱程度以及对人民群众安全

① 参见最高人民检察院：《检察机关开展扫黑除恶专项斗争典型案例选编》(第三辑)。

感的影响程度等,对是否系恶势力犯罪作出准确认定。同时,要注重依法惩治犯罪,立足法律规定和犯罪事实,准确把握恶势力、恶势力犯罪集团与黑社会性质组织犯罪之间的界限。

本案中,以被告人彭某某为首的恶势力犯罪集团为逞强立威和争夺当地水果收购生意,欺行霸市、横行乡里,有组织地实施多起违法犯罪活动,严重危害当地人民群众的人身安全、财产安全,造成恶劣的社会影响。检察机关在审查起诉过程中,未局限于移送审查起诉案件事实,而是主动作为,通过退回补充侦查与自行补充侦查相结合,认真审查,严把案件质量关,依法追诉12起遗漏的违法犯罪事实和13名遗漏集团成员,并依法认定彭某某等人构成恶势力犯罪集团,对其从重处罚,实现了对恶势力犯罪的精准打击和不枉不纵。

(三)"以特别残忍手段致人重伤造成严重残疾"的认定

《最高人民法院关于印发〈全国法院维护农村稳定刑事审判工作座谈会纪要〉的通知》(法〔1999〕217号,1999年10月27日施行)

(一)关于故意杀人、故意伤害案件

要准确把握故意伤害致人重伤造成"严重残疾"的标准。参照1996年国家技术监督局颁布的《职工工伤与职业病致残程度鉴定标准》①(以下简称"工伤标准"),刑法第二百三十四条第二款规定的"严重残疾"是指下列情形之一:被害人身体器官大部缺损、器官明显畸形、身体器官有中等功能障碍、造成严重并发症等。残疾程序可以分为一般残疾(十至七级)、严重残疾(六至三级)、特别严重残疾(二至一级),六级以上视为"严重残疾"。在有关司法解释出台前,可统一参照"工伤标准"确定残疾等级。实践中,并不是只要达到"严重残疾"就判处死刑,还要根据伤害致人"严重残疾"的具体情况,综合考虑犯罪情节和危害后果来决定刑罚。故意伤害致重伤造成严重残疾,只有犯罪手段特别残忍,后果特别严重的,才能考虑适用死刑(包括死刑,缓期二年执行)。

---

① 最高人民法院、最高人民检察院、公安部等部门2013年8月30日发布的《人体损伤程度鉴定标准》已废止并取代了该鉴定标准。

《广东省高级人民法院、广东省人民检察院、广东省公安厅关于对故意伤害致人重伤可能判处十年有期徒刑以上刑罚案件有关问题的通知》(粤高法发〔2000〕2号,2000年1月12日施行)

一、刑法第二百三十四条第二款中“以特别残忍手段致人重伤造成严重残疾”包含三个方面内容:

(1)伤害的手段特别残忍;

(2)伤害的程度是重伤;

(3)被伤害人伤愈、医疗终结后遗留有严重残疾不可恢复。在审判实践中,犯罪人的行为及后果必须同时具备上面三方面的条件,才能认定为“以特别残忍手段致人重伤造成严重残疾”。

二、对法条中“特别残忍手段”、“严重残疾”,可根据具体案情具体分析、认定。“特别残忍手段”是指挖眼球、切断手、脚筋或神经、用强酸强碱等化学性物品毁人容貌以及其他暴虐、凶残手段等。“严重残疾”是指被害人肢体、器官中的一项的大部缺损、严重变形,肢体、器官有中等功能障碍、造成严重并发症等。根据最高人民法院的意见,伤残等级评定应参照1996年国家技术监督局颁布的《职工工伤与职业病致残程度鉴定标准》(以下简称为“工伤标准”),评定为六级至一级伤残的,为严重残疾,其中一级、二级为特别严重残疾。

三、对致人重伤造成残疾的案件,公安机关在侦查中,应参照“工伤标准”的规定,对被害人作出伤残等级评定。

四、人民检察院在审查起诉阶段,应严格把握“以特别残忍手段致人重伤造成严重残疾”三个方面的条件,准确确定级别管辖。对未作伤残等级评定的,可要求公安机关补充评定,也可自行指派或聘请有关部门作出伤残等级评定。

五、人民法院在审判中,对以特别残忍手段致人重伤造成严重残疾的,应严格按照三个必备条件准确量刑。对于未作伤残等级评定或对原评定结论有异议的,人民法院可要求检察机关或公安机关补充有关评定材料,也可以自行指派或聘请有关部门作出伤残等级评定。

六、对以特别残忍手段致人重伤造成六级至一级伤残的,依法判处十年以上有期徒刑、无期徒刑或者死刑。刑法另有规定的,依照规定。

七、对故意伤害致人重伤造成严重残疾须判处死刑的,要根据故意伤害致人“严重残疾”的具体情况,综合考虑犯罪情节和危害后果来决定刑罚。只有犯罪手段特别残忍,后果特别严重的,才能考虑适用死刑(含缓期二年执行)。

案例8-4　李某等故意伤害案[1]

争议焦点:故意伤害案中如何认定“以特别残忍手段致人重伤造成严重残疾”?

裁判要点:李某的犯罪行为造成李某甲重伤一级,伤残等级为一级伤残,犯罪后果非常严重,但刑法意义上“以特别残忍手段致人重伤造成严重残疾的”,应理解为包括手段和结果两个必要条件,在认定故意伤害手段是否属于特别残忍的问题上,不能以出现的伤害后果是否严重来反推伤害的手段是否残忍,从现场视频来看,李某的犯罪手段不构成刑法意义上的特别残忍。

(四)基于他人承诺伤害他人身体的行为定性

案例8-5　郑某、李某故意伤害案[2]

争议焦点:在被害人同意的情况下实施的伤害行为是否构成故意伤害罪?

裁判要点:我国刑法只明文规定了正当防卫、紧急避险两种违法性阻却事由,被害人承诺不属于我国刑法规定的违法性阻却事由,故郑某、李某等人在被害人王某某同意的情形下打伤王某某手臂,不影响本案中郑某、李某犯故意伤害罪的认定。

(五)多个行为人无意思联络同时伤害他人的处理

案例8-6　周某某、李某某等故意伤害案[3]

争议焦点:多个行为人在没有意思联络的情形下,同时实施了伤害行为,不能确定伤害结果由谁造成时如何处理?

裁判要点:被告人周某某、李某某、裴某某故意伤害他人身体,致人重伤二级,其行为均已构成故意伤害罪,应当追究其刑事责任。在本案中,被告人周某某、李某某、裴某某没有意思联络而先后伤害同一个人,致被害人脾破裂,但不能辨认被害人的脾破裂为被告人周某某、李某某、裴某某之间的何人造成。故按照刑法同时伤害的理论对被告人周某某、李某某、裴某某以故意伤害未遂论处,可以减轻处罚。三被告人彼此没有主观联系,不成立共犯,即不能认定为共同犯罪。

---

① 参见陕西省铜川市中级人民法院(2018)陕02刑终61号二审裁定书。
② 参见上海市第二中级人民法院(2015)沪二中刑终字第992号刑事裁定书。
③ 参见乌海市乌达区人民法院(2017)内0304刑初4号刑事判决书。

（六）伤害行为与死亡结果之间因果关系的认定

案例8－7 杨某某故意伤害案[①]

争议焦点：故意伤害案件中，实施了一个危害行为后又有其他因素介入导致死亡结果的发生，此时如何认定伤害行为与死亡结果之间的因果关系？

裁判要点：如果案件证据不能认定系被告人的伤害行为导致被害人死亡（即使死亡事实可以认定），对被告人只能在故意伤害致人重伤的法定刑幅度内量刑。在部分重大、复杂的案件中，一个危害行为实施后，又有其他因素介入，进而导致死亡结果的发生。这个因素可能是自然因素，也可能是他人的行为，还可能是被害人自身的因素。在介入了其他因素而导致被害人死亡结果发生的场合，要判断某种结果是否由行为人的行为所造成，应当综合考虑行为人的行为导致结果发生的可能性大小、介入因素异常性大小、介入因素对结果发生作用的大小等。

（七）故意伤害致人死亡与故意杀人的区分

《最高人民法院关于印发〈全国法院维护农村稳定刑事审判工作座谈会纪要〉的通知》（法〔1999〕217号，1999年10月27日施行）

（一）关于故意杀人、故意伤害案件

要注意严格区分故意杀人罪与故意伤害罪的界限。在直接故意杀人与间接故意杀人案件中，犯罪人的主观恶性程度是不同的，在处刑上也应有所区别。间接故意杀人与故意伤害致人死亡，虽然都造成了死亡后果，但行为人故意的性质和内容是截然不同的。不注意区分犯罪的性质和故意的内容，只要有死亡后果就判处死刑的做法是错误的，这在今后的工作中，应当予以纠正。对于故意伤害致人死亡，手段特别残忍，情节特别恶劣的，才可以判处死刑。

---

① 最高人民法院刑事审判第一、二、三、四、五庭主办：《刑事审判参考》2012年第6集（总第89集），第813号案例，法律出版社2013年版。

最高人民法院刑事审判第三庭《在审理故意杀人、伤害及黑社会性质组织犯罪案件中切实贯彻宽严相济刑事政策》(《人民法院报》2010 年 4 月 14 日)

(一)注意区分两类不同性质的案件

故意杀人、故意伤害侵犯的是人的生命和身体健康,社会危害大,直接影响到人民群众的安全感,《最高人民法院关于贯彻宽严相济刑事政策的若干意见》(以下简称《意见》)第 7 条将故意杀人、故意伤害致人死亡犯罪作为严惩的重点是十分必要的。但是,实践中的故意杀人、伤害案件复杂多样,处理时要注意分别案件的不同性质,做到区别对待。

实践中,故意杀人、伤害案件从性质上通常可分为两类:一类是严重危害社会治安、严重影响人民群众安全感的案件,如极端仇视国家和社会,以不特定人为行凶对象的;另一类是因婚姻家庭、邻里纠纷等民间矛盾激化引发的案件。对于前者应当作为严惩的重点,依法判处被告人重刑直至判处死刑。对于后者处理时应注意体现从严的精神,在判处重刑尤其是适用死刑时应特别慎重,除犯罪情节特别恶劣、犯罪后果特别严重、人身危险性极大的被告人外,一般不应当判处死刑。对于被害人在起因上存在过错,或者是被告人案发后积极赔偿,真诚悔罪,取得被害人或其家属谅解的,应依法从宽处罚,对同时有法定从轻、减轻处罚情节的,应考虑在无期徒刑以下裁量刑罚。同时应重视此类案件中的附带民事调解工作,努力化解双方矛盾,实现积极的"案结事了",增进社会和谐,达成法律效果与社会效果的有机统一。《意见》第 23 条是对此审判经验的总结。

此外,实践中一些致人死亡的犯罪是故意杀人还是故意伤害往往难以区分,在认定时除从作案工具、打击的部位、力度等方面进行判断外,也要注意考虑犯罪的起因等因素。对于民间纠纷引发的案件,如果难以区分是故意杀人还是故意伤害时,一般可考虑定故意伤害罪。

案例 8-8 李某故意伤害案[①]

争议焦点:如何区分故意杀人与故意伤害致人死亡的情形?

裁判要点:李某认识到其实施的是会伤害他人身体健康的行为,本应预见到其行为可能会导致被害人死亡,但因疏忽大意而未预见,从而导致被害人死亡结

① 最高人民法院刑事审判第一、二、三、四、五庭主办:《刑事审判参考》2013 年第 1 集(总第 90 集),第 832 号案例,法律出版社 2013 年版。

果的出现,故李某的行为构成故意伤害罪的结果加重犯。首先,从意识要素分析。在认定被告人这一认识要素时应当结合具体案情予以分析。作案所用药物由孙某某提供,而李某作案前未接触过此类药物,仅听孙某某说是“管睡觉的”。根据现有在案证据,难以认定李某对注射药物导致被害人死亡的结果知道或者应当知道。其次,从意志要素分析。李某系受人指使协助作案,其对可能发生的伤害结果持放任态度,属间接故意。但对被害人死亡的结果,明显持反对的态度,属于应当预见而未预见情形,因此不构成故意杀人罪,而仅构成故意伤害罪。致使被害人死亡的结果仅能作为加重结果情节予以评价,不能作为李某实施行为时希望或者放任的结果内容。

(八)故意伤害致人死亡与过失致人死亡的区分

案例8-9 杨某过失致人死亡案①

争议焦点:如何区分故意伤害致人死亡与过失致人死亡罪?

裁判要点:故意伤害罪(致死)是故意伤害罪的结果加重犯,以成立故意伤害罪为前提,因此,行为人虽然对被害人死亡的加重结果系过失,但对造成被害人身体伤害系故意,也就是说,行为人明知自己的行为可能会伤害被害人身体健康,希望或者放任这种危害后果的发生。而过失致人死亡罪,行为人既无伤害的故意,更无杀人的故意,行为人对危害后果持否定的态度,既不希望发生被害人身体受伤的危害后果,更不希望发生被害人死亡的危害后果。因此,本案中判断被告人杨某是过于自信的过失还是伤害的故意(间接故意),关键在于判断行为人是不希望发生危害后果,还是根本不在乎危害后果是否发生,危害后果发生与不发生均不违背其意志。行为人的罪过不像客观行为那样容易证明,由于种种原因,行为人可能不会如实供述其实际想法,仅仅依靠口供进行判断,难保不偏离事实。不过,罪过毕竟不是单纯的思想,其必然支配一定的危害社会行为,并且反映在这一危害行为上,这就为我们认识行为人的主观思想提供了一条途径,即通过对客观事实和外在行为的综合分析推断行为人的主观罪过。

---

① 最高人民法院刑事审判第一、二、三、四、五庭主办:《刑事审判参考》2010 年第 4 集(总第 75 集),第 635 号案例,法律出版社 2011 年版。

(九)故意伤害罪与寻衅滋事罪的区分

案例 8－10 杨某等故意伤害案[①]

争议焦点:数个行为人在寻衅滋事的共同故意支配下共同实施了随意殴打他人的行为,因此致人重伤或死亡的,应当如何定性?

裁判要点:数个行为人在寻衅滋事的共同故意支配下共同实施了随意殴打他人的行为,因此致人重伤或死亡的,在能够查明确系其中一人或几人的行为直接造成被害人重伤或死亡的情况下,对这些人应当以故意伤害罪或故意杀人罪来论处,是没有任何疑问的。但对其他参与共同殴打的人,是否一律以故意伤害罪或故意杀人罪来论处,则不宜一概而论。理由在于:对各共同参与随意殴打他人的人而言,参与共同殴打行为本身,仅表明他们具有明确的共同寻衅滋事的故意,尚不能充分肯定他们就一定具有共同伤害的故意。对此的判断,必须依据具体案情具体考察、分析。关键是要看各行为人之间在共同殴打过程中所形成的临时共同故意中是否包含伤害的内容以及他们各自的行为与被害人的重伤、死亡是否具有相当的因果关系。如果这两方面条件都满足,就应当以故意伤害罪或故意杀人罪的共犯论处;反之,就只应以寻衅滋事罪论处。由此而产生的定罪各异和适用的法定刑幅度差距也是正常的,因为没有特定的共同故意内容,就不可能形成该故意内容的共同犯罪。

(十)聚众斗殴致人死亡行为的定性

案例 8－11 张某故意伤害案[②]

争议焦点:聚众斗殴致人死亡的情形应当如何定性?

裁判要点:聚众斗殴中发生致人死亡结果时,应当在判断死亡结果是不是行为人实施的犯罪行为所致的基础上,判断行为人对死亡结果所持的主观心态。行为人只能对有杀人故意(包括直接故意杀人和间接故意杀人)的行为承担故意杀人的罪责;行为人仅有伤害故意时,虽致被害人死亡,也只能承担故意伤害(致死)的罪责。据此,死亡结果虽是行为人所致,但不能仅凭结果发生来认定行为

---

① 最高人民法院刑事审判第一庭、第二庭编:《刑事审判参考》2003 年第 1 辑(总第 30 辑),第 225 号案例,法律出版社 2003 年版。

② 最高人民法院刑事审判第一、二、三、四、五庭主办:《刑事审判参考》2009 年第 4 集(总第 69 集),第 568 号案例,法律出版社 2009 年版。

人的犯罪故意内容,也即不能说致人死亡就有杀人故意,没有致人死亡的就没有杀人故意。

(十一)虐待过程中又实施暴力殴打行为的定性

《最高人民法院、最高人民检察院、公安部、司法部关于依法办理家庭暴力犯罪案件的意见》(法发〔2015〕4号,2015年3月2日施行)

16.依法准确定罪处罚。对故意杀人、故意伤害、强奸、猥亵儿童、非法拘禁、侮辱、暴力干涉婚姻自由、虐待、遗弃等侵害公民人身权利的家庭暴力犯罪,应当根据犯罪的事实、犯罪的性质、情节和对社会的危害程度,严格依照刑法的有关规定判处。对于同一行为同时触犯多个罪名的,依照处罚较重的规定定罪处罚。

17.依法惩处虐待犯罪。采取殴打、冻饿、强迫过度劳动、限制人身自由、恐吓、侮辱、谩骂等手段,对家庭成员的身体和精神进行摧残、折磨,是实践中较为多发的虐待性质的家庭暴力。根据司法实践,具有虐待持续时间较长、次数较多;虐待手段残忍;虐待造成被害人轻微伤或者患较严重疾病;对未成年人、老年人、残疾人、孕妇、哺乳期妇女、重病患者实施较为严重的虐待行为等情形,属于刑法第二百六十条第一款规定的虐待"情节恶劣",应当依法以虐待罪定罪处罚。

准确区分虐待犯罪致人重伤、死亡与故意伤害、故意杀人犯罪致人重伤、死亡的界限,要根据被告人的主观故意、所实施的暴力手段与方式、是否立即或者直接造成被害人伤亡后果等进行综合判断。对于被告人主观上不具有侵害被害人健康或者剥夺被害人生命的故意,而是出于追求被害人肉体和精神上的痛苦,长期或者多次实施虐待行为,逐渐造成被害人身体损害,过失导致被害人重伤或者死亡的;或者因虐待致使被害人不堪忍受而自残、自杀,导致重伤或者死亡的,属于刑法第二百六十条第二款规定的虐待"致使被害人重伤、死亡",应当以虐待罪定罪处罚。对于被告人虽然实施家庭暴力呈现出经常性、持续性、反复性的特点,但其主观上具有希望或者放任被害人重伤或者死亡的故意,持凶器实施暴力,暴力手段残忍,暴力程度较强,直接或者立即造成被害人重伤或者死亡的,应当以故意伤害罪或者故意杀人罪定罪处罚。

案例8-12 李某某故意伤害案[①]

争议焦点:对家庭成员长期实施虐待,虐待过程中又实施暴力殴打直接造成家庭成员重伤、死亡的,应如何定性?

裁判要点:虐待罪与故意伤害罪都是侵犯被害人人身权利的犯罪,在行为方面有共同特点,通常会对被害人身体造成不同程度的伤害,甚至会出现被害人重伤、死亡的后果。对家庭成员长期实施虐待,虐待过程中又实施暴力殴打直接造成家庭成员重伤、死亡的,同时构成虐待罪和故意伤害等罪的,应当数罪并罚。

(十二)持刀追砍致使他人溺水死亡行为的定性

案例8-13 赵某等故意伤害案[②]

争议焦点:持刀追砍致使他人泅水逃避导致溺水死亡的如何定性?

裁判要点:被告人持刀追赶被害人时已具有伤害故意,且已着手实施犯罪,该伤害行为本身具有致人死亡的高度危险,被害人泅水逃避的行为,是一种在当时特定条件下正常的自救行为。被害人溺水身亡在特定条件下具有较高现实可能性,故被告人的持刀追砍行为与被害人溺水死亡之间具有刑法意义上的因果关系,根据主客观相一致的定罪原则,可以对被告人以故意伤害罪定罪处罚。

(十三)致使他人感染艾滋病病毒构成故意伤害罪的情形

《最高人民法院、最高人民检察院关于办理组织、强迫、引诱、容留、介绍卖淫刑事案件适用法律若干问题的解释》(法释〔2017〕13号,2017年7月25日施行)

第十二条第二款 具有下列情形之一,致使他人感染艾滋病病毒的,认定为刑法第九十五条第三项"其他对于人身健康有重大伤害"所指的"重伤",依照刑法第二百三十四条第二款的规定,以故意伤害罪定罪处罚:

(一)明知自己感染艾滋病病毒而卖淫、嫖娼的;

(二)明知自己感染艾滋病病毒,故意不采取防范措施而与他人发生性关系的。

---

① 最高人民法院刑事审判第一、二、三、四、五庭主办:《刑事审判参考》2014年第3集(总第98集),第995号案例,法律出版社2014年版。

② 最高人民法院刑事审判第一、二、三、四、五庭主办:《刑事审判参考》2007年第2集(总第55集),第434号案例,法律出版社2009年版。

《公安部关于公安机关处置信访活动中违法犯罪行为适用法律的指导意见》(公通字〔2013〕25 号,2013 年 7 月 19 日施行)

三、对侵犯人身权利、财产权利违法犯罪行为的处理

1. 殴打他人或者故意伤害他人身体,符合《治安管理处罚法》第四十三条规定的,以殴打他人、故意伤害依法予以治安管理处罚;符合《刑法》第二百三十四条规定的,以故意伤害罪追究刑事责任。明知患有艾滋病或者其他严重传染疾病,故意以撕咬、抓挠等方式伤害他人,符合《刑法》第二百三十四条规定的,以故意伤害罪追究刑事责任。

(十四)"碰瓷"行为的定性

《最高人民法院、最高人民检察院、公安部关于依法办理"碰瓷"违法犯罪案件的指导意见》(公通字〔2020〕12 号,2020 年 9 月 22 日施行)

七、为实施"碰瓷"而故意杀害、伤害他人或者过失致人重伤、死亡,符合刑法第二百三十二条、第二百三十四条、第二百三十三条、第二百三十五条规定的,分别以故意杀人罪、故意伤害罪、过失致人死亡罪、过失致人重伤罪定罪处罚。

三、取证指引

故意伤害罪的主要特点在于:案件的社会危害性一般较大;多为激情犯罪,因果关系通常较为明显;现场多留有大量的证据,①要注意仔细收集保存。本罪取证的重点在于客观方面证据与主观方面证据,其中客观方面证据包括客观行为证据和危害后果(被害人受伤程度)证据。被害人受伤害的程度直接影响到行为人的定罪与量刑,证明这一点的主要证据形式是鉴定意见。就主观方面证据而言,除了被告人供述和辩解、被害人陈述、证人证言等言词证据,也能通过其客观行为来佐证其主观故意。因此,故意伤害案件中客观行为证据显得尤为重要。

(一)主体证据

本罪是自然人犯罪,所谓主体证据,是指能证明行为人身份年龄的证据,主要

---

① 吴照美:《常见刑事案件取证指引》,中国人民公安大学出版社 2018 年版,第 16 页。

证据形式是书证,具体可参考本书第一讲“高利转贷罪”中关于“主体证据”的相关内容。

另外,本罪主体虽为一般主体,但年满十二周岁便可构成本罪中故意伤害致人死亡或者以特别残忍手段致人重伤造成严重残疾且情节恶劣的情形,年满十四周岁可构成本罪中故意伤害致人重伤或死亡的情形,而致人轻伤需年满十六周岁,因此需要证明行为人的年龄情况。对于是否已满十二周岁、十四周岁、十六周岁的查证,应当广泛收集相关证据,如医院出生证明,出生地邻居或相关证人关于犯罪嫌疑人年龄情况的证言,个人履历表或入学、入伍、招工、招干等登记表中有关年龄的证明等;仍有争议的,应采用“骨龄鉴定法”,并结合其他证据予以认定;无法认定犯罪嫌疑人年龄的,应当按照有利于犯罪嫌疑人的原则来认定其年龄。此外,《刑法》第二百八十九条规定的聚众“打砸抢”行为构成故意伤害的,还要查明首要分子。[①]

(二)主观方面证据

主观方面证据,是指用以证明行为人主观上具有故意伤害的犯罪故意以及其犯罪目的、动机等的证据。在故意伤害案件中,犯罪嫌疑人都具有非法伤害他人身体健康的目的,但犯罪嫌疑人的动机却多种多样,如报仇、泄愤、报复社会等。对此主要根据以下几类证据证明:

(1)犯罪嫌疑人、被告人的供述和辩解。主要证实案件发生的原因,犯罪的动机、目的、起意、策划过程,实施伤害行为时的主观心态,对后果的认知程度、主观心态,如系共同犯罪,则要讯问其共同故意伤害的犯意形成的过程和商议各自行为的过程,是否属于从犯、胁从犯等。

(2)被害人陈述。主要证实其与行为人的关系,是否有过节,行为人在实施伤害行为前后和行为时的言行及其所产生的后果以反映其是否具有伤害的故意。

(3)证人证言。现场围观群众、目击者证言要反映出其在案发现场所看到或听到的一切与案情有关的情况;知情人证言则可证实行为人与被害人是否有矛盾、行为人是否曾有伤害的意思表示和举动等。

(4)书证包括合同、收据、借条、欠条等。可证实行为人实施伤害行为的起因、目的等情况。

对于实施了故意伤害行为的黑恶势力的认定,还应当重点查明其是否有预谋

---

① 最高人民检察院公诉厅:《刑事公诉案件证据审查指引》,中国检察出版社 2015 年版,第 94 页。

地实施犯罪活动。

对犯罪嫌疑人故意伤害的犯罪主观故意，不能仅凭犯罪嫌疑人的供述来确定，也不能客观归罪，要充分收集案发原因、作案工具、致伤（死）部位、作案手段、作案后的表现等方面的证据。在致人死亡的案件中，区分行为人主观上是伤害的故意、杀人的故意抑或过失致死，除了以上证据之外，还可以通过行为人使用的犯罪工具种类、工具杀伤力、是预先选择工具还是临时随手取得、打击部位、打击强度、犯罪行为有无节制、是否抢救被害人等方面来分析行为人的主观心态。

（三）客观方面证据

犯罪客观方面的证据，是指证明行为人故意非法损害他人身体的方式、手段以及造成的伤害后果等。

（1）证明存在故意伤害行为的证据。可通过收集被害人照片、现场勘验笔录、照片、伤残等级鉴定意见等证据证明发生了伤害他人人身健康权利的行为，现场勘验要全面客观反映出现场的具体地理位置、方位，现场勘验的起始时间和结束时间，现场提取物证的具体位置，尸体的位置等；检查笔录要记录清楚被检查的场所、物品、人身、尸体的特征等情况。此外，还需排除有合法根据的损害他人身体健康的行为，如医疗行为、正当防卫、紧急避险等，以证明伤害他人人身健康权利的行为是非法的。

（2）证明故意伤害行为系行为人实施的证据。言词证据方面，主要包括犯罪嫌疑人供述和辩解、被害人陈述、证人证言、同案犯罪嫌疑人的供述、相关痕迹物证的鉴定意见等，证明案件的起因、被害时间、地点和经过，作案人数、体貌特征、作案具体过程、使用的何种方法、使用的什么作案工具、被害人受伤害的部位、造成的后果等内容；实物证据方面，主要通过收集相关物证、书证，如犯罪嫌疑人作案时所用的工具、现场留下的脚印、指纹、血迹、毛发以及其他物品和痕迹，有关信件、日记、协议等。相关视听资料也可证明行为人实施故意伤害行为的事实，需要注意的是，犯罪嫌疑人在作案时被录音、录像后形成的视听资料，要具备连续性、原始性，且要有来源说明。

此外，若犯罪嫌疑人的伤害行为以不作为方式实施的，还应证实行为人负有实施某种积极行为以防止或者阻止他人受伤的特定义务，且在当时情况下能履行该义务而故意不履行义务，致使被害人受伤，两者缺一不可。

（3）行为人的故意伤害行为造成他人人身损害后果的证据。证明危害后果的证据主要是指鉴定意见，包括法医鉴定意见、痕迹鉴定意见、文检鉴定意见、血迹或DNA鉴定意见、精神病鉴定意见、伤残鉴定意见等，①主要证明危害行为所造成的后果以及是否为行为人所实施等事实。需要注意的是，为了证明行为人的伤害行为与造成的损害后果之间的因果关系，还需要被害人及其亲友对被害人被害前后的身体健康状况作的证言以及医院的检验报告等，要排除被害人因特异体质受伤害或死亡的可能。

在恶势力团伙犯罪中，还应当查明该犯罪团伙重要成员是否固定或基本固定，是否有明显的首要分子，经常纠集在一起多次实施故意伤害等行为。对此可以通过收集犯罪嫌疑人、被告人的供述和辩解、同案人供述、证人证言、相关物证和书证，以及扫黑办作出的恶势力犯罪团伙认定书等证据予以证实。

收集、审查、判断和运用上述证据还需要注意以下问题：要查明被害人是否有过错；要注重现场遗留物品的提取和鉴定工作，尤其是能把犯罪嫌疑人和案件联系起来的物品要提取和鉴定；犯罪嫌疑人、被害人、相关证人对物证、书证、犯罪现场或者犯罪嫌疑人要有辨认笔录；讯问重大故意伤害案件的犯罪嫌疑人时，应使用录音、录像固定取证全过程；致被害人死亡的，尸体解剖后要保存病理切片，以备复查。

① 最高人民检察院编：《公诉案件证据参考标准》，法律出版社2014年版，第289页。

第九讲
LECTURE 09

非法拘禁罪

一、犯罪构成

刑法第二百三十八条　非法拘禁罪

非法拘禁他人或者以其他方法非法剥夺他人人身自由的，处三年以下有期徒刑、拘役、管制或者剥夺政治权利。具有殴打、侮辱情节的，从重处罚。

犯前款罪，致人重伤的，处三年以上十年以下有期徒刑；致人死亡的，处十年以上有期徒刑。使用暴力致人伤残、死亡的，依照本法第二百三十四条、第二百三十二条的规定定罪处罚。

为索取债务非法扣押、拘禁他人的，依照前两款的规定处罚。

国家机关工作人员利用职权犯前三款罪的，依照前三款的规定从重处罚。

（一）犯罪主体

非法拘禁罪的主体为一般主体，既可以是国家工作人员，也可以是一般公民，但国家机关工作人员利用职权实施非法拘禁的，应当从重处罚。

（二）犯罪客体

侵犯的客体是他人的人身自由权利，即他人根据自己的意愿自由支配自己身体活动的权利。人身自由权利，是法律赋予人参与社会活动、行使权利的基本保证。本罪的对象，是所有依法享有人身自由权利的他人。但是，对没有自主意思能力的婴儿或者丧失自主意思能力的精神病患者、醉酒的人的管束行为，不能认为是对其人身自由的侵犯。[①]

(三)犯罪主观方面

非法拘禁罪在主观方面表现为故意,并以剥夺他人人身自由为目的,即行为人明知自己的行为会发生剥夺他人身体自由权利的结果,并希望或者放任这种结果的发生。过失不构成非法拘禁罪。非法拘禁他人的动机是多种多样的,不管出于什么动机,只要具有非法剥夺他人人身自由的目的,故意实施了非法拘禁他人的行为,即构成非法拘禁罪。

(四)犯罪客观方面

非法拘禁罪在客观方面表现为非法剥夺他人身体自由。

1. 行为内容为非法拘禁他人或者以其他方法非法剥夺他人人身自由

所谓拘禁,是指以强制性方法使他人在一定时间内失去行动的自由。所谓强制性,是指违背他人意志,强行使他人处于被管束之中,这主要表现为使用足以剥夺人身自由的强制性手段,如实施关押、禁闭等。另一类是间接拘束他人的身体,剥夺其身体的场所移动自由,如将他人监禁于一定场所,使其不能或者明显难以离开、逃开。其他强制方法,是指使用拘禁以外的强制方法剥夺他人人身自由,如实施捆绑、绑架等手段。[②] 非法拘禁还可能以不作为的方式实施,即负有使被害人逃出一定场所的法律义务的人,故意不履行义务,也可能成立非法拘禁罪。[③]

非法拘禁罪属于继续犯,拘禁的不法行为和他人失去自由的状态在一定时间内处于持续不间断状态。时间的长短是否影响本罪的成立,应该结合行为人的动机、手段、行为后果等情节来综合判断。对于时间过短又无其他严重情节的,不宜作为犯罪处理。但是,对于时间虽短但有其他严重情节的,则可构成犯罪。[④]

2. 剥夺他人人身自由的行为必须具有非法性

非法拘禁罪的非法性主要表现为两种:一是无权拘禁他人的一般公民以非法手段拘禁他人,使其失去人身自由;二是有权拘禁的司法工作人员滥用职权,不遵守法律规定,或者违反法定程序和条件,非法剥夺他人人身自由或者使他人无法恢

---

① 高铭暄、马克昌:《刑法学》,北京大学出版社 2016 年版,第 467 页。

② 马克昌:《刑法学》,高等教育出版社 2003 年版,第 490 页。

③ 张明楷:《刑法学》,法律出版社 2016 年版,第 883 页。

④ 高铭暄、赵秉志主编:《新中国刑法立法文献资料总览》(下),中国人民公安大学出版社 1998 年版,第 298 页。

复人身自由。① 司法机关根据法律规定，对于有犯罪事实和重大嫌疑的人，依法采取拘留、逮捕等限制人身自由的强制措施的行为，阻却违法性。但发现不应拘捕时，借故不予释放，继续羁押的，或者故意超期羁押的，构成非法拘禁罪。如果同时构成滥用职权罪、玩忽职守罪的，则属于想象竞合，从一重罪处罚。公民将正在实行犯罪或者犯罪后及时被发觉的、通缉在案的、越狱逃跑的、正在被追捕的人，依法扭送至司法机关的，阻却违法性。对实施暴力行为、危害公共安全或者严重危害公民人身安全的精神病患者进行强制医疗的，也不成立犯罪。②

二、常见疑难问题

（一）非法拘禁罪中"恶势力"犯罪团伙的认定

《最高人民法院、最高人民检察院、公安部、司法部关于办理黑恶势力犯罪案件若干问题的指导意见》（法发〔2018〕1 号，2018 年 1 月 16 日施行）

四、依法惩处利用"软暴力"实施的犯罪

18. 黑恶势力有组织地多次短时间非法拘禁他人的，应当认定为《刑法》第二百三十八条规定的"以其他方法非法剥夺他人人身自由"。非法拘禁他人三次以上、每次持续时间在四小时以上，或者非法拘禁他人累计时间在十二小时以上的，应以非法拘禁罪定罪处罚。

《广东省公安机关办理黑恶势力犯罪案件侦查取证执法指引》（粤公通字〔2018〕100 号，2018 年 6 月 22 日施行）

一、黑恶势力犯罪的认定

（三）"软暴力"犯罪行为的认定

2. 认定非法拘禁罪的注意事项

（1）非法拘禁的次数和时间要求。黑恶势力有组织地多次短时间非法拘禁他人的，应当认定为《刑法》第二百三十八条规定的"以其他方法非法剥夺他人人身自由"。"多次短时间非法拘禁他人"中的"多次"，是指三次及三次以上。

黑恶势力有组织地"非法拘禁他人三次以上、每次持续时间在 4 小时以上，或者非法拘禁他人累计时间在 12 小时以上的"，应当以涉嫌非法拘禁罪追究刑

---

① 高铭暄、马克昌：《刑法学》，北京大学出版社 2016 年版，第 468 页。

② 张明楷：《刑法学》，法律出版社 2016 年版，第 883 页。

事责任。以上规定可以理解为以下两种具体情形:一是非法拘禁他人三次以上,有三次甚至更多次每次持续时间超过四小时;二是非法拘禁他人三次以上,虽然超过四小时的次数未达到三次,但历次非法拘禁的时间累计超过十二小时。

实践中存在的“同时拘禁多人、单人累计超过12小时”不应当视为“多次拘禁他人、累计超过12小时”。

(2)非法拘禁的对象。“他人”既包括同一被拘禁对象,也包括不同被拘禁对象。

案例9-1 张某某非法拘禁案①

争议焦点:暴力讨债团伙“恶势力”应当如何认定?

裁判要点:本案中,犯罪人数众多,重要成员基本固定,周某、杨某全为获取不法利益而纠集被告人许某某、张某、李某1、王某某、李某2、聂某某、伍某某、张某某等人,以替人讨债为由,多次有组织、有预谋地实施非法拘禁犯罪活动,形成了以周某、杨某全为首的,依托重庆某公司为组织载体,组织成员基本固定的实施暴力讨债的恶势力犯罪集团。

案例9-2 罗某、李某某、兰某等非法拘禁案②

争议焦点:如何确定非法拘禁“恶势力”的认定标准?

裁判要点:本案被害人自2018年1月15日起被各被告人拘禁至其2月5日逃离,其间,仅2018年1月24日其母亲报警后,被害人跟随其母亲回家,各被告人中断了对被害人的拘禁行为,后被告人罗某等人又对被害人实施非法拘禁,虽然被害人父亲于2018年2月2日报警,但在警察到来之前,被告人罗某等人已将王某1带离,拘禁行为并未中断,故应认定各被告人对被害人实施了两次非法拘禁,而非多次,另本案虽系因强行索要高利贷引发,但本案被告人并非经常纠集在一起,亦未在一定区域或行业内多次实施违法犯罪活动,且本案各被告人基于同一个主观故意对同一被害人实施非法拘禁行为,故本案不符合“恶势力”的相关规定。

---

① 参见重庆市渝中区人民法院(2018)渝0103刑初56、124号刑事判决书。

② 参见铜川市王益区人民法院(2018)陕0202刑初41号刑事判决书。

（二）非法拘禁致人自杀行为的定性

案例9－3　孙某、黄某、谢某、单某非法拘禁案[①]

争议焦点：非法拘禁致被害人自杀能否一概认定为非法拘禁致人死亡？

裁判要点：对于被害人在被拘禁期间自杀死亡时被告人的刑事责任承担不能一概而论，只有在被告人对被害人实施的非法拘禁行为与被害人自杀死亡之间具有刑法上的因果关系时，才可以认定为非法拘禁致人死亡的结果加重犯。非法拘禁期间被害人的自杀可能由多种原因造成，要看非法拘禁行为本身是否是导致被害人自杀的主要原因。按客观归责理论，长时间的非法拘禁容易导致被害人身心不全等自身素质严重下降的结果，此时继续非法拘禁行为和被害人的自身素质相结合就容易产生被害人轻生的风险，此种情况下应当认定被害人的死亡和被告人的拘禁有着刑法上的因果关系。

（三）国家机关工作人员利用职权实施非法拘禁的情形

《最高人民检察院关于渎职侵权犯罪案件立案标准的规定》（高检发释字〔2006〕2号，2006年7月26日施行）

二、国家机关工作人员利用职权实施的侵犯公民人身权利、民主权利犯罪案件

（一）国家机关工作人员利用职权实施的非法拘禁案（第二百三十八条）

非法拘禁罪是指以拘禁或者其他方法非法剥夺他人人身自由的行为。

国家机关工作人员利用职权非法拘禁，涉嫌下列情形之一的，应予立案：

1. 非法剥夺他人人身自由24小时以上的；

2. 非法剥夺他人人身自由，并使用械具或者捆绑等恶劣手段，或者实施殴打、侮辱、虐待行为的；

3. 非法拘禁，造成被拘禁人轻伤、重伤、死亡的；

4. 非法拘禁，情节严重，导致被拘禁人自杀、自残造成重伤、死亡，或者精神失常的；

5. 非法拘禁3人次以上的；

---

① 参见深圳市宝安区人民法院（2016）粤0306刑初6246号刑事判决书。

6. 司法工作人员对明知是没有违法犯罪事实的人而非法拘禁的；
7. 其他非法拘禁应予追究刑事责任的情形。

（四）索债型非法拘禁的认定

《最高人民法院关于对为索取法律不予保护的债务非法拘禁他人行为如何定罪问题的解释》(法释〔2000〕19号,2000年7月19日施行)

为了正确适用刑法,现就为索取高利贷、赌债等法律不予保护的债务,非法拘禁他人行为如何定罪问题解释如下：

行为人为索取高利贷、赌债等法律不予保护的债务,非法扣押、拘禁他人的,依照刑法第二百三十八条的规定定罪处罚。

案例9-4 罗某某、蒋某非法拘禁案[①]

争议焦点：行为人为了索要债务而对被害人实施非法拘禁的行为如何定性？

裁判要点：在司法实践中,索债型非法拘禁行为涉及的债务,主要存在以下几种：

1. 合法债务。被告人与被害人存在合法的民事法律关系上的债权债务关系,被告人实施扣押、拘禁他人行为的目的是追讨自己的债务,但在进行私力救济、解决问题的过程中,采用了非法途径,具备了相应的犯罪构成,而转化为刑事案件。对于此类行为,应当认定行为人构成非法拘禁罪,同时确认其主观上的索债目的。

2. 非法债务。被告人与被害人间存在债务,但该债务系赌债、高利贷或者嫖资等法律不予保护的非法债务,行为人为索取此类非法债务而实施扣押、拘禁他人的行为,系“事出有因”。只要债务是客观存在的,应当以非法拘禁罪定罪处罚,同时也应确认行为人主观上的索债目的。

3. 数额超过实际债务。被告人与被害人间存在合法或者非法债务,行为人为索取债务对被害人实施了扣押、拘禁行为,但行为人在追索债务的过程中,索取的债务数额大于实际存在的债务。此种情况下,应当从被告人的真实主观犯意出发进行分析判断。如果被告人的主观目的是索取债务,而不是非法占有他

① 最高人民法院刑事审判第一、二、三、四、五庭主办:《刑事审判参考》2014年第4集(总第99集),第1008号案例,法律出版社2015年版,第47~52页。

人财物，其之所以超额索取可能是在债务范围、数目的理解、认定上存在误解、异议，其主观恶性并没有实质性的改变，那么仍然应当认定其行为构成非法拘禁罪，同时确认其主观上的索债目的。反之，如果被告人以索取“债务”为名，实施绑架、殴打、拘禁他人的行为，以实现其主观上非法占有他人财物的目的的，则应按照其行为相应的后果，如绑架罪、抢劫罪等，予以定罪处罚。

4. 债权债务关系不明确的债务。被告人与被害人之间的债权债务关系缺乏足够的证据予以查清，从民事法律关系角度出发，债权债务关系因被告人举证不能而不存在。或者被告人的利益确实受到了损失，但该损失与被害人的言行并无明确的因果关系，双方之间并不存在实际的债权债务关系。或者被告人与被害人之间实际上没有债权债务关系，行为人误认为被害人与之有债权债务关系。以上几种情形，行为人主观上均是为了索取“债务”对被害人实施扣押、拘禁等行为，因此仍然应当以非法拘禁罪定罪处罚，同时确认其主观上的索债目的。

案例9-5 徐某等非法拘禁案①

争议焦点：行为人为了索回已支付的赌资而对被害人实施非法拘禁的行为如何定性？

裁判要点：被告人非法扣押、拘禁被害人的目的只是索回已支付的赌资，且索要财物的数额未超出已支付的赌资，主观上不具有非法占有他人财物的故意，不具备索财型绑架罪的主观方面要件，不宜以绑架罪定罪处罚，宜认定为非法拘禁罪。

一是要审查行为人与被害人之间是否存在债权债务关系。这里的债权债务除了合法原因产生的以外，还包括因高利贷、赌博等非法行为产生的情形。行为人与被害人间是否存在债权债务关系，是区分非法拘禁罪和绑架罪的重要前提。只有行为人与被害人间存在债权债务关系，行为人拘禁被害人并向其亲友勒索财物的，才可能涉及非法拘禁罪的适用问题。如果行为人与被害人间不存在债权债务关系，行为人拘禁被害人并向其亲友勒索财物的行为则应当认定为绑架罪。

二是要审查行为人的主观故意和目的。行为人是否具有非法占有他人财物的

① 最高人民法院刑事审判第一、二、三、四、五庭主办：《刑事审判参考》2014 年第 1 集（总第 96 集），第 948 号案例，法律出版社 2014 年版。

主观故意和目的,是区分非法拘禁罪和绑架罪的重要依据。如果行为人出于非法占有他人财物的故意和目的,拘禁被害人并向其亲友勒索财物的,应当认定为绑架罪;反之,则应当认定为非法拘禁罪。实践中,对行为人索要所输赌资或者所赢赌债是否具有非法占有他人财物主观故意和目的的认定,一般可以从索要的数额是否超出所输赌资或者所赢赌债的数额来判断,如果仅以所输赌资或者所赢赌债为索要财物对象,且索要财物的数额未超出所输赌资或者所赢赌债,一般不宜认定行为人具有非法占有他人财物的主观故意和目的。

(五)为寻人而挟持他人行为的定性

案例9-6 胡某某、邓某某非法拘禁案①

争议焦点:为寻找他人而挟持人质的行为应认定为非法拘禁罪还是绑架罪?

裁判要点:在界定非法拘禁罪与绑架罪的区别时,要谨慎分析被告人与被害人的关系、被告人所提出的要求实现之难易、被告人对被害人剥夺自由行为的恶劣程度、对第三人及解救方的对抗程度等,综合多方面因素情节来分析认定。现实生活中,如因无知、愚昧、一时冲动扣留岳母要求媳妇回家、扣押女友的父母迫使女友同意继续谈恋爱等,一般情形下不具有与绑架罪严厉刑罚相当的否定评价程度,不能认定为绑架罪。

(六)圈养精神病人行为的定性

案例9-7 李某某非法拘禁案②

争议焦点:将精神病人带至家中,虽不准外出,但室内有一个相对宽广的空间可供其活动,是否构成非法拘禁罪?

裁判要点:被告人李某某非法拘禁他人人身自由,其行为已构成非法拘禁罪。因此,公诉机关指控被告人犯非法拘禁罪罪名成立。考虑到被害人确为无民事行为能力人,被告人李某某认罪态度较好,可酌情从轻处罚。

---

① 最高人民法院刑事审判第一、二、三、四、五庭主办:《刑事审判参考》2007年第2集(总第55集),第435号案例,法律出版社2007年版。

② 参见宁远县人民法院(2011)宁法刑初字第58号刑事判决书。

（七）“碰瓷”行为的定性

《最高人民法院、最高人民检察院、公安部关于依法办理“碰瓷”违法犯罪案件的指导意见》（公通字〔2020〕12号，2020年9月22日施行）

八、实施“碰瓷”，为索取财物，采取非法拘禁等方法非法剥夺他人人身自由或者非法搜查他人身体，符合刑法第二百三十八条、第二百四十五条规定的，分别以非法拘禁罪、非法搜查罪定罪处罚。

三、取证指引

非法拘禁罪主要有如下特点：第一，犯罪的预谋性、蓄意性，即非法拘禁罪一般是蓄意为之，且一般出于特殊目的，如索债、报复等；第二，多为共同犯罪，非法拘禁行为一般为多人共同实施，因此对此应当注意判断主犯、从犯及其责任的轻重；第三，非法拘禁为持续性行为，具有一定的时间跨度，因此在取证上较为复杂。主要证据种类包括主体证据、主观方面证据和客观方面证据。

（一）主体证据

本罪主体虽为一般主体，但由于现实生活中国家机关工作人员利用职权实施该罪的情形大量存在，因此刑法规定此种情形从重处罚。因此，在主体证据的搜集中应当重点排查行为人是否属于国家机关工作人员。证明国家机关工作人员主体身份，主要审查下列证据证实行为人是否属于以下五类人员：（1）在各级国家权力机关、行政机关、司法机关和军事机关中从事公务的人员；（2）在依照法律、法规规定行使国家行政管理职权的组织中从事公务的人员（如银保监会、证监会等）；（3）在受国家机关委托代表国家行使职权的组织中从事公务的人员；（4）虽未列入国家机关人员编制但在国家机关中从事公务且代表国家机关行使职权的人员；（5）在乡（镇）以上中国共产党机关、人民政协机关中从事公务的人员。

（二）主观方面证据

主观方面证据是指用以证明行为人主观上具有非法拘禁的犯罪故意的证据，即明知拘禁他人、限制他人人身自由是违法的，而希望或放任其发生。本罪的行为动机一般是为了泄私愤、报复、索取债务等。主观方面证据主要有如下几类：

(1)犯罪嫌疑人的供述和辩解。主要包括案件发生的原因、其与被害人的关系、犯罪动机、目的、策划过程等,若为共同犯罪,还要讯问共同犯罪的犯意提起、组织、策划、分工情况等。对于使用暴力致人伤残、死亡的,还要查明其实施暴力时的主观心态如何,对后果的认知程度等。

(2)被害人陈述。需要询问其与行为人的关系、是否有矛盾纠纷、因何种原因被拘禁,以及行为人在实施非法拘禁行为前后和过程中的言行及其产生的后果,证实行为人对被害人伤残或死亡结果的心理态度。

(3)证人证言。对于现场围观群众、目击证人证言,要证实其所看到或听到的行为人和被害人的言行、非法拘禁过程和现场情况;对于知情人证言,应证实行为人与被害人是否有矛盾,行为人是否曾有非法拘禁的意思表示和举动等。

(4)欠条、合同、账单、收据以及向被拘禁人家属、亲友提出要求的书信、电子邮件等证据材料。主要用来证实行为人实施非法拘禁行为的动机、目的等。

(5)书信、日记等书证。用来证实行为人是否具有非法拘禁的故意。

(三)客观方面证据

犯罪客观方面证据是用以证明行为人实施了非法拘禁的行为以及造成的危害后果等的证据。

(1)证明发生了非法拘禁犯罪事实的证据。现场勘验笔录及照片、犯罪工具实物或照片、伤情鉴定等可证明发生了拘禁他人或以其他方法剥夺他人人身自由的行为;犯罪嫌疑人供述和辩解、被害人陈述等证据可证实非法拘禁事实的存在;目击者证言可证实案发时间、地点、原因,以及其他在案发现场所看到、听到的一切与案件相关的事实,抓获人的证言可证实其如何获知犯罪情况,抓获时间、地点、过程等。

(2)证明非法拘禁犯罪事实系犯罪嫌疑人所实施的证据。犯罪嫌疑人供述和辩解、被害人陈述等言词证据。用以证实犯罪嫌疑人实施非法拘禁的持续时间、犯罪地点、参与人,作案方式、手段,具体犯罪经过,作案工具及其来源、特征、下落,是否致使被害人重伤或死亡以及何时、何地、如何造成,是否使用暴力以及实施暴力侵害的工具、手段、打击部位及次数、被害人当场受伤情况,犯罪嫌疑人以及被害人的身体特征,犯罪现场是否有其他见证人,犯罪后是否有积极抢救及赔偿行为等;目击者证言可证实行为人和被害人的特征以及其他事实;抓获人的证言可证实犯罪嫌疑人被抓获时的情况,是否有投案、坦白、立功情节;作案工具、现场遗留痕迹、赃款赃物、书信日记等物证、书证,可用以证明行为人实施非法拘禁行为的过程等情况;血型和DNA鉴定意见也可证明非法拘禁行为是否由行为人实施。

(3)证明非法拘禁行为造成致伤、致死等严重后果的证据。人身检查笔录及照片可证实被害人或行为人身体特征、伤情等,尸体检验笔录及照片可证实死亡时间、受伤部位、死亡原因等情况;法医鉴定意见、痕迹鉴定意见、文检鉴定意见等,可证明非法拘禁行为给被害人造成的损害后果等情况。[①]

此外,若犯罪嫌疑人在实施非法拘禁的过程中存在殴打、侮辱行为的,还要注意收集被害人病历、诊断书、住院治疗记录等证据,以证明确有殴打、侮辱情节;若非法拘禁致被害人自杀,还需要对被害人自杀与非法拘禁行为之间的因果关系进行证明。

(4)对于国家机关工作人员利用职权实施本罪的情形,还应证明该国家机关工作人员是否利用职权。"利用职权"主要表现为以行使职权的外观非法拘禁他人,如以拘留、逮捕为名非法拘禁他人,以调查、审查特定事项为名非法拘禁他人等,都属于利用职权。[②] 对于这一证明内容,需要重点收集被害人陈述、目击证人证言、犯罪嫌疑人供述和辩解等言词证据,此外,通过犯罪时间、地点、参与人、作案方式及手段、工具等,也可证明其是否利用职权。

若要认定恶势力,还应证明是否形成了重要成员较为固定的犯罪团伙,经常纠集在一起有预谋地实施非法拘禁行为,以及每次非法拘禁的具体时间,除收集犯罪嫌疑人、被告人的供述和辩解、证人证言等常见证据,还可收集公安机关出具的情况说明或扫黑办作出的恶势力犯罪团伙认定书等证据予以证实。

---

① 最高人民检察院公诉厅编:《公诉案件证据参考标准》,法律出版社2014年版,第310~312页。

② 张明楷:《刑法学》,法律出版社2016年版,第886页。

第十讲
LECTURE 10

抢劫罪

一、犯罪构成

刑法第二百六十三条　抢劫罪

以暴力、胁迫或者其他方法抢劫公私财物的，处三年以上十年以下有期徒刑，并处罚金；有下列情形之一的，处十年以上有期徒刑、无期徒刑或者死刑，并处罚金或者没收财产：

(一)入户抢劫的；

(二)在公共交通工具上抢劫的；

(三)抢劫银行或者其他金融机构的；

(四)多次抢劫或者抢劫数额巨大的；

(五)抢劫致人重伤、死亡的；

(六)冒充军警人员抢劫的；

(七)持枪抢劫的；

(八)抢劫军用物资或者抢险、救灾、救济物资的。

刑法第二百六十九条　转化的抢劫罪

犯盗窃、诈骗、抢夺罪，为窝藏赃物、抗拒抓捕或者毁灭罪证而当场使用暴力或者以暴力相威胁的，依照本法第二百六十三条的规定定罪处罚。

刑法第二百八十九条　故意伤害罪

聚众“打砸抢”，致人伤残、死亡的，依照本法第二百三十四条、第二百三十二条的规定定罪处罚。毁坏或者抢走公私财物的，除判令退赔外，对首要分子，依照本法第二百六十三条的规定定罪处罚。

（一）犯罪主体

抢劫罪的主体为一般主体。依刑法第十七条规定，年满十四周岁并具有刑事责任能力的自然人，均能构成该罪的主体。

（二）犯罪客体

抢劫罪侵犯的客体是复杂客体，即公私财产所有权和人身权。包括公私财物的所有权和公民的人身权利。对于犯罪行为人来说，侵犯人身权利只是其手段行为，抢劫公私财物才是其目的行为，因此抢劫罪属于侵犯财产类犯罪。

（三）犯罪主观方面

本罪在主观方面表现为直接故意，并具有将公私财物非法占有的目的。例外情况是，根据刑法第二百八十九条的规定，在实行聚众"打砸抢"行为过程中，毁坏公私财物的，即使没有非法占有目的，对首要分子也应认定为抢劫罪。抢劫的故意，是指行为人明知自己的抢劫行为会发生侵犯他人人身与财产的危害结果，并且希望或者放任这种结果的发生。行为人对他人造成财产上的损害虽然一般出于希望心理（不排除例外情况下存在放任心理），但对侵害他人人身权利的结果，则可能持放任态度。为索取到期合法债务而使用暴力的，不成立抢劫罪，视情形成立故意伤害、非法拘禁、非法侵入住宅等罪。①

（四）犯罪客观方面

抢劫罪在客观方面表现为当场使用暴力、胁迫或者其他强制方法，当场强行劫取公私财物。抢劫罪的实行行为是复合行为，包括方法行为和目的行为。方法行为是指为了能劫取财物，而实施的暴力、胁迫或者其他方法行为。目的行为，是指劫取公私财物的行为，即当场夺取财物或者使他人当场交付财物的行为。

1. 行为人以暴力、胁迫或者其他方法，使被害人不敢、不能或不知反抗

暴力方法，是指对被害人不法行使有形力，使其不能反抗的行为，如殴打、捆绑、伤害、禁闭等。"暴力"一词在不同场合具有不同含义，抢劫罪中的暴力只能是最狭义的暴力。胁迫方法，是指以恶害相通告，使被害人产生恐惧心理因而不敢反抗的

---

① 张明楷：《刑法学》，法律出版社 2016 年版，第 975 页。

行为,这种胁迫也应达到足以压制对方反抗的程度。其他方法,是指暴力、胁迫以外的造成被害人不能反抗的强制方法,最典型的是采用药物、酒精使被害人暂时丧失自由意志,然后劫走财物。只是单纯利用被害人不能反抗的状态取走财物的,仅成立盗窃罪。①

此外,刑法第二百六十九条规定,犯盗窃、诈骗、抢夺罪,为窝藏赃物、抗拒抓捕或者毁灭罪证而当场使用暴力或者以暴力相威胁的,依照抢劫罪的规定定罪处罚。这种犯罪通常在理论上被称为准抢劫罪或转化型抢劫罪。认定此种情形,应当把握以下三个构成条件:一是实施了盗窃、诈骗、抢夺的犯罪行为,这是准抢劫罪的前提条件。二是当场实施暴力或者以暴力相威胁,这是准抢劫罪的客观条件。暴力、威胁的对象,可以是财物的所有人、公安人员或其他任何参与抓捕的人。三是当场实施暴力或者以暴力相威胁的目的是窝藏赃物、抗拒抓捕或者毁灭罪证,这是准抢劫罪的主观条件。②

2. 行为人当场强取财物

强取财物是指违反被害人的意志将财物转移给自己或者第三人占有,强取财物意味着行为人以暴力、胁迫等强制手段压制被害人的反抗,与夺取财产之间必须存在因果关系。

二、常见疑难问题

(一)抢劫团伙构成“恶势力犯罪团伙”的认定

案例 10－1 陆某某、王某某抢劫案③

争议焦点:多次实施抢劫行为的团伙如何认定为“恶势力”?

裁判要点:陆某某、王某某等多人经预谋,购买“财神卡”、携带铁锤等工具,以送财神卡片为名,分别结伙在国道沿线多次抢劫货车司机财物,威胁过路司机的人身财产安全,形成了严重扰乱当地社会治安秩序的恶势力,符合法律规定的集团犯罪特点,应认定为恶势力犯罪集团。

---

① 张明楷:《刑法学》,法律出版社 2016 年版,第 972 ~ 973 页。

② 高铭暄、马克昌:《刑法学》,北京大学出版社 2016 年版,第 495 页。

③ 参见天津市第一中级人民法院(2019)津 01 刑终 116 号刑事裁定书。

案例 10-2　冯某 1、冯某 2 抢劫案[①]

争议焦点:临时纠集共同实施抢劫是否能认定为“恶势力”?

裁判要点:本案中两被告人伙同他人持枪实施抢劫,虽然犯罪性质比较恶劣,但参与者都是临时纠集的,并非经常纠集在一起和相对固定的人员,而且只实施了一次犯罪,与认定涉黑恶犯罪团伙的相关规定的认定条件不相符,故不宜认定为涉黑恶犯罪团伙。

案例 10-3　贺某某、郝某某等抢劫案[②]

争议焦点:单纯为谋取不法经济利益实施抢劫的行为人是否能认定为“恶势力”?

裁判要点:本案中,被告人贺某某实施抢劫行为时,其主观目的系单纯为谋取不法经济利益,且其实施抢劫的区域发生在临汾、大宁两地,并不符合认定恶势力所要求的在一定区域内多次实施违法犯罪活动的标准。另外,被告人贺某某实施的抢劫行为,也不属于指导意见中认定恶势力所规定的七类主要违法犯罪活动之一。

(二)抢劫违禁品、赌资、赃款赃物等特定财物行为的定性

《最高人民法院关于审理抢劫、抢夺刑事案件适用法律若干问题的意见》(法发〔2005〕8 号,2005 年 6 月 8 日施行)

七、关于抢劫特定财物行为的定性

以毒品、假币、淫秽物品等违禁品为对象,实施抢劫的,以抢劫罪定罪;抢劫的违禁品数量作为量刑情节予以考虑。抢劫违禁品后又以违禁品实施其他犯罪的,应以抢劫罪与具体实施的其他犯罪实行数罪并罚。

抢劫赌资、犯罪所得的赃款赃物的,以抢劫罪定罪,但行为人仅以其所输赌资或所赢赌债为抢劫对象,一般不以抢劫罪定罪处罚。构成其他犯罪的,依照刑法的相关规定处罚。

为个人使用,以暴力、胁迫等手段取得家庭成员或近亲属财产的,一般不以

① 参见佛冈县人民法院(2018)粤 1821 刑初 240 号刑事判决书。

② 参见大宁县人民法院(2018)晋 1030 刑初 24 号刑事判决书。

抢劫罪定罪处罚,构成其他犯罪的,依照刑法的相关规定处理;教唆或者伙同他人采取暴力、胁迫等手段劫取家庭成员或近亲属财产的,可以抢劫罪定罪处罚。

案例 10－4 张某抢劫案①

争议焦点:赌博完毕后返回赌博现场抢走赌资的行为是否构成抢劫罪?

裁判要点:在适用《最高人民法院关于审理抢劫、抢夺刑事案件适用法律若干问题的意见》(以下简称《意见》)第七条的规定时,应当重点审查以下两个方面的要素:

一是时空条件。《意见》第七条规定的仅以其所输赌资或者所赢赌债作为抢劫对象的行为,应当发生在赌博现场。《意见》之所以规定抢劫所输赌资或者所赢赌债行为不构成抢劫罪,是基于抢回所输赌资或者所赢赌债行为的主观故意内容不符合抢劫罪的主观特征。抢回所输赌资或者所赢赌债的行为人对所输赌资或者所赢赌债的权属性质存在模糊认识,而实施抢劫的行为人对于他人财物的权属性质认识很明确。如果在其他场所(非赌博现场),行为人单独或者纠集他人实施抢回所输赌资或者所赢赌债行为的,其主观故意与一般的抢劫罪主观故意无异,应当构成抢劫罪。值得注意的是,对赌博现场的理解,与犯罪现场一样,要适度作扩大解释,不能严格从文义角度作限制理解。那种认为只要赌博完毕,离开了或者离开过赌博场所就不认定为"赌博现场"的观点,值得商榷。我们认为,如果时间上、空间上具有一定的接续性、邻接性,如行为人仅离开半小时就返回赌博场所,或者仅离开赌博房间不远,在宾馆同层走廊或者大堂处,实施抢回所输赌资或者所赢赌债的行为,也应认定为在赌博现场实施的行为。基于这一思路,我们认为,本案被告人张某虽然是在赌博完毕离开后返回原赌博房间实施抢劫,但仍应当认定其行为发生在赌博现场。

二是数额条件。即抢取财物没有明显超出自己所输赌资或者所赢赌债的范围。在司法实践中,不能强求行为人在慌乱之中抢回的数额刚好与自己所输赌资或者所赢赌债的数额相等。然而,也不能将所抢数额与所输赌资或者所赢赌债数额的差距无限放大。本案被告人张某所输赌资为200余元,但其指使李某等人持水果刀、木棒返回到新越招待所303房(赌博现场)抢走陈某某现金1350元

① 最高人民法院刑事审判第一、二、三、四、五庭主办:《刑事审判参考》2012年第4集(总第87集),第793号案例,法律出版社2013年版。

和三星牌S8300型手机一部，所抢现金数额明显超出其所输赌资，所抢手机更不属于其所输赌资。上述事实体现了张某具有非法明显的占有他人财物的主观故意，其行为不适用《意见》关于赌博者抢回所输赌资的相关规定，应当以抢劫罪论处。

（三）携带枪支但在抢劫过程中未使用行为的认定

案例10－5 粟某某等抢劫、非法持有枪支案[①]

争议焦点：为抢劫而携带枪支但在抢劫中未使用枪支的，这种情形应当如何认定？

裁判要点：为抢劫而携带枪支并不一定就属于持枪抢劫，是否属于持枪抢劫要从行为人的主观目的和客观行为的一致性上进行判断。如果行为人到案后交代携带枪支的目的是在抢劫过程中起到威慑作用，但客观上行为人并没有持枪进行威胁或伤害，那么就不能认定是持枪抢劫。如果行为人携带枪支而未向对方显露或仅仅是口头上表示有枪，即带枪而未使用，从主观目的和客观行为的一致性以及社会危害性角度考虑，则均不属于我国刑法规定的持枪抢劫，否则容易造成刑罚过重而与罪责难以相当。

（四）持仿真玩具枪抢劫行为的定性

《最高人民法院研究室关于持仿真玩具枪实施抢劫犯罪有关问题的研究意见》［《司法研究与指导》2012年第2辑（总第2辑）］

有关部门就持仿真玩具枪实施抢劫犯罪能否认定为“持枪抢劫”问题征求最高人民法院研究室意见。最高人民法院研究室经研究认为：

持仿真玩具枪实施抢劫，不应认定为“持枪抢劫”。

---

① 最高人民法院刑事审判第一、二、三、四、五庭主办：《刑事审判参考》2007年第2集（总第55集），第436号案例，法律出版社2007年版。

（五）转化型抢劫中入户抢劫的认定

《最高人民法院关于审理抢劫刑事案件适用法律若干问题的指导意见》（法发〔2016〕2号，2016年1月6日施行）

三、关于转化型抢劫犯罪的认定

入户或者在公共交通工具上盗窃、诈骗、抢夺后，为了窝藏赃物、抗拒抓捕或者毁灭罪证，在户内或者公共交通工具上当场使用暴力或者以暴力相威胁的，构成"入户抢劫"或者"在公共交通工具上抢劫"。

《最高人民法院关于审理抢劫案件具体应用法律若干问题的解释》（法释〔2000〕35号，2000年11月28日施行）

第一条　刑法第二百六十三条第（一）项规定的"入户抢劫"，是指为实施抢劫行为而进入他人生活的与外界相对隔离的住所，包括封闭的院落、牧民的帐篷、渔民作为家庭生活场所的渔船、为生活租用的房屋等进行抢劫的行为。

对于入户盗窃，因被发现而当场使用暴力或者以暴力相威胁的行为，应当认定为入户抢劫。

案例10－6　庄某某抢劫案[①]

争议焦点：入户盗窃被发现后当场使用暴力的情形如何认定？

裁判要点：入室盗窃被事主发觉，当场使用暴力构成抢劫罪的，属于入户抢劫。入户抢劫，是刑法第二百六十三条规定的犯抢劫罪法定从严惩处的情形之一。这里的"户"泛指住宅，既包括公民的固定住所和临时住所，也包括公民作为住宅使用的车、船等交通工具。公民住宅，是居住者感到人身安全的场所之一。家庭成员多有男女老少，防范能力较弱或者根本没有防范能力，因此，进入公民住宅实施的非法侵害，对公民社会安全感的威胁和破坏更为严重，其社会危害性在一般意义上比发生在其他场所的非法侵害要大。因此，入户抢劫成为一项法定的必须从严惩处的情节。入室盗窃的人是怀着秘密窃取他人财物的意图进入他人住宅的，其行为被事主发现后，对事主使用暴力，其危害性与入户抢劫并无本质差别。所以，对这种行为在认定抢劫罪的同时，还应当认定为入户抢劫。

---

① 最高人民法院刑事审判第一庭编：《刑事审判参考》2000年第3辑（总第8辑），第59号案例，法律出版社2000年版。

（六）盗窃未遂为抗拒抓捕当场使用暴力行为的定性

《最高人民法院关于审理抢劫、抢夺刑事案件适用法律若干问题的意见》（法发〔2005〕8号，2005年6月8日施行）

五、关于转化抢劫的认定

行为人实施盗窃、诈骗、抢夺行为，未达到“数额较大”，为窝藏赃物、抗拒抓捕或者毁灭罪证当场使用暴力或者以暴力相威胁，情节较轻、危害不大的，一般不以犯罪论处；但具有下列情节之一的，可依照刑法第二百六十九条的规定，以抢劫罪定罪处罚：

(1)盗窃、诈骗、抢夺接近“数额较大”标准的；

(2)入户或在公共交通工具上盗窃、诈骗、抢夺后在户外或交通工具外实施上述行为的；

(3)使用暴力致人轻微伤以上后果的；

(4)使用凶器或以凶器相威胁的；

(5)具有其他严重情节的。

《最高人民法院关于审理抢劫刑事案件适用法律若干问题的指导意见》（法发〔2016〕2号，2016年1月6日施行）

三、关于转化型抢劫犯罪的认定

根据刑法第二百六十九条的规定，“犯盗窃、诈骗、抢夺罪，为窝藏赃物、抗拒抓捕或者毁灭罪证而当场使用暴力或者以暴力相威胁的”，依照抢劫罪定罪处罚。“犯盗窃、诈骗、抢夺罪”，主要是指行为人已经着手实施盗窃、诈骗、抢夺行为，一般不考察盗窃、诈骗、抢夺行为是否既遂。但是所涉财物数额明显低于“数额较大”的标准，又不具有《两抢意见》第五条所列五种情节之一的，不构成抢劫罪。“当场”是指在盗窃、诈骗、抢夺的现场以及行为人刚离开现场即被他人发现并抓捕的情形。

对于以摆脱的方式逃脱抓捕，暴力强度较小，未造成轻伤以上后果的，可不认定为“使用暴力”，不以抢劫罪论处。

案例 10-7 穆某某抢劫案[①]

争议焦点：盗窃未遂的情况下为抗拒抓捕而当场使用暴力的情形如何定性？

裁判要点：如果要求成立转化型抢劫罪必须以行为人构成盗窃罪、诈骗罪、抢夺罪为前提条件，必然会使大量具有严重社会危害性的行为无法处理。成立转化型抢劫罪的前提条件是实施盗窃、诈骗、抢夺行为，因此，只要行为人在实施盗窃行为过程中，为窝藏赃物、抗拒抓捕或者毁灭罪证而当场使用暴力或者以暴力相威胁的，就应当以抢劫罪定罪处罚，盗窃是否既遂不影响抢劫罪的成立。

（七）已满十四周岁不满十六周岁的未成年人不能构成转化型抢劫罪

案例 10-8 王某某抢劫案[②]

争议焦点：已满十四周岁不满十六周岁的未成年人，在盗窃过程中，为抗拒抓捕，当场使用暴力，能否认定为转化型抢劫罪？

裁判要点：已满十四周岁不满十六周岁的未成年人，依法对盗窃罪不负刑事责任，因此不具备转化型抢劫罪的基础，不能成为转化型抢劫罪的犯罪主体。对于行为人未达完全刑事责任年龄的情况，判决主文应表述为被告人不负刑事责任。被告人在盗窃过程中，为抗拒抓捕，当场使用暴力，形式上符合刑法第二百六十九条关于转化型抢劫罪的客观行为要件。但由于被告人是已满十四周岁不满十六周岁的未成年人，属于刑法中的限制刑事责任能力人，能否成为转化型抢劫罪的犯罪主体，在实践中存在争议。我们认为，已满十四周岁不满十六周岁的人不能成为转化型抢劫罪的犯罪主体。

（八）抢劫致人死亡的认定

案例 10-9 王某某抢劫案[③]

争议焦点：如何认定抢劫致人死亡？

裁判要点：抢劫行为必须与被害人死亡结果之间具备因果关系不中断的条件

---

① 最高人民法院刑事审判第一庭、第二庭编：《刑事审判参考》2004 年第 6 集（总第 41 集），第 321 号案例，法律出版社 2005 年版。

② 最高人民法院刑事审判第一、二、三、四、五庭主办：《刑事审判参考》2012 年第 3 集（总第 86 集），第 777 号案例，法律出版社 2013 年版。

③ 最高人民法院刑事审判第一、二、三、四、五庭主办：《刑事审判参考》2008 年第 1 集（总第 60 集），第 477 号案例，法律出版社 2008 年版。

下,即肯定抢劫对象的死亡与抢劫犯罪行为人的行为有刑法上的因果关系情况下,才能认定抢劫致人死亡成立。(1)正确界定抢劫行为与被害人死亡结果之间的关系是认定抢劫致人死亡的关键。在司法实践中,抢劫致人死亡主要有三种情形:一是使用暴力追求或者放任被害人死亡结果的发生;二是使用暴力抢劫过程中过失致人死亡;三是抢劫时置被害人于危险状态而不予救助,放任其死亡结果的发生。而这三种情况无一例外地表明,被害人死亡结果之间与抢劫罪犯的抢劫行为之间都是具有"合乎规律的引起与被引起的联系"的。(2)正确界定抢劫行为人对被害人死亡结果的罪过范围,是认定抢劫致人死亡的重要因素。

抢劫致人死亡中,行为人对于被害人死亡的结果不一定均持积极的追求态度。抢劫犯罪属于侵财犯罪,行为人的最终目的是获取他人财物,对被害人人身权利的侵犯主要是为了使财产所有人、持有者、保管者等不敢反抗、丧失反抗或者不能反抗,从而实现获取财物的目的。抢劫犯罪虽然是直接故意犯罪,但是直接故意的对象是财产和被害人的人身,对于被害人的死亡结果则不一定是积极追求的态度。抢劫致人死亡的主观心态不但包括故意而且包括过失。因此,只要有被害人死亡的后果出现,不论行为人主观是故意还是过失,均可以认定。

(九)抢劫过程中故意杀人行为的定性

《最高人民法院关于抢劫过程中故意杀人案件如何定罪问题的批复》(法释〔2001〕16号,2001年5月23日施行)

上海市高级人民法院:

你院沪高法〔2000〕117号《关于抢劫过程中故意杀人案件定性问题的请示》收悉。经研究,答复如下:

行为人为劫取财物而预谋故意杀人,或者在劫取财物过程中,为制服被害人反抗而故意杀人的,以抢劫罪定罪处罚。

行为人实施抢劫后,为灭口而故意杀人的,以抢劫罪和故意杀人罪定罪,实行数罪并罚。

案例 10－10 夏某某抢劫、破坏电力设备案[①]

争议焦点：抢劫过程中故意杀人的情形定性为抢劫罪一罪还是抢劫罪与故意杀人罪数罪？

裁判要点：行为人基于一个抢劫故意，为非法占有他人财物排除障碍而杀人的，定抢劫罪一罪；如果不是基于一个抢劫故意，则可能构成抢劫罪和故意杀人罪等数罪。在抢劫杀人犯罪中，处抢劫一罪还是抢劫、故意杀人两罪的关键区别在于行为人是否基于一个抢劫故意，为非法占有他人财物排除障碍而杀人。如果是，则不论杀人行为是在抢劫财物之前、之时或之后，均定抢劫罪一罪；如果不是，则可能构成抢劫罪和故意杀人罪等数罪。本案中，从被告人夏某某抢劫刘某某的过程来看，夏某某产生抢劫犯意后，持刀威胁被害人，劫取财物，又捅刺被害人系连续发展行为，没有证据表明夏某某在抢劫犯意之外又另外产生了故意杀人的犯意。基于此，我们认为，抢劫刘某某的行为构成抢劫罪一罪。

（十）抢劫罪与绑架罪的区分

《最高人民法院关于审理抢劫、抢夺刑事案件适用法律若干问题的意见》（法发〔2005〕8 号，2005 年 6 月 8 日施行）

九、关于抢劫罪与相似犯罪的界限

3. 抢劫罪与绑架罪的界限

绑架罪是侵害他人人身自由权利的犯罪，其与抢劫罪的区别在于：第一，主观方面不尽相同。抢劫罪中，行为人一般出于非法占有他人财物的故意实施抢劫行为，绑架罪中，行为人既可能为勒索他人财物而实施绑架行为，也可能出于其他非经济目的实施绑架行为；第二，行为手段不尽相同。抢劫罪表现为行为人劫取财物一般应在同一时间、同一地点，具有“当场性”；绑架罪表现为行为人以杀害、伤害等方式向被绑架人的亲属或其他人或单位发出威胁，索取赎金或提出其他非法要求，劫取财物一般不具有“当场性”。

绑架过程中又当场劫取被害人随身携带财物的，同时触犯绑架罪和抢劫罪两罪名，应择一重罪定罪处罚。

---

① 最高人民法院刑事审判第一、二、三、四、五庭主办：《刑事审判参考》2010 年第 5 集（总第 76 集），第 643 号案例，法律出版社 2011 年版。

案例 10-11 王某某、潘某某、黄某某抢劫、敲诈勒索案[①]

争议焦点:挟持被害人前往其亲友处取钱的行为如何定性?

裁判要点:行为人采用殴打、持刀威胁手段当场抢走被害人随身携带的财物后,又继续威胁被害人索取财物,并将被害人挟持到其亲友处取钱。由于行为人并未向被害人亲友表示被害人已被绑架,也非直接向被害人亲友实施勒索,被害人之亲友并不知道被害人此时正被挟持,也未感受到被勒索,之所以出钱的目的是帮助被害人解决缺钱问题,而非受到行为人的要挟或勒索。故应认定行为人是在向被害人本人索取钱财,而非转向被害人亲友进行勒索,行为人侵害的对象始终是被害人本人。因此,挟持被害人前往其亲友处取钱的行为,应定抢劫罪。

(十一)抢劫罪与强迫交易罪的区分

《最高人民法院关于审理抢劫、抢夺刑事案件适用法律若干问题的意见》(法发〔2005〕8 号,2005 年 6 月 8 日施行)

九、关于抢劫罪与相似犯罪的界限

2. 以暴力、胁迫手段索取超出正常交易价钱、费用的钱财的行为定性

从事正常商品买卖、交易或者劳动服务的人,以暴力、胁迫手段迫使他人交出与合理价钱、费用相差不大钱物,情节严重的,以强迫交易罪定罪处罚;以非法占有为目的,以买卖、交易、服务为幌子采用暴力、胁迫手段迫使他人交出与合理价钱、费用相差悬殊的钱物的,以抢劫罪定罪处刑。在具体认定时,既要考虑超出合理价钱、费用的绝对数额,还要考虑超出合理价钱、费用的比例,加以综合判断。

《最高人民法院研究室关于强迫借贷行为如何适用法律问题的研究意见》[②]

有关部门就强迫借贷行为如何适用法律问题征求最高人民法院研究室意见。我室经研究认为:

采用暴力、威胁手段强迫他人借贷的,可以认定为刑法第二百二十六条第二项规定的“强迫他人提供或者接受服务”,情节严重的,以强迫交易罪论处;但

① 最高人民法院刑事审判第一庭、第二庭编:《刑事审判参考》2004 年第 1 集(总第 36 集),第 282 号案例,法律出版社 2004 年版。

② 《司法研究与指导》(总第 5 辑),人民法院出版社 2014 年版,第 183 页。

是，以非法占有为目的，采用暴力、胁迫、要挟等手段强迫他人借贷，符合刑法第二百六十三条或者第二百七十四条规定的，以抢劫罪或者敲诈勒索罪论处。

案例 10－12　郑某某、邹某某强迫交易案①

争议焦点：以暴力、威胁手段强迫他人提供贷款的行为如何定性？

裁判要点：以暴力、威胁手段强迫他人提供贷款的行为，如果不能证实行为人具有非法占有他人财物的目的，就不能以抢劫罪或者敲诈勒索罪定罪处罚。强迫金融机构工作人员提供贷款的行为，是扰乱市场秩序的行为，情节严重的，应以强迫交易罪定罪处罚。强迫交易罪在客观上表现为采取暴力、威胁手段强买强卖商品、强迫提供或者接受服务。侵犯的是复杂客体，一方面侵犯了公平的市场交易秩序，另一方面也侵犯了他人的人身权利。如果强迫交易过程中采取的暴力手段致人重伤、死亡，则应按照牵连犯的处罚原则定故意伤害或者故意杀人罪。但刑法规定强迫交易罪的立法本意主要在于打击那些破坏市场交易秩序的行为，因此，只要存在交易，在交易过程中其中任何一方采取了暴力、威胁手段强买强卖商品、强迫提供或者接受服务的，如果暴力手段本身不构成犯罪，情节再严重也只能按强迫交易罪定罪。不能因为行为人采取了暴力、威胁手段，就不管双方是否存在交易的事实，一律按抢劫或者敲诈勒索等侵犯财产罪定罪处罚。当然，如果行为人以市场交易为借口，以暴力或者威胁的手段索取、强拿的财物，远远超过正常买卖、交易情况下被害人应支付的财物，可以根据刑法关于抢劫罪的规定，追究行为人的刑事责任。

（十二）抢劫罪与抢夺罪的区分

案例 10－13　王某某、张某某抢劫、盗窃案②

争议焦点：如何区分抢劫罪与抢夺罪？

裁判要点：两罪的区分应从犯罪构成角度重点把握。抢劫罪与抢夺罪，共同点体现在主观上都以非法占有他人财物为目的，客观上都带有一定的公然性。二

① 最高人民法院刑事审判第一庭、第二庭编：《刑事审判参考》2001 年第 6 辑（总第 17 辑），第 112 号案例，法律出版社 2001 年版。

② 最高人民法院刑事审判第一庭、第二庭编：《刑事审判参考》2004 年第 6 集（总第 41 集），第 323 号案例，法律出版社 2005 年版。

者的区别，从字面上看，体现在“劫”与“夺”的不同。从犯罪构成的角度看，其区别在于：(1)犯罪客体不同，抢劫罪侵犯的是双重客体，包括被害人的人身权利和财物所有权，抢夺罪侵犯的是单一客体，只是被害人的财物所有权；(2)行为方式不同，抢劫罪采取的是暴力、胁迫或者其他使被害人不能反抗或者不敢反抗的强制方法，抢夺罪是公然夺取他人控制的财物，但不能采用上述强制方法，实施抢夺行为，被害人可以当场发觉但来不及抗拒，而不是被暴力制服不能抗拒，也不是受胁迫不敢抗拒，这是抢劫罪与抢夺罪的关键区别；(3)犯罪主观要件不同，抢劫罪要求行为人既有侵犯财产的故意，又有侵犯人身权利的故意，而抢夺罪只要求行为人具有侵犯财产权利的故意；(4)犯罪主体要求不同，已满十四周岁的人即可成为抢劫罪的主体，而抢夺罪的主体要求已满十六周岁。

（十三）抢劫罪与敲诈勒索罪的区分

《最高人民法院关于审理抢劫、抢夺刑事案件适用法律若干问题的意见》（法发〔2005〕8号，2005年6月8日施行）

九、关于抢劫罪与相似犯罪的界限

1. 冒充正在执行公务的人民警察、联防人员，以抓卖淫嫖娼、赌博等违法行为为名非法占有财物的行为定性

行为人冒充正在执行公务的人民警察“抓赌”、“抓嫖”，没收赌资或者罚款的行为，构成犯罪的，以招摇撞骗罪从重处罚；在实施上述行为中使用暴力或者暴力威胁的，以抢劫罪定罪处罚。行为人冒充治安联防队员“抓赌”、“抓嫖”、没收赌资或者罚款的行为，构成犯罪的，以敲诈勒索罪定罪处罚；在实施上述行为中使用暴力或者暴力威胁的，以抢劫罪定罪处罚。

案例10－14 何某某抢劫案①

争议焦点：如何区分抢劫罪与敲诈勒索罪？

裁判要点：抢劫罪与敲诈勒索罪的区别主要有以下五个方面：一是实施行为的内容不同。敲诈勒索罪则仅限于威胁，不包括当场实施暴力，而且威胁的内容

① 最高人民法院刑事审判第一庭、第二庭编：《刑事审判参考》2001年第12辑（总第23辑），第147号案例，法律出版社2002年版。

包括非暴力内容。二是实施行为的方式不同。三是实现威胁的时间和空间不同。敲诈勒索的威胁在时间和空间上,一般并不具有当场即时发生暴力的现实可能性。四是非法取得财物的时间和空间不同。敲诈勒索罪取得财物可以是当时当场,但更多的是在实施威胁、要挟之后一定的期限内取得。五是对构成犯罪数额要求不同。一般而言,把握住该五点区别,是可以对抢劫罪和敲诈勒索罪作出准确界定的。但在司法实践中,对以暴力相威胁、非法索取他人财物的行为,究竟是定抢劫罪还是敲诈勒索罪,往往由于对实现威胁和非法取得财物的时间和空间是否属于"当场"认识上有分歧,而造成认定上的分歧。本案即属于这种情况。我们认为,"当场"不是一个纯粹的时空概念,而是一定物质内容的存在形式。脱离了物质内容的时间和空间是不存在的,也无从把握。对于在以暴力威胁实施的抢劫罪中,"当场"的认定,必须结合行为人的暴力威胁以及所形成的对被害人的身体和精神强制的方式和程度,具体案件具体分析认定。只要暴力威胁造成了强制,且该强制一直持续,即使时间延续较长,空间也发生了一定的转换,同样可以认定符合"当场"的要求。本案中被告人何某某的行为符合"当场"使用暴力威胁这一抢劫罪的构成要件,应当以抢劫罪定罪处罚。

（十四）抢劫罪与寻衅滋事罪的区分

《最高人民法院关于审理抢劫、抢夺刑事案件适用法律若干问题的意见》(法发〔2005〕8号,2005年6月8日施行)

九、关于抢劫罪与相似犯罪的界限

4. 抢劫罪与寻衅滋事罪的界限

寻衅滋事罪是严重扰乱社会秩序的犯罪,行为人实施寻衅滋事的行为时,客观上也可能表现为强拿硬要公私财物的特征。这种强拿硬要的行为与抢劫罪的区别在于:前者行为人主观上还具有逞强好胜和通过强拿硬要来填补其精神空虚等目的,后者行为人一般只具有非法占有他人财物的目的;前者行为人客观上一般不以严重侵犯他人人身权利的方法强拿硬要财物,而后者行为人则以暴力、胁迫等方式作为劫取他人财物的手段。司法实践中,对于未成年人使用或威胁使用轻微暴力强抢少量财物的行为,一般不宜以抢劫罪定罪处罚。其行为符合寻衅滋事罪特征的,可以寻衅滋事罪定罪处罚。

（十五）“碰瓷”行为的定性

> **《最高人民法院、最高人民检察院、公安部关于依法办理“碰瓷”违法犯罪案件的指导意见》（公通字〔2020〕12号，2020年9月22日施行）**
>
> 三、实施“碰瓷”，当场使用暴力、胁迫或者其他方法，当场劫取他人财物，符合刑法第二百六十三条规定的，以抢劫罪定罪处罚。

三、取证指引

作为一种常见的财产刑犯罪，抢劫罪的犯罪手段常常会同时侵犯被害人人身权，因此取证内容也十分复杂。随着社会环境的变化，抢劫罪的方式手段也越来越多样化，侦查人员需要根据抢劫的不同类型，灵活开展调查取证工作。一般而言，抢劫案件多系结伙作案，案前多有预谋，犯罪暴露程度较大，且行为人在经济方面多有反常表现，对此均有证可查。下面根据抢劫罪的构罪要件分类说明。

（一）主体证据

所谓主体证据，是指能证明行为人身份与年龄的证据。抢劫罪的主体为一般主体，凡年满十四周岁便可构成本罪，因此需要证明行为人的年龄情况。主体证据具体内容可参考本书第一讲“高利放贷罪”有关“主体证据”的内容。

（二）主观方面证据

主观方面证据是指用以证明行为人主观上具有劫取公私财物的直接故意并具有非法占有目的的证据，主要包括如下几类证据：

1. 犯罪嫌疑人的供述和辩解

用以证明其作案动机、目的，对后果的认知程度、主动程度，犯罪起意、策划的过程与内容，共同犯罪中策划、分工的时间、地点、内容、事先有无预谋、分赃情况和赃款去向等，有杀死、伤害被害人的案件中还要弄清其杀人、伤害动机是为了制服反抗还是灭口，转化型抢劫中要查明行为人具有盗窃、诈骗、抢夺的主观故意以及实施暴力或以暴力相威胁是为了抗拒抓捕、窝藏赃物、毁灭罪证的目的。

2. 被害人陈述、证人证言

证明被害人与行为人的关系、是否有过节和矛盾，行为人在实施抢劫行为前后以及抢劫过程中的言行及所产生的后果,以反映其主观故意。抢夺犯罪的,还需查明其是否携带凶器、是否向被害人显露凶器等。

此外,为证明行为人非法占有的主观目的,还需其他证据予以证实,如行为人将赃物出让、出卖的书证,相应受让人、买受人的证人证言,以及从上述证人处提取的赃物等。[①] 相关客观方面的证据,也可用来佐证其主观故意与目的。

(三)客观方面证据

犯罪客观方面的证据是指证明抢劫行为确实存在以及确为行为人实施等案件事实的证据。

1. 证明存在抢劫行为与危害后果的证据

证明发生了公私财物被当场劫取的行为,主要通过收集报案记录、被害人陈述、被劫物品实物或照片、视听资料等证据证明;证明强行夺取公私财物时当场使用暴力、胁迫或者其他手段,主要通过收集证人证言、被害人的伤情鉴定或诊断证明、犯罪工具实物或照片、麻醉药物化验报告等证据证明;证明抢劫行为实施的时间、地点、手段、后果等事实,需要收集犯罪嫌疑人的供述和辩解、被害人陈述、证人证言等言词证据;转化型抢劫中还需查明实施盗窃、诈骗、抢夺行为后为窝藏赃物、抗拒抓捕、毁灭罪证而当场使用暴力或以暴力相威胁的过程;抢夺的还要查明是否携带凶器、是否向被害人显露凶器;聚众"打砸抢"中应查明毁坏或抢走公私财物的参与人以及被毁坏或抢走的公私财物数量、去向等。

2. 证明抢劫行为系行为人所实施的证据

言词证据方面主要通过被害人陈述、目击证人证言、犯罪嫌疑人供述和辩解、同案犯罪嫌疑人的供述、收赃人证言等证据予以证明;实物证据则主要收集能够显示行为人实施抢劫犯罪的视听资料,遗留在现场的犯罪工具,现场指纹、毛发、血迹、汗液等痕迹及相关提取笔录,被害人、目击证人、收赃人对犯罪嫌疑人与抢劫物品的辨认笔录等。[②]

3. 共同犯罪中证明各行为人的分工情况

可通过收集被害人陈述、目击证人证言、犯罪嫌疑人供述和辩解、各同案犯罪嫌疑人的供述等言词证据,证明各行为人在共同犯罪中的分工情况与实施的犯罪行为内容,以及有无胁从犯等情形。此外,还可通过相关物证、书证、视听资料等证

---

① 最高人民检察院公诉厅编:《公诉案件证据参考标准》,法律出版社 2014 年版,第 343 ~ 344 页。

② 吴照美:《常见刑事案件取证指引》,中国人民公安大学出版社 2018 年版,第 83 ~ 93 页。

据,了解犯罪现场的实施情况,以便认定主从犯以及相应刑事责任等。如需认定恶势力犯罪集团,还应查明该团伙是否经常纠集在一起有预谋地实施抢劫行为、是否严重扰乱当地社会治安秩序等情况。

第十一讲
LECTURE 11

盗窃罪

一、犯罪构成

刑法第二百六十四条　盗窃罪

盗窃公私财物，数额较大的，或者多次盗窃、入户盗窃、携带凶器盗窃、扒窃的，处三年以下有期徒刑、拘役或者管制，并处或者单处罚金；数额巨大或者有其他严重情节的，处三年以上十年以下有期徒刑，并处罚金；数额特别巨大或者有其他特别严重情节的，处十年以上有期徒刑或者无期徒刑，并处罚金或者没收财产。

刑法第一百九十六条第三款　盗窃罪

盗窃信用卡并使用的，依照本法第二百六十四条的规定定罪处罚。

刑法第二百一十条第一款　盗窃罪

盗窃增值税专用发票或者可以用于骗取出口退税、抵扣税款的其他发票的，依照本法第二百六十四条的规定定罪处罚。

刑法第二百五十三条第二款　盗窃罪

犯前款罪（邮政工作人员私自开拆或者隐匿、毁弃邮件、电报的）而窃取财物的，依照本法第二百六十四条的规定定罪从重处罚。

刑法第二百六十五条　盗窃罪

以牟利为目的，盗接他人通信线路、复制他人电信码号或者明知是盗接、复制的电信设备、设施而使用的，依照本法第二百六十四条的规定定罪处罚。

（一）犯罪主体

本罪主体是一般主体，凡达到刑事责任年龄（十六周岁）且具备刑事责任能力的人均能构成。

（二）犯罪客体

盗窃罪侵犯的客体是公私财物的所有权。这里的“财物”包括有体物、无体物以及财产性利益。这里的“所有权”一般指合法、受法律保护的所有权，但也有例外情况。《最高人民法院、最高人民检察院关于办理盗窃刑事案件适用法律若干问题的解释》（法释〔2013〕8号，2013年4月4日施行）规定：“盗窃毒品等违禁品，应当按照盗窃罪处理的，根据情节轻重量刑。”也就是说，盗窃所有权不受法律保护的违禁品，也有可能构成盗窃罪。

（三）犯罪主观方面

本罪在犯罪主观方面表现为故意，要求行为人认识到自己所窃取的是他人所有的财物。同时，要求行为人具有非法占有的目的，即排除权利人，将他人的财物作为自己的财物进行支配，并遵从财物的用途进行利用、处分的意思。①

（四）犯罪客观方面

本罪在客观方面表现为行为人具有窃取数额较大的公私财物或者多次窃取公私财物的行为。

所谓窃取，是指行为人违反被害人的意志，将他人占有的财物转移为自己或第三者（包括单位）占有。认定窃取行为应当注意以下几点：（1）窃取行为通常具有秘密性，但是秘密性是针对被害人而言，因此公共场合发生的被害人不知情的窃取行为也属于盗窃，否则会造成处罚的不公正。（2）窃取行为是排除他人对财物的支配，建立新的支配关系的过程，如果只是单纯地排除他人对财物的支配，则不是盗窃。窃取的手段与方法没有限制，即使用了欺骗方法，但是没有到达让被害人基于认识错误处分财产的程度，也是盗窃。（3）窃取是一种通过平和方式将他人占有的财物转移第三人占有的过程，如果手段中含有暴力成分，就不能定盗窃罪。

---

① 张明楷：《刑法学》（第五版），法律出版社2016年版，第957页。

二、常见疑难问题

（一）盗窃公私财物并造成财物损毁的处理

《最高人民法院、最高人民检察院关于办理盗窃刑事案件适用法律若干问题的解释》（法释〔2013〕8号，2013年4月4日施行）

第十一条　盗窃公私财物并造成财物损毁的，按照下列规定处理：

（一）采用破坏性手段盗窃公私财物，造成其他财物损毁的，以盗窃罪从重处罚；同时构成盗窃罪和其他犯罪的，择一重罪从重处罚；

（二）实施盗窃犯罪后，为掩盖罪行或者报复等，故意毁坏其他财物构成犯罪的，以盗窃罪和构成的其他犯罪数罪并罚；

（三）盗窃行为未构成犯罪，但损毁财物构成其他犯罪的，以其他犯罪定罪处罚。

（二）盗窃电力设备的处理

《最高人民法院关于审理破坏电力设备刑事案件具体应用法律若干问题的解释》（法释〔2007〕15号，2007年8月21日施行）

第三条　盗窃电力设备，危害公共安全，但不构成盗窃罪的，以破坏电力设备罪定罪处罚；同时构成盗窃罪和破坏电力设备罪的，依照刑法处罚较重的规定定罪处罚。

盗窃电力设备，没有危及公共安全，但应当追究刑事责任的，可以根据案件的不同情况，按照盗窃罪等犯罪处理。

案例11－1　冯某某破坏电力设备、盗窃案[①]

争议焦点：破坏电力设备罪与盗窃罪？

裁判要点：盗割正在使用中的光铝线的行为构成了破坏电力设备罪与盗窃罪的想象竞合，应以破坏电力设备罪追究刑事责任。

---

① 最高人民法院刑事审判第一、二、三、四、五庭主办：《刑事审判参考》2008年第5集（总第64集），第504号案例，法律出版社2009年版。

关于被告人行为“危害公共安全”的认定问题。由于司法解释特别强调了“盗窃电力设备,没有危及公共安全”的情形,在审理此类犯罪案件时,如何认定其犯罪行为是否对于公共安全造成威胁显得非常重要。一般认为,如果盗割的是正在使用中的高压输电线路备用线,或者用于医疗、交通、抢险、生产、养殖等领域的正在使用中的电路,往往会危害公共安全,而对于一般生活用电、景观照明等用电线路则要视其损害的范围及时间,以及是否造成了严重后果而定。因此在没有相关证据直接证明其对公共安全造成实际损害的情况下,就只能通过其所偷窃的电力设备的地点和用途来判断其对于公共安全的危害程度。

案例11－2 彭某某破坏电力设备、盗窃案①

争议焦点:破坏电力设备罪与盗窃罪?

裁判要点:盗割铁路电气化接触网回流线的行为,应以破坏电力设备罪处罚。

铁路电气化接触网回流线是牵引电流的重要通道,其作用相当于普通照明电路中的零线,被剪断后将会造成牵引供电系统回流电路不畅通,电路参数发生变化,电能损耗加大,牵引变电所不能可靠动作,严重时电流中断。因此,铁路电气化接触网回流线与轨道、桥梁、隧道、公路、机场、航道、灯塔、标志等设施不同,它实质上起着保障电力输送畅通的作用,盗割回流线有可能造成电力供应中断,牵引机车失去动力而停车,但本身并不会足以使列车发生倾覆、毁坏的危险。如上所述,铁路电气化接触网回流线,虽然是交通设施的辅助设施,但其本身又具有独立的属性,故将铁路电气化接触网回流线认定为电力设备更符合司法实际。

行为人盗割铁路电气化接触网回流线的行为,既触犯了刑法第二百六十四条的规定,构成盗窃罪,又触犯了刑法第一百一十八条的规定,构成破坏电力设备罪,系想象竞合犯,依照《最高人民法院关于审理盗窃案件具体应用法律若干问题的解释》第十二条第二项“盗窃使用中的电力设备,同时构成盗窃罪和破坏电力设备罪的,择一重罪处罚”的规定,即应以破坏电力设备罪论处。

在司法实践中,应当根据破坏电力设备行为的对象以及是否危及公共安全来区分破坏电力设备罪与盗窃罪。行为人如果采用破坏性的手段盗窃不属于正在使用中的电力设备或者正在使用中的电力设备的附属部件,但没有危及危害

① 最高人民法院刑事审判第一庭、第二庭编:《刑事审判参考》2003年第1辑(总第30辑),第219号案例,法律出版社2003年版。

公共安全的，则不构成破坏电力设备罪，应当以盗窃罪论处。行为人如果以非法占有为目的盗窃电力设备，危害了公共安全，构成想象竞合犯，应依据2013年4月2日公布的《最高人民法院、最高人民检察院关于办理盗窃刑事案件适用法律若干问题的解释》第十一条的规定，择一重罪从重处罚。

（三）入户盗窃信用卡后使用的数额应一并计入入户盗窃数额

案例11-3 李某某盗窃案①

争议焦点：入户盗窃金额的计算？

裁判要点：入户盗窃信用卡后在户外使用（包括刷卡消费、提取现金等）的数额应一并计入入户盗窃数额。

1.将入户盗窃信用卡后取款的行为认定为入户盗窃与相关立法精神一致。

在入户盗窃中存在非法侵入住宅和盗窃两种行为，二者之间属于牵连关系。牵连犯是指以实施某一犯罪为目的，但其方法行为或结果行为又触犯了其他罪名。对于入户盗窃行为而言，非法侵入住宅是从行为，表现为手段行为，盗窃是主行为，表现为目的行为，但两者都是犯罪行为，均存在严重的社会危害性。特别是在现代社会，公民的住宅是私人生活的载体，是最安全、最隐秘、最独立的私生活空间。以非法侵入他人住宅的手段实施其他犯罪行为的，在侵犯公民人身、财产等权利的同时还侵扰了居住者在住宅内的生活安宁，使公民的正常生活受到干扰，社会安全感降低。因此刑法除了单独规定"非法侵入住宅罪"外，对以"入户"手段实施的犯罪也体现从严惩处的精神。

因此，在盗窃的过程中只要存在"入户"这一情节，就应当将"入户"情节纳入刑法评价。行为人入户盗窃信用卡后取款的，与典型的入户盗窃财物的行为相比，在社会危害性方面并没有明显的不同，同样是既侵犯了公民财产权利又侵犯了公民的正常生活和居住安宁，将这种行为认定为"入户盗窃"才能体现法律和司法解释中一以贯之的从严处罚原则。

2.将入户盗窃信用卡后取款的行为认定为入户盗窃符合刑法理论对一个犯罪行为进行整体评价的原则。

刑法第一百九十六条第三款规定，盗窃信用卡并使用的，依照盗窃罪定罪处

① 最高人民法院刑事审判第一、二、三、四、五庭主办：《刑事审判参考》2010年第6集（总第77集），第661号案例，法律出版社2011年版。

罚。根据这一规定,我们应当将盗窃并使用信用卡的行为作为一个整体来评价。行为人的盗窃行为从窃取信用卡时就已经开始,到使用信用卡获取卡内财物时结束。尤其是行为人盗窃之前或者同时获取了信用卡的密码,此时被害人信用卡内的财产实际已经被行为人所控制,而行为人之后到金融机构取现的行为可以看作是盗窃的一个持续行为,目的是最终实现不正当利益。因此,入户盗窃信用卡和使用信用卡应当作为统一不可分割的整体在刑法上进行评价。如果仅仅因为行为人获取财物的行为是在户外完成的,而不去评价其先前为了窃取信用卡非法侵入住宅的行为,显然是不合理的。

(四)盗骗交织手段非法占有他人财物行为的定性

案例 11 - 4　臧某某等盗窃、诈骗案①

争议焦点:盗窃罪与诈骗罪?

裁判要点:对既采取秘密窃取手段又采取欺骗手段非法占有财物行为的定性,应从行为人采取主要手段和被害人有无处分财物意识方面区分盗窃与诈骗。

盗窃是指以非法占有为目的,秘密窃取公私财物的行为;诈骗是指以非法占有为目的,采用虚构事实或者隐瞒真相的方法,骗取公私财物的行为。对既采取秘密窃取手段又采取欺骗手段非法占有财物行为的定性,应从行为人采取主要手段和被害人有无处分财物意识方面区分盗窃与诈骗。如果行为人获取财物时起决定性作用的手段是秘密窃取,诈骗行为只是为盗窃创造条件或作掩护,被害人也没有"自愿"交付财物的,就应当认定为盗窃;如果行为人获取财物时起决定性作用的手段是诈骗,被害人基于错误认识而"自愿"交付财物,盗窃行为只是辅助手段的,就应当认定为诈骗。在信息网络情形下,行为人利用信息网络,诱骗他人点击虚假链接而实际上通过预先植入的计算机程序窃取他人财物构成犯罪的,应当以盗窃罪定罪处罚;行为人虚构可供交易的商品或者服务,欺骗他人为支付货款点击付款链接而获取财物构成犯罪的,应当以诈骗罪定罪处罚。

---

① 最高人民法院指导案例27号(最高人民法院审判委员会讨论通过,2014年6月23日发布)。

案例 11-5 葛某某等诈骗案[①]

争议焦点:盗窃罪与诈骗罪?

裁判要点:行为人在买卖过程中采取秘密的欺骗手段,致使被害人对所处分财物的真实重量产生错误认识进而处分财物的行为构成诈骗罪。

1. 在买卖过程中,行为人采取秘密的欺骗手段,致使被害人对所处分财物的真实重量产生错误认识,并进而处分财物的行为构成诈骗类犯罪。

关于盗窃与诈骗行为相交织的情形进行认定时,需要进一步分析两罪客观行为的逻辑结构,并从中去寻找答案。其中,盗窃罪的逻辑结构可以表述为:犯罪人窃取财物—被害人失去对财物的有效控制—犯罪人取得财物;而诈骗罪的行为逻辑结构为:犯罪人实施了欺骗行为—被害人陷入错误认识—被害人基于认识错误交付财物—行为人取得财物。由此可以看出,两罪的本质区别在于被害人针对财物是否存在处分行为。

在我国刑法理论与实务界,尽管已经认识到处分行为的有无系认定诈骗罪的关键所在,但是针对处分行为的构成尤其是处分意识的研究还有待进一步研究。众所周知,处分财产行为系一种民事法律行为,由客观行为和意思表示两部分构成。这就要求在认定处分行为时,要坚持主客观相统一的原则。除了从客观上分析有无"交付"行为,还要从主观上分析受骗者对所交付的财产是否存在有认识以及认识到何种程度。被害人认识的内容不仅包括被骗财物的种类、名称、数量、颜色等外观物理特征,还包括财物的性质、质量、重量、价值等内在的东西。有观点认为,诈骗罪中的处分行为,要求被害人对所处分财物必须有全面、完整、清晰的认识,否则就没有处分意识,不能认定为处分行为。上述说法貌似很有道理,实际上是对诈骗罪中处分意识这一概念的误解。究其原因,在于诈骗罪中的行为人都要实施虚构事实、隐瞒真相的行为,被害人都会陷入一定的认识错误,进而作出带有瑕疵的处分行为。在这种情况下,要求被害人对所处分财物外在特征与内在属性均有正确的认识显然是不切实际的。基于这一考虑,接下来的问题是,被害人对所处分的财物需要达到何种认识程度,方能成立"处分行为"?我们认为,被害人至少需要认识到所处分财物的种类、名称等外观物理特征,即知道自己是在对什么东西进行处分。当被害人对自己所处分财物的上述物理外观存在

---

① 最高人民法院刑事审判第一、二、三、四、五庭主办:《刑事审判参考》2014 年第 6 集(总第 101 集),第 1048 号案例,法律出版社 2015 年版。

认识时，尽管由于行为人的欺骗行为而对财物的质量、价格等内在属性产生了错误认识，仍然不影响处分意识的成立，成立诈骗罪；反之，如果行为人直接针对财物本身采取秘密欺骗手段，使受骗者对所转移财产的外观物理特征亦没有认识，即不知道自己处分的是何种财物甚至不知道已经处分了自己的财物。由于不存在处分意识，故不成立诈骗罪，而应当以盗窃罪论处。

以此为分类标准，司法实践中主要存在以下两种情形：一是当被害人知道交付的财物是甲财物，并且实际上交付的确实是甲财物时，尽管犯罪人采取欺骗手段隐瞒了财物的实际价值等内在属性，但被害人对所交付财物的种类、名称等外观物理特征并没有发生认识错误，故不影响处分行为的认定。例如，犯罪行为人通过欺骗手段使被害人对其所持名贵字画的真假产生了错误认识，将真实的字画当成赝品低价转卖给行为人。在这种情况下，被害人尽管对字画的真假属性及由此决定的价格产生了错误认识，但对字画的物理外观本身并没有产生错误认识，知道自己在卖画，此时的交付行为仍然属于诈骗罪中的处分行为。二是行为人采用秘密"调包"或者其他隐蔽方法，使被害人对自己所交付财物的种类、名称等外观物理都没有认识到，即不知道自己对某财物进行了处分，此时被害人不存在处分意识，故不能认定其实施了处分行为。例如，在商场"调包案"中，行为人将包装内的普通商品换成贵重商品，收银员不知情按照普通商品收了较低的价格。表面上看，是收银员自己将贵重商品交给了行为人，具有"自愿交付"的行为表象。但是，收银员并不清楚普通商品包装袋内有贵重物品，其对于该贵重物品连最基本的物理外观都不存在认识，当然也就谈不上实施了处分行为。实际上，行为人系采用隐瞒事实真相的方法作掩饰，乘机窃取他人财物，当其将贵重物品秘密放进普通商品包装内时，就已经构成了盗窃罪，应当以盗窃罪论处。

"骗称"手段，系一种动作诈骗，它区别于通常所见的言词诈骗。但无论是动作诈骗还是言词诈骗，行为人都是采用虚构事实或者隐瞒真相的方法，使财物所有人发生认识上的错误，并基于错误认识而实施处分行为，因而构成诈骗罪。换一种情形，假设车载碎布料不需要称重，而是以整车为计量单位，那么，如果行为人在车厢之外设置夹层并在其中秘密藏匿碎布料，由于被害人对于车内夹层中的碎布料在物理外观上缺乏最基本的认识，对该部分碎布料被害人不存在处分意识，不能认定为诈骗，而应当认定为盗窃罪。

2. 合同诈骗罪要求行为人必须充分利用合同的签订与履行来骗取财物，本案行为人系采用其他诈骗方法骗取对方财物，应当以诈骗罪论处。

诈骗罪与合同诈骗罪主要的区别在于所侵犯的客体不同,由此带来客观方面的行为方式也不同。其中,诈骗罪规定于侵犯财产罪这一类罪名之下,可见诈骗罪旨在保护的法益是财产所有权;而合同诈骗罪规定在破坏社会主义市场经济秩序罪中的扰乱市场秩序罪之中,主要保护的法益是市场秩序。由于合同是市场经济活动的一项重要内容,是人们进行经济活动赖于信任的基础,利用合同进行诈骗,势必扰乱市场秩序,进而需要以合同诈骗论处。这就要求合同诈骗罪在客观行为上,必须是市场交易活动中利用合同的签订、履行来骗取他人财物。对此,刑法第二百二十四条列举了合同诈骗罪的几种常见方式:(1)以虚构的单位或者冒用他人名义签订合同的;(2)以伪造、变造、作废的票据或者其他虚假的产权证明作担保的;(3)没有实际履行能力,以先履行小额合同或者部分履行合同的方法,诱骗对方当事人继续签订和履行合同的;(4)收受对方当事人给付的货物、货款、预付款或者担保财产后逃匿的;(5)以其他方法骗取对方当事人财物的。由上可见,行为人正是利用合同这种对双方当事人具有约束力的形式,故意违背市场经济中的诚实信用原则,来达到非法占有他人财物的犯罪目的。也就是说,利用合同即是其诈骗行为。反之,尽管行为人与对方签订了合同,但如果其获得财物并没有利用合同,而是采用其他虚构事实、隐瞒真相的方式;同样,相对方陷入错误认识也并非基于合同,而是合同以外的其他欺骗因素,那么,该行为所侵害的法益仅仅是他人的财产所有权,直接以普通诈骗罪认定即可。

案例 11-6 孙某某盗窃案[①]

争议焦点:如何定性窃取抵押物的行为?

裁判要点:伪造证明材料,将借来的车辆冒名抵押给他人,后又从抵押权人处窃回车辆的行为,应以盗窃罪一罪定罪处罚。

被告人孙某某虽然主观上具有非法占有的故意,但其伪造证件冒名质押,并从被害人薛某某处取得质押款 72000 元时,并未给薛某某造成损失,双方之间是一种民事行为。此时,孙某某的行为尚不构成诈骗罪。孙某某最终是通过盗窃行为实现非法占有的故意,薛某某合法占有的质押物脱离占有,导致财产损失。孙某某的盗车行为是一个单独的盗窃行为,应以盗窃罪一罪定罪量刑。

① 最高人民法院刑事审判第一、二、三、四、五庭主办:《刑事审判参考》2012 年第 1 集(总第 84 集),第 751 号案例,法律出版社 2012 年版。

案例 11-7 朱某盗窃案①

争议焦点:诈骗罪与盗窃罪?

裁判要点:交互使用欺骗与窃取手段的侵财案件行为性质认定的关键是看行为人获取财物时起决定性作用的手段是窃取还是欺骗。

在交互使用欺骗与窃取手段的侵财案件中,认定行为的性质是盗窃还是诈骗,关键是看行为人获取财物时起决定性作用的手段是窃取还是欺骗。若采用"虚构和蒙骗"的直接手段取得他人财物的,应认定诈骗罪;若采用"秘密窃取"为直接手段取得他人财物的,则应认定盗窃罪。

诈骗罪是一种交互型犯罪,被害人是否具有处分财物的意思和行为,是区分诈骗还是盗窃的客观标准。对被害人来说,被告人趁被害人不备调包取走财物,被害人当时不知情、事后才知道,在这种情况下,虽然财物在被告人手中暂时持有,但被害人既在主观上没有让被告人取得财物控制权的意思,客观上被告人也没有取得财物的实际控制,被害人仅是让其利用财物"施法驱鬼",并不带走财物,因而被害人虽然受骗了,但他并没有因此而具有将财物转移给被告人支配与控制的处分意思和行为。被告人取得财物的支配与控制完全是后来的调包秘密窃取行为所致。被告人以"施法驱鬼"诱使被害人将财物作为道具交给被告人,属于欺诈的性质,但被告人并非依靠该欺诈行为直接取得财物,而这只是为其之后实施秘密窃取行为创造条件。其对财物只是暂时持有,被告人"施法驱鬼"时,被害人仍然没有失去财物占有权,随时可以让被告人停止施法交还财物。因此,通过欺诈取得对财物的暂时持有,不是被告人的目的行为,而只是其实现占有财物目的的辅助手段行为。相对于前述欺诈行为而言,被告人的"调包"行为属于秘密窃取的性质。

(五)盗卖股票行为的定性

案例 11-8 钱某某盗窃案②

争议焦点:窃取股票账户,如何计算盗窃金额?

裁判要点:窃取他人证券股票账户账号及密码后,非法侵入他人股票账户与

① 最高人民法院刑事审判第一、二、三、四、五庭主办:《刑事审判参考》2008 年第 3 集(总第 62 集),第 492 号案例,法律出版社 2008 年版。

② 最高人民法院刑事审判第一庭、第二庭编:《刑事审判参考》2004 年第 6 集(总第 41 集),第 325 号案例,法律出版社 2005 年版。

本人股票账户非法交易从中获利的行为构成盗窃罪,获利数额为盗窃数额。

盗卖股票构成盗窃罪。非法控制他人股票账户,与自己的股票账户进行相对委托证券买卖,影响证券交易价格和交易量的行为,不构成操纵证券交易价格罪;窃取他人股票账户的账号和密码后,在被害人不知情的情况下进行股票相对买卖的行为,不符合诈骗罪的构成特征,不能以诈骗罪定罪处罚;非法侵入他人股票账户,利用窃取的账号、密码与自己的股票账户进行交易非法牟利的,应当以盗窃罪定罪处罚。

盗买盗卖股票案件中盗窃数额的认定。盗买盗卖股票案件不同于传统的盗窃行为,行为人是通过买、卖的形式窃取被害人账户上的股票和资金,由于股票价格的波动性,股票的价值在行为人作案时、案发时可能发生变化。同时,证券法第三十三条规定:"证券在证券交易所挂牌交易,应当采用公开的集中竞价交易方式。证券交易的集中竞价应当实行价格优先、时间优先的原则。"行为人在被害人的股票账户上进行低卖高买股票的同时,不能排除同一交易时间内具有"价格优先、时间优先"的其他人与被害人的股票账户进行股票交易,被害人遭受的损失数额一般要大于行为人实际非法占有的数额。我们认为,获利数额认定为盗窃数额是合理的。理由是:

第一,盗窃数额,一般是指被告人盗窃财物的实际价值。对于盗窃股票的案件,应当依照《最高人民法院关于审理盗窃案件具体应用法律若干问题的解释》第五条第二项第一目的规定,按照股票"被盗当日证券交易所公布的该种股票成交的平均价格计算",盗窃数额应为所盗窃的股票价值总额。但对于盗买盗卖股票案件而言,被告人并非为了直接非法占有股票所体现的财产价值,而是通过盗买盗卖股票行为获得超额价差。由于股票交易的特点,被告人为实现非法占有目的必须支付一定的价款才能取得被害人的股票、转移股票所有权才能将被害人股票账户中的资金转入自己的股票账户。换言之,被告人在被害人的股票账户中进行盗卖股票操作时,被害人并没有损失被盗卖股票体现的全部价值;被告人在被害人股票账户中进行盗买股票操作时,被害人还对行为人所盗买股票体现的实际价值有所有权,并没有损失被转出的全部资金。因此,盗买盗卖股票案件的盗窃数额不是被告人所盗买盗卖股票的全部价值。

第二,将被害人的损失数额认定为盗买盗卖股票案件的盗窃数额,考虑到了被告人盗买盗卖股票行为与被害人损失之间的因果关系,与典型盗窃案件中对被害人损失的评价相同,是司法实践中需要坚持的一般原则。但这种计算方法对盗买盗卖股票案件没有可操作性。根据证券法第二十九条的规定,股票交易必须在经证券委批准可以进行股票交易的证券场所进行。由于被告人是通过证券交易场所在被害人股票账户上进行盗买盗卖股票操作,证券交易场所的股票挂牌价就是被告人的盗买盗卖价。在被告人实施盗买盗卖行为时,盗买(卖)价与正常价之间没有差额。而被盗买盗卖当日证券交易所公布的该种股票成交的平均价格,也是被告人故意抬高或者降低的结果,不能准确反映被害人所遭受的损失。同时,从证据的角度看,被告人盗买盗卖股票前的一瞬间,该股票在证券交易所的挂牌价格几乎是无法获取的。本案认定的损失数额是被害人将被盗买(卖)股票进行协议平仓后所降低的财产价值,但由于股票交易的特点,被害人平仓时股票的价格具有很大的不确定性,这种损失不能完全归责于被告人的盗买盗卖行为。如果将被害人股票账户资产因股票价格涨跌的增减值认定为盗窃数额,可能导致轻纵被告人的情形,如当被告人在被害人的股票账户上进行盗买操作后股票价格上扬,被害人的损失可能出现负数。因此,由于股票价格的即时性和波动性,被害人的损失很难计算,在诉讼上也难以证明,将被害人的损失认定为盗窃数额,既没有可操作性,也存在很大的不确定性。

第三,相比较而言,以被告人的获利数额作为盗买盗卖股票案件的盗窃数额,较为合理。这种认定方法虽然没有将其他股民按照"时间优先"的原则低价收购被告人盗卖股票给被害人造成的损失认定为盗窃数额,忽略了被告人盗窃行为与被害人损失之间的因果关系,但可以根据《最高人民法院关于审理盗窃案件具体应用法律若干问题的解释》第五条第十三项的规定精神,对于被告人盗买盗卖股票行为给被害人造成的损失,作为量刑情节予以考虑。

案例 11-9 孔某某盗窃案①

争议焦点:窃取股票账户,如何计算盗窃金额?

裁判要点:窃取他人股票账户号码和密码后秘密使用他人账上资金高价买入朋友抛卖的股票从中获利的行为,构成盗窃罪;盗窃数额应按行为人及其朋友在股票交易中所获的差价数额认定,被害单位被盗用的资金数额及其损失数额可作为量刑情节予以考虑。

---

① 最高人民法院刑事审判第一庭、第二庭编:《刑事审判参考》2001 年第 5 辑(总第 16 辑),第 103 号案例,法律出版社 2001 年版。

盗窃数额应按被告人孔某某及其朋友在股票交易中所获的差价数额认定，被害单位被盗用的资金数额及其损失数额可作为量刑情节予以考虑。盗用的他人账上资金数额，虽也在一定程度上反映了其行为的社会危害性，但其并非将他人账上资金全部窃为己有。也就是说，被害单位并未丧失全部被盗用资金的所有权，被盗用的资金不是也不可能全部成为盗窃所占有的数额，因而，不能作为盗窃数额。孔某某与周某、宋某在本案股票交易行为中共获得的差价数额，是孔某某实施本案所占有的实际数额，应当为本案的盗窃数额。至于被害单位的损失数额，虽准确反映了被害单位的受害程度，但只能作为犯罪情节在量刑时予以考虑。

（六）侵入银行计算机系统窃取银行资金行为的定性

案例 11-10　郝某甲、郝某乙盗窃案①

争议焦点：盗窃罪与诈骗罪？

裁判要点：共同被告人以非法占有为目的，采用秘密方法将自制的侵入银行计算机系统装置与银行计算机连通后，秘密将银行资金 72 万元转入其事先开立的个人账户，从而非法占有资金，其行为构成盗窃罪，而非诈骗罪。共同犯罪中可认定共同被告人均系主犯。协助侦查机关抓获同案犯，不以立功论。

（七）反复将同一物品出卖给他人后又偷回的行为定性及犯罪数额的认定

对于同时存在“骗售”和“盗取”多环节的行为，需要进一步辨析“骗售”和“盗取”行为中究竟哪一行为是实现“非法获利”的关键行为。对于虽然有“骗”的成分，但在他人不知情的情况下利用秘密窃取而实现财物转移占有的情形下，“盗取”是对实现非法获利具有决定性影响的行为，故整体行为应当认定为盗窃罪。反之，对于虽然有“偷”的成分，但实际是因他人产生错误认识后进而实现的财物占有转移情形，整体行为应当认定为诈骗罪。多次盗窃同一物品的案件中盗窃数额是否累计计算，不能一概而论，应当结合具体案情加以判断。如数次盗窃行为均造成独立损害，并给行为人带来独立非法利益的，应当累计计算多次盗窃的数额。如数次盗窃行为服务于同一个犯罪目的，针对同一被害人，且数次被盗的被害人实质上仅遭

---

① 参见《最高人民法院公报》2000 年第 2 期（总第 64 期）。

受一次财产损失的,行为人获得的非法利益与一次所获无异,该情形下盗窃数额不应累计计算。[①]

(八)破坏广播电视设施罪与盗窃罪、故意毁坏财物罪的区分

《最高人民法院关于审理破坏广播电视设施等刑事案件具体应用法律若干问题的解释》(法释〔2011〕13号,2011年6月13日施行)

第五条　盗窃正在使用的广播电视设施,尚未构成盗窃罪,但具有本解释第一条、第二条规定情形的,以破坏广播电视设施罪定罪处罚;同时构成盗窃罪和破坏广播电视设施罪的,依照处罚较重的规定定罪处罚。

第六条　破坏正在使用的广播电视设施未危及公共安全,或者故意毁坏尚未投入使用的广播电视设施,造成财物损失数额较大或者有其他严重情节的,以故意毁坏财物罪定罪处罚。

(九)利用病毒程序秘密窃取他人网上银行存款行为的定性

案例11-11　余某等四人盗窃案[②]

根据刑法第二百六十四条的规定,利用编写、传播病毒程序在网上窃取他人的银行账号、密码,窃取或实际控制他人网上银行账户内存款的行为,构成盗窃罪。

(十)利用系统故障,无偿获取游戏点数的行为认定

案例11-12　邓某某盗窃案[③]

争议焦点:机器是否属于有意识的主体?

裁判要点:在网络上利用出现系统故障的第三方支付平台,故意输入错误信息,无偿获取游戏点数的行为构成盗窃罪。

根据刑法理论上的通说观点,诈骗罪中的被害人必须是能够表示自己真实意思的人,即具有一定认识能力和意志能力的主体,否则就无从判断被害人是否

---

① 《刑事审判参考》2013年第3集(总第92集),法律出版社2014年版,第223~226页。

② 参见《最高人民法院公报》2005年第8期(总第106期)。

③ 最高人民法院刑事审判第一、二、三、四、五庭主办:《刑事审判参考》2012年第2集(总第85集),第766号案例,法律出版社2012年版。

有“错误认识”。对于机器是否属于“有意识的主体”,我们认为,人工智能及其操作系统和硬件(设施)如果处于正常工作状态,应当视为管理者意志的体现,可以认为是属于“有意识的主体”,故可以成为诈骗的对象。然而,处于故障状态的人工智能系统和机器因已经丧失独立的意思表示能力,不能正确识别相关代码,作出的决定不能代表其管理者的真实意志,不能代表其管理者真正“处分”财物,不能成为诈骗的对象。盗窃罪中行为人秘密窃取的方式,是相对于财物的保管者或所有者而言的。

(十一)盗窃银行承兑汇票并使用行为的定性

案例 11－13　张某票据诈骗案[①]

争议焦点:盗窃罪与票据诈骗罪?

裁判要点:盗窃银行承兑汇票并使用,骗取数额巨大财物的行为,构成票据诈骗罪而非盗窃罪。

1. 从银行承兑汇票的特点看,行为人盗窃的物品系有保护措施的财产性权利。银行承兑汇票虽然具有与现金相类似的支付结算功能,但它并不能完全等同于现金。银行承兑汇票是一种记名、可挂失、不能即时兑现、有较多保护措施的有价证券。张某盗窃银行承兑汇票,票面的数额不应作为定罪的标准。

2. 从所侵犯的法益看,盗窃该类银行承兑汇票的行为并不必然使持票人的财产受损。张某盗窃汇票后以票据权利人的名义使用票据的行为使接收张某交付汇票的人受到财产损失,该行为损害了国家对金融票据的管理制度和正常秩序,符合票据诈骗罪的客体特征。

对于混合使用盗窃、骗取手段的行为定性,刑法理论界和实务界一般均以获取财物的关键行为作为定罪的标准。盗窃银行承兑汇票时并未实现对银行承兑汇票项下款项的控制,其获取巨额财产的关键手段是其盗窃后的骗取行为,因此应当以票据诈骗罪定罪,而不宜认定为盗窃罪。

---

① 最高人民法院刑事审判第一、二、三、四、五庭主办:《刑事审判参考》2010 年第 6 集(总第 77 集),第 653 号案例,法律出版社 2011 年版。

(十二)以勒索钱财为目的盗窃机动车号牌行为的定性

案例 11－14 杨某某、马某某盗窃机动车号牌案①

争议焦点:盗窃国家机关证件罪与盗窃罪、敲诈勒索罪?

裁判要点:机动车号牌不属于盗窃国家机关证件罪中的国家机关证件,以敲诈钱财为目的盗窃机动车号牌的行为可视具体情形处以敲诈勒索罪或盗窃罪。

机动车号牌不属于刑法第二百八十条规定的盗窃国家机关证件罪中的国家机关证件。首先,从文义解释角度来看,国家机关证件是由国家机关制作颁发的用以证明身份、权利义务关系或者有关事实的规范性凭证,通常具有制作主体特定、用途明确、形式规范等特征,主要包括证件、证书等,如常见的护照、机动车行驶证均具有此特征。从证件属性来看,有关机动车的证明和凭证中,只有行驶证、登记证书属于国家机关证件的范畴,其他证明和凭证不属于国家机关证件的范畴。其次,从体系解释出发,刑法是将人民警察车辆号牌、武装部队车辆号牌归为专用标志,而非国家机关证件。盗窃机动车号牌的行为属于手段行为,勒索钱财行为属于目的行为,所以将盗窃行为认定为与勒索行为具有牵连关系比较妥当。对于牵连犯,一般应择一重罪进行定罪处罚。如果行为人未能敲诈到钱财并且将车牌随意丢弃的,在此情况下可以以盗窃罪予以定罪。盗窃的经典表述是以和平手段永久剥夺他人对财物的所有或占有。盗窃数额以被害人补办车牌所需的费用认定。

(十三)盗窃定期存单并冒名取款行为的定性

案例 11－15 张某某、屈某某盗窃案②

争议焦点:盗窃罪与诈骗罪?

裁判要点:盗窃定期存单从银行冒名取款的行为应定性为盗窃罪而非诈骗罪。

对于盗窃与诈骗手法相交织的非法取财行为如何定性,应当主要看行为人非法取得财物时起决定作用的手段。如果起决定作用的手段是秘密窃取,就应当

① 最高人民法院刑事审判第一、二、三、四、五庭主办:《刑事审判参考》2009 年第 5 集(总第 70 集),第 582 号案例,法律出版社 2010 年版。

② 最高人民法院刑事审判第一、二、三、四、五庭主办:《刑事审判参考》2006 年第 5 集(总第 52 集),第 412 号案例,法律出版社 2007 年版。

定盗窃罪;如果起决定作用的手段系利用骗术,就应当认定为诈骗罪。定期存单作为一种记名有价支付凭证,在存款未取出之前,其票面数额只具有财产权利上的象征意义,仅仅盗窃定期存单并不能实现对其财产所有人的财产权益的侵犯。只有将存单票面金额内的资金兑现或者转账才能真正占有他人财产,从而实现非法占有他人财产的犯罪目的。行为人把他人的定期存单偷出仅仅是完成了盗窃行为的一部分,并没有实现其非法占有他人财产的目的,而行为人后来伪造身份证,指使他人到银行取款,最终取出存单上的现金的行为虽然使用了骗术,但该存单是行为人采取秘密手段盗窃的,骗术是在盗窃行为后实施的,考察行为人非法取得财物的主要手段或者说被害人丧失对财物的控制的根本原因在于被害人存单的被盗,也就是说,盗窃在被告人非法占有财物过程中起了决定作用。同时,从财产被害人来看,该财产的真正受害者是失主而不是银行,被害人财产受侵犯不是因为受到诈骗所致,而是因为存单被秘密盗窃所致,因此其行为的基本特征是盗窃而不是诈骗,应当认定为盗窃罪。

(十四)非法"占有"与"毁坏"行为的区别

案例 11-16　孙某故意毁坏公私财物案①

争议焦点:非法占有与非法毁坏?

裁判要点:刑法意义上的"非法占有"行为与"非法毁坏"行为的根本区别在于行为人主观目的不同,前者以依照财物的本来用途利用和处分为目的,后者则以毁坏为目的。

刑法意义上的"非法占有"行为与"非法毁坏"行为具有一定的相似性,客观上两者都非法排斥了权利人对财物的占有、使用、收益和处分的权利,侵害了他人财物的所有权。两者的根本区别在于行为人主观目的不同,前者以依照财物的本来用途利用和处分为目的,后者则以毁坏为目的。刑法意义上的"非法占有"不仅表现为行为人对他人财物在物理意义上的实际控制,通常也表现为行为人遵从财物的本来用途进行利用和处分,以实现财物的价值或取得相应的利益。所谓本来用途就是财物自身具有的价值和使用价值,不仅包括经济价值,还包括审美等其他价值。"非法毁坏"中,行为人出于毁坏公私财物的经济用途的目的实际

① 最高人民法院刑事审判第一庭、第二庭编:《刑事审判参考》2004 年第 4 集(总第 39 集),第 310 号案例,法律出版社 2005 年版。

控制他人财物后予以毁损或毁灭。虽然行为人也实际控制了他人财物，排除了权利人合法占有财物的可能性，但其控制该财物的目的并不是依照其本来的用途利用和处分，而是变更财物性质和价值或使其灭失，使人在事实上不能按照该物的本来用途使用和处分。司法实践中，对于此类行为应区分不同的情况，依照主客观相一致的原则，客观分析、认定。对于有证据证明行为人以毁损或毁坏为目的而实施的非法取得他人财物的行为，符合毁坏公私财物罪构成要件的，无论其是否已实施了毁坏行为，都应以非法毁坏公私财物罪定罪处罚；对于行为人不以毁坏为目的实际控制了他人财物的，一般均可以认定其具有利用和处分财物的目的，符合职务侵占、贪污或盗窃、诈骗等犯罪构成要件的，应以相应的罪名定罪处罚。

（十五）单位组织、指使盗窃行为的处理

《最高人民法院、最高人民检察院关于办理盗窃刑事案件适用法律若干问题的解释》（法释〔2013〕8号，2013年4月4日施行）

第十三条　单位组织、指使盗窃，符合刑法第二百六十四条及本解释有关规定的，以盗窃罪追究组织者、指使者、直接实施者的刑事责任。

（十六）窃取他人挖掘机电脑主板后索取钱财的行为定性

案例11－17　张某甲、张某乙盗窃案[①]

争议焦点：盗窃罪与敲诈勒索罪？

裁判要点：窃取挖掘机电脑主板后向被害人索取钱财的行为，其手段行为构成盗窃罪，目的行为构成敲诈勒索罪，分别触犯了不同的罪名，构成牵连犯，在处罚上应择一重罪定罪处罚。

判断牵连犯罪中此罪与彼罪的轻重。一般情况下可以从法定刑的轻重来区分此罪与彼罪的轻重，主要的依据是比较法定的最高刑和法定的最低刑，以及法律规定的附加刑；在法定刑幅度相同的情况下，则应根据各罪实际应判处的刑罚来确定此罪与彼罪的轻重。

---

① 最高人民法院刑事审判第一、二、三、四、五庭主办：《刑事审判参考》2007年第1集（总第54集），第427号案例，法律出版社2007年版。

（十七）将电信卡非法充值后使用，盗用他人上网账号、密码上网，造成电信资费损失数额较大的行为定性

《最高人民法院关于审理扰乱电信市场管理秩序案件具体应用法律若干问题的解释》（法释〔2000〕12号，2000年5月24日施行）

第七条　将电信卡非法充值后使用，造成电信资费损失数额较大的，依照刑法第二百六十四条的规定，以盗窃罪定罪处罚。

第八条　盗用他人公共信息网络上网账号、密码上网，造成他人电信资费损失数额较大的，依照刑法第二百六十四条的规定，以盗窃罪定罪处罚。

案例11－18　陈某盗窃案①

争议焦点：窃取具有充值服务的密保卡数据如何定性？

裁判要点：窃取公司提供充值服务的密保卡数据，并进行非法充值，使公司QQ密保卡对应的等值服务资费遭受损失的，构成盗窃罪，盗窃数额应当按照QQ密保卡对应的等值服务资费实际受到的损失认定。

刑法规定的财物，通常是指传统观念中以实物形态存在的、有形的、具有经济价值的物质。然而，随着经济社会的发展，财物的存在形态发生了巨大的变化，部分财物开始以非实物形态存在。如随着通信技术的发展，网民可以随时利用网络服务卡消费相当于货币使用的有价财产权益，网络服务卡基于其便利、安全的充值功能，已受到网民的广泛使用。虚拟财产作为盗窃的犯罪对象已日渐得到司法部门的认同，如相关司法解释已经将电力、煤气等无形财产以及代表一定财产权益的电信卡等作为盗窃的对象。QQ密保卡是持卡人支付对价后取得有偿网络服务的指令媒介，QQ密保卡上的数据与《电信解释》规定的公共信息网络上网的账号、密码在本质上相似，具备承载和保护一定数额的无形财产的功能，具有普通财物所具有的使用价值和交换价值。根据“失控加控制说”的通说标准，主张以被盗财物是否脱离所有人或者保管人的控制并且实际置于行为人控制之下为标准，如果被盗财物已脱离所有人或者保管人控制并且已实际置于行为人控制之

① 最高人民法院刑事审判第一、二、三、四、五庭主办：《刑事审判参考》2012年第4集（总第87集），第795号案例，法律出版社2013年版。

下，应当认定为盗窃罪既遂；反之，就应认定为盗窃罪未遂。一个犯罪行为既遂之后就不可能再存在预备、中止、未遂等犯罪形态。

案例11-19 程某某盗窃案①

争议焦点：非法修改充值卡数据如何定性？

裁判要点：非法侵入移动公司充值中心修改充值卡数据，并将充值卡明文密码出售的行为属于将电信卡非法充值后使用，构成盗窃罪。

充值卡的明文密码及与之相对应的密码共同代表着一定金额的电信服务，该密码本身具有一定的财产价值，属于财物范畴，能够作为盗窃罪的对象。非法侵入移动公司充值中心修改充值卡数据，并将充值卡明文密码出售的行为属于将电信卡非法充值后使用，给移动公司造成了资费损失，构成盗窃罪。

（十八）盗窃网络虚拟财产行为的定性

盗窃网络虚拟财产的行为，有观点认为构成盗窃罪，有观点认为构成非法获取计算机信息系统数据罪。当前关于盗窃网络虚拟财产的刑事政策已经十分明晰，即采用技术手段非法获取包括虚拟财产在内的计算机信息系统数据的行为应当以非法获取计算机信息系统数据罪论处。实际上，在《最高人民法院、最高人民检察院关于办理盗窃刑事案件适用法律若干问题的解释》（法释〔2013〕8号）起草过程中，有意见提出，应当在司法解释中明确，对盗窃游戏币等虚拟财产的，以盗窃罪定罪处罚。经研究认为，此意见不妥。对于盗窃虚拟财产的行为如确需刑法规制，可以按照非法获取计算机信息系统数据等计算机犯罪定罪处罚，不应以盗窃罪处理。当然，如果未来相关民事法律明确虚拟财产的财产属性，作为其他部门法的保障法的刑法再行跟上，对于盗窃虚拟财产的行为适用盗窃罪等财产犯罪，本书宜持支持态度。②

---

① 最高人民法院刑事审判第一、二、三、四、五庭主办：《刑事审判参考》2010年第1集（总第72集），第602号案例，法律出版社2010年版。

② 喻海松：《网络犯罪二十讲》，法律出版社2018年版，第251－255页。

（十九）盗窃罪与侵占罪的区分

案例 11－20　崔某、仇某某、张某某盗窃案①

争议焦点：窃取租给他人使用的银行卡中的资金如何定性？

裁判要点：将银行卡租给他人使用后，通过挂失、补卡等手段将银行卡内租用人的存款占为己有，以盗窃罪定罪处罚。

行为人将银行卡出租给他人使用，租用人更改银行卡密码后，因使用不慎，银行卡被 ATM 机吞掉。行为人出于非法占有的目的，利用租用人请求其帮助取卡之机，在租用人掌握密码并实际占有、控制银行卡内存款的情况下，通过挂失、补卡等手段将银行卡内租用人的存款取出并占为己有，其行为属于秘密窃取他人财物，应以盗窃罪定罪处罚。

案例 11－21　曹某某侵占案②

争议焦点：盗窃罪与侵占罪？

裁判要点：将银行卡借给他人使用后，通过挂失方式将银行卡内的他人资金取走的行为构成侵占罪。

准确区分盗窃罪和侵占罪，应当重点分析考察以下几个方面：(1)行为人占有财物的时间；(2)行为人非法占有财物的手段；(3)行为人犯罪故意产生的时间。

（一）行为人占有财物的时间

盗窃罪的犯罪对象为他人控制的财物，对于自己已实际控制的他人财物一般不能成立盗窃罪，行为人在实施盗窃行为之前，尚未实际控制他人财物。侵占罪的犯罪对象为行为人代为保管的他人财物或者他人的遗忘物、埋藏物，行为人在实施侵占行为之前，已经控制他人财物，其特征是将自己控制的财产不法“占为己有”。控制是指人对财物的支配、管理状态。控制属于事实上和物理意义上的掌控，不等于法律意义上的占有，即“占为己有”。侵占罪不仅可能侵占自己直接控制的他人财物，而且可能侵占法律形式上控制的他人财物。无论银行卡由谁

① 参见《最高人民法院公报》2011 年第 9 期(总第 179 期)。

② 最高人民法院刑事审判第一、二、三、四、五庭主办：《刑事审判参考》2013 年第 6 集(总第 95 集)，第 938 号案例，法律出版社 2014 年版。

实际持有并使用，银行卡的权利义务都由申领人承受，卡内资金在法律形式上都处于申领人的控制之下。

（二）行为人非法占有财物的手段

侵占罪中，行为人非法占有他人财物时，该财物已在行为人的持有和控制之下，行为人采取抵赖等手段拒不交出或者拒不退还从而使持有变为“非法占为己有”。侵占罪的手段，既可以是秘密的，也可以是公开的或半公开的。而盗窃罪中，非法占有他人财物之前，该财物并不在行为人的实际控制之下，行为人必须通过秘密窃取的手段才能实现非法占有。所谓秘密窃取，是指行为人采取自认为不为财物所有者、保管者或者经手者所发觉的方法，暗中将财物取走的行为，具有不可否认的主观性特征，行为人的主观内容包括对于手段行为秘密性的认识，即行为人主观上认为其行为是在他人不知觉的情况下实施的，它不仅能反映出盗窃罪秘密性的行为特征，而且也是判断行为秘密性不可缺少的要素。

（三）行为人犯罪故意产生的时间

侵占罪作为不转移财物控制权的犯罪，其犯罪故意可能产生于实际控制他人财物之后，而盗窃罪是转移财物控制权的犯罪，其犯罪故意只能产生于持有、控制他人财物之前。

案例 11－22　罗某某盗窃案[①]

争议焦点：盗窃罪与侵占罪？

裁判要点：侵占罪和盗窃罪均属侵犯财产类犯罪，两罪的犯罪对象都是他人的财物，主观上都具有非法占有他人财物的目的，但两罪犯罪的前提、犯罪目的产生的时间以及犯罪客观方面都不同。

侵占罪和盗窃罪的区别表现在：(1)犯罪的前提不同。侵占罪的行为人在侵占他人财物之前，必须已实际持有或控制他人财物。实际持有或控制他人财物的方式以刑法规定的方式为限，即代为保管他人财物、拾得他人的遗忘物和发现他人的埋藏物三种方式。而盗窃罪的行为人在实施盗窃他人财物时，并不具备实际持有或控制他人财物的前提条件。简言之，在实施盗窃行为前，被盗财物仍处于物主的实际持有或直接控制之下，由于盗窃者的秘密窃取行为才使被盗财物脱

① 最高人民法院刑事审判第一庭、第二庭编：《刑事审判参考》2002 年第 1 辑（总第 24 辑），第 160 号案例，法律出版社 2002 年版。

离物主的实际持有或控制。(2)犯罪目的产生的时间不同。侵占行为人的非法占有目的,发生在实际持有或控制他人的托管物以及拾得他人的遗忘物和发现他人的埋藏物之后;而盗窃行为人的不法占有目的,则发生在秘密窃取他人财物之前,即行为人是为了非法占有才去秘密窃取他人持有的公私财物的。(3)犯罪客观方面不同。侵占罪的行为,是对自己已实际持有或控制的他人的托管物、拾得的他人的遗忘物以及发现的他人的埋藏物,拒不退还或者拒不交出,从而实现非法占有。手段上可以是秘密的,也可以是公开或半公开的。如没有拒不退还或者拒不交出的行为,则不能构成侵占罪。盗窃罪的行为则是对他人持有和控制的公私财物,采取秘密窃取的方法,使其脱离所有人的控制,从而实现非法占有。其手段只能是秘密的,且窃得他人财物后又主动退还的不影响盗窃罪的成立。

(二十)盗窃互联网上网流量行为的定性

《最高人民法院研究室关于盗窃互联网上网流量如何认定盗窃数额的研究意见》

有关部门就盗窃互联网上网流量如何认定盗窃数额征求最高人民法院研究室意见。我室经研究认为:

盗窃互联网上网流量的,可以按照销赃数额认定盗窃数额。①

(二十一)"碰瓷"行为的定性

《最高人民法院、最高人民检察院、公安部关于依法办理"碰瓷"违法犯罪案件的指导意见》(公通字〔2020〕12号,2020年9月22日施行)

四、实施"碰瓷",采取转移注意力、趁人不备等方式,窃取、夺取他人财物,符合刑法第二百六十四条、第二百六十七条规定的,分别以盗窃罪、抢夺罪定罪处罚。

---

① 沈德咏主编、最高人民法院研究室编著:《司法研究与指导》2013年第1辑(总第5辑),人民法院出版社2014年版,第180页。

三、取证指引

（一）主体证据

本罪的主体是一般主体，即行为人系年满十六周岁、具有刑事责任能力的自然人。证明行为人的身份，一般应当有供述与辩解、证人证言、户籍证明、身份证、常住人口基本信息、照片等反映行为人情况的证据；行为人曾因盗窃受过刑事、行政处罚的，还应当有刑事判决书、释放证明、行政处罚决定书等证据。

盗窃罪案件中，也应当注意收集被害人身份的证据。证明被害人的身份，一般应当有身份证或户籍证明、常住人口基本信息等证据。对于下列情形，应当注意调取以下证据：

（1）被害人与行为人存在（近）亲属关系的，应当调取户口登记簿、证人证言等证明亲属关系的证据；

（2）被害人系残疾人的，应当调取残疾人证、残疾人联合会评定材料等证据；

（3）被害人系孤寡老人的，应当收集证明被害人已年满六十周岁且系孤寡生活状态的相关证据；

（4）被害人系丧失劳动能力的，应当收集丧失劳动能力鉴定意见等证据；

（5）被害人系医院就诊病人或其亲友的，应当收集医院就诊证明、证人证言等相应的证据；

（6）被害人系未成年人的，应当收集户籍资料、出生证明、证人证言等证据；

（7）被害人系单位的，应当收集营业执照等工商登记资料、被害单位委托的代理人（报案人）的基本信息、被害单位授权文书等证据。

（二）主观方面证据

本罪需要证明行为人在主观上具有故意且“以非法占有为目的”。由于主观动机和目的的认定需要通过客观行为来体现，因此在认定行为人主观方面时，不能仅仅依赖言词证据，而应坚持主客观一致的原则，根据案件具体情况，结合其他客观证据综合认定。

证明行为人具有非法占有目的，一般应当有行为人的供述与辩解、被害人陈述、证人证言、勘验、检查笔录、视听资料等证据。对于上述证据，应当重点收集：

（1）被盗财物是否位于明显为他人所实际控制的场所或位置；

（2）被盗财物是否已被他人采取上锁、封装等防护措施；

(3)行为人窃取他人财物后是否已藏匿、使用或出售；

(4)是否具有其他可能证明行为人具有非法占有目的的情形，如特殊的盗窃时间、地点或手段等。

行为人辩解与被害人存在经济纠纷的，证明行为人的非法占有目的，一般应当有劳动合同、工资单、借条等书证，证人证言，被害人陈述以及行为人供述等证据。对上述证据，应当重点收集：

(1)行为人与被害人之间是否存在雇佣、债权债务等关系；

(2)经济纠纷与盗窃行为之间是否有因果联系；

(3)经济纠纷数额与被窃财物价值是否相差悬殊；

(4)行为人与被害人的关系；

(5)财物是否具有特殊意义，是否具有外借可能；

(6)行为人取财手段是否符合借用的正常形式、事后有无及时向被害人声明借用情况；

(7)行为人有无归还表示、有无归还条件。

行为人辩解对被盗财物价值认识错误的，应重点收集：

(1)财物所处的地点、环境、保存状态、足以使人知悉其价值的提示警示等因素，是否足以使一般人对财物的价值产生错误认识；

(2)行为人的文化程度、生活经历、社会阅历等因素，是否足以影响行为人对财物价值的准确认识；

(3)行为人的预谋、盗窃、处置方式等是否与行为人关于对财产价值产生错误认识的辩解相符。

(三)客观方面证据

客观方面的证据主要表现为行为人实施了盗窃行为，并造成了被害人财产损失。

证明盗窃的方法、手段，一般应当注重收集以下证据：

(1)行为人关于窃取财物经过的详细供述；

(2)被害人关于财物失窃情况的详细陈述；

(3)盗窃过程中有证人的，应当有证人关于盗窃过程的详细证言；

(4)具备勘验、检查条件的，应当有案发现场的勘验、检查笔录，现场有指纹、脚印等痕迹的，应当有提取笔录、相应的物证及鉴定意见等证据；

(5)使用工具作案的,应当有扣押的作案工具;因客观原因未能扣押的,应有相关证据予以证实;

(6)案发现场及周边有监控设施的,应当有依法调取的视听资料、电子数据等证据;

(7)必要时,应当有调取的基站信息、地理信息等反映犯罪嫌疑人在案发现场及周边的行动轨迹等证据;

(8)对于能够反映行为人进入盗窃场所的方式以及藏匿、转移被盗财物的证据,一般也应当收集提供。

用网络支付平台盗窃的,应当注意提取行为人获取的登录名、密码、验证码等身份验证信息;具备条件的,对行为人使用的手机、电脑等电子设备进行检查并提取相关电子数据。

盗窃案件存在盗骗交织情形的,应当重点调取被害人对财物有无处分意识和处分行为相关的证据。

存在第三人因为受骗而转移财物的情形,应当重点调取第三人对财物有无处分权限和处分地位相关的证据。

证明被害人财产损失,一般应当有赃款、赃物、购物凭证、交易记录、说明书、外包装盒、价格认定意见、被害人陈述、证人证言、行为人的供述与辩解等证据。

第十二讲
LECTURE 12

诈　骗　罪

一、犯罪构成

刑法第二百六十六条　诈骗罪

诈骗公私财物，数额较大的，处三年以下有期徒刑、拘役或者管制，并处或者单处罚金；数额巨大或者有其他严重情节的，处三年以上十年以下有期徒刑，并处罚金；数额特别巨大或者有其他特别严重情节的，处十年以上有期徒刑或者无期徒刑，并处罚金或者没收财产。本法另有规定的，依照规定。

刑法第二百一十条第二款　诈骗罪

使用欺骗手段骗取增值税专用发票或者可以用于骗取出口退税、抵扣税款的其他发票的，依照本法第二百六十六条的规定定罪处罚。

（一）犯罪主体

本罪主体系一般主体，凡年满十六周岁、具有刑事责任能力的自然人均能构成本罪。单位不能构成本罪。

（二）犯罪客体

本罪规定在第五章“侵犯财产罪”中，侵犯的客体是公私财物所有权。犯罪对象系“公私财物”，即国家、集体或个人所有的各种财物，包括动产和不动产，也包括无形物和财产性利益。根据刑法第二百一十条的有关规定，使用欺骗手段骗取增值税专用发票或者可以用于骗取出口退税、抵扣税款的其他发票的，成立诈骗罪。不过，诈骗罪中的财物不包括其他非法利益，如行为人采用欺骗方法让他人提供非法服务的，不构成本罪。

刑法分则第三章破坏社会主义市场经济秩序罪中单独规定了集资诈骗罪、贷款诈骗罪、票据诈骗罪、金融凭证诈骗罪、信用证诈骗罪、信用卡诈骗罪、有价证券诈骗罪、保险诈骗罪八种金融诈骗犯罪。诈骗罪与上述八种金融诈骗犯罪是一般与特殊的关系，故本罪的犯罪对象应排除集资款、贷款、票据、金融凭证、信用证、信用卡、有价证券和保险金。

（三）犯罪主观方面

本罪在主观上表现为直接故意，且具有非法占有的目的，过失不构成本罪。实践中，应注意区分诈骗罪与民事债务纠纷的界限，二者的根本区别在于后者不具有非法占有的目的，只是由于客观原因一时无法偿还债务。

（四）犯罪客观方面①

本罪在客观方面表现为：行为人用虚构事实或者隐瞒真相的欺骗方法，骗取公私财物且数额较大。根据逻辑结构，诈骗罪包含以下几个存在因果关系的行为阶段：行为人存在欺骗行为—他人认识错误—处分财产—他人财产利益受损。

（1）行为人存在欺骗行为。实践中，欺骗行为多种多样，既可以是语言欺诈，也可以是动作欺诈，既可以表现为作为，也可以是不作为，凡是能让对方陷入错误认识并作出行为人希望的财产处分行为的，均可认定为欺骗。至于一般性的夸张表述或夸大价值的言论，因不具有使他人处分财产的具体危险，故不是欺骗行为。

总体而言，欺骗行为可以分为两大类：虚构事实和隐瞒真相。虚构事实，是指捏造不存在的情况；隐瞒真相，是指向对方隐瞒全部或部分客观事实。无论是虚构事实还是隐瞒真相，目的都是导致对方认识错误。

（2）对方产生认识错误。对方必须因行为人的欺骗行为产生认识上的错误。如果对方不是因认识错误处分财产，即使行为人存在欺骗行为，也不成立诈骗罪。对方是否存在认识错误，是区分盗窃罪和诈骗罪的关键点。至于产生认识错误的人，只要求是具有财物处分权限或者地位的人，不要求必须是财物的所有人或占有人。如果行为人是“骗取”机器、幼儿、严重精神病患者的，不构成诈骗罪，而成立盗窃罪。

---

① 以下内容部分参见张明楷：《刑法学》（下），法律出版社2016年版，第1000～1006页。

(3)行为人因认识错误而不当地处分财物。这里的处分财物,是指他人基于认识上的错觉而"自愿地"向行为人或第三人交付财物,或者处分财产上的利益。这里的"处分",不要求他人具有转移财产所有权或处分权的意思表示。与他人处分财物相对应的,是行为人获得财物,包括以下两种情形:一是财产的增加;二是债务的减少,如使对方免除或者减少债务等。一般来说,他人处分财物与行为人获得财物的行为是同时发生的,但实践中也存在财物既不在行为人的掌控之下,也已脱离对方有效控制的情形,此时应根据具体情况判断行为人的诈骗行为是否既遂。

(4)他人财产利益受损。他人基于认识错误处分财物,因而其财产利益受到损害。根据法律的规定,诈骗公私财物数额较大的,才构成犯罪。根据有关司法解释,诈骗公私财物价值三千元至一万元以上、三万元至十万元以上、五十万元以上的,应当分别认定为诈骗罪中的"数额较大"、"数额巨大"和"数额特别巨大",具体数额标准由各地结合当地经济社会发展状况自行确定。不过在电信网络诈骗案件中,诈骗公私财物价值三千元以上、三万元以上、五十万元以上的,就可以认定为诈骗罪的"数额较大"、"数额巨大"和"数额特别巨大"。

二、常见疑难问题

(一)诈骗团伙构成"恶势力犯罪集团"的认定

案例 12-1　孙某、罗某诈骗、敲诈勒索、非法拘禁案[①]

争议焦点:以"套路贷"的方式实施诈骗等行为的团伙,如何认定其构成"恶势力犯罪集团"?

裁判要点:2018 年 1 月至 6 月,被告人孙某、罗某、张某某通过让前来借款的被害人签订借款金额双倍借条、巨额利息、"砍头息"等方式,分别借款给董某能、耀文某等 8 名在校学生、公司职员、急需资金周转的被害人,一旦逾期,被告人孙某则要求收取逾期费方式,增加被害人债务,同时伙同被告人罗某、张某某通过不断威胁对被害人起诉、到被害人所在学校、单位大肆宣传被害人欠债让他们身败名裂,甚至威胁、骚扰被害人及家属,并在追讨过程中非法拘禁被害人,逼迫被害人及家属支付高额逾期费、借款利息、本金。被告人孙某、罗某、张某某实施敲诈勒索、诈骗、非法拘禁犯罪事实和诈骗违法事实。在犯罪过程中逐渐形成被告人孙某为首要分子,被告人罗某、张某某为固定成员,社会危害性较大的犯罪集团。

---

① 参见贵州省贵阳市中级人民法院(2019)黔 01 刑终 550 号刑事裁定书。

根据《最高人民法院、最高人民检察院、公安部、司法部关于办理黑恶势力犯罪案件若干问题的指导意见》第十四条、第十五条关于恶势力犯罪集团的规定,应依法认定上诉人孙某、罗某、张某某3人构成恶势力犯罪集团。

(二)"套路贷"诈骗行为的认定

案例12-2 张某某、楼某、吴某等诈骗案①

争议焦点:如何认定行为人的行为属于"套路贷"?

裁判要点:《最高人民法院、最高人民检察院、公安部、司法部关于办理"套路贷"刑事案件若干问题的意见》中关于"套路贷"定义是对以非法占有为目的,假借民间借贷之名,诱使或迫使被害人签订"借贷"或变相"借贷""抵押""担保"等相关协议,通过虚增借贷金额、恶意制造违约、肆意认定违约、毁匿还款证据等方式形成虚假债权债务,并借助诉讼、仲裁、公证或者采用暴力、威胁以及其他手段非法占有被害人财物的相关违法犯罪活动的概括性称谓,表现手段包括:(1)制造民间借贷假象。犯罪嫌疑人、被告人往往以"小额贷款公司""投资公司""咨询公司""担保公司""网络借贷平台"等名义对外宣传,以低息、无抵押、无担保、快速放款等为诱饵吸引被害人借款,继而以"保证金""行规"等虚假理由诱使被害人基于错误认识签订金额虚高的"借贷"协议或相关协议。(2)……(3)故意制造违约或者肆意认定违约。犯罪嫌疑人、被告人往往会以设置违约陷阱、制造还款障碍等方式,故意造成被害人违约,或者通过肆意认定违约,强行要求被害人偿还虚假债务。(4)恶意垒高借款金额。当被害人无力偿还时,有的犯罪嫌疑人、被告人会安排其所属公司或者指定的关联公司、关联人员为被害人偿还"借款",继而与被害人签订金额更大的虚高"借贷"协议或相关协议,通过这种"转单平账""以贷还贷"的方式不断垒高"债务"。本案上诉人张某某的行为完全符合"套路贷"犯罪特征,其以非法占有为目的,采用欺诈手段骗取被害人钱财,构成诈骗罪。

---

① 参见浙江省绍兴市中级人民法院(2019)浙06刑终411号刑事裁定书。

（三）“以非法占有为目的”主观故意的认定

案例12－3 黄某、袁某某等诈骗案[①]

争议焦点：行为人诱使他人赌博并控制赌局输赢获利的，如何定性？

裁判要点：行为人出于非法占有他人财产的目的，采取虚构事实、隐瞒真相、设置圈套的方法诱使他人参加赌博，并以欺诈手段控制赌局的输赢结果，从而骗取他人财物，数额较大的，构成诈骗罪，应当依照刑法第二百六十六条的规定定罪处罚。

案例12－4 李某诈骗案[②]

争议焦点：李某的行为是否构成诈骗罪？

裁判要点：虽然李某采取欺骗的手段，将钱款据为己有，但其主观上是为抵销债权。本案现有证据不足以证明李某具有非法占有的目的。故被告人李某的行为不构成诈骗罪。

案例12－5 王某某诈骗案[③]

争议焦点：如何判断行为人是否“以非法占有为目的”？

裁判要点：实践中判断行为人是否“以非法占有为目的”，应坚持在客观基础上的主观判断，即在查明客观事实的前提下，根据一定的经验法则或者逻辑规则。具体而言，主要从以下三个方面进行综合判断：

（1）行为人事前有无归还能力，如行为人的资产负债情况等；（2）行为人事中有无积极归还或者消极不归还行为或者表现，如行为人编造事实或者隐瞒真相拖延归还被害人的财产等；（3）行为人事后处分财物及对他人财产损失的态度，如行为人是否通过实施诈骗行为排除被害人对其财产的控制并将其财产转归行为人或第三人名下，是否将被害人的财物用于双方约定的用途，抑或是消费、还债等个人用途，是否具有转移财产、隐匿财产、拒不交代财物的真实去向等欲使被害人财物无法收回的行为等。

---

① 最高人民法院公报案例，载http://gongbao.court.gov.cn/Details/22561a5ea959ab8679c06ee7781b32.html。

② 参见河南省中牟县人民法院（2014）牟刑初字第209号刑事判决书。

③ 最高人民法院刑事审判第一、二、三、四、五庭主办：《刑事审判参考》2015年第1集（总第102集），第1065号案例，法律出版社2016年版。

（四）诈骗“数额较大”“数额巨大”“数额特别巨大”的认定

《最高人民法院、最高人民检察院关于办理诈骗刑事案件具体应用法律若干问题的解释》（法释〔2011〕7号，2011年4月8日施行）

第一条　诈骗公私财物价值三千元至一万元以上、三万元至十万元以上、五十万元以上的，应当分别认定为刑法第二百六十六条规定的“数额较大”、“数额巨大”、“数额特别巨大”。

各省、自治区、直辖市高级人民法院、人民检察院可以结合本地区经济社会发展状况，在前款规定的数额幅度内，共同研究确定本地区执行的具体数额标准，报最高人民法院、最高人民检察院备案。

《最高人民法院、最高人民检察院、公安部关于办理电信网络诈骗等刑事案件适用法律若干问题的意见》（法发〔2016〕32号，2016年12月19日施行）

（一）根据《最高人民法院、最高人民检察院关于办理诈骗刑事案件具体应用法律若干问题的解释》第一条的规定，利用电信网络技术手段实施诈骗，诈骗公私财物价值三千元以上、三万元以上、五十万元以上的，应当分别认定为刑法第二百六十六条规定的“数额较大”“数额巨大”“数额特别巨大”。

二年内多次实施电信网络诈骗未经处理，诈骗数额累计计算构成犯罪的，应当依法定罪处罚。

《最高人民法院研究室关于申付强诈骗案如何认定诈骗数额问题的电话答复》（1991年4月23日施行）

在具体认定诈骗犯罪数额时，应把案发前已被追回的被骗款额扣除，按最后实际诈骗所得数额计算。但在处罚时，对于这种情况应当作为从重情节予以考虑。

（五）诈骗罪既遂和未遂的认定

案例 12－6　王某某诈骗案[①]

争议焦点：财物尚处于国家机关控制之下时，应认定诈骗犯罪既遂还是未遂？

裁判要点：被告人以欺诈手段欺骗被害人将款项打入人民法院的已冻结账户。人民法院根据执行申请人的申请，对于该银行款项既可以冻结，也可以划拨，不论哪一种方式，其结果均会导致涉案财产脱离被害人和被告人的控制，但并不意味着被害人必然遭受财产损害。本案中，法院只是冻结相应款项，涉案财物尚处于国家公权力控制之下，被害人只是暂时失去了处分权，并未实际遭受财产损害。被害人得知款项被冻结后立即报案，相关法院并未将已冻结的款项发放给申请执行人，也未进行其他处理，因此，被告人的诈骗行为处于未完成状态，属于因案发等意志以外的因素未完成，系未遂。

（六）骗取社保资金、待遇行为的定性

《全国人民代表大会常务委员会关于〈中华人民共和国刑法〉第二百六十六条的解释》（2014 年 4 月 24 日第十二届全国人民代表大会常务委员会第八次会议通过）

以欺诈、伪造证明材料或者其他手段骗取养老、医疗、工伤、失业、生育等社会保险金或者其他社会保障待遇的，属于刑法第二百六十六条规定的诈骗公私财物的行为。

（七）诈骗近亲属财物行为的处理

《最高人民法院、最高人民检察院关于办理诈骗刑事案件具体应用法律若干问题的解释》（法释〔2011〕7 号，2011 年 4 月 8 日施行）

第四条　诈骗近亲属的财物，近亲属谅解的，一般可不按犯罪处理。

诈骗近亲属的财物，确有追究刑事责任必要的，具体处理也应酌情从宽。

---

① 最高人民法院刑事审判第一、二、三、四、五庭主办：《刑事审判参考》2015 年第 1 集（总第 102 集），第 1065 号案例，法律出版社 2016 年版。

（八）诈骗数额难以查清情形的处理

《最高人民法院、最高人民检察院关于办理诈骗刑事案件具体应用法律若干问题的解释》（法释〔2011〕7号，2011年4月8日施行）

第五条　诈骗未遂，以数额巨大的财物为诈骗目标的，或者具有其他严重情节的，应当定罪处罚。

利用发送短信、拨打电话、互联网等电信技术手段对不特定多数人实施诈骗，诈骗数额难以查证，但具有下列情形之一的，应当认定为刑法第二百六十六条规定的"其他严重情节"，以诈骗罪（未遂）定罪处罚：

（一）发送诈骗信息五千条以上的；

（二）拨打诈骗电话五百人次以上的；

（三）诈骗手段恶劣、危害严重的。

实施前款规定行为，数量达到前款第（一）、（二）项规定标准十倍以上的，或者诈骗手段特别恶劣、危害特别严重的，应当认定为刑法第二百六十六条规定的"其他特别严重情节"，以诈骗罪（未遂）定罪处罚。

（九）电信网络诈骗犯罪中拨打电话、发送信息次数的认定

《最高人民法院、最高人民检察院、公安部关于办理电信网络诈骗等刑事案件适用法律若干问题的意见》（法发〔2016〕32号，2016年12月19日施行）

（四）实施电信网络诈骗犯罪，犯罪嫌疑人、被告人实际骗得财物的，以诈骗罪（既遂）定罪处罚。诈骗数额难以查证，但具有下列情形之一的，应当认定为刑法第二百六十六条规定的"其他严重情节"，以诈骗罪（未遂）定罪处罚：

1. 发送诈骗信息五千条以上的，或者拨打诈骗电话五百人次以上的；

2. 在互联网上发布诈骗信息，页面浏览量累计五千次以上的。

具有上述情形，数量达到相应标准十倍以上的，应当认定为刑法第二百六十六条规定的"其他特别严重情节"，以诈骗罪（未遂）定罪处罚。

上述"拨打诈骗电话"，包括拨出诈骗电话和接听被害人回拨电话。反复拨打、接听同一电话号码，以及反复向同一被害人发送诈骗信息的，拨打、接听电话次数、发送信息条数累计计算。

因犯罪嫌疑人、被告人故意隐匿、毁灭证据等原因，致拨打电话次数、发送信

息条数的证据难以收集的，可以根据经查证属实的日拨打人次数、日发送信息条数，结合犯罪嫌疑人、被告人实施犯罪的时间、犯罪嫌疑人、被告人的供述等相关证据，综合予以认定。

（十）冒充国家机关工作人员进行诈骗行为的定性

《最高人民法院、最高人民检察院关于办理诈骗刑事案件具体应用法律若干问题的解释》（法释〔2011〕7号，2011年4月8日施行）

第八条　冒充国家机关工作人员进行诈骗，同时构成诈骗罪和招摇撞骗罪的，依照处罚较重的规定定罪处罚。

（十一）以介绍婚姻为名进行诈骗行为的定性

《最高人民法院关于审理拐卖妇女儿童犯罪案件具体应用法律若干问题的解释》（法释〔2016〕28号，2017年1月1日施行）

第三条第二款　以介绍婚姻为名，与被介绍妇女串通骗取他人钱财，数额较大的，应当以诈骗罪追究刑事责任。

（十二）以虚假证件办理移动电话造成电信资费损失的行为的定性

《最高人民法院关于审理扰乱电信市场管理秩序案件具体应用法律若干问题的解释》（法释〔2000〕12号，2000年5月24日施行）

第九条　以虚假、冒用的身份证件办理入网手续并使用移动电话，造成电信资费损失数额较大的，依照刑法第二百六十六条的规定，以诈骗罪定罪处罚。

（十三）伪造、使用停止流通货币行为的定性

《最高人民法院关于审理伪造货币等案件具体应用法律若干问题的解释（二）》（法释〔2010〕14号，2010年11月3日施行）

第五条　以使用为目的，伪造停止流通的货币，或者使用伪造的停止流通的货币的，依照刑法第二百六十六条的规定，以诈骗罪定罪处罚。

（十四）通过虚假诉讼占有他人财物或者逃避债务行为的定性

《中华人民共和国刑法修正案（九）》（主席令第30号，2015年11月1日施行）

三十五、在刑法第三百零七条后增加一条，作为第三百零七条之一："以捏造的事实提起民事诉讼，妨害司法秩序或者严重侵害他人合法权益的，处三年以下有期徒刑、拘役或者管制，并处或者单处罚金；情节严重的，处三年以上七年以下有期徒刑，并处罚金。

……

"有第一款行为，非法占有他人财产或者逃避合法债务，又构成其他犯罪的，依照处罚较重的规定定罪从重处罚。

……"

《最高人民法院关于〈中华人民共和国刑法修正案（九）〉时间效力问题的解释》（法释〔2015〕19号，2015年11月1日施行）

第七条　对于2015年10月31日以前以捏造的事实提起民事诉讼，妨害司法秩序或者严重侵害他人合法权益，根据修正前刑法应当以伪造公司、企业、事业单位、人民团体印章罪或者妨害作证罪等追究刑事责任的，适用修正前刑法的有关规定。但是，根据修正后刑法第三百零七条之一的规定处刑较轻的，适用修正后刑法的有关规定。

实施第一款行为，非法占有他人财产或者逃避合法债务，根据修正前刑法应当以诈骗罪、职务侵占罪或者贪污罪等追究刑事责任的，适用修正前刑法的有关规定。

（十五）故意"碰瓷"骗取赔偿的行为的定性

《最高人民法院、最高人民检察院、公安部关于依法办理"碰瓷"违法犯罪案件的指导意见》（公通字〔2020〕12号，2020年9月22日施行）

一、实施"碰瓷"，虚构事实、隐瞒真相，骗取赔偿，符合刑法第二百六十六条规定的，以诈骗罪定罪处罚；骗取保险金，符合刑法第一百九十八条规定的，以保险诈骗罪定罪处罚。

案例12-7　李某某、潘某甲、潘某乙诈骗案①

争议焦点：故意制造"交通事故"骗取赔偿款的行为，如何定性？

裁判要点：行为人故意制造交通事故后，对被害人和公安交警部门隐瞒该交通事故是其故意制造的真相，致使公安交警部门认定被害人承担事故的全部责任或部分责任，为此被害人支付了赔款。行为人不仅在主观上具有非法骗取他人钱款的故意，而且在客观方面也实施了骗取其本不应获取且数额较大的赔款行为，符合诈骗罪构成的主客观要件，应构成诈骗罪。

（十六）电信网络诈骗犯罪的从重处罚情节

《最高人民法院、最高人民检察院、公安部关于办理电信网络诈骗等刑事案件适用法律若干问题的意见》(法发〔2016〕32号,2016年12月19日施行)

二、依法严惩电信网络诈骗犯罪

（二）实施电信网络诈骗犯罪，达到相应数额标准，具有下列情形之一的，酌情从重处罚：

1. 造成被害人或其近亲属自杀、死亡或者精神失常等严重后果的；

2. 冒充司法机关等国家机关工作人员实施诈骗的；

3. 组织、指挥电信网络诈骗犯罪团伙的；

4. 在境外实施电信网络诈骗的；

5. 曾因电信网络诈骗犯罪受过刑事处罚或者二年内曾因电信网络诈骗受过行政处罚的；

6. 诈骗残疾人、老年人、未成年人、在校学生、丧失劳动能力人的财物，或者诈骗重病患者及其亲属财物的；

7. 诈骗救灾、抢险、防汛、优抚、扶贫、移民、救济、医疗等款物的；

8. 以赈灾、募捐等社会公益、慈善名义实施诈骗的；

9. 利用电话追呼系统等技术手段严重干扰公安机关等部门工作的；

10. 利用"钓鱼网站"链接、"木马"程序链接、网络渗透等隐蔽技术手段实施诈骗的。

---

① 最高人民法院刑事审判第一庭、第二庭编：《刑事审判参考》2002年第6辑(总第29辑)，第214号案例，法律出版社2003年版。

（十七）诈骗罪共犯的认定

《最高人民法院、最高人民检察院关于办理诈骗刑事案件具体应用法律若干问题的解释》（法释〔2011〕7号，2011年4月8日施行）

第七条　明知他人实施诈骗犯罪，为其提供信用卡、手机卡、通讯工具、通讯传输通道、网络技术支持、费用结算等帮助的，以共同犯罪论处。

《最高人民法院、最高人民检察院、公安部关于办理电信网络诈骗等刑事案件适用法律若干问题的意见》（法发〔2016〕32号，2016年12月19日施行）

四、准确认定共同犯罪与主观故意

（三）明知他人实施电信网络诈骗犯罪，具有下列情形之一的，以共同犯罪论处，但法律和司法解释另有规定的除外：

1. 提供信用卡、资金支付结算账户、手机卡、通讯工具的；

2. 非法获取、出售、提供公民个人信息的；

3. 制作、销售、提供“木马”程序和“钓鱼软件”等恶意程序的；

4. 提供“伪基站”设备或相关服务的；

5. 提供互联网接入、服务器托管、网络存储、通讯传输等技术支持，或者提供支付结算等帮助的；

6. 在提供改号软件、通话线路等技术服务时，发现主叫号码被修改为国内党政机关、司法机关、公共服务部门号码，或者境外用户改为境内号码，仍提供服务的；

7. 提供资金、场所、交通、生活保障等帮助的；

8. 帮助转移诈骗犯罪所得及其产生的收益，套现、取现的。

上述规定的“明知他人实施电信网络诈骗犯罪”，应当结合被告人的认知能力，既往经历，行为次数和手段，与他人关系，获利情况，是否曾因电信网络诈骗受过处罚，是否故意规避调查等主客观因素进行综合分析认定。

（四）负责招募他人实施电信网络诈骗犯罪活动，或者制作、提供诈骗方案、术语清单、语音包、信息等的，以诈骗共同犯罪论处。

（十八）诈骗罪与民事欺诈行为的区分

案例 12-8 孔某诈骗案[①]

争议焦点：如何区分诈骗罪与民事欺诈行为？

裁判要点：行为人主观上以赚钱为目的，客观上采用部分虚假宣传，以次充好，故意隐瞒真实情况的方法，诱使对方作出错误意思表示，通过履行约定的行为，以达到谋取一定的利益，其行为属民事欺诈。行为人的主观动机和客观行为不符合诈骗罪的法律特征，不构成诈骗罪。

（十九）诈骗罪和盗窃罪的区分

案例 12-9 臧某某等盗窃、诈骗案[②]

争议焦点：对于既采取秘密窃取手段又采取欺骗手段非法占有财物的行为，如何定性？

裁判要点：对既采取秘密窃取手段又采取欺骗手段非法占有财物行为的定性，应从行为人采取主要手段和被害人有无处分财物意识方面区分盗窃与诈骗。如果行为人获取财物时起决定性作用的手段是秘密窃取，诈骗行为只是为盗窃创造条件或作掩护，被害人也没有"自愿"交付财物的，就应当认定为盗窃；如果行为人获取财物时起决定性作用的手段是诈骗，被害人基于错误认识而"自愿"交付财物，盗窃行为只是辅助手段的，就应当认定为诈骗。

在信息网络情形下，行为人利用信息网络，诱骗他人点击虚假链接而实际上通过预先植入的计算机程序窃取他人财物构成犯罪的，应当以盗窃罪定罪处罚；行为人虚构可供交易的商品或者服务，欺骗他人为支付货款点击付款链接而获取财物构成犯罪的，应当以诈骗罪定罪处罚。

（二十）诈骗罪和合同诈骗罪的区分

案例 12-10 吴某、张某某、刘某诈骗案[③]

争议焦点：如何区分诈骗罪和合同诈骗罪？

---

① 参见湖北省利川市人民法院(2016)鄂2802刑初29号刑事判决书。

② 最高人民法院指导性案例27号，载 http://www.court.gov.cn/shenpan-xiangqing-13333.html。

③ 参见江苏省无锡市中级人民法院(2016)苏02刑终330号刑事裁定书。

裁判要点:区分诈骗罪与合同诈骗罪应当注意两点:一是不能简单以有无合同为标准来区分合同诈骗罪与诈骗罪;二是不能简单以“签订合同+骗取财物”为标准来判断构成合同诈骗罪。

合同诈骗罪的本质是被害人基于合同陷入错误认识而交付财物,对于只是利用合同形式,但被害人之所以陷入错误认识并非主要基于合同的签订、履行,而是合同以外的因素使其陷入错误认识而交付财物的,应认定为诈骗罪。所谓“利用合同”,是指通过合同的虚假签订、履行使相对方陷入错误认识,从而交付财物,实现其非法占有目的。换言之,该合同的签订、履行行为是导致被害人陷入认识错误而作出财产处理的主要原因。利用合同即是其诈骗行为的关键。

(二十一)电信网络诈骗案件的管辖规定

《最高人民法院、最高人民检察院、公安部关于办理电信网络诈骗等刑事案件适用法律若干问题的意见》(法发〔2016〕32号,2016年12月19日施行)

五、依法确定案件管辖

(一)电信网络诈骗犯罪案件一般由犯罪地公安机关立案侦查,如果由犯罪嫌疑人居住地公安机关立案侦查更为适宜的,可以由犯罪嫌疑人居住地公安机关立案侦查。犯罪地包括犯罪行为发生地和犯罪结果发生地。

“犯罪行为发生地”包括用于电信网络诈骗犯罪的网站服务器所在地,网站建立者、管理者所在地,被侵害的计算机信息系统或其管理者所在地,犯罪嫌疑人、被害人使用的计算机信息系统所在地,诈骗电话、短信息、电子邮件等的拨打地、发送地、到达地、接受地,以及诈骗行为持续发生的实施地、预备地、开始地、途经地、结束地。

“犯罪结果发生地”包括被害人被骗时所在地,以及诈骗所得财物的实际取得地、藏匿地、转移地、使用地、销售地等。

……

(四)对因网络交易、技术支持、资金支付结算等关系形成多层级链条、跨区域的电信网络诈骗等犯罪案件,可由共同上级公安机关按照有利于查清犯罪事实、有利于诉讼的原则,指定有关公安机关立案侦查。

……

(六)在境外实施的电信网络诈骗等犯罪案件,可由公安部按照有利于查清犯罪事实、有利于诉讼的原则,指定有关公安机关立案侦查。

……

(八)已确定管辖的电信诈骗共同犯罪案件,在逃的犯罪嫌疑人归案后,一般由原管辖的公安机关、人民检察院、人民法院管辖。

(二十二)诈骗财物及其孳息的处理

《最高人民法院、最高人民检察院关于办理诈骗刑事案件具体应用法律若干问题的解释》(法释〔2011〕7号,2011年4月8日施行)

第九条　案发后查封、扣押、冻结在案的诈骗财物及其孳息,权属明确的,应当发还被害人;权属不明确的,可按被骗款物占查封、扣押、冻结在案的财物及其孳息总额的比例发还被害人,但已获退赔的应予扣除。

第十条　行为人已将诈骗财物用于清偿债务或者转让给他人,具有下列情形之一的,应当依法追缴:

(一)对方明知是诈骗财物而收取的;

(二)对方无偿取得诈骗财物的;

(三)对方以明显低于市场的价格取得诈骗财物的;

(四)对方取得诈骗财物系源于非法债务或者违法犯罪活动的。

他人善意取得诈骗财物的,不予追缴。

三、取证指引

诈骗罪通常具有以下特点:(1)不同地区的入罪标准不同。司法解释对诈骗公私财物"数额较大""数额巨大""数额特别巨大"只做了一个区间性的数额界定,而具体的数额标准由各地区在规定幅度内自行确定。(2)诈骗对象多为鉴别力较低的老年人、年轻学生和文化程度较低的人。(3)犯罪嫌疑人作案前多有预谋,且多为团伙作案、连续作案。诈骗犯罪团伙通过前期的精心准备、谋划、排练、摸底和相互配合,能够在短时间内攻破被害人的心理防线,取得被害人的信任。(4)在传统诈骗案件中,犯罪嫌疑人与被害人多有正面接触,故被害人通常能够准确、详细地描述犯罪嫌疑人的体貌特征等基本信息。(5)近年来,诈骗手段翻新升级,以电信网络诈骗为代表的非接触性诈骗犯罪呈多发高发态势。电信网络诈骗犯罪有着受害群体不特定、涉案区域广、犯罪手法传播速度快、犯罪嫌疑人与被害人缺乏直接正面接触、证据多为电子证据等突出特点，由此也导致在侦查过程中存在案难破、证难取、赃难追的问题。办案人员需要技侦、网安等部门及时参与、同步推进，从而最大化获取数据资源。

（一）主体证据

本罪的主体是一般主体。主体证据要求可参考本书第一讲“高利转贷罪”有关“主体证据”的内容。

（二）主观方面证据

主观方面证据是指能反映犯罪嫌疑人主观上故意且具有非法占有目的的证据。主要证据形式有：

1. 犯罪嫌疑人的供述和辩解[①]

犯罪嫌疑人的供述和辩解用以证实：

（1）作案的动机、目的，对后果的认知程度、主动程度；

（2）是临时起意还是经过了事前策划，如有策划，策划的具体内容是什么：是否进行了踩点、跟踪，选定了何种目标，准备了什么工具，怎样排除妨碍，确定何时实施，有何对策，是否明确了销赃方式及渠道；

（3）虚构或隐瞒事实的详细内容，为何如此虚构或欺诈；

（4）对事先通谋、事后销赃的犯罪嫌疑人，应查明通谋的具体内容；

（5）对共同犯罪案件要讯问策划、分工的时间、地点、内容以及在策划下各个人相对应的犯罪行为。

2. 被害人的陈述

被害人的陈述用以证实：

（1）犯罪嫌疑人与其认识、交往的时间、过程和渠道；

（2）被骗的具体过程，例如，犯罪嫌疑人对其是如何许诺、描述的，是否系自愿交出财物，交出财物后何时因何原因意识到被骗，被骗后有无联系犯罪嫌疑人、追回财物及追回结果等。

应该承认，主观心态是人的内心活动，主观方面证据易变，不易取得和固定。所

---

① 部分内容参见最高人民检察院公诉厅编：《公诉案件参考标准》，法律出版社 2014 年版，第 364 页。

以除了上述言词证据之外,办案人员对犯罪嫌疑人的主观故意尤其是"非法占有"目的的认定,还需依赖客观方面证据的印证和支撑。办案人员可以通过犯罪嫌疑人的工作日记、分工手册、犯罪嫌疑人的具体职责、赃款的账册、分赃的记录、诈骗账目记录、工作环境、短信、QQ、微信、skype等即时通信工具聊天记录等其他证据查明行为人虚构事实或隐瞒真相的具体手段、内容和细节,犯罪嫌疑人之间的通谋策划,财物的处置方式,行为人有无积极承担责任、尽力挽回被害人损失等情况,在通盘考虑上述主客观证据的基础之上才能准确认定其主观心态。

(三)客观方面证据

即能证明犯罪嫌疑人实施了捏造事实或隐瞒真相等欺诈行为的证据。具体包括以下几个阶段的证据[①]:

1. 犯罪嫌疑人实施了欺诈行为

(1)言词证据。例如,犯罪嫌疑人的供述和辩解,被害人的陈述,举报人、目击证人、收赃人的证人证言等,用以证实犯罪嫌疑人的基本体貌特征、案发经过和犯罪嫌疑人采取的具体欺骗手段,犯罪嫌疑人的姓名、性别、年龄、穿着打扮、口音籍贯、文化程度、落脚点、联系人和习惯特点;犯罪嫌疑人实施具体欺骗行为的时间、地点、方式等。一般来说,诈骗犯罪的第一手资料通常来自被害人的报案材料和陈述,办案人员要注意审查犯罪嫌疑人供述的行为方式与被害人陈述的被骗方式、交付财物过程或者其他证据是否一致,团伙作案的,也要梳理各个同案犯罪嫌疑人的指证能否相互印证。

(2)实物证据。例如,被骗财物、作案工具的实物及照片,犯罪嫌疑人与行为人的通话记录、聊天内容,现场勘验笔录,犯罪嫌疑人的通信记录、交通票据、住宿登记证明等。

(3)电子证据。例如,客观记录了犯罪过程的视听资料和电子数据。

2. 被害人因受骗而"自愿"处分财物且财物达到"数额较大"标准

(1)财物的特征。通过被害人陈述、被骗财物的照片及实物等证据,了解被骗财物的基本情况,如数量、重量、价值、品牌、颜色、新旧、交付方式及其他具体特点。

(2)财物的价值数额。对于不是金钱的财物,应通过购物发票、价格鉴定意见等证据确定予以确定。

---

① 部分内容参见吴照美:《常见刑事案件取证指引》,中国人民公安大学出版社、群众出版社2018年版,第136页。

(3)财物的交付。通过言词证据、视频资料、转账记录等证据查实被害人将财物于何时、何地交付给了何人,交付时双方的言语内容和约定,被害人交付财物时是否受到胁迫和暴力、是否自愿,犯罪嫌疑人如何处置赃款赃物,赃款赃物的流向和去处等。实践中常见证据有:开户明细单、银行转账凭证和交易流水、银行汇款单、网银转账记录、第三方支付结算交易记录等。

(4)财物的交付与欺骗行为具有因果关系。主要通过被害人的陈述、犯罪嫌疑人的供述、证人证言等言词证据予以证实。

与传统的"点对点"式诈骗犯罪相比,通过电信网络实施的"点对面"式新型诈骗犯罪活动在证据种类、取证思路上都有显著的不同。2018 年 11 月 9 日,最高人民检察院颁布了《检察机关办理电信网络诈骗案件指引》(高检发侦监字〔2018〕12 号)。下面摘录该文件的部分内容,供大家在实践中学习参考。

《检察机关办理电信网络诈骗案件指引》(节录)

(高检发侦监字〔2018〕12 号,2018 年 11 月 9 日施行)

一、审查证据的基本要求

(一)审查逮捕

1. 有证据证明发生了电信网络诈骗犯罪事实

(1)证明电信网络诈骗案件发生

证据主要包括:报案登记、受案登记、受案笔录、立案决定书、破案经过、证人证言、被害人陈述、犯罪嫌疑人供述和辩解、被害人银行开户申请、开户明细单、银行转账凭证、银行账户交易记录、银行汇款单、网银转账记录、第三方支付结算交易记录、手机转账信息等证据。跨国电信网络诈骗还可能需要有国外有关部门出具的与案件有关的书面材料。

(2)证明电信网络诈骗行为的危害结果

①证明诈骗数额达到追诉标准的证据:证人证言、被害人陈述、犯罪嫌疑人供述和辩解、银行转账凭证、汇款凭证、转账信息、银行卡、银行账户交易记录、第三方支付结算交易记录以及其他与电信网络诈骗关联的账户交易记录、犯罪嫌疑人提成记录、诈骗账目记录等证据以及其他有关证据。

②证明发送信息条数、拨打电话次数以及页面浏览量达到追诉标准的证据:

QQ、微信、skype 等即时通信工具聊天记录、CDR 电话清单、短信记录、电话录音、电子邮件、远程勘验笔录、电子数据鉴定意见、网页浏览次数统计、网页浏览次数鉴定意见、改号软件、语音软件的登录情况及数据、拨打电话记录内部资料以及其他有关证据。

2. 有证据证明诈骗行为是犯罪嫌疑人实施的

(1)言词证据:证人证言、被害人陈述、犯罪嫌疑人供述和辩解等,注意审查犯罪嫌疑人供述的行为方式与被害人陈述的被骗方式、交付财物过程或者其他证据是否一致。对于团伙作案的,要重视对同案犯罪嫌疑人供述和辩解的审查,梳理各个同案犯罪嫌疑人的指证是否相互印证。

(2)有关资金链条的证据:银行转账凭证、交易流水、第三方支付交易记录以及其他关联账户交易记录、现场查扣的书证、与犯罪关联的银行卡及申请资料等,从中审查相关银行卡信息与被害人存款、转移赃款等账号有无关联,资金交付支配占有过程;犯罪嫌疑人的短信以及 QQ、微信、skype 等即时通信工具聊天记录,审查与犯罪有关的信息,是否出现过与本案资金流转有关的银行卡账号、资金流水等信息。要注意审查被害人转账、汇款账号、资金流向等是否有相应证据印证赃款由犯罪嫌疑人取得。对诈骗集团租用或交叉使用账户的,要结合相关言词证据及书证、物证、勘验笔录等分析认定。

(3)有关信息链条的证据:侦查机关远程勘验笔录,远程提取证据笔录,CDR 电话清单、查获的手机 IMEI 串号、语音网关设备、路由设备、交换设备、手持终端等。要注意审查诈骗窝点物理 IP 地址是否与所使用电话 CDR 数据清单中记录的主叫 IP 地址或 IP 地址所使用的线路(包括此线路的账号、用户名称、对接服务器、语音网关、手持终端等设备的 IP 配置)一致,电话 CDR 数据清单中是否存在被害人的相关信息资料,改号电话显示号码、呼叫时间、电话、IP 地址是否与被害人陈述及其他在案证据印证。在电信网络诈骗窝点查获的手机 IMEI 串号以及其他电子作案工具,是否与被害人所接到的诈骗电话显示的信息来源一致。

(4)其他证据:跨境电信网络诈骗犯罪案件犯罪嫌疑人出入境记录、户籍证明材料、在境外使用的网络设备及虚拟网络身份的网络信息,证明犯罪嫌疑人出入境情况及身份情况。诈骗窝点的纸质和电子账目报表,审查时间、金额等细节是否与被害人陈述相互印证。犯罪过程中记载被害人身份、诈骗数额、时间等信息的流转单,审查相关信息是否与被害人陈述、银行转账记录等相互印证。犯罪嫌疑人之间的聊天记录、诈骗脚本、内部分工、培训资料、监控视频等证据,审查犯罪的具体手法、过程。购买作案工具和资源(手机卡、银行卡、POS 机、服务器、木马病毒、改号软件、公民个人信息等)的资金流水、电子数据等证据。

3. 有证据证明犯罪嫌疑人具有诈骗的主观故意

(1)证明犯罪嫌疑人主观故意的证据:犯罪嫌疑人的供述和辩解、证人证言、同案犯指证;诈骗脚本、诈骗信息内容、工作日记、分工手册、犯罪嫌疑人的具体职责、地位、参与实施诈骗行为的时间等;赃款的账册、分赃的记录、诈骗账目记录、提成记录、工作环境、工作形式等;短信、QQ、微信、skype 等即时通信工具聊天记录等,审查其中是否出现有关诈骗的内容以及诈骗专门用的黑话、暗语等。

(2)证明提供帮助者的主观故意的证据:提供帮助犯罪嫌疑人供述和辩解、电信网络诈骗犯罪嫌疑人的指证、证人证言;双方短信以及 QQ、微信、skype 等即时通信工具聊天记录等信息材料;犯罪嫌疑人的履历、前科记录、行政处罚记录、双方资金往来的凭证、犯罪嫌疑人提供帮助、协助的收益数额、取款时的监控视频、收入记录、处罚判决情况等。

……

(六)电子数据的审查

1. 电子数据真实性的审查

(1)是否移送原始存储介质;在原始存储介质无法封存、不便移动时,有无说明原因,并注明收集、提取过程及原始存储介质的存放地点或者电子数据的来源等情况。

(2)电子数据是否具有数字签名、数字证书等特殊标识。

(3)电子数据的收集、提取过程是否可以重现。

(4)电子数据如有增加、删除、修改等情形的,是否附有说明。

(5)电子数据的完整性是否可以保证。

2. 电子数据合法性的审查

(1)收集、提取电子数据是否由二名以上侦查人员进行,取证方法是否符合相关技术标准。

(2)收集、提取电子数据,是否附有笔录、清单,并经侦查人员、电子数据持有人(提供人)、见证人签名或者盖章;没有持有人(提供人)签名或者盖章的,是否注明原因;对电子数据的类别、文件格式等是否注明清楚。

(3)是否依照有关规定由符合条件的人员担任见证人,是否对相关活动进行录像。

(4)电子数据检查是否将电子数据存储介质通过写保护设备接入到检查设备；有条件的，是否制作电子数据备份，并对备份进行检查；无法制作备份且无法使用写保护设备的，是否附有录像。

(5)通过技术侦查措施，利用远程计算机信息系统进行网络远程勘验收集到电子数据，作为证据使用的，是否随案移送批准采取技术侦查措施的法律文书和所收集的证据材料，是否对其来源等作出书面说明。

(6)对电子数据作出鉴定意见的鉴定机构是否具有司法鉴定资质。

3. 电子数据的采信

(1)经过公安机关补正或者作出合理解释可以采信的电子数据：未以封存状态移送的；笔录或者清单上没有侦查人员、电子数据持有人(提供人)、见证人签名或者盖章的；对电子数据的名称、类别、格式等注明不清的；有其他瑕疵的。

(2)不能采信的电子数据：电子数据系篡改、伪造或者无法确定真伪的；电子数据有增加、删除、修改等情形，影响电子数据真实性的；其他无法保证电子数据真实性的情形。

(七)境外证据的审查

1. 证据来源合法性的审查

境外证据的来源包括：外交文件(国际条约、互助协议)；司法协助(刑事司法协助、平等互助原则)；警务合作(国际警务合作机制、国际刑警组织)。

由于上述来源方式均需要有法定的程序和条件，对境外证据的审查要注意：证据来源是否是通过上述途径收集，审查报批、审批手续是否完备，程序是否合法；证据材料移交过程是否合法，手续是否齐全，确保境外证据的来源合法性。

2. 证据转换的规范性审查

对于不符合我国证据种类和收集程序要求的境外证据，侦查机关要重新进行转换和固定，才能作为证据使用。注重审查：

(1)境外交接证据过程的连续性，是否有交接文书，交接文书是否包含接收证据。

(2)接收移交、开箱、登记时是否全程录像，确保交接过程的真实性，交接物品的完整性。

(3)境外证据按照我国证据收集程序重新进行固定的，依据相关规定进行，注意证据转换过程的连续性和真实性的审查。

(4)公安机关是否对境外证据来源、提取人、提取时间或者提供人、提供时间以及保管移交的过程等作出说明，有无对电子数据完整性等专门性问题的鉴定意见等。

(5)无法确认证据来源、证据真实性、收集程序违法无法补正等境外证据应予排除。

3. 其他来源的境外证据的审查

通过其他渠道收集的境外证据材料，作为证据使用的，应注重对其来源、提供人、提供时间以及提取人、提取时间进行审查。能够证明案件事实且符合刑事诉讼法规定的，可以作为证据使用。

第十三讲
LECTURE 13

职务侵占罪

一、犯罪构成

刑法第二百七十一条第一款　职务侵占罪[①]

公司、企业或者其他单位的工作人员，利用职务上的便利，将本单位财物非法占为己有，数额较大的，处三年以下有期徒刑或者拘役，并处罚金；数额巨大的，处三年以上十年以下有期徒刑，并处罚金；数额特别巨大的，处十年以上有期徒刑或者无期徒刑，并处罚金。

刑法第一百八十三条第一款[②]**　职务侵占罪**

保险公司的工作人员利用职务上的便利，故意编造未曾发生的保险事故进行虚假理赔，骗取保险金归自己所有的，依照本法第二百七十一条的规定定罪处罚。

---

① 原条文为："公司、企业或者其他单位的人员，利用职务上的便利，将本单位财物非法占为己有，数额较大的，处五年以下有期徒刑或者拘役；数额巨大的，处五年以上有期徒刑，可以并处没收财产。"

《刑法修正案（十一）》对本罪名进行了修改：一是新增"数额特别巨大"的定罪情节，将两档定罪情节增加至三档，最高法定刑从十五年有期徒刑提高到无期徒刑。最高法定刑的提高表明对该罪的惩治力度将会加大。二是因定罪情节的增加及惩治力度的加大，本罪有期徒刑的界分点从五年变更为三年、十年。根据《最高人民法院、最高人民检察院关于办理贪污贿赂刑事案件适用法律若干问题的解释》（法释〔2016〕9 号，2016 年 4 月 18 日施行），量刑档次的适用主要参考涉案金额，因此本罪的定罪情节增加之后，应当重新明确"数额较大""数额巨大""数额特别巨大"的数额起点。三是调整、新增了附加刑，删除原有"数额巨大"量刑档次中"没收财产"的规定，三个档次均新增"罚金"的规定且与主刑采取"并科式"适用方式。四是将犯罪主体"公司、企业或者其他单位的人员"修改为"公司、企业或者其他单位的工作人员"。一方面，"工作人员"是通俗的表述方式，《刑法修正案（十一）》实施之前，"工作人员"在《刑法》中出现了 120 次，如，国家工作人员、国家机关工作人员、税务机关工作人员；另一方面，使用"工作人员"替代"人员"也是为了进一步强调其与公司、企业、其他单位之间的劳动关系，即为单位员工，更加契合本罪的罪状描述。

② 刑法第一百八十三条第一款中的"保险公司"指非国有保险公司，刑法第一百八十三条第二款规定："国有保险公司工作人员和国有保险公司委派到非国有保险公司从事公务的人员有前款行为的，依照本法第三百八十二条、第三百八十三条的规定定罪处罚。"

（一）犯罪主体

本罪主体为特殊主体，包括公司、企业或者其他单位的人员。具体是指三种不同身份的自然人：一是股份有限公司、有限责任公司的董事、监事。这些董事、监事必须不具有国家工作人员身份，他们是公司的实际领导者，拥有一定的职权，当然可以成为本罪的主体。二是公司、企业或者其他单位除公司董事、监事之外的经理、部门负责人和其他职工。这些人员也必须不具有国家工作人员身份，他们或有特定的职权，或因从事一定的工作，可以利用职务之便侵占公司的财物而成为本罪的主体。三是上述公司以外企业或者其他单位的人员。是指集体性质企业、私营企业、外商独资企业的职工，国有企业、公司、中外合资、中外合作企业等公司、企业中不具有国家工作人员身份的所有职工，村民委员会等村基层组织人员。综上，本罪行为主体的范围较广，只要行为人事实上在从事公司、企业或者其他单位的员工所从事的事务，原则上就应认定为本罪的行为主体。[①]

（二）犯罪客体

本罪的犯罪客体是公司、企业或者其他单位的财产所有权。此处所称“公司”，是指按照公司法规定设立的非国有的有限责任公司和股份有限公司；所称“企业”，是指除上述公司以外的非国有的经过市场监督管理机关批准设立的营利性的经济组织，如商店、工厂、饭店、宾馆及各种服务性行业、交通运输行业等经济组织；其他单位，是指除上述公司、企业以外的非国有的社会团体或经济组织，包括集体或者民办的事业单位，以及各类团体。

职务侵占罪侵犯的对象是公司、企业或者其他单位的财物，包括动产和不动产、包括财物和财产性利益。所谓“动产”，不仅指已在公司、企业、其他单位占有、管理之下的钱财（包括人民币、外币、有价证券等），而且也包括本单位有权占有而未占有的财物，如公司、企业或其他单位拥有的债权。就财物的形态而言，犯罪对象包括有形物和无形物，如厂房、电力、煤气、天然气、工业产权，等等。

（三）犯罪主观方面

本罪在主观方面是直接故意，且具有非法占有公司、企业或其他单位财物的目

---

① 张明楷：《刑法学》（第五版），法律出版社 2016 年版，第 1020 页。

的。至于是否已经取得或行使了这些权利,并不影响犯罪的构成。

(四)犯罪客观方面

本罪在客观方面表现为利用职务上的便利,侵占公司、企业或者其他单位财物,数额较大的行为。具体而言,包括以下三个方面:

(1)必须是利用自己的职务上的便利。所谓利用职务上的便利,即利用自己主管、管理、经营、经手单位财物的便利条件。

(2)必须将单位财物占为己有。本单位财物,是指单位依法占有的全部财产,包括本单位以自己名义拥有或虽不以自己名义拥有但为本单位占有的一切物权和债权。其具体形态可以是建筑物、设备、库存商品、现金、专利、商标等。所谓非法占为己有,是指采用侵吞、窃取、骗取等各种手段将本单位财物化为私有,既包括将合法已持有的单位财物视为己物而加以处分、使用、收藏,即变持有为所有的行为,如将自己所占有的单位房屋、设备等财产等谎称为自有,标价出售;将所住的单位房屋,过户登记为己有;或者隐匿保管之物,谎称已被盗窃、遗失、损坏等,又包括先不占有单位财物但利用职务之便而骗取、窃取、侵吞、私分从而转化为私有的行为。不论是先持有而转为己有还是先不持有而采取侵吞、窃取、骗取方法转为己有,只要本质上出于非法占有的目的,并利用了职务之便作出了这种非法占有的意思表示,达到了数额较大的标准,即可构成本罪。"非法占为己有",不限于行为人所有,还包括使第三人所有。

(3)必须非法占有了数额较大的单位财物。根据《最高人民法院、最高人民检察院关于办理贪污贿赂刑事案件适用法律若干问题的解释》(法释〔2016〕9号)第十一条第一款规定,刑法第一百六十三条规定的非国家工作人员受贿罪、第二百七十一条规定的职务侵占罪中的"数额较大""数额巨大"的数额起点,按照本解释关于受贿罪、贪污罪相对应的数额标准规定的二倍、五倍执行。据此,职务侵占罪的立案标准为6万元。

二、常见疑难问题

(一)公司、企业、其他单位的认定

《最高人民法院关于审理单位犯罪案件具体应用法律有关问题的解释》(法释〔1999〕14 号,1999 年 7 月 3 日施行)

为依法惩治单位犯罪活动,根据刑法的有关规定,现对审理单位犯罪案件具体应用法律的有关问题解释如下:

第一条　刑法第三十条规定的“公司、企业、事业单位”,既包括国有、集体所有的公司、企业、事业单位,也包括依法设立的合资经营、合作经营企业和具有法人资格的独资、私营等公司、企业、事业单位。

第二条　个人为进行违法犯罪活动而设立的公司、企业、事业单位实施犯罪的,或者公司、企业、事业单位设立后,以实施犯罪为主要活动的,不以单位犯罪论处。

第三条　盗用单位名义实施犯罪,违法所得由实施犯罪的个人私分的,依照刑法有关自然人犯罪的规定定罪处罚。

《最高人民法院、最高人民检察院关于办理商业贿赂刑事案件适用法律若干问题的意见》(法发〔2008〕33 号,2008 年 11 月 12 日施行)

二、刑法第一百六十三条、第一百六十四条规定的“其他单位”,既包括事业单位、社会团体、村民委员会、居民委员会、村民小组等常设性的组织,也包括为组织体育赛事、文艺演出或者其他正当活动而成立的组委会、筹委会、工程承包队等非常设性的组织。

三、刑法第一百六十三条、第一百六十四条规定的“公司、企业或者其他单位的工作人员”,包括国有公司、企业以及其他国有单位中的非国家工作人员。

以上规定在司法实务中的理解与适用①:

刑法中的单位,既有作为犯罪主体的“犯罪单位”,也有作为被害人的“被害单位”。从刑法第一百六十三条、第一百六十四条的规定看,这里的“其他单位”,是被

① 参见逄锦温:《〈关于办理商业贿赂刑事案件适用法律若干问题的意见〉的理解与适用》,载最高人民法院刑事审判第一、二、三、四、五庭主办:《中国刑事审判指导案例》(06 卷),法律出版社 2017 年版,第 462 页。

告人所在的单位,可以看作被害单位。单位犯罪的主体刑法有明确规定,作为被害人的单位则法无明文,对此有的同志认为二者范围相同,有的则认为前者小于后者。我们认为,二者在内涵和外延上不尽相同,作为被害人的单位,其成立条件、形式要件较之作为犯罪主体的单位相对宽松,因而范围也相对广泛。由于单位的形式多样,组织结构不尽相同,全面、准确抽象其一般性特征从而对“其他单位”作一般性定义存在一定困难,因而在《最高人民法院、最高人民检察院关于办理商业贿赂刑事案件适用法律若干问题的意见》起草过程中,吸收了有关部门的意见,只对没有争议形成共识的“其他单位”加以列举。从司法实践看,刑法第一百六十三条、第一百六十四条中的“其他单位”,既包括事业单位、社会团体、村民委员会、居民委员会、村民小组等常设性的组织,也包括为组织体育赛事、文艺演出或者其他正当活动而成立的组委会、筹委会、工程承包队等临时性的组织。其他没有列举的临时性组织,如债权人会议、清算组等是否属于其他单位,需要在实践中具体把握。

案例 13-1　杨某某企业人员受贿案①

争议焦点:筹建中的公司、企业工作人员是否属于职务侵占罪的犯罪主体?

裁判要点:筹建中的公司、企业工作人员利用职务上的便利侵吞财物构成职务侵占罪。只要是依法设立的企业,其工作人员利用职务便利实施受贿犯罪活动的,就应当适用该条款。同时,企业的成立需要一个过程,不能将依法设立理解为取得营业执照。实践中,筹建中的公司、企业因管理不规范,更容易出现侵占、受贿、挪用等腐败问题,如不将筹建中的公司、企业认定为刑法意义上的公司、企业,会放纵大量此类犯罪行为。

《最高人民法院关于个人独资企业员工能否成为职务侵占罪主体问题的复函》(法研〔2011〕20号,2011年2月15日施行)

刑法第二百七十一条第一款规定中的“单位”,包括“个人独资企业”。主要理由是:刑法第三十条规定的单位犯罪的“单位”与刑法第二百七十一条第一款

---

① 参见最高人民法院刑事审判第一、二、三、四、五庭主办:《中国刑事审判指导案例》(1999~2011)(02卷),法律出版社2012年版,第117页。《刑法修正案(六)》之后,最高人民法院、最高人民检察院2007年11月5日联合公布刑法确定罪名补充规定,取消“公司、企业人员受贿罪”罪名,由“非国家工作人员受贿罪”替代。

职务侵占罪的单位概念不尽一致，前者是指作为犯罪主体应当追究刑事责任的“单位”，后者是指财产被侵害需要刑法保护的“单位”，责任追究针对的是该“单位”中的个人。有关司法解释之所以规定，不具有法人资格的独资企业不能成为单位犯罪的主体，主要是考虑此类企业因无独立财产、个人与企业行为的界限难以区分；不具备独立承担刑事责任的能力。刑法第二百七十一条第一款立法的目的基于保护单位财产，惩处单位内工作人员利用职务便利，侵占单位财产的行为，因此该款规定中的“单位”应当也包括独资企业。

《最高人民法院研究室关于对通过虚假验资骗取工商营业执照的“三无”企事业能否成为职务侵占罪客体问题征求意见的复函》（法研〔2008〕79 号，2008 年 6 月 17 日施行）

根据 1999 年 7 月 3 日施行的《最高人民法院关于审理单位犯罪案件具体应用法律若干问题的解释》第一条的规定，私营、独资等公司、企业、事业单位只有具有法人资格才属于我国刑法中所指单位，其财产权才能成为职务侵占罪的客体。也就是说，是否具有法人资格是私营、独资等公司、企业、事业单位成为我国刑法中“单位”的关键。行为人通过虚假验资骗取工商营业执照成立的企业，即便为“三无”企业，只要具有法人资格，并且不是为进行违法犯罪活动而设立的公司、企业、事业单位，或公司、企业、事业单位设立后，不是以实施犯罪为主要活动的，能够成为《刑法》第 271 条第 1 款规定的“公司、企业或者其他单位”。这些单位中的人员，利用职务上的便利，将单位财物非法占为己有，数额较大的，构成职务侵占罪。

《公安部经济犯罪侦查局关于宗教活动场所工作人员能否构成职务侵占或挪用资金犯罪主体的批复》（公经〔2004〕643 号，2004 年 4 月 30 日施行）

根据《宗教活动场所管理条例》（国务院令第 145 号令）等有关规定，宗教活动场所属于刑法第 271 条和第 272 条所规定的“其他单位”的范围。宗教活动场所的财产属于公共财产或信教公民共有财产，受法律保护，任何组织和个人不得侵占、哄抢、私分和非法处分宗教团体、宗教活动场所的合法财产。宗教活动场所的管理人员利用职务之便，侵占或挪用宗教活动场所公共财产的，可以构成职务侵占罪或挪用资金罪。

（二）利用职务上的便利的认定

案例 13－2　刘某职务侵占罪[①]

争议焦点：职务侵占罪对“职务便利”是否有限制？

裁判要点：只要是利用职务上的便利，不管是采用何种形式将本单位财物非法占有的均构成职务侵占罪。

成立职务侵占罪客观方面要求必须利用职务上的便利，即利用自己主管、管理、经手单位财物的便利条件，将单位财物非法占为己有。“主管”是指行为人虽不具体管理、经手单位财物，但对单位财物的调拨、安排、使用具有决定权。“管理”是指行为人对单位财物直接负有保管、处理、使用的职责，亦即对单位财物具有一定的处置权。“经手”是指行为人虽不负有管理、处置单位财物的职责，但因工作需要，单位财物一度由其经手，行为人对单位财物具有临时的实际控制权。

实践中，主管、管理、经手单位财物的通常不是一人，出于相互制约、相互监督的需要，单位财物的支配权、处置权及管理权往往由两人或两人以上共同行使。这种情况下，行为人对单位财物的管理权限仍及于职责范围的全部，其管理权能以及因该管理权所产生的便利亦不因有其他共同管理人而受到影响，其单独利用其管理职务便利窃取本单位财物的行为不影响“利用职务上的便利”的认定。

本案中，艾米公司车间及仓库大门的钥匙分别由刘某和刘某某共同保管。虽然管理权由刘某和刘某某共同行使，但刘某对车间仓库财物的管理范围及于仓库财物全部，并不因有刘某某作为共同管理人而使管理职责降低。本案的特殊性在于，要进入艾米公司金加工车间内的仓库必须同时使用刘某和刘某某各自保管的两把钥匙，打开车间和仓库两道大门上的挂锁。因此，刘某采取了用自己保管的两把钥匙打开挂锁，同时撬开另外两把挂锁的方式，窃取自己所保管的公司仓库的财物。从刘某行为的外在特征分析，其使用自己保管的钥匙打开挂锁的行为自不待言属于利用职务便利的行为，但其同时使用撬锁的方式打开另外两把挂锁的行为又与一般盗窃行为无异。属于一般盗窃的撬锁行为的存在是导致本

---

① 参见最高人民法院刑事审判第一、二、三、四、五庭主办：《中国刑事审判指导案例》（1999～2008）（01 卷），法律出版社 2009 年版，第 698～699 页。

案对如何定性产生分歧的原因,我们认为,对于这种混合采用多种手段实施的侵财犯罪,应当根据其主行为的本质特征定罪。所谓主行为,即是直接侵害法益的行为,也即直接实现其犯罪目的的行为,如诈骗罪中实施的虚构事实的诈骗方法行为,抢劫罪中的暴力劫财行为。本案中,应当说刘某进入厂区打开车间仓库的挂锁进入仓库窃取财物的行为是主行为,车间仓库共有4把挂锁,在实施过程中,其利用自身负责保管的两把钥匙打开两把挂锁,又借助了类似于一般盗窃的撬锁方式最终进入仓库窃得财物,貌似撬锁行为也起了主要作用,但是从整个行为过程来分析,刘某能够顺利实现非法占有单位财物目的的关键还是利用了其作为车间主任对仓库财物直接负有保管职责的便利。换句话说,没有其职务便利,其犯罪不可能顺利得逞。因为本案发生在车间停产期间,由于车间大门紧锁,非本单位人员进出厂区是被门卫限制的,正是由于刘某担任金加工车间的代理主任,持有车间钥匙,又负有保管车间仓库财物的职责,才可以在车间停产期间多次驾车进出厂区并接近作案目标实施犯罪,这与盗窃罪中的行为人熟悉作案环境及在工作中容易接近单位财物的方便条件是有区别的。由此出发,刘某具有的职务便利才是其顺利实现犯罪的本质特征,这一点决定了其与那些普通撬锁盗窃行为具有本质区别。

需要指出的是,盗窃方法也是职务侵占罪的侵占行为方式之一,利用职务便利采取秘密窃取方法取得本公司财物,应当认定为职务侵占罪。与贪污罪法条中明确规定"侵吞、窃取、骗取或者以其他手段"不同,刑法第二百七十一条第一款对职务侵占罪的手段没有细致规定,但并不妨碍我们得出上述结论。职务侵占罪的侵占行为方式多种多样,可以是采取盗窃方法取得,也可以使用诈骗手段或其他方式获取,凡是能够实现将单位财物非法占为己有的方法,只要是利用了职务之便,都是职务侵占罪的行为方式。

案例13-3　张某某、黄某某职务侵占案①

争议焦点:利用看管职责是否属于利用职务便利?

裁判要点:对货物只负有看管职责的劳务工作人员窃取财物构成职务侵占罪。

① 参见最高人民法院刑事审判第一、二、三、四、五庭主办:《中国刑事审判指导案例》(06卷),法律出版社2017年版,第58页。

职务侵占罪中的利用职务便利，是指行为人利用主管、管理、经营、经手本单位财物之职的便利条件，这里的职务不限于经营、管理活动，同时还包括劳务活动。但工作过程中形成的对环境及人员较为熟悉的有利条件不能视为职务便利。黄某某窃取货物出场单及张某某将门岗室里的货物出场单及货物出区登记表偷出销毁的行为，所利用的是工作中形成的对环境及人员较为熟悉的方便条件，不属于职务便利。但张某某利用门卫之职，与黄某某合谋把货柜偷运出验货场的行为，虽然利用的是从事劳务的便利，但仍属职务便利。被告人张某某的辩护人以张某某从事的具体劳务，不属于管理事务为由，认为张某某在客观上没有职务便利可资利用，只是秘密窃取而已，不恰当地将职务理解为管理性的公务，缩小了职务的范围，不符合法律规定。应当认定本案的实施利用了张某某职务上的便利。对于公司人员利用职务上的便利，与他人勾结共同将本单位的财物占为己有的行为应当如何定性，《最高人民法院关于审理贪污、职务侵占案件如何认定共同犯罪几个问题的解释》第二条有着明确规定，即以职务侵占罪共同犯罪处理。

案例 13－4　杨某某合同诈骗案[①]

争议焦点：被委托人能否成为职务侵占罪的犯罪主体？

裁判要点：以公司代理人的身份通过骗取方式侵吞收取的公司货款构成合同诈骗罪。

职务是一项由单位分配给行为人为单位所从事的一种持续的、反复进行的工作，担任职务应当具有相对稳定性的特点，而非单位临时一次性地委托行为人从事某项事务。本案中，杨某某仅系威士文公司临时一次性授权的、仅负责杭州市市民中心工程空调配件的跟踪及业务洽谈的代理人，故杨某某在威士文公司并无职务，不属于该公司的工作人员，其身份不符合职务侵占罪、挪用资金罪的主体特征，不能认定其行为构成职务侵占罪、挪用资金罪。

① 参见最高人民法院刑事审判第一、二、三、四、五庭编：《刑事审判参考》2011 年第 4 集（总第 81 集），第 716 号案例，法律出版社 2012 年版。

（三）本单位财物的认定

《全国人民代表大会常务委员会法制工作委员会对关于公司人员利用职务上的便利采取欺骗等手段非法占有股东股权的行为如何定性处理的批复的意见》（法工委发函〔2005〕105号，2005年12月1日施行）[①]

据刑法第九十二条的规定，股份属于财产。采用各种非法手段侵吞、占有他人依法享有的股份，构成犯罪的，适用刑法有关非法侵犯他人财产的犯罪规定。

本单位财物包括本单位管理、使用、运输中的财物。

案例13-5 黄某、段某职务侵占案[②]

争议焦点："本单位财物"的范围？

裁判要点：职务侵占罪中"本单位财物"包括单位所有和持有的财物。

实践中，对职务侵占罪中"本单位财物"的认定一直以来存在是单位"所有"还是"持有"的争议。从侵害法益看，无论侵占本单位"所有"还是"持有"的财物，实质上均侵犯了单位财产权，对其主客观行为特征和社会危害性程度均可作统一评价。参照刑法第九十一条第二款对"公共财产"的规定，对非公有制公司、企业管理、使用、运输中的财物应当以本单位财物论，对职务侵占罪和贪污罪掌握一致的追诉原则，以有力震慑职务侵占行为，对不同所有制企业财产权平等保护，切实维护民营企业正常生产经营活动。

（四）共犯的认定

《最高人民法院关于审理贪污、职务侵占案件如何认定共同犯罪几个问题的解释》（法释〔2000〕15号，2000年7月8日施行）

为依法审理贪污或者职务侵占犯罪案件，现就这类案件如何认定共同犯罪问题解释如下：

---

① 贪污罪、挪用公款罪中并不限于贪污、挪用本单位的财物或资金等，还包括贪污、挪用隶属的下级单位财物或资金等，而职务侵占罪、挪用资金罪因为刑法明确规定为本单位财物或资金等，因此在司法实践中要注意区别，做到准确适用。

② 最高人民检察院2019年1月17日发布涉民营企业司法保护典型案例。

第一条　行为人与国家工作人员勾结，利用国家工作人员的职务便利，共同侵吞、窃取、骗取或者以其他手段非法占有公共财物的，以贪污罪共犯论处。

第二条　行为人与公司、企业或者其他单位的人员勾结，利用公司、企业或者其他单位人员的职务便利，共同将该单位财物非法占为己有，数额较大的，以职务侵占罪共犯论处。

第三条　公司、企业或者其他单位中，不具有国家工作人员身份的人与国家工作人员勾结，分别利用各自的职务便利，共同将本单位财物非法占为己有的，按照主犯的犯罪性质定罪。

以上规定在司法实务中的理解与适用：

《最高人民法院关于审理贪污、职务侵占案件如何认定共同犯罪几个问题的解释》在司法实务中的理解与适用同本书第二十四讲“二、常见疑难问题”“（三）共犯的认定”相关内容。

（五）国家出资企业案件中职务侵占罪的认定

《最高人民法院、最高人民检察院关于办理国家出资企业中职务犯罪案件具体应用法律若干问题的意见》（法发〔2010〕49 号，2010 年 11 月 26 日施行）

一、关于国家出资企业工作人员在改制过程中隐匿公司、企业财产归个人持股的改制后公司、企业所有的行为的处理

国家工作人员或者受国家机关、国有公司、企业、事业单位、人民团体委托管理、经营国有财产的人员利用职务上的便利，在国家出资企业改制过程中故意通过低估资产、隐瞒债权、虚设债务、虚构产权交易等方式隐匿公司、企业财产，转为本人持有股份的改制后公司、企业所有，应当依法追究刑事责任的，依照刑法第三百八十二条、第三百八十三条的规定，以贪污罪定罪处罚。贪污数额一般应当以所隐匿财产全额计算；改制后公司、企业仍有国有股份的，按股份比例扣除归于国有的部分。

所隐匿财产在改制过程中已为行为人实际控制，或者国家出资企业改制已经完成的，以犯罪既遂处理。

第一款规定以外的人员实施该款行为的，依照刑法第二百七十一条的规定，以职务侵占罪定罪处罚；第一款规定以外的人员与第一款规定的人员共同实施该款行为的，以贪污罪的共犯论处。

（六）其他法律适用

《最高人民法院关于村民小组组长利用职务便利非法占有公共财物行为如何定性问题的批复》（法释〔1999〕12号，1999年7月3日施行）

对村民小组组长利用职务上的便利，将村民小组集体财产非法占为己有，数额较大的行为，应当依照刑法第二百七十一条第一款的规定，以职务侵占罪定罪处罚。

《最高人民法院关于在国有资本控股、参股的股份有限公司中从事管理工作的人员利用职务便利非法占有本公司财物如何定罪问题的批复》（法释〔2001〕17号，2001年5月26日施行）

在国有资本控股、参股的股份有限公司中从事管理工作的人员，除受国家机关、国有公司、企业、事业单位委派从事公务的以外，不属于国家工作人员。对其利用职务上的便利，将本单位财物非法占为己有，数额较大的，应当依照刑法第二百七十一条第一款的规定，以职务侵占罪定罪处罚。

《最高人民法院、最高人民检察院关于办理虚假诉讼刑事案件适用法律若干问题的解释》（法释〔2018〕17号，2018年10月1日施行）

第一条　采取伪造证据、虚假陈述等手段，实施下列行为之一，捏造民事法律关系，虚构民事纠纷，向人民法院提起民事诉讼的，应当认定为刑法第三百零七条之一第一款①规定的"以捏造的事实提起民事诉讼"：

（一）与夫妻一方恶意串通，捏造夫妻共同债务的；

（二）与他人恶意串通，捏造债权债务关系和以物抵债协议的；

（三）与公司、企业的法定代表人、董事、监事、经理或者其他管理人员恶意串通，捏造公司、企业债务或者担保义务的；

（四）捏造知识产权侵权关系或者不正当竞争关系的；

（五）在破产案件审理过程中申报捏造的债权的；

---

① 刑法第三百零七条之一第一款规定："以捏造的事实提起民事诉讼，妨害司法秩序或者严重侵害他人合法权益的，处三年以下有期徒刑、拘役或者管制，并处或者单处罚金；情节严重的，处三年以上七年以下有期徒刑，并处罚金。"

（六）与被执行人恶意串通，捏造债权或者对查封、扣押、冻结财产的优先权、担保物权的；

（七）单方或者与他人恶意串通，捏造身份、合同、侵权、继承等民事法律关系的其他行为。

隐瞒债务已经全部清偿的事实，向人民法院提起民事诉讼，要求他人履行债务的，以"以捏造的事实提起民事诉讼"论。

向人民法院申请执行基于捏造的事实作出的仲裁裁决、公证债权文书，或者在民事执行过程中以捏造的事实对执行标的提出异议、申请参与执行财产分配的，属于刑法第三百零七条之一第一款规定的"以捏造的事实提起民事诉讼"。

第四条　实施刑法第三百零七条之一第一款行为，非法占有他人财产或者逃避合法债务，又构成诈骗罪，职务侵占罪，拒不执行判决、裁定罪，贪污罪等犯罪的，依照处罚较重的规定定罪从重处罚。

三、取证指引

收集被调查人涉嫌职务侵占罪的证据，应注意以下几点：

第一，注意收集行为人职务的证据。与贪污罪等罪名主体身份不同的是，本罪的行为人是公司、企业或者其他单位的人员，这些人员不具有国家工作人员身份，在司法实践中只要行为人事实上在公司、企业或者其他单位从事一定工作，原则上就可以认定为本罪的行为主体。

第二，在界定"公司、企业或者其他单位中的人员"的范围时，应当以是否依法签订劳动合同、确立劳动关系或者虽未签订合同但是否存在"事实劳动关系"为标准，这就包括合同工和临时工。仅以提供劳务获取报酬而没有确立法律或事实上的劳动关系的从业人员，不构成该罪主体。

第三，注意和挪用资金罪的区别。挪用资金罪的行为方式是挪用，即未经合法批准或许可而擅自挪用归自己使用或者借贷给他人；职务侵占罪的行为方式是侵占，即行为人利用职务上的便利，侵吞、窃取、骗取或者以其他手段非法占有本单位财物。挪用本单位资金进行非法活动的，并不要求"数额较大"即可构成犯罪；职务侵占罪只有侵占本单位财物数额较大的，才能构成。

(一)主体证据

本罪的主体是一般主体,即年满十六周岁、具有刑事责任能力的自然人。自然人犯罪的主体证据可参考本书第一讲“高利转贷罪”关于“主体证据”的相关内容。

(二)主观方面证据

主要通过行为人的供述和辩解等证据确定以下事实:

(1)有无职务侵占行为,是否知道或应当知道其所侵犯的是本单位财物,是否清楚非法占有本单位财物的后果和影响。在清楚后果的情况下为何去占有,占有的目的是什么,占有后储存、转移和使用方法和用途是什么。

(2)共同犯罪的,讯问其完整的共谋过程,如何确定其他共犯人、犯意由谁提起,犯罪如何分工、各行为人在犯罪行为中发挥的作用如何、赃款如何分配等。

(3)“职务上的便利”,具体是何种职务、职权范围内有哪些可以或暂时可以支配和控制的本单位的财物;怎样利用职务上的便利,是职务上的便利还是职务身份所带来的实际影响力。具体可以通过调取有关被害单位的营业执照和与行为人签订的劳动合同,行为人实施行为时担任职务的权限范围,在该权限范围内行为人是使用或凭借哪项或哪几项权力、涉及哪些人事、形成的便利条件中有哪些人从中直接或间接获利等,从而最终确定犯罪主体。

(4)讯问其所占有的是何种类型和性质的财物,如是单位的收入、支出、往来款还是资产,是国有资产还是劳动群众集体所有的财产还是由单位负责保管、流转和处分的财物,是银行存款、现金、还是股票、债券等,是不是扶贫或其他公益事业的社会捐助或专项资金,如是个人财产是否被国家机关、国有公司、企业、集体企业和人民团体管理、使用或运输。

(三)客观方面证据

(1)调取财物账目等有关犯罪对象和数额的证据,并由司法会计审计部门作出审计鉴定报告。

(2)根据行为人的作案手段,收集相关的物证,如用来平账的假发票,伪造、变造的有关账目的凭证等。

(3)犯罪嫌疑人侵占财物的去向的证据材料,如挥霍、还债等。

(4)追缴的赃款、赃物,根据需要进行拍照固定证据,并由估价部门对赃物作出估价鉴定。

(5)审讯犯罪嫌疑人,应问清:

①犯罪的动机、目的;

②犯罪的手段、方法;

③犯罪的时间、地点、次数、作案过程;

④赃款、赃物的去向;

⑤有共同犯罪的,问清预谋、分工情况,区分地位、作用,确认分赃情况等。

第十四讲
LECTURE 14

敲诈勒索罪

一、犯罪构成

> **刑法第二百七十四条　敲诈勒索罪**
> 敲诈勒索公私财物，数额较大或者多次敲诈勒索的，处三年以下有期徒刑、拘役或者管制，并处或者单处罚金；数额巨大或者有其他严重情节的，处三年以上十年以下有期徒刑，并处罚金；数额特别巨大或者有其他特别严重情节的，处十年以上有期徒刑，并处罚金。

（一）犯罪主体

本罪的犯罪主体是一般主体，即年满十六周岁、有刑事责任能力的自然人。

（二）犯罪客体

本罪侵犯的客体是复杂客体，主要客体是公私财产所有权，次要客体是他人的人身权利或者其他权益。① 从行为人的犯罪目的和动机来说，其主要侵犯的是公私财产所有权，而从行为人的犯罪手段和方法来说，又必然会侵害他人的人身权利或其他权益。

本罪的犯罪对象是公私财物，既包括动产、不动产、知识产权等财产，也包括能以金钱衡量的财产性利益，如可以折算为钱财的服务。

① 高铭暄、马克昌主编：《刑法学》，北京大学出版社、高等教育出版社2017年版，第519页。

（三）犯罪主观方面

本罪在主观上只能由直接故意构成，且行为人必须具有非法占有他人财物的主观目的。如果行为人是为了其他合法目的而采取一定威胁或恐吓手段的，不构成敲诈勒索罪。实务中，债权人为了索要合法借款而口头警告威胁债务人的，消费者为了索要高额赔偿而威胁通过网络、媒体曝光生产商的，一般不作为敲诈勒索犯罪处理。

（四）犯罪客观方面

敲诈勒索罪属于财产类犯罪中的一种，刑法条文并没有对何谓“敲诈勒索”进行解释或描述，但在刑法理论和司法实务中，一般认为敲诈勒索罪是指：以非法占有为目的，对被害人使用威胁或者要挟的方法，强行索要数额较大的公私财物或者多次敲诈勒索的行为。

所谓威胁和要挟，是指能够引起他人心理恐惧的精神强制方法，二者没有本质区别。略有不同的是，威胁可以用任何侵害他人的方法相恐吓，而要挟通常是指抓住他人的把柄，以揭露其隐私相恐吓，如尚未暴露的贪污、盗窃等违法犯罪事实或生活腐败等。威胁或要挟的方式可以多种多样。例如，可以当着被害人的面用口头、书面或其他方式表示，也可以通过电话、书信方式表示；可以是行为人亲自发出，也可以是委托第三者转达；可以明示，也可以暗示①。值得注意的是，行为人威胁、要挟既可以采用非法的手段，如宣扬隐私、报复家人等，也可以通过合法的途径进行，如威胁要报警、举报等。

只有敲诈勒索财物的数额达到较大程度或多次敲诈的，才构成敲诈勒索罪。根据《最高人民法院、最高人民检察院关于办理敲诈勒索刑事案件适用法律若干问题的解释》的规定，“数额较大”的标准在 2000 元至 5000 元，具体数额由各省法院、检察院共同商议制定。“多次敲诈”，是指两年内敲诈勒索三次以上的。

本罪在实务中容易与抢劫罪、诈骗罪等其他财产型犯罪混淆。与抢劫罪相比，抢劫罪主要表现为当场使用暴力或以暴力相威胁，且这种暴力威胁达到使他人无法反抗的程度。而敲诈勒索罪的威胁性并不一定表现为当场就要实现，且其胁迫程度尚不足以达到迫使他人无力反抗的地步。与诈骗罪相比，虽然两罪都会让被

---

① 高铭暄、马克昌主编：《刑法学》，北京大学出版社、高等教育出版社 2017 年版，第 519 页。

害人交出财物，但被害人交出财物的原因和内心认识不同。诈骗罪是被害人由于行为人的欺骗而产生认识错误从而“自愿”交出财物，但敲诈勒索罪是被害人因行为人的胁迫行为而产生恐惧从而交出财物。

二、常见疑难问题

（一）敲诈勒索罪中“恶势力”的认定

案例 14－1 郭某敲诈勒索案①

争议焦点：敲诈勒索犯罪恶势力如何认定？

裁判要点：2017 年 8 月至 9 月 13 日，以郭某纠集为主，与张某 1、李某 3、张某 2、王某 2、韩某、刘某 1、刘某 2 及被告人郭某某纠集、组织在一起，分别结伙，先后在文安、大城、固安等地多次驾驶车辆，寻找酒后开车人员故意与其碰撞，发生交通事故，以对方司机酒后驾车私下解决为由，向对方司机勒索钱财，为非作恶，扰乱社会秩序，属恶势力犯罪。

案例 14－2 丛某某、徐某某等走私、贩卖、运输、制造毒品、敲诈勒索案②

争议焦点：敲诈勒索犯罪恶势力团伙的保护伞如何认定？

裁判要点：2013 年至 2014 年，上诉人丛某某为谋取非法利益，伙同他人，假借执法之名，以设诱饵、恐吓、威胁等手段，勒索多名被害人数额巨大的钱财，扰乱正常的社会生活秩序，造成恶劣的社会影响，构成“恶势力”犯罪集团，丛某某以公安干警的身份为该犯罪集团充当“保护伞”。

（二）行为人应具有“非法占有他人财物”的主观目的

案例 14－3 廖某某等敲诈勒索案③

争议焦点：在征地拆迁过程中拆迁户以举报、围堵、语言威胁等手段索取高额补偿款的，是否构成敲诈勒索罪？

裁判要点：拆迁户以要堵井、堵路、搞垮煤矿等语言相威胁，迫使被害人支付各

① 参见文安县人民法院（2018）冀 1026 刑初 342 号刑事判决书。

② 参见内蒙古自治区呼伦贝尔市中级人民法院（2019）内 07 刑终 104 号刑事裁定书。

③ 最高人民法院刑事审判第一、二、三、四、五庭主办：《刑事审判参考》2015 年第 1 集（总第 102 集），第 1066 号案例，法律出版社 2016 年版。

种赔偿款、补偿款，虽然具备敲诈勒索罪的客观要件，但由于行为人不具有非法占有他人财物的主观目的，其行为不构成敲诈勒索罪。本案中，各被告人因补偿标准过低，基于与煤矿之间的土地征用关系而主张权利，属于民事纠纷的范围。而被告人也确实通过民事诉讼在主张权利，他们并没有蔑视法律，而具有通过法律裁断维护权利的主观意愿。对于农村发展中企业征地引起的权利纠纷，后果不是特别严重、情节不是特别恶劣的，不宜一律作为犯罪处理。

（三）“数额较大”“数额巨大”“数额特别巨大”的认定

《最高人民法院、最高人民检察院关于办理敲诈勒索刑事案件适用法律若干问题的解释》（法释〔2013〕10号，2013年4月27日施行）

第一条　敲诈勒索公私财物价值二千元至五千元以上、三万元至十万元以上、三十万元至五十万元以上的，应当分别认定为刑法第二百七十四条规定的“数额较大”、“数额巨大”、“数额特别巨大”。

各省、自治区、直辖市高级人民法院、人民检察院可以根据本地区经济发展状况和社会治安状况，在前款规定的数额幅度内，共同研究确定本地区执行的具体数额标准，报最高人民法院、最高人民检察院批准。

第二条　敲诈勒索公私财物，具有下列情形之一的，“数额较大”的标准可以按照本解释第一条规定标准的百分之五十确定：

（一）曾因敲诈勒索受过刑事处罚的；

（二）一年内曾因敲诈勒索受过行政处罚的；

（三）对未成年人、残疾人、老年人或者丧失劳动能力人敲诈勒索的；

（四）以将要实施放火、爆炸等危害公共安全犯罪或者故意杀人、绑架等严重侵犯公民人身权利犯罪相威胁敲诈勒索的；

（五）以黑恶势力名义敲诈勒索的；

（六）利用或者冒充国家机关工作人员、军人、新闻工作者等特殊身份敲诈勒索的；

（七）造成其他严重后果的。

第四条　敲诈勒索公私财物，具有本解释第二条第三项至第七项规定的情形之一，数额达到本解释第一条规定的“数额巨大”、“数额特别巨大”百分之八十的，可以分别认定为刑法第二百七十四条规定的“其他严重情节”、“其他特别严重情节”。

《最高人民法院、最高人民检察院、公安部、司法部关于办理利用信息网络实施黑恶势力犯罪刑事案件若干问题的意见》(2019 年 10 月 21 日施行)

二、依法严惩利用信息网络实施的黑恶势力犯罪

6. 利用信息网络威胁、要挟他人,索取公私财物,数额较大,或者多次实施上述行为的,依照刑法第二百七十四条的规定,以敲诈勒索罪定罪处罚。

(四)讨价还价型敲诈勒索的数额认定

《〈关于办理敲诈勒索刑事案件适用法律若干问题的解释〉的理解与适用》①

在敲诈勒索案件中,被告人与被害人之间往往有一个讨价还价的过程。行为人的开价数额往往很高,但真正最后到手的通常要打折扣。是应以开价数额,还是以到手数额作为犯罪数额?

我们认为,应以行为人实际敲诈到的数额作为其犯罪数额,同时将开价数额作为量刑情节考虑。这样处理,更符合此类犯罪的自身特点——开价数额往往具有随意性,具有概括故意的性质;也更能体现罪责刑相适应原则——敲诈勒索是财产犯罪,其危害程度主要取决于实际给被害人造成了多大的财产损失,被告人的开价数额并非决定行为社会危害性的主要方面。如果经过讨价还价,行为人最后仍未实际敲诈到钱财的,宜以其最低的要价认定敲诈勒索未遂的数额。

(五)"多次敲诈勒索"的认定

《最高人民法院、最高人民检察院关于办理敲诈勒索刑事案件适用法律若干问题的解释》(法释〔2013〕10 号,2013 年 4 月 27 日施行)

第三条　二年内敲诈勒索三次以上的,应当认定为刑法第二百七十四条规定的"多次敲诈勒索"。

① 黄应生:《〈关于办理敲诈勒索刑事案件适用法律若干问题的解释〉的理解与适用》,载《人民司法》2013 年第 19 期。

（六）敲诈勒索罪既遂与未遂的认定

案例 14－4　陈某某故意杀人、敲诈勒索案[①]

争议焦点：如何认定敲诈勒索罪的既遂和未遂？

裁判要点：判断敲诈勒索罪既遂还是未遂，应以犯罪人是否实际取得他人财物为标准。因敲诈勒索罪是主要侵犯财产的犯罪，应当以财物的交付或取得作为认定敲诈勒索罪的既遂与未遂的标准。

通常而言，被害人交付财物和犯罪人取得财物往往是一致的，但也存在不一致的情形。如被害人已按犯罪人的要求将财物交付于特定的地点或交付于犯罪人所指定的特定的人，但犯罪人尚未前往取得就被抓获的情况，由于被害人是按犯罪人指定的地点或人进行交付的，故仍应视为犯罪人可以实际取得该财物，宜认定为既遂。但对于被害人事先报警，公安机关已然布控，只待犯罪人前往指定地点取钱即将其抓获的，应认定为未遂。因为，就被害人而言，其并未真正交付财物或者说并未真正失去对财物的控制，就犯罪人而言，其也不可能实际取得财物或形成对财物的控制。

（七）利用“软暴力”实施敲诈勒索罪的认定

《最高人民法院、最高人民检察院、公安部、司法部关于办理黑恶势力犯罪案件若干问题的指导意见》（法发〔2018〕1 号，2018 年 1 月 16 日施行）

四、依法惩处利用“软暴力”实施的犯罪

17. 黑恶势力为谋取不法利益或形成非法影响，有组织地采用滋扰、纠缠、哄闹、聚众造势等手段侵犯人身权利、财产权利，破坏经济秩序、社会秩序，构成犯罪的，应当分别依照《刑法》相关规定处理：

……

(2) 以非法占有为目的强行索取公私财物，有组织地采用滋扰、纠缠、哄闹、聚众造势等手段扰乱正常的工作、生活秩序，同时符合《刑法》第二百七十四条规定的其他犯罪构成条件的，应当以敲诈勒索罪定罪处罚。同时由多人实施或

① 最高人民法院刑事审判第一庭、第二庭编：《刑事审判参考》2003 年第 5 辑（总第 34 辑），第 259 号案例，法律出版社 2004 年版。

者以统一着装、显露文身、特殊标识以及其他明示或者暗示方式，足以使对方感知相关行为的有组织性的，应当认定为《关于办理敲诈勒索刑事案件适用法律若干问题的解释》第二条第（五）项规定的“以黑恶势力名义敲诈勒索”。

采用上述手段，同时又构成其他犯罪的，应当依法按照处罚较重的规定定罪处罚。

雇佣、指使他人有组织地采用上述手段强迫交易、敲诈勒索，构成强迫交易罪、敲诈勒索罪的，对雇佣者、指使者，一般应当以共同犯罪中的主犯论处。为强索不受法律保护的债务或者因其他非法目的，雇佣、指使他人有组织地采用上述手段寻衅滋事，构成寻衅滋事罪的，对雇佣者、指使者，一般应当以共同犯罪中的主犯论处；为追讨合法债务或者因婚恋、家庭、邻里纠纷等民间矛盾而雇佣、指使，没有造成严重后果的，一般不作为犯罪处理，但经有关部门批评制止或者处理处罚后仍继续实施的除外。

（八）以“发帖”“删帖”为由索取财物的行为的定性

《最高人民法院、最高人民检察院关于办理利用信息网络实施诽谤等刑事案件适用法律若干问题的解释》（法释〔2013〕21号，2013年9月10日施行）

第六条　以在信息网络上发布、删除等方式处理网络信息为由，威胁、要挟他人，索取公私财物，数额较大，或者多次实施上述行为的，依照刑法第二百七十四条的规定，以敲诈勒索罪定罪处罚。

……

第九条　利用信息网络实施诽谤、寻衅滋事、敲诈勒索、非法经营犯罪，同时又构成刑法第二百二十一条规定的损害商业信誉、商品声誉罪，第二百七十八条规定的煽动暴力抗拒法律实施罪，第二百九十一条之一规定的编造、故意传播虚假恐怖信息罪等犯罪的，依照处罚较重的规定定罪处罚。

（九）冒充警察、联防人员抓赌抓嫖非法占有财物的行为的定性

《最高人民法院关于审理抢劫、抢夺刑事案件适用法律若干问题的意见》（法发〔2005〕8号，2005年7月16日施行）

九、……行为人冒充正在执行公务的人民警察“抓赌”、“抓嫖”，没收赌资或者罚款的行为，构成犯罪的，以招摇撞骗罪从重处罚；在实施上述行为中使用暴力或者暴力威胁的，以抢劫罪定罪处罚。行为人冒充治安联防队员“抓赌”、“抓嫖”、没收赌资或者罚款的行为，构成犯罪的，以敲诈勒索罪定罪处罚；在实施上述行为中使用暴力或者暴力威胁的，以抢劫罪定罪处罚。

（十）拆迁户通过举报、围堵、威胁等手段索取高额补偿款的行为的定性

案例14－5　夏某某等人敲诈勒索案①

争议焦点：拆迁户以举报开发商违法行为为手段索取巨额补偿款的，是否构成敲诈勒索罪？

裁判要点：拆迁户以举报开发商违法行为为手段索取巨额补偿款不构成敲诈勒索罪。主要理由在于：第一，被告人提出索赔的数额虽然巨大，但是基于民事争议而提出，因而不能认定其具有非法占有之目的；第二，其举报不属于敲诈勒索罪中“威胁、要挟”的手段，而是争取争议民事权利的一种方法，且本案中被告人等人的索赔不具有主动性，而是开发商主动与其协商的结果。另外，对信访人的不当行为，不宜轻易地作犯罪处理。

（十一）缠访闹访索取财物的行为的定性

《关于公安机关处置信访活动中违法犯罪行为适用法律的指导意见》（公通字〔2013〕25号，2013年7月19日施行）

三、对侵犯人身权利、财产权利违法犯罪行为的处理

8. 以制造社会影响、采取极端闹访行为、持续缠访闹访等威胁、要挟手段，敲

① 最高人民法院刑事审判第一、二、三、四、五庭主办：《刑事审判参考》2008年第4集（总第64集），第509号案例，法律出版社2009年版。

诈勒索，符合《治安管理处罚法》第四十九条规定的，以敲诈勒索依法予以治安管理处罚；符合《刑法》第二百七十四条规定的，以敲诈勒索罪追究刑事责任。

案例 14－6　游某某犯敲诈勒索案①

争议焦点：行为人以上访为要挟向政府索要财物的行为，是否构成敲诈勒索罪？

裁判要点：游某某在无合法诉求的情况下，向泸县天兴镇政府提出索要财物的要求，有明确的金额，主观上具有非法占有的目的。但是，游某某以上访进行"威胁或者要挟"，尚不足以迫使天兴镇政府因恐惧而被迫交出财物，故被告人游某某犯敲诈勒索罪证据不充分。此外，游某某从叙永镇政府获得 11.5 万元，虽有其越级上访给叙永镇政府工作人员造成压力的因素，但是系通过双方协商达成协议，游某某以其经营的龙塘坝水库及其可得利益相交换，其利益价值与之所获得的 11.5 万元大致相当，此笔亦不应以犯罪论处。

（十二）"吊模宰客"行为的定性

案例 14－7　陈某某等抢劫案②

争议焦点："吊模宰客"的行为如何定性？

裁判要点："吊模宰客"，是指一些地方形容不法分子以各种名目诱骗游客到酒吧、咖啡厅、KTV、美容院等场所消费、购物，通过抬高消费金额等手段谋取高额利润，"吊模"则从消费金额中抽取一定比例的违法犯罪活动。"吊模宰客"行为虽有基本套路，但无固定模式，实践中认定罪名不一，不能千篇一律地用一个罪名去套所有的"吊模宰客"犯罪，要严格根据查明的事实来分析。"吊模宰客"行为一般涉及下列犯罪：

1. 诈骗罪。非暴力的"吊模宰客"行为对应的往往是诈骗罪。在此阶段，行为人采用各种欺骗手段，不具有暴力或威胁。

2. 强迫交易罪。如果行为人的经营行为是基本正常的、稳定的，为增加盈利，采用"吊模宰客"的手段拉生意，为促成交易使用较轻暴力、胁迫手段，强买强

---

① 参见四川省泸州市中级人民法院(2012)泸刑再终字第 1 号刑事判决书。

② 最高人民法院刑事审判第一、二、三、四、五庭主办：《刑事审判参考》2011 年第 5 集(总第 82 集)，第 730 号案例，法律出版社 2012 年版。

卖,情节严重的可以认定构成强迫交易罪。

3. 敲诈勒索罪、抢劫罪。行为人并非从事正常经营,而是以经营活动为幌子或诱饵,追求的主要不是商业利润,而是商业利润环节之外的他人财产,并且是通过暴力或威胁取得。如果行为人使用的是非暴力的胁迫,或者是非当场兑现的暴力胁迫,则构成敲诈勒索罪。如果行为人以当场实施暴力相威胁或者直接实施暴力而劫取财物,则构成抢劫罪。

(十三)"碰瓷"行为的定性

《最高人民法院、最高人民检察院、公安部关于依法办理"碰瓷"违法犯罪案件的指导意见》(公通字〔2020〕12 号,2020 年 09 月 22 日施行)

二、实施"碰瓷",具有下列行为之一,敲诈勒索他人财物,符合刑法第二百七十四条规定的,以敲诈勒索罪定罪处罚:

1. 实施撕扯、推搡等轻微暴力或者围困、阻拦、跟踪、贴靠、滋扰、纠缠、哄闹、聚众造势、扣留财物等软暴力行为的;

2. 故意制造交通事故,进而利用被害人违反道路通行规定或者其他违法违规行为相要挟的;

3. 以揭露现场掌握的当事人隐私相要挟的;

4. 扬言对被害人及其近亲属人身、财产实施侵害的。

案例 14-8　刘某抢劫案①

争议焦点:"碰瓷"行为如何定性?

裁判要点:司法实践中,获取财物的方式是准确认定"碰瓷"案件行为性质的重要因素,应当根据行为人获取财物方式,结合具体案情准确认定"碰瓷"行为的性质。

1. 如果行为人以非法占有为目的,故意制造交通事故,并造成事故系被害人过错所致的假象,继而以此为要挟,迫使被害人赔偿。表面上看,行为人具有欺骗的成分;但从实质上分析,所谓的"骗局"只不过是行为人为其顺利实施勒索钱

① 最高人民法院刑事审判第一、二、三、四、五庭主办:《刑事审判参考》2012 年第 2 集(总第 85 集),第 764 号案例,法律出版社 2012 年版。

财行为所制造的由头，行为整体上符合敲诈勒索罪的要挟、强迫特征，应当以敲诈勒索罪论处。实践中，要挟、强迫的方式多种多样，有的以不赔偿就扣留车辆相要挟，有的抓住被害人车辆手续不全、正规处理程序烦琐、害怕耽误时间等心理，但不管具体方式如何，要准确把握行为要挟、胁迫的本质特征。

2. 如果行为人故意制造交通事故，隐瞒事故真相，使被害人基于事故产生原因的错误认识而给付"赔偿"，应当以诈骗罪论处。

3. 在有的"碰瓷"案件中，被害人是完全被胁迫交付钱财，还是既有被欺骗又有被胁迫的因素而交付钱财，有时不容易区分，尤其是在系列"碰瓷"案件中。对类似案件，应从系列行为的整体特征考察，根据行为人主要取材手段的特征，以敲诈勒索罪或者诈骗罪论处，而不宜进行数罪并罚。

4. 如果行为人驾车碰撞他人车辆后，又以暴力或实施暴力相威胁而索取钱财的，构成抢劫罪。

5. 如果行为人实施的"碰瓷"行为不足以严重危害公共安全，"碰瓷"后，由于主客观原因，也没有进一步实施诈骗、敲诈勒索或抢劫行为，那么，对于只撞毁车辆，符合故意毁坏财物罪构成要件的，可以故意毁坏财物罪论处；致人伤亡的，根据具体情况，可以故意伤害罪或故意杀人罪论处；既符合故意毁坏财物罪，同时也符合故意伤害罪或故意杀人罪的，按照想象竞合犯的原则处理。

（十四）敲诈勒索罪与过度维权行为的区分

案例 14－9　谢某某等敲诈勒索案①

争议焦点：行为人发现被害人预谋犯罪，使用轻微暴力控制被害人并索要财物的，如何定性？

裁判要点：行为人以被害人预谋犯罪为由，对被害人加以控制，并以报警将被害人送交公安机关处理为要挟，向被害人及其亲属强索财物。在实施上述犯罪过程中，行为人虽然在一定程度上限制了被害人的人身自由，并且为控制被害人而采取了轻微暴力，但并未使用暴力、胁迫、麻醉或者其他方法劫持被害人，亦未将被害人藏匿，其行为不构成绑架罪，应当以敲诈勒索罪定罪处罚。

---

① 最高人民法院公报案例，http://gongbao.court.gov.cn/Details/4a5e649bb073d16b40dfea3c5fa265.html?sw=%e8%b0%a2%e5%ae%b6%e6%b5%b7。

案例 14－10 吴某某敲诈勒索案[①]

争议焦点:行为人为解决民事纠纷而使用了威胁、恐吓等手段,是否构成敲诈勒索罪?

裁判要点:在双方存在经济纠纷的前提下,只有行为人明知财产不属于自己而故意以法律禁止的方式将该财物占为己有的,才能认定具有非法占有的目的。行为人与被害人之间存在争议(行为人有合理理由认为与被害人之间存在合法的债权债务关系),行为人为索要债务、解决争议,即便使用了威胁、恐吓等敲诈行为,但不是出于非法占有目的,不构成犯罪。

(十五)不起诉或免予刑事处罚的情形

《最高人民法院、最高人民检察院关于办理敲诈勒索刑事案件适用法律若干问题的解释》(法释〔2013〕10 号,2013 年 4 月 27 日施行)

第五条 敲诈勒索数额较大,行为人认罪、悔罪,退赃、退赔,并具有下列情形之一的,可以认定为犯罪情节轻微,不起诉或者免予刑事处罚,由有关部门依法予以行政处罚:

(一)具有法定从宽处罚情节的;

(二)没有参与分赃或者获赃较少且不是主犯的;

(三)被害人谅解的;

(四)其他情节轻微、危害不大的。

第六条 敲诈勒索近亲属的财物,获得谅解的,一般不认为是犯罪;认定为犯罪的,应当酌情从宽处理。

被害人对敲诈勒索的发生存在过错的,根据被害人过错程度和案件其他情况,可以对行为人酌情从宽处理;情节显著轻微危害不大的,不认为是犯罪。

① 参见河北省秦皇岛市中级人民法院(2016)冀 03 刑终 102 号刑事判决书。

(十六)敲诈勒索罪与绑架罪的区分

案例 14－11　熊某某绑架案[①]

争议焦点:如何准确区分敲诈勒索罪与绑架罪?

裁判要点:二者的区别主要在于所采用的威胁方式、内容等方面具有不同的特征。

敲诈勒索罪是对被勒索人本人实施威胁或要挟方法,迫使其给付数额较大的财物或财产性利益;而绑架勒索罪,则是通过劫持被绑架人,控制被绑架人的人身自由,然后以杀伤被绑架人为内容或者以给付钱财方恢复被绑架人自由为条件,威胁被绑架人的亲友或者其他相关第三人给付财物。绑架人是向被绑架人的亲友或相关第三人提出勒索要求的,也是从被绑架人的亲友或其他相关第三人处取得财物的,绑架人勒索财物所采用的威胁手段,多是以杀伤被绑架人为内容,属于暴力威胁范畴,具有可立即付诸实施的现实性和急迫性。而敲诈勒索罪则不以绑架行为为前提,其威胁或要挟以及勒索命令的直接对象则多是同一人,即被勒索人。勒索的财物一般也多是直接从被勒索人手中取得。

案例 14－12　张某某敲诈勒索案[②]

争议焦点:利用被害人年幼将其哄骗至外地继而敲诈其家属钱财的,能否构成绑架罪?

裁判要点:区别勒索型绑架罪还是诱拐型的敲诈勒索罪的关键就是要确定被告人是否真正绑架了被害人,也即其行为对被害人人身自由的剥夺是否达到严重的程度、是否严重危及了被害人的人身安全。本案现有证据不能认定被告人主观上具有要绑架的故意,其也未真正对被害人的人身自由实行完全的控制并有危及其人身安全的意图和行为,不符合绑架罪的特征,不能构成绑架罪,对其行为应按照敲诈勒索罪追究刑事责任。

---

① 最高人民法院刑事审判第一庭、第二庭编:《刑事审判参考》2002 年第 1 辑(总第 24 辑),第 155 号案例,法律出版社 2002 年版。

② 最高人民法院刑事审判第一、二、三、四、五庭主办:《刑事审判参考》2007 年第 3 集(总第 56 集),第 443 号案例,法律出版社 2007 年版。

（十七）敲诈勒索罪与抢劫罪的区分

案例 14－13　何某某抢劫案[①]

争议焦点：如何准确区分敲诈勒索罪与抢劫罪？

裁判要点：作为侵犯财产类犯罪，敲诈勒索罪与抢劫罪的共同点表现为：主观上均以非法占有他人财物为目的；客观上均可表现为使用威胁（包括暴力威胁）、胁迫手段；客体上都不仅侵犯公私财物的所有权，同时也侵犯他人的人身权利或者其他权益。

抢劫罪与敲诈勒索罪的区别主要有以下五个方面：一是抢劫罪以当场实施暴力、以暴力相胁迫为其行为内容；敲诈勒索罪则仅限于威胁，不包括当场实施暴力，而且威胁的内容，还包括毁坏被害人人格名誉、揭发隐私、栽赃陷害等非暴力的内容。二是实施行为的方式不同。抢劫罪的威胁是当着被害人的面实施的，一般是以言语和动作来表示；而敲诈勒索罪的威胁可以是当着被害人的面，也可以是通过第三者来实现，可以用口头的方式来表示，也可以通过书信的方式来表示。三是实现威胁的时间和空间不同。抢劫罪的威胁具有当场即时发生暴力的现实可能性；敲诈勒索的威胁一般并不具有当场即时发生暴力的现实可能性。四是非法取得财物的时间和空间不同。抢劫罪必须是当时当场取得财物；敲诈勒索罪取得财物可以是当时当场，但更多的是在实施威胁、要挟之后一定的期限内取得。五是对构成犯罪数额要求不同。抢劫罪不要求数额较大；敲诈勒索罪则以数额较大作为其法定构成要件。

（十八）敲诈勒索罪与盗窃罪的区分

案例 14－14　张某甲、张某乙盗窃案[②]

争议焦点：窃取挖掘机电脑主板后向被害人索取钱财的，构成盗窃罪还是敲诈勒索罪？

裁判要点：窃取挖掘机电脑主板后向被害人索取钱财的行为，其手段行为构

---

① 最高人民法院刑事审判第一庭、第二庭编：《刑事审判参考》2001 年第 12 辑（总第 23 辑），第 147 号案例，法律出版社 2002 年版。

② 最高人民法院刑事审判第一、二、三、四、五庭主办：《刑事审判参考》2007 年第 1 集（总第 54 集），第 427 号案例，法律出版社 2007 年版。

成盗窃罪，目的行为构成敲诈勒索罪，分别触犯了不同的罪名，构成牵连犯，在处罚上应择一重罪即以盗窃罪定罪处罚。

如何判断牵连犯罪中此罪与彼罪的轻重呢？一般情况下可以从法定刑的轻重来区分此罪与彼罪的轻重，主要的依据是比较法定的最高刑和法定的最低刑，以及法律规定的附加刑；在法定刑幅度相同的情况下，则应根据各罪实际应判处的刑罚来确定此罪与彼罪的轻重。根据本案的具体情节，如果认定被告人犯敲诈勒索罪，其犯罪情节没有达到特别严重程度，敲诈勒索的数额也没有达到应当判处接近十年有期徒刑的数额要求。所以，适用盗窃罪处罚比适用敲诈勒索罪处罚重，因此，吴兴区人民法院改变起诉书的指控，对被告人以盗窃罪定罪处罚是正确的。

（十九）敲诈勒索罪与诈骗罪的区分

案例 14－15　陈某某故意杀人、敲诈勒索案①

争议焦点：将被害人杀死后，以被害人被绑架为名，向被害人亲属勒索钱款的行为，构成诈骗罪还是敲诈勒索罪？

裁判要点：诈骗罪在客观方面的主要表现为采用虚构事实或者隐瞒真相的欺骗方法，使财物所有人、保管人等产生错觉，信以为真，而“自愿”地将财物交出。被告人将被害人杀死后，以绑架为名，向被害人的亲属勒索钱款，其亲属在当时的特定的环境条件下，尽管其完全可能相信被告人虚构的被害人被绑架的事实，但其绝不会“自愿”地向被告人交出钱款，故其行为不构成诈骗罪。行为人以被害人被绑架为名，向被害人亲属勒索数额较大的财物，足以对被害人亲属产生精神强制力，应当以敲诈勒索罪追究刑事责任。

三、取证指引

敲诈勒索案件常具有以下特点：（1）常表现为团伙作案、跨地流动作案，并以外来人员、无业人员作案居多。（2）犯罪嫌疑人作案前多会精心预谋和策划，犯罪活动常包含一个多阶段实施的过程。（3）犯罪具有隐蔽性、连续性和长期性。面对犯

---

① 最高人民法院刑事审判第一庭、第二庭编：《刑事审判参考》2003 年第 5 辑（总第 34 辑），第 259 号案例，法律出版社 2004 年版。

罪嫌疑人的敲诈勒索，被害人多因顾忌害怕而忍气吞声，导致犯罪嫌疑人频频得手，放纵了犯罪行为的再次发生。(4)敲诈勒索犯罪多发高发，且近年来利用现代通信工具和互联网等技术手段进行敲诈勒索的案件日益频发。犯罪嫌疑人利用公民个人身份信息泄露严重的条件，在网上低价获取公民手机号码、身份证号、居住地址等个人信息，利用假身份证和未实名注册的手机号、邮箱大范围地发送勒索信息，进行敲诈勒索。犯罪操作简便，作案成本低廉，获取利润快，打击难度大。(5)近年来新型犯罪手段和模式层出不穷，呈现出复杂性、多样性和非典型性。如职业差评师、恶意讨薪者、职业打假人、比特币敲诈勒索、过度维权、上访闹访、微信自媒体敲诈勒索、新闻敲诈勒索、专门敲诈勒索官员等，给侦查和司法认定带来了难度和挑战。

侦查过程中，书证、视听资料等证据的作用较大，同时犯罪嫌疑人常采取电脑合成、语言伪装、笔迹变化、异地邮寄等方式逃避侦查，侦查时需要采取一定的技术侦查手段。

(一)主体证据

主体证据是指能反映犯罪嫌疑人身份的证据。本罪主体系一般主体，具体可参考本书第一讲“高利转贷罪”有关“主体证据”的相关内容。

(二)主观方面证据

主观方面证据是指能反映犯罪嫌疑人“以非法占有为目的”而实施威胁、要挟行为的主观心态的证据。主要通过犯罪嫌疑人的供述和辩解、被害人陈述、证人证言等证据来确定以下事项：

(1)作案的动机、目的和起因，如资金困难、好逸恶劳、存在纠纷、泄愤等；

(2)犯罪的预备，包括：犯罪起意的过程，有无同案人员及与同案人员之间的策划、讨论及分工的内容，为敲诈勒索所做的准备，拟用的敲诈勒索方式；预备敲诈勒索的时间、地点，作案后逃跑、毁灭罪证的方式等；

(3)威胁、要挟的内容；

(4)犯罪嫌疑人在实施威胁、要挟行为前后和过程中的言行及其后果；

(5)犯罪嫌疑人与被害人的关系，包括双方是否认识，平时关系，有无过节、纠纷，犯罪嫌疑人对被害人是否存在合法或待处理的债权等。

（三）客观方面证据

客观方面证据是指能证明犯罪嫌疑人实施了敲诈勒索行为且达到入罪标准的证据。

(1)证明犯罪嫌疑人实施了威胁、要挟行为的证据，包括：

①敲诈勒索的纸条、短信、邮件、微信/QQ 聊天记录、电话通话记录、通话录音，民事纠纷善后处置协议书，指纹鉴定、声纹鉴定、笔迹鉴定意见等；

②作案工具、通信设备，如实施敲诈勒索的手机、电脑、车辆等；

③犯罪嫌疑人的供述和被害人的陈述，办案人员应讯问/询问清楚实施敲诈勒索行为的时间、地点、参与人、手段（威胁还是要挟，有无使用暴力）、经过、作案工具、被害人的言行（判断有无反抗、能否反抗）；敲诈勒索人的口音、体貌特征等情况；

④其他证据，如辨认笔录、照片、抓获证明、报案登记表、接警出警材料、搜查笔录、扣押决定书、扣押发还清单等。

(2)被害人因心理恐惧而交付财物的证据，包括①：

①银行转账记录、支付宝、微信等第三方支付交易记录、现金交付的包装袋、取款凭证、银行卡消费记录、收费收据、费用明细单、谅解书等；

②赃物及其价格鉴定意见；

③购物发票、字条、合同等；

④监控视频，证实犯罪嫌疑人取走财物或款项；

⑤被害人等有关人员秘密制作记录交付财物过程的录音、录像资料；

⑥犯罪嫌疑人的供述和被害人的陈述，办案人员应讯问/询问清楚犯罪嫌疑人索要财物的种类、数额、特征、交付的数额和赃款赃物的去向等情况。

---

① 吴照美：《常见刑事案件取证指引》，中国人民公安大学出版社、群众出版社 2018 年版，第 149 页。

第十五讲
LECTURE 15

故意毁坏财物罪

一、犯罪构成

> **刑法第二百七十五条　故意毁坏财物罪**
>
> 故意毁坏公私财物,数额较大或者有其他严重情节的,处三年以下有期徒刑、拘役或者罚金;数额巨大或者有其他特别严重情节的,处三年以上七年以下有期徒刑。

(一)犯罪主体

故意毁坏财物罪的主体为一般主体,即年满十六周岁、具有刑事责任能力的自然人,均可构成故意毁坏财物罪。

(二)犯罪客体

本罪侵犯的客体是公私财物所有权,对象是各种公私财物,包括动产和不动产,但是必须是他人所有的财物,毁坏自己所有的财物不成立本罪。此外,故意毁坏刑法另有规定的某些特定财物的,依照相应规定处理,而不按本罪处理,如破坏火车、汽车、电车等交通工具的,成立刑法第一百一十六条破坏交通工具罪;进行破坏性采矿的,成立刑法第三百四十三条第二款的破坏性采矿罪。①

(三)犯罪主观方面

本罪的主观方面表现为故意,即行为人明知自己的行为会造成公私财物的毁

① 齐文远:《刑法学》,北京大学出版社 2011 年版,第 483 页。

坏,并且希望或者放任这种结果的发生。动机如何不影响本罪的成立。过失毁坏财物的,不构成犯罪,而是属于民事赔偿的范围。但过失毁坏特定财物,则有可能构成犯罪,如过失毁坏文物,则可成立刑法第三百二十四条第三款过失损毁文物罪。

(四)犯罪客观方面

本罪在客观方面表现为故意毁坏公私财物,数额较大或者有其他严重情节的行为。

传统刑法一般认为,毁坏就是对财物实施外力从而使财物的价值或使用价值降低或者减少。但是随着社会的不断发展变化,故意毁坏财物罪的行为方式也呈多样化发展,因此需要重新厘清对"毁坏"行为的认定。

关于"毁坏"行为的概念,主要有如下几种学说:第一,物质毁损说,是指把财物完全破坏掉,使其完全失去价值和使用价值,或是把财物部分毁坏,丧失部分使用价值和价值;①第二,有形侵害说,是指通过改变公私财物自然形态的方式,来消灭财物的形体或者减少财物的价值效用;②第三,效用侵害说,又分为一般的效用侵害说和本来的用法侵害说。一般的效用侵害说认为,有损财物效用的一切行为,都是毁坏;本来的用法侵害说认为,毁坏是指物质性地损害财物的全体或者一部分,或者使财物达到不能遵从其本来的用法进行使用的状态。③ 相较之下,一般的效用侵害说较为合理,也是目前的通说。

"毁坏"包括毁灭与损坏。毁灭是指使用各种方法故意使公私财物的价值和使用价值全部丧失;损坏是指将某些公私财物部分毁坏,使其部分丧失价值和使用价值。④ 毁坏财物的行为认定不应局限于物理毁坏,而应包括使财物的效用减少或丧失的一切行为。从手段上而言,主要包括对财物行使有形力与对财物行使无形力两种情形;从毁坏后果上而言,则包括造成财物的直接毁坏与致使财物功能或效用减少或丧失两种情形。典型的毁坏方式如烧毁、撕毁、冲毁、砸毁等物理上直观性的毁坏,非典型的毁坏方式如放走他人笼中的鸟、在他人的字画上涂鸦、对他人的汽车喷漆等,这些方式虽然没有从物理上直接毁坏财物,但是破坏了财物的效用,因此也属于毁坏财物的行为。

---

① 王作富:《刑法分则实务研究》,中国方正出版社 2007 年版,第 1183 页。
② 陈明华:《刑法学》,中国政法大学出版社 1999 年版,第 623 页。
③ 张明楷:《刑法学》,法律出版社 2016 年版,第 1025 ~ 1026 页。
④ 何帆:《刑法注释书》,中国民主法制出版社 2019 年版,第 675 页。

二、常见疑难问题

(一)故意毁坏财物罪中“恶势力”的认定

案例15-1 唐某1等8人故意毁坏财物案[①]

争议焦点:多人共同实施故意毁坏财物犯罪的案件中如何同时认定其构成“恶势力”犯罪?

裁判要点:在零陵区某某乡某某1自然村与某某2自然村因饮水问题发生纠纷的过程当中,以唐某2为首组织,被告人唐某1、唐某3、唐某4等人积极参与,利用宗族势力,采取暴力手段,多次煽动、组织村民实施破坏电力设备、故意毁坏财物等违法犯罪活动,扰乱了当地的经济、社会生活秩序,造成了较为恶劣的社会影响,且每次实施犯罪行为均为3人以上,纠集者相对固定,本案被告人的行为应当认定为“恶势力”犯罪。被告人唐某1、唐某3、唐某4积极参加以唐某2为首组织的恶势力犯罪,先后伙同他人故意破坏正在使用中的电力设备,毁坏他人财物,数额较大,其行为已构成破坏电力设备罪、故意毁坏财物罪;被告人唐某5、唐某6、唐某7、唐某8、唐某9积极参加以唐某2为首组织的恶势力犯罪,伙同他人故意破坏正在使用中的电力设备,其行为已构成破坏电力设备罪;被告人唐某10积极参加以唐某2为首组织的恶势力犯罪,伙同他人故意毁坏他人财物,数额较大,其行为已构成故意毁坏财物罪。

案例15-2 林某1故意毁坏财物案[②]

争议焦点:偶发性故意毁坏财物的行为是否能认定其构成“恶势力”犯罪?

裁判要点:根据《最高人民法院、最高人民检察院、公安部、司法部关于办理黑恶势力犯罪案件若干问题的指导意见》第十四条规定,认定“恶势力”首先是时间上经常纠集在一起,其次是人数上一般3人以上,纠集者相对固定。本案是被告人林某1因被害人李某1未依约带工人来帮其采摘青椒,而与被害人李某1产生纠纷,从时间上看属于偶发的,并不是经常性,参与毁坏财物人员也是被告人临时纠集,并不固定,故不符合“恶势力”的犯罪特征。

---

① 参见永州市零陵区人民法院(2018)湘1102刑初295号刑事判决书。

② 参见雷州市人民法院(2018)粤0882刑初293号刑事判决书。

案例 15－3　余某某、林某某故意毁坏财物案[①]

争议焦点：事出有因的故意毁坏财物是否能认定其构成"恶势力"犯罪？

裁判要点：本案属于因同案人林某2为了报复被害人刘某1儿子刘某3而纠集被告人实施的犯罪，四被告人及同案人均没有犯罪前科，属初犯。根据在案证据，四被告人及同案人并没有涉嫌以纠合性组织或群体在相对固定区域行业内进行一种数种犯罪活动和对社会创造出危害，且没有证据证明被告人或者同案人参与黑恶组织或者恶势力团伙，故不符合恶势力的犯罪案件。

（二）故意毁坏无体物行为的定性

案例 15－4　朱某某故意毁坏财物案[②]

争议焦点：侵入他人股票交易账户采用高进低出手段造成他人资金损失数额巨大的行为如何认定？

裁判要点：故意毁坏财物罪，是指故意毁灭或者损坏公私财物，数额较大或者有其他情节严重的行为。法律规定故意毁坏财物罪，旨在通过保护公私财物，进而保护该财物权利主体的权益。刑法意义上的财物，既包括有体物，也包括无体物，只要它具有一定经济价值，能成为权利主体依法享有的权益，就可以成为故意毁坏财物罪的犯罪对象。电力、煤气等无形财产，已经被刑法分则和相关的司法解释明确规定为盗窃罪的犯罪对象。股票所代表的财产权利，也可以成为故意毁坏财物罪的犯罪对象。故意毁坏财物是否构成犯罪，数额多少是一个要件。股票不同于一般财物，既有即时行情、当日最高价、当日最低价，也有平均价、成交价、收盘价等，而且其价格呈不断波动状态。对以股票为犯罪对象的故意毁坏他人财物行为，如何计算损失数额，目前法律和司法解释都未明确规定。《最高人民法院、最高人民检察院关于办理盗窃刑事案件适用法律若干问题的解释》第五条第二项规定，"盗窃记名的有价支付凭证、有价证券、有价票证，已经兑现的，按照兑现部分的财物价值计算盗窃数额；没有兑现，但失主无法通过挂失、补领、补办手续等方式避免损失的，按照给失主造成的实际损失计算盗窃数额"。故意毁坏财物罪与盗窃罪同为侵犯财产类的犯罪，因此应参照上述司法解释计算本案的犯罪数额。

---

① 参见雷州市人民法院(2018)粤0882刑初293号刑事判决书。

② 参见公报案例"上海市静安区人民检察院诉朱某某故意毁坏财物案"。

（三）故意毁坏非法财物行为的定性

案例 15－5　江某甲故意毁坏财物案[①]

争议焦点：故意毁坏非法财物的行为是否能认定为故意毁坏财物罪？

裁判要点：经查，涉案山场虽是江某甲的自留山，现无证据证实江某甲是否有将被砍伐果树的自留山转卖给江某乙，但证人江某丙、江某戊、江某丁、罗某某、江某辛、江某乙的证言可以证实被砍伐的黄花梨树系被害人江某乙种植，长期由江某乙管理或委托其他人管理，其果树收益也归被害人江某乙的事实，可以认定被砍伐的果树所有权属于被害人江某乙。因此，本院认为，被告人江某甲因想收回该山地，未经江某乙同意，砍伐毁坏他人种植经营管理的果树，数额较大，其行为已触犯刑律，应当以故意毁坏财物罪追究其刑事责任。

（四）"毁坏"与"非法占有"的区别

案例 15－6　孙某故意毁坏公私财物案[②]

争议焦点：如何区分"非法占有"行为与"非法毁坏"行为？

裁判要点：刑法意义上的"非法占有"行为与"非法毁坏"行为具有一定的相似性，客观上两者都非法排斥了权利人对财物的占有、使用、收益和处分的权利，侵害了他人财物的所有权。两者的根本区别在于行为人主观目的不同，前者以依照财物的本来用途利用和处分为目的，后者则以毁坏为目的。刑法意义上的"非法占有"不仅表现为行为人对他人财物在物理意义上的实际控制，通常也表现为行为人遵从财物的本来用途进行利用和处分，以实现财物的价值或取得相应的利益。所谓本来用途就是财物自身具有的价值和使用价值，不仅包括经济价值，还包括审美等其他价值。比如，行为人非法取得了他人的一件具有很高经济价值的古董，放置于家中或将其变卖，均体现了其对该古董的价值的利用或处分，均属于遵从其本来用途利用和处分，如果其具有永久性地将该古董占为己有的目的，即可以认定其属于非法占有。一般而言，非法占有人不会无故将占有的财物轻易毁弃。"非法毁坏"中，行为人出于毁坏公私财物的经济用途的目的实际控制他人财物后予以毁损或毁灭。虽然行为人也实际控制了他人财物，排除

---

① 参见福建省清流县人民法院（2015）清刑初字第 97 号刑事判决书。

② 最高人民法院刑事审判第一庭、第二庭编：《刑事审判参考》2004 年第 4 集（总第 39 集），第 310 号案例，法律出版社 2005 年版。

了权利人合法占有财物的可能性,但其控制该财物的目的并不是依照其本来的用途利用和处分,而是变更财物性质和价值或使其灭失,使人在事实上不能按照该物的本来用途使用和处分。司法实践中,对于此类行为应区分不同的情况,依照主客观相一致的原则,客观分析、认定。对于有证据证明行为人以毁损或毁坏为目的而实施的非法取得他人财物的行为,符合毁坏公私财物罪构成要件的,无论其是否已实施了毁坏行为,都应以非法毁坏公私财物罪定罪处罚;对于行为人不以毁坏为目的实际控制了他人财物的,一般均可以认定其具有利用和处分财物的目的,符合职务侵占、贪污或盗窃、诈骗等犯罪构成要件的,应以相应的罪名定罪处罚。

(五)利用他人账号进行交易导致财产损失的行为的定性

案例 15-7　张某某故意毁坏财物案①

争议焦点:利用他人账号买卖认沽权证,导致他人财产损失的行为,应当如何定性?

裁判要点:被告人张某某作为一名股民,在主观上明知股市的风险,且其对认沽权证并不精通,而且一旦造成亏损也无经济能力予以赔偿,客观上却在该认沽权证的最后交易日实施了擅自买入的行为,从而导致被害人巨大的经济损失,由此足以认定被告人张某某的行为符合故意毁坏他人财物罪构成的主、客观的要件,故被告人张某某的行为构成故意毁坏财物罪。

(六)故意毁坏财物罪与破坏广播电视设施罪的区分

《最高人民法院关于审理破坏广播电视设施等刑事案件具体应用法律若干问题的解释》(法释〔2011〕13 号,2011 年 6 月 13 日施行)

第六条　破坏正在使用的广播电视设施未危及公共安全,或者故意毁坏尚未投入使用的广播电视设施,造成财物损失数额较大或者有其他严重情节的,以故意毁坏财物罪定罪处罚。

---

① 参见上海市虹口区人民法院(2007)虹刑初字第 844 号刑事判决书。

（七）故意毁坏财物罪与放火罪的区分

案例15－8 王某某等放火案[①]

争议焦点：以纵火的方式毁坏财物的行为如何定性？

裁判要点：毁坏财物的方式是多种多样的，当然也包括纵火的方法。以放火等危险方法实施的危害公共安全罪，也往往会造成数额较大的公私财物的损失。但放火罪和故意毁坏财物罪毕竟是有别的。放火罪属于危害公共安全的犯罪，侵犯的客体是公共安全，而故意毁坏财物罪，属于侵犯财产的犯罪，其侵犯的客体是公私财产。放火罪和故意毁坏财物罪的区别之一，就在于行为人的放火行为客观上是否足以危及公共安全。也就是说，如果行为人实施的放火的方法，本身没有危害公共安全，也不可能危及公共安全，就只能属于故意毁坏财物行为，反之，如果已危害或足以危及公共安全，就只能是放火罪。判断行为人的放火行为，是否足以危及公共安全，就要结合放火的地点以及放火时周围的具体环境等因素来分析。

（八）故意毁坏财物罪与损毁财物型寻衅滋事罪的区分

案例15－9 陈某某故意毁坏财物案[②]

争议焦点：行为人以毁坏财物的行为寻衅滋事如何定性？

裁判要点：被告人陈某某目无国法，两次参与持械损毁"三味书屋"财物，损失价值近2万元，情节严重，同时随意殴打他人致轻伤，情节恶劣，其行为已构成寻衅滋事罪。公诉机关指控寻衅滋事罪名成立。公诉机关指控被告人陈某某同时犯故意毁坏财物罪，应数罪并罚。但从本案的事实分析，被告人陈某某在公共场所公然藐视国家法制和社会公德，无故两次持械故意损毁他人财物，随意殴打他人，情节均达到严重恶劣程度，被告人的两次行为并非独立构成，均符合寻衅滋事罪构成要件，因此应以寻衅滋事罪定罪量刑。

---

① 最高人民法院刑事审判第一庭、第二庭编：《刑事审判参考》2002年第1辑（总第24辑），第150号案例，法律出版社2002年版。

② 参见临高县人民法院（2012）临刑初字第189号刑事判决书。

(九)“碰瓷”行为的定性

> **《最高人民法院、最高人民检察院、公安部关于依法办理“碰瓷”违法犯罪案件的指导意见》(公通字〔2020〕12号,2020年9月22日施行)**
>
> 五、实施“碰瓷”,故意造成他人财物毁坏,符合刑法第二百七十五条规定的,以故意毁坏财物罪定罪处罚。

三、取证指引

随着社会科技的发展进步,故意毁坏财物罪的行为方式多样性呈上升趋势,因此其取证也更加复杂。收集本罪的证据,应当围绕“以毁坏为目的+实施毁坏财物的行为+财物毁灭或损坏+数额巨大或有其他严重情节”的主客观构成要件展开。

(一)主体证据

本罪的主体为一般主体,即年满十六周岁、具有刑事责任能力的自然人,具体可参考本书第一讲“高利转贷罪”中有关“主体证据”的相关内容。

(二)主观方面证据

主观方面证据,是指证明行为人具有故意毁坏财物的犯罪故意及其犯罪目的、动机等方面的证据。主观目的的不同是区别本罪与盗窃罪等罪名的重要依据,因此本罪主观方面证据的收集尤为重要。在故意毁坏财物的案件中,行为人往往出于泄愤、报复等动机。主要包括以下几方面证据:

1. 证明行为人是故意毁坏而非过失毁坏财物的证据

由于过失毁坏财物不构成犯罪,因此此类证据是为了区分罪与非罪。

(1)犯罪嫌疑人、被告人的供述和辩解,可证实其参与作案的动机、目的,对后果的认知程度、主动程度,犯意起意的过程、有无策划以及策划的具体内容,其与被害人的关系,事先有无预谋,事后有无补救行为等。

(2)被害人陈述,可证实其与行为人的关系、有无矛盾纠纷,行为人在实施毁坏行为前后和过程中的言行表现及损害后果等,以反映其主观故意。

(3)目击证人证言,可证实其在案发现场看到、听到的与案件事实相关的一切情况,侧面反映行为人的主观意图。

(4)其他证据,如现场勘查笔录、辨认笔录等,能证明犯罪嫌疑人、被告人已按策划的内容准备了工具等内容,从而证明其主观故意。

2. 证明行为人是出于毁坏目的而非非法占有目的的证据

一般而言,以毁坏为目的控制他人财物成立本罪,若以非法占有为目的控制他人财物,则成立盗窃、诈骗、侵占等其他犯罪,因此此类证据主要是为了区分此罪与彼罪。除了可通过上述证据证明之外,还应当结合客观方面的有关证据,证明行为人的犯罪目的不是非法占有财物而是将财物毁坏。

(三)客观方面证据

客观方面证据,是指证明行为人故意实施毁坏公私财物行为、数额较大或有其他严重情节的证据。

1. 证明行为人实施了故意毁坏财物行为的证据

(1)犯罪嫌疑人、被告人供述和辩解、被害人陈述、证人证言、相关笔录等言词证据,证明犯罪行为发生的时间、地点,犯罪现场情况,使用何种作案工具、作案手段,行为人犯罪前后有何表现,毁坏财物的经过,被毁坏财物的特征、种类与数量,财物受损程度等情况;

(2)作案工具、现场遗留痕迹、现场照片等证据,可证明作案现场情况;

(3)相关鉴定意见,如指纹、脚印等痕迹鉴定意见,可证实是否为行为人或被害人现场遗留,血型、DNA 鉴定意见可证实现场遗留的血迹、毛发等是否为行为人的。

2. 证明行为人毁坏财物数额较大或有其他严重情节的证据

对于数额较大的情形,主要通过估价鉴定意见来确定被毁坏财物的价值。对于其他严重情节的情形,则主要通过行为人实施毁坏行为的手段、方式、作案工具、毁坏对象、毁坏后果等方面予以认定。

若要认定是否构成恶势力犯罪团伙,还应查明其成员人数、成员是否固定、哪些是首要分子、是否经常聚集在一定区域内组织实施毁坏他人财物的犯罪活动、是否严重扰乱当地社会生产经济秩序等情况,对此可通过犯罪嫌疑人、被告人供述和辩解、同案人供述、被害人陈述、知情者或当地居民证言以及相关物证、书证等证据予以证实。

实践中,许多行为人为了毁坏某一特定财物,采取放火、爆炸、决水、投放危险物质等危险方法,从而危害公共安全的,应当按危害公共安全罪中的相关罪名定罪处罚。区分本罪与这些罪名的关键是行为后果是否足以危害公共安全,引起不特定多数人的伤亡或公私财物的重大损失。对此应当注意收集、审查犯罪嫌疑人、被告人的供述和辩解、被害人陈述、证人证言、现场勘查笔录和照片录像、相关鉴定意见等证据,以证明以下两方面内容:首先,证明行为人实施放火、爆炸、决水、投放危险物质等行为的主观真实目的;其次,证明行为人对其所实施的危害行为本身及其后果的认知程度、心理态度等。①

① 最高人民检察院公诉厅编:《公诉案件证据参考标准》,法律出版社 2014 年版,第 391 ~ 394 页。

第十六讲
LECTURE 16

聚众扰乱社会秩序罪

一、犯罪构成

刑法第二百九十条第一款　聚众扰乱社会秩序罪

聚众扰乱社会秩序，情节严重，致使工作、生产、营业和教学、科研、医疗无法进行，造成严重损失的，对首要分子，处三年以上七年以下有期徒刑；对其他积极参加的，处三年以下有期徒刑、拘役、管制或者剥夺政治权利。

(一)犯罪主体

本罪主体为一般主体，即年满十六周岁、具有刑事责任能力的自然人。但并非一切聚众扰乱社会秩序之人均能构成此罪，根据刑法规定，只有聚众扰乱社会秩序的首要分子以及积极参加者，才构成本罪，①对于一般的参加者不按犯罪处理。首要分子是指在聚众扰乱社会秩序犯罪中起组织、策划、指挥作用的犯罪分子，积极参加者则是指除首要分子以外在犯罪活动中起主要作用的犯罪分子。

(二)犯罪客体

本罪侵犯的客体是特定社会主体的正常活动秩序，也即工作、生产、营业和教学、科研、医疗等活动的正常秩序，既包括机关、团体、企事业单位的活动秩序，也包括个体工商户、农村承包经营户的活动秩序。②

---

① 齐文远：《刑法学》，北京大学出版社2011年版，第496页。

② 赵秉志：《扰乱公共秩序罪》，中国人民公安大学出版社2003年版，第255页。

（三）犯罪主观方面

本罪在主观方面只能由故意构成，行为人的动机往往是为了制造事端，给机关、单位与团体施加压力，以实现自己的某种无理要求或者借机发泄不满情绪。由于本罪是聚众犯罪，因此其故意内容比较复杂，要求实施扰乱社会秩序的行为必须是首要分子与积极参加者基于众多行为人的共同故意，但对于不同身份的行为人，其故意内容也有所区别。对于首要分子而言，要求其具有形成聚众或者利用多人的意思；对于积极参加者而言，则要求其具有作为聚众成员从事活动的意思。① 但是，不要求各行为人之间具有意思联络，也不要求各行为人的犯罪目的或动机完全一致。

（四）犯罪客观方面

本罪在客观方面表现为聚众扰乱社会秩序情节严重的行为。对于聚众扰乱的行为方式，刑法没有明确规定。因此，为了认定本罪，需要厘清如下几个概念：

（1）“聚众”的含义。关于“聚众”的定义，学理上也是众说纷纭。目前一般认为，聚众是指纠集多人实施犯罪，“多人”应为三人以上，即包括聚集首要分子和积极参加者三人以上，如果只是一两人闹事，从未引发众人围观起哄的，不构成本罪。②

（2）“扰乱社会秩序”的方式。扰乱，是指造成社会秩序的混乱与社会心理的不安，具体表现为使社会秩序的有序性变为无序性，使社会秩序的稳定性变为动乱性，使社会秩序的连续性变为间断性。③ 在实践中，扰乱社会秩序的手段是多种多样的，主要有：冲击有关单位的工作、生产、营业和教学、科研所在地；在有关单位所在地吵闹喧嚣；强占有关单位工作、生产、营业和教学、科研场所；强行阻断有关单位的门禁、通道或切断其水源、电源、煤气；围攻、辱骂、殴打有关单位工作人员；砸毁、损坏有关单位用于工作、生产、营业和教学、科研的设施、设备或其他财物等。

（3）危害后果的认定。扰乱社会秩序，情节严重，致使工作、生产、营业和教学、科研、医疗无法进行，造成严重损失的，才成立本罪。换言之，除了扰乱社会秩序的行为之外，还必须同时具备“情节严重”、“致使工作、生产等无法进行”和“造成严重

---

① 张明楷：《刑法学》，法律出版社 2016 年版，第 1056 页。

② 李希慧：《妨害社会管理秩序罪新论》，武汉大学出版社 2001 年版，第 112 页。

③ 张明楷：《刑法学》，法律出版社 2016 年版，第 1055 页。

损失”三个要件。“致使工作、生产、营业和教学、科研无法进行”，应当既包括扰乱行为使工作、生产、营业和教学、科研完全停止下来，也包括扰乱行为使工作、生产、营业和教学、科研不能按正常的程序、速度、效率进行两种情况。[①]

二、常见疑难问题

（一）聚众扰乱社会秩序罪中“恶势力团伙”的认定

案例 16－1　殷某 1、殷某 2 聚众扰乱社会秩序案[②]

争议焦点：聚众扰乱社会秩序犯罪中如何认定“恶势力团伙”？

裁判要点：殷某 1、殷某 2 等人多次聚众扰乱社会秩序，情节严重，致使工程无法进行，造成严重损失，均为积极参加者，其行为均已构成聚众扰乱社会秩序罪，且系共同犯罪。殷某 1、殷某 2 等人为谋求非法利益，纠集在一起，多次以老宅基地未征收安置、土地款、青苗费没有补偿等为由阻挠施工，以达到迫使当地政府和施工方满足他们无理要求，扰乱了社会秩序，造成了恶劣的社会影响，具有恶势力特征，属恶势力团伙犯罪。

（二）聚众扰乱信访工作秩序行为的定性

《公安部关于公安机关处置信访活动中违法犯罪行为适用法律的指导意见》（公通字〔2013〕25 号，2013 年 7 月 19 日施行）

一、对扰乱信访工作秩序违法犯罪行为的处理

6. 聚众扰乱信访工作秩序，情节严重，符合《刑法》第二百九十条第一款规定的，对首要分子和其他积极参加者以聚众扰乱社会秩序罪追究刑事责任。

四、对妨害社会管理秩序违法犯罪行为的处理

1. 在国家机关办公场所周围实施静坐，张贴、散发材料，呼喊口号，打横幅，穿着状衣、出示状纸，扬言自伤、自残、自杀等行为或者非法聚集，经有关国家机关工作人员劝阻、批评和教育无效的，依据《信访条例》第四十七条第二款规定，公安机关予以警告、训诫或者制止，收缴相关材料和横幅、状纸、状衣等物品；符合《治安管理处罚法》第二十三条第一款第一项、第二款规定的，以扰乱单位秩

① 刘志伟：《聚众犯罪若干实务问题研讨》，载《国家检察官学院学报》2003 年第 11 期。

② 参见安徽省安庆市中级人民法院（2019）皖 08 刑终 29 号刑事裁定书。

序、聚众扰乱单位秩序依法予以治安管理处罚；符合《刑法》第二百九十条第一款规定的，对非法聚集的首要分子和其他积极参加者以聚众扰乱社会秩序罪追究刑事责任；聚集多人围堵、冲击国家机关，扰乱国家机关正常秩序，符合《刑法》第二百九十条第二款规定的，对首要分子和其他积极参加者以聚众冲击国家机关罪追究刑事责任。

4. 在外国使领馆区、国际组织驻华机构所在地实施静坐，张贴、散发材料，呼喊口号，打横幅，穿着状衣、出示状纸等行为或者非法聚集的，应当立即制止，根据《人民警察法》第八条规定，迅速带离现场，并收缴相关材料和横幅、状纸、状衣等物品；符合《治安管理处罚法》第二十三条第一款第一项、第二款规定的，以扰乱公共场所秩序、聚众扰乱公共场所秩序依法予以治安管理处罚；符合《刑法》第二百九十条第一款规定的，对首要分子和其他积极参加者以聚众扰乱社会秩序罪追究刑事责任。

6. 实施跳河、跳楼、跳桥，攀爬建筑物、铁塔、烟囱、树木，或者其他自伤、自残、自杀行为，制造社会影响的，应当积极组织解救；符合《治安管理处罚法》第二十三条第一款第一项、第二项规定的，以扰乱单位秩序、扰乱公共场所秩序依法予以治安管理处罚；符合《刑法》第二百九十条第一款规定的，对首要分子和其他积极参加者以聚众扰乱社会秩序罪追究刑事责任；符合《刑法》第二百九十一条规定的，对首要分子以聚众扰乱公共场所秩序罪追究刑事责任。

（三）实施组织、领导传销活动犯罪又犯本罪的数罪并罚

《最高人民法院、最高人民检察院、公安部关于办理组织领导传销活动刑事案件适用法律若干问题的意见》（公通字〔2013〕37号，2013年11月14日施行）

六、关于罪名的适用问题

……

犯组织、领导传销活动罪，并实施故意伤害、非法拘禁、敲诈勒索、妨害公务、聚众扰乱社会秩序、聚众冲击国家机关、聚众扰乱公共场所秩序、交通秩序等行为，构成犯罪的，依照数罪并罚的规定处罚。

（四）聚众扰乱医疗机构秩序行为的定性

《最高人民法院、最高人民检察院、公安部、司法部、国家卫生和计划生育委员会关于依法惩处涉医违法犯罪维护正常医疗秩序的意见》（法发〔2014〕5号，2014年4月22日施行）

（二）在医疗机构私设灵堂、摆放花圈、焚烧纸钱、悬挂横幅、堵塞大门或者以其他方式扰乱医疗秩序，尚未造成严重损失，经劝说、警告无效的，要依法驱散，对拒不服从的人员要依法带离现场，依照治安管理处罚法第二十三条的规定处罚；聚众实施的，对首要分子和其他积极参加者依法予以治安处罚；造成严重损失或者扰乱其他公共秩序情节严重，构成寻衅滋事罪、聚众扰乱社会秩序罪、聚众扰乱公共场所秩序、交通秩序罪的，依照刑法的有关规定定罪处罚。

案例16－2　陈某某、陈某甲、朱某某、陈某乙聚众扰乱社会秩序案①

争议焦点：在医院闹事、扰乱医疗秩序的行为如何定性？

裁判要点：被告人陈某某、陈某甲、朱某某、陈某乙采取聚众围、堵、打、砸等方式扰乱医疗单位正常的工作秩序，致使医院医疗工作无法进行，造成多名医务人员受伤、医用器具、药品等财物损坏，在院病人延误治疗等严重损失，情节严重，其中，被告人陈某某属首要分子，被告人陈某甲、朱某某、陈某乙属其他积极参加者，其行为均已构成聚众扰乱社会秩序罪，属共同犯罪。

（五）集体劳资纠纷引发的聚众扰乱社会秩序行为的定性

案例16－3　钱某某等6人聚众扰乱社会秩序案②

争议焦点：对于由集体劳资争议引发的聚众行为，是否应当认定为聚众扰乱社会秩序罪？

裁判要点：被告人钱某某、田某某、刘某某、皮某、谭某、陈某聚众扰乱社会秩序，致使加气站、公汽公司不能正常营业，的士不敢上路，某城区交通一度瘫痪，造成严重损失，情节严重，其行为均已构成聚众扰乱社会秩序罪。被告人钱某某

---

① 参见安溪县人民法院（2014）安刑初字第692号刑事判决书。

② 参见恩施市中级人民法院（2018）恩刑初字第147号刑事判决书。

在该次事件的发展过程中起到组织、策划和指挥的作用,系首要分子,应在三年以上处刑;被告人田某某、刘某某、皮某、谭某、陈某在犯罪活动中积极参与,起主要作用,系积极参加者,应在三年以下处刑。

三、取证指引

聚众扰乱社会秩序罪具有涉案人员众多、社会影响大、受关注程度高等特点,案发的前因往往比较复杂,犯罪的客观表现形式也十分多样,因此取证过程也十分复杂,证据种类繁多,且因人员众多,案发现场环境混乱,证据易遭到破坏。由于本罪直接破坏了社会秩序的稳定与和谐,社会关注度极高,对于此类案件的证据收集与审查必须十分严谨。

(一)主体证据

对于本罪而言,主体证据主要是指能证明犯罪分子系首要分子、积极参加者的证据。对此,主要有如下几种证据予以证明:犯罪嫌疑人、被告人供述和辩解以及同案犯的供述等,可证明聚众犯罪事先有无通谋、主要组织者、主要策划人员、作案时的主要指挥人员、共同犯罪具体分工情况、作案过程、作案时起主要作用的人员等情况;证人证言,可证实案发时的现场情况、犯罪嫌疑人特征、作案现场分工情况等;视听资料如录音、录像等,以及现场勘查笔录、照片等,可反映案发现场情况。通过对上述证据的分析,结合其他主观、客观方面的相关证据,从而从众多参加者中区分出首要分子、积极参加者,对于一般参加者通常不追究其刑事责任。

(二)主观方面证据

主观方面证据是指用来证实各行为人主观故意的证据,由于本罪属于聚众犯罪,主观方面比较复杂,行为人实施聚众犯罪行为往往是为了制造事端以实现自己的无理要求或宣泄不满情绪,首要分子一般具有形成聚众、利用多人的意思,积极参加者一般具有作为聚众成员从事犯罪活动的意思,对此可通过收集如下几方面的证据予以证实:

(1)犯罪嫌疑人、被告人供述和辩解,可证实其聚众扰乱社会秩序的动机、起因、目的、对危害后果的认识等主观心态,行为人相互之间犯意提起、犯意联络、组织分工的过程,是否事先预谋、预谋过程、主谋与积极参加者等。

(2)被害人陈述、证人证言等,可证实犯罪起因、与犯罪嫌疑人的关系等,若是同案人的证言，还能够证明案发前作案计划的提起和策划、犯罪过程中起主要作用的人员等。

（3）书信、字条等书证，证明组织者策划、组织、联络过程，以及实施犯罪的目的、起因、动机等。

（三）客观方面证据

客观方面证据主要是指证明犯罪人实施了聚众扰乱社会秩序的行为并导致工作、生产、营业和教学、科研、医疗无法进行等严重后果的证据。

1. 证明犯罪人实施了聚众扰乱社会秩序的行为的证据

（1）犯罪嫌疑人、被告人关于犯罪过程的供述，包括组织者、参加者情况，聚集起因、聚集经过，是否事先预谋、预谋过程，聚集时间、地点、是否有现场召集人及煽动行为，是否准备作案工具、宣传标语或其他用于扰乱社会秩序的物品，现场是否发生打砸抢等暴力行为、是否有人员伤亡、财产损失，给社会秩序造成何种影响等。

（2）被害人关于被害过程的陈述，以及现场目击者、同案人的证人证言，包括犯罪发生的时间、地点、人员、经过、犯罪起因，作案方式、手段、作案工具、危害后果等。

（3）相关物证、书证，如犯罪工具、被损坏财物、嫌疑人使用的宣传标语、信件、字条、文字记录等，证明事前策划过程与具体犯罪过程。

（4）指纹、足迹等痕迹鉴定以及DNA、血液鉴定意见，用以证明犯罪行为是否为犯罪嫌疑人、被告人实施以及参与犯罪的人员等事实。

（5）勘验、检查、辨认笔录。勘验、检查笔录包括聚众扰乱社会秩序现场勘验、检查笔录及勘查图、照片，对查获、扣押物证勘验检查笔录及勘查图、照片；辨认笔录包括犯罪嫌疑人对犯罪现场、犯罪对象等的辨认笔录，证人对犯罪嫌疑人、犯罪场所、犯罪对象等的辨认笔录。

（6）视听资料、电子数据。包括聚众现场的监控视频，涉案车辆、人员途经路线的监控视频，查获犯罪、现场处置的视频资料，以及现场当事人、证人用手机、相机等拍摄的视听资料等。

2. 证明犯罪行为情节严重、致使工作、生产、营业和教学、科研、医疗无法进行并造成严重损失的证据

被害人陈述、证人证言，可证实聚众犯罪行为导致的严重后果，如造成的人员伤亡、财产损失、秩序混乱等情形；现场勘验、检查笔录，可反映犯罪行为造成的直接后果；相关鉴定意见，如法医鉴定、价格鉴定、审计、会计、文检鉴定等，可直接反映犯罪行为导致的后果,如人员伤亡的轻重、被毁财物的价值、社会秩序被破坏的程度等。

此外,对于聚众扰乱社会秩序恶势力团伙的认定,还应当查明成员是否基本固定、是否为了谋求非法利益多次纠集在一起实施扰乱社会秩序的行为等情况,并需要区分首要分子、积极参加者等不同身份,对此可以收集犯罪嫌疑人、被告人的供述和辩解、知情者证言、相关书证与物证等证据,若相关机关作出过恶势力认定,可以收集相关书证,如扫黑办出具的恶势力犯罪团伙认定书或者公安机关出具的相关情况说明等。

第十七讲
LECTURE 17

聚众斗殴罪

一、犯罪构成

> **刑法第二百九十二条　聚众斗殴罪**
>
> 聚众斗殴的,对首要分子和其他积极参加的,处三年以下有期徒刑、拘役或者管制;有下列情形之一的,对首要分子和其他积极参加的,处三年以上十年以下有期徒刑:
>
> (一)多次聚众斗殴的;
>
> (二)聚众斗殴人数多,规模大,社会影响恶劣的;
>
> (三)在公共场所或者交通要道聚众斗殴,造成社会秩序严重混乱的;
>
> (四)持械聚众斗殴的。
>
> 聚众斗殴,致人重伤、死亡的,依照本法第二百三十四条、第二百三十二条①的规定定罪处罚。

(一)犯罪主体

构成本罪的主体是年满十六周岁、有刑事责任能力的自然人。本罪是必要的共同犯罪,必须是多人参加斗殴,但只有聚众斗殴的首要分子和积极参加者才构罪。关于"众"的理解,从文义解释的角度,三人成众,司法实践中一般要求聚众斗殴其中一方的人数应在三人及以上,双方均为二人以内的殴打一般不认定为聚众斗殴。另外,这里的"众"是自然意义上的人,仅指参与聚众斗殴的人数为多人,而

---

① 即故意伤害罪和故意杀人罪。——编者注

并不要求所有参加的人都具有刑事责任能力。

(二)犯罪客体

本罪侵犯的客体是公共秩序。公共秩序不同于公共场所秩序,而应当包括在社会生活中各个场所应当遵守的共同生活规则、秩序。故聚众斗殴行为既可以发生在公共场所,如码头、公园等,也可以发生在僻静封闭的私人场所。

(三)犯罪主观方面

本罪在主观上只能由故意构成,即行为人明知可能要与对方进行一场互殴而依然积极召集和参加,实践中通常互殴双方事先都有一定准备,并均有侵犯对方的意图。但是,这并不表明本罪要求双方均有斗殴的故意,对于只有其中一方有斗殴故意的,也可以聚众斗殴罪论处。

聚众斗殴罪系从1979年刑法第一百六十条规定的流氓罪①中抽离出来形成的一个新罪名,在目前的司法实践中虽然不再以行为人具有流氓动机为构成要件,但行为人主观上通常具有为逞强争霸、报复制服对方、争风吃醋等动机而置公共秩序于不顾、公然藐视国家法纪和社会公德的心理特点。

(四)犯罪客观方面

聚众斗殴罪的客观方面表现为纠集众人用暴力攻击对方身体或者相互攻击对方身体,严重影响公共秩序。实践中,聚众斗殴大多表现为黑恶势力等不法团伙之间出于报复、争霸等动机,各自纠集多人,成帮结伙地打群架、火拼,不仅参加人数众多,而且双方事先通常都有一定准备,挥刀动棒,声势浩大,常造成人员伤亡和社会秩序混乱的严重后果。

---

① 1979年流氓罪条文:"聚众斗殴,寻衅滋事,侮辱妇女或者进行其他流氓活动,破坏公共秩序,情节恶劣的,处七年以下有期徒刑、拘役或者管制。流氓集团的首要分子,处七年以上有期徒刑。"1997年刑法修订时将原流氓罪取消,而将其分解为强制猥亵侮辱罪、聚众淫乱罪、聚众斗殴罪和寻衅滋事罪四个罪名。

二、常见疑难问题

(一)聚众斗殴罪中"恶势力团伙"的认定

案例 17-1 杨某 1、马某 1、卢某聚众斗殴案①

争议焦点:如何判断实施聚众斗殴行为的团伙是否属于"恶势力"?

裁判要点:本案实施的多次违法犯活动是由不同的成员纠集,但成员较为固定,且经常纠集在一起,以暴力、威胁等手段,在兰州市城关区区域内多次实施持械聚众斗殴违法犯罪活动,滋事生非、肆意殴打他人、持刀威胁劝阻的人,肆意损毁他人驾驶的出租车,为非作恶,欺压百姓,且被告人多次参与实施违法犯罪活动。被告人公然藐视国家法纪和社会公德,动辄持械在公共场所、交通要道聚众斗殴,聚众斗殴人数多,规模大,造成他人人身损害、车辆损毁,破坏社会公共秩序,引起社会秩序混乱,对人民群众安全感造成影响,扰乱社会生活秩序,造成较为恶劣的社会影响,所实施的聚众斗殴犯罪行为也系恶势力惯常实施的违法犯罪活动,当属恶势力犯罪。

案例 17-2 刘某、成某聚众斗殴案②

争议焦点:聚众斗殴行为"事出有因",是否能认定为"恶势力"?

裁判要点:根据《最高人民法院、最高人民检察院、公安部、司法部关于办理黑恶势力犯罪案件若干问题的指导意见》第五条的规定,因本人及近亲属的婚恋纠纷、家庭纠纷、邻里纠纷、劳动纠纷、合法债务纠纷而引发以及其他确属事出有因的违法犯罪活动,不应作为恶势力案件处理。从公诉机关指控的本案两笔事实来看,卢某某与孙某某是合作伙伴关系,该 2 人多次向王某 1 催要工程款未果,通过民事诉讼后依然没有履行到位,该两笔犯罪事实均因催要合法债务引发,犯罪行为侵害的对象主要针对被害人王某 1 及其家庭经营的饭店,目标明确,皆属事出有因的犯罪行为。同时,根据该指导意见第七条的规定,认定恶势力犯罪案件的要件之一为被告人于2 年之内,以暴力、威胁或者其他手段,在一定区域或者行业内多次实施违法犯罪活动,且包括纠集者在内至少应有 2 名相同的成员多次参与实施违法犯罪活动。而本案查明的事实不符合该条规定。本案被告人不应认定为恶势力。

---

① 参见兰州市城关区人民法院(2019)甘 0102 刑初 297 号刑事判决书。

② 参见长沙市雨花区人民法院(2019)湘 0111 刑初 236 号刑事判决书。

（二）“聚众”的认定

《浙江省高级人民法院关于审理聚众斗殴犯罪案件相关问题的纪要》（2013年10月18日施行）

二、刑法第292条的聚众斗殴，一般是指双方各纠集三人以上进行斗殴的行为。双方均只有二人以下的，不按聚众斗殴处理。一方在三人以上，一方只有二人以下的，对三人以上一方可按聚众斗殴处理，对二人以下一方可不以聚众斗殴论处，构成其他罪的以其他罪处理。一方虽只有二人以下，但明确与对方约定斗殴的，应按聚众斗殴处理。

……

（三）“斗殴”故意的认定

案例17－3　吴某某等人聚众斗殴案①

争议焦点：如何判断行为人是否有“斗殴”的故意？

裁判要点：被告人提出其并无斗殴的故意和准备，不构成聚众斗殴罪。法院经审理认为，斗殴双方虽无明显斗殴的邀约表示，但六被告人等人分别聚集到案发现场后实施了斗殴行为，其中，吴某某、李某某因琐事产生矛盾后，明知双方存在纠纷未解决，仍分别聚集多人到案发现场；李某某示意他人准备刀、棒并驾车携带至案发现场，在得知吴某某已赶往现场后并不回避，且积极做好随时应架的准备，其斗殴的故意明显；吴某某赶到现场后，在人行道上驾驶机动车径直冲撞李某某一方，肆意挑起双方打斗，其斗殴的故意亦明显。二人分别为双方人员的聚集者，均为首要分子。吴某某、李某某虽未明确告知双方人员斗殴的意图，但在双方均有多人聚集的情况下，李某实施了伤害对方人员的行为，王某、李某1主动实施了准备、藏匿刀棒等作案工具以及打砸对方车辆的行为，三人参与斗殴的故意亦明显，均为积极参加者。六被告人的行为均构成聚众斗殴罪。

① 参见陕西省汉中市西乡县人民法院（2018）陕0724刑初52号刑事判决书。

案例 17-4 胡某聚众斗殴案[①]

争议焦点：聚众斗殴罪是否要求双方有互殴的故意？

裁判要点：王某因与聂某在电话里发生口角，遂邀集被告人胡某及胡某1、陈某持刀来到某宾馆找聂某打架。王某、胡某等人用拳脚、砍刀背对聂某、管某、陶某等人进行殴打，致管某受伤。本案中，王某一方有斗殴故意并聚集三人以上，殴打对方一人或多人的，有斗殴故意的一方构成聚众斗殴罪。

（四）聚众斗殴罪不要求行为人必须具有流氓动机

《上海市高级人民法院关于办理聚众斗殴犯罪案件的若干意见》（2006 年 9 月 5 日施行）

一、聚众斗殴罪的犯罪构成

（一）聚众斗殴罪的概念

根据刑法第二百九十二条的规定，聚众斗殴犯罪是指基于报复他人、争霸一方、寻求刺激或者其他公然藐视国家法纪和社会公德的不法动机，纠集多人成帮结伙地互相进行打斗，破坏社会公共秩序的行为。

《江苏省高级人民法院、江苏省人民检察院、江苏省公安厅关于办理涉枪涉爆、聚众斗殴案件具体应用法律若干问题的意见》（2002 年 10 月 25 日施行）

二、办理聚众斗殴案件的有关问题

（一）……聚众斗殴通常表现为出于私仇、争霸或其他动机而成帮结伙地斗殴，往往造成严重后果……

案例 17-5 王某某聚众斗殴案[②]

争议焦点：聚众斗殴罪是否要求行为人具有流氓动机？

裁判要点：行为人上诉提出其主观上无流氓动机，不构成聚众斗殴罪。法院审理认为，行为人与他人产生矛盾后，为报复对方，指使人员纠集多人持械斗殴，应当以聚众斗殴罪追究其刑事责任。

---

① 参见安徽省淮南市中级人民法院（2016）皖 04 刑终 251 号刑事裁定书。

② 参见江苏省无锡市中级人民法院（2012）锡刑终字第 104 号刑事裁定书。

（五）聚众斗殴罪的量刑加重情节

《上海市高级人民法院关于办理聚众斗殴犯罪案件的若干意见》(2006 年 9 月 5 日施行)

三、聚众斗殴罪的加重情节

(一)关于“多次聚众斗殴”的认定

“多次聚众斗殴”是指聚众斗殴 3 次或者 3 次以上。

对于“多次”的认定,应以行为人实施的每一次聚众斗殴行为均已构成犯罪为前提。

如果行为人在一次斗殴中发生短暂中断后,又继续斗殴,应认定为一次。

(二)“人数多,规模大,社会影响恶劣”的认定

“人数多,规模大,社会影响恶劣”,一般是指斗殴双方人数合计 10 人以上,斗殴时间较长或斗殴手段凶残等严重危害社会治安的情形。

(三)“在公共场所或者交通要道聚众斗殴,造成社会秩序严重混乱”的认定

该情节是指在人群聚集的场所或者车辆、行人频繁通行的道路上聚众斗殴时间较长,造成公共场所秩序严重混乱,交通严重堵塞等。

案例 17 -6　王某、韩某等聚众斗殴案[①]

争议焦点:如何认定“社会影响恶劣”等量刑加重情节?

裁判要点:案发现场地点为老河口市环一路、梨花大道交叉口,周边系在建楼盘,且案发时间为 22 时许,路经该地的车辆及行人较少,因此指控本案系在交通要道聚众斗殴、造成社会秩序严重混乱证据不足。各被告人及证人证言对参与聚众斗殴的人员表述不一,不足以认定聚众斗殴人数在 20 人以上,故指控聚众斗殴人数多、规模大、社会影响恶劣的证据不足。

---

① 参见湖北省老河口市人民法院(2015)鄂老河口刑初字第 00078 号刑事判决书。

（六）首要分子和积极参加者的认定

《最高人民检察院、公安部关于公安机关管辖的刑事案件立案追诉标准的规定（一）》（公通字〔2008〕36号，2008年6月25日施行）

第三十六条　［聚众斗殴案（刑法第二百九十二条第一款）］组织、策划、指挥或者积极参加聚众斗殴的，应予立案追诉。

《上海市高级人民法院关于办理聚众斗殴犯罪案件的若干意见》（2006年9月5日施行）

"首要分子"，是指聚众斗殴的组织者、策划者、指挥者。"积极参加者"，是指除首要分子以外其他在斗殴中发挥重要作用或者直接致死、致伤他人者。在幕后起组织、策划、指挥作用或者在聚众及准备斗殴中行为积极并起重要作用的，不论其是否直接参加斗殴，均应分别认定为首要分子或积极参加者。

对于首要分子，应对其组织、策划、指挥的全部犯罪进行处罚；对于积极参加者，应按照其参与的犯罪进行处罚。

尾随、被胁迫参与斗殴，且在聚众斗殴过程中作用不大，情节显著轻微的，不构成本罪。

案例17－7　余某某等故意伤害案①

争议焦点：如何判断行为人是否系首要分子？

裁判要点：被告人的辩护人提出其只是邀约者，不是组织、策划、指挥者，不是首要分子，对死者没有直接伤害行为，认定其对致死舒某的后果负责的事实不清，证据不足。法院经审理认为，被告人在得知有人在项目工地阻工、闹事后，未能积极寻求稳妥、合理方法解决矛盾，反而逞强斗狠，纠集他人持械到工地进行挑衅并相互斗殴，其行为符合聚众斗殴犯罪中首要分子的构成要件，应对全案后果承担责任。

---

①　参见湖南省高级人民法院（2017）湘刑终55号刑事判决书。

（七）“持械”聚众斗殴的认定

《上海市高级人民法院关于办理聚众斗殴犯罪案件的若干意见》(2006年9月5日施行)

（四）“持械斗殴”的认定

“持械”是指参加聚众斗殴的人员使用器械或者为斗殴携带器械但实际未使用的情形。这里的“器械”是指各种枪支、刀具、棍棒、砖块等足以致人伤亡的工具。该情形包括事先准备器械并持器械参与斗殴，也包括在实施过程中临时获得器械并持器械进行斗殴。参与预谋持械聚众斗殴，或者明知本方人员为斗殴而持械，即使本人未使用或携带器械，构成本罪的，也均应以持械斗殴认定。

在聚众斗殴中，一方持械而另一方未持械的，对持械一方以持械斗殴认定，对未持械一方则不应认定。

案例17-8　张某聚众斗殴案①

争议焦点：首要分子未持械的，能否认定其持械聚众斗殴？

裁判要点：关于是否认定持械的问题，因上诉人张某系本次聚众斗殴的召集者，在殴斗过程中虽本人未持械，其放任同伙携带械具参与殴斗可能发生的后果，是持械聚众斗殴的共犯，依法应认定其持械聚众斗殴。

案例17-9　李某甲聚众斗殴案②

争议焦点：同伙持械但行为人未持械的，能否认定其持械聚众斗殴？

裁判要点：上诉人李某甲虽未持械，但其明知同案人持械斗殴，仍积极参与，应认定为持械聚众斗殴。

案例17-10　孙某某、于某某等聚众斗殴案③

争议焦点：什么样的工具可认定为“械”？

裁判要点：关于如何认定持械问题，之所以规定持械为聚众斗殴罪的加重情节，系因持械斗殴可能造成更大的社会危害性，本案中使用的啤酒瓶在造成他人伤害的能力和作用上与棍棒、刀具并无实质区别，应认定为持械。

---

① 参见辽宁省葫芦岛市中级人民法院(2013)葫刑二终字第00198号刑事裁定书。
② 参见湖南省郴州市中级人民法院(2015)郴刑一终字第197号刑事裁定书。
③ 参见辽宁省大连市中级人民法院(2015)大刑二终字第676号刑事裁定书。

案例 17－11　其某某与苏某聚众斗殴案①

争议焦点：备而未用的，能否认定为持械聚众斗殴？

裁判要点：持械聚众斗殴中的"械"应为杀伤力较强、危害性较大、足以造成他人伤亡后果的械具。本案被告人所持拖布杆系就地取材且被折为两段的半截木质空心拖布杆，不具有较强的杀伤力和危害性。且在双方互殴前，被告人已将拖布杆随手丢弃，并未使用该拖布杆殴打他人，未造成他人伤害的危害后，对后来双方的互殴未起到激发斗殴情绪和诱发矛盾升级的实质作用。因此，被告人的行为不应认定为持械聚众斗殴。

(八)聚众斗殴致人重伤、死亡的行为定性

《上海市高级人民法院关于办理聚众斗殴犯罪案件的若干意见》(2006 年 9 月 5 日施行)

四、聚众斗殴罪的转化

(一)聚众斗殴罪转化的前提

聚众斗殴的转化犯是指行为人在聚众斗殴的过程中，致人重伤或死亡的，对行为人不以聚众斗殴罪而是以故意伤害罪或故意杀人罪定罪处罚的情况。构成聚众斗殴罪的转化犯，须具备以下四个条件：

1. 行为人的行为构成聚众斗殴罪。

2. 发生了"重伤、死亡"的危害结果。

3. "重伤、死亡"的危害结果是在聚众斗殴过程中发生。如果聚众斗殴的行为已经结束，行为人又故意重伤他人或者致他人死亡，应当直接认定故意伤害罪或者故意杀人罪；先行的聚众斗殴构成犯罪，应当追究刑事责任的，予以数罪并罚。

4. 行为人主观上出于故意。如果行为人出于过失，不能适用转化犯的规定。

(二)聚众斗殴转化犯的认定

1. 聚众斗殴的首要分子事前预谋实施斗殴，并对斗殴过程中可能致人重伤或者死亡有概括性故意，或者在斗殴过程中，明知本方人员的行为有可能致人

① 参见呼伦贝尔市海拉尔区人民法院(2016)内 0702 刑初 402 号刑事判决书。

重伤或者死亡,仍持默认、不加制止等放任态度,则不论其是否直接实施伤害或者杀人的行为,都应对造成重伤或者死亡的结果承担刑事责任。

2. 首要分子或者其他积极参加者在聚众斗殴过程中,共同故意加害他人,致人重伤或者死亡的,均应共同承担故意伤害罪或者故意杀人罪的刑事责任。

3. 聚众斗殴的积极参加者对斗殴过程中可能发生致人重伤或者死亡的后果均有概括性认识,又相互配合,共同加害他人致人重伤或者死亡的,即使能够查清造成伤亡后果的直接责任人,仍应认定为故意伤害或故意杀人的共同犯罪。但应根据各共同加害人参与聚众斗殴的地位、作用、程度等情节以及致人重伤、死亡后果的原因力大小,分别裁量刑罚。

4. 在聚众斗殴中,各行为人共同加害他人,致该人重伤或者死亡,但难以查清致人重伤或者死亡的直接责任人的,根据共同犯罪理论,所有参与共同加害的行为人均应按照故意伤害罪或者故意杀人罪追究刑事责任。但在裁量刑罚时,应根据各加害人参与聚众斗殴的程度、作用等情节,酌情适用刑罚。

(三)对认定聚众斗殴转化犯的限制

1. 在聚众斗殴过程中,行为人的加害强度明显超出了共同故意的范围并造成他人重伤、死亡后果的,这种情况属于共同犯罪的实行过限,对此,应由实行过限者单独承担故意伤害罪或故意杀人罪的刑事责任,其他加害人只对预谋实施的聚众斗殴罪承担刑事责任。

案例 17-12　常某故意伤害案[①]

争议焦点:聚众斗殴中致人重伤、死亡的,如何定性?

裁判要点:从行为人积极赶赴斗殴现场,持械下车参与斗殴等情况看,四名被告人均触犯了刑法第二百九十二条的规定。其中,常某在聚众斗殴过程中持尖头钢管刺中王某1腹部致王死亡,其行为构成故意伤害罪;张某某、高某1、高某2共同参与多人斗殴,其行为均构成聚众斗殴罪。

① 参见上海市第一中级人民法院(2017)沪01刑初41号刑事判决书。

(九)聚众斗殴中一方是否构成正当防卫的判断

案例 17－13　刘某某、孟某某聚众斗殴、故意伤害案①

争议焦点:如何判断行为人是正当防卫还是聚众斗殴?

裁判要点:行为人主张案发当日是因为对方带十几个人来砸店,行为人让人报警,随后的行为均是自卫,不构成聚众斗殴罪。法院经审理认为,行为人明知他人有可能到其美容院内滋事,未采取合法保护措施,却纠集被告人孟某某、葛某、张某某等人护店,在顾某带领十余人寻衅、砸店的情况下,与之打斗,其行为已构成聚众斗殴罪。

案例 17－14　侯某某正当防卫案②

争议焦点:一方没有斗殴故意,反抗对方聚众斗殴致人死亡的,能否认定为正当防卫?

裁判要点:单方聚众斗殴的,属于不法侵害,没有斗殴故意的一方可以进行正当防卫。单方持械聚众斗殴,对他人的人身安全造成严重危险的,应当认定为刑法第二十条第三款规定的“其他严重危及人身安全的暴力犯罪”。行为人对此采取防卫行为造成不法侵害人死亡的,依法不属于防卫过当,不负刑事责任。

(十)聚众斗殴未遂的认定

案例 17－15　徐某等聚众斗殴案③

争议焦点:约定斗殴,但因对方不在约定地点而未发生殴打的,如何定性?

裁判要点:被告人与他人约点打架,当被告人纠集他人到达现场时,未发现对方来,误将他人当作对方拦截、追逐。当对方到达现场后未发现被告人,遂驾车返回。被告人徐某已经着手实行犯罪,由于犯罪分子意志以外的原因而未得逞,属于聚众斗殴未遂。

---

① 参见承德市双桥区人民法院(2018)冀 0802 刑初 89 号刑事判决书。

② 最高人民检察院第 48 号指导性案例,http://www.zgjccbs.com/article/content/201812/811/4.html。

③ 参见山东省章丘市人民法院(2013)章刑初字第 425 号刑事判决书。

（十一）因农村用地用水等民间纠纷引起的械斗行为的定性

《浙江省高级人民法院关于审理聚众斗殴犯罪案件相关问题的纪要》（2013年10月18日施行）

一、聚众斗殴罪是1997年刑法修正案从流氓罪分拆而来，聚众斗殴犯罪不仅严重扰乱社会公共秩序，而且严重侵害公民的财产权利和人身权利。由于本罪“聚众”的特点，参与人员多，危害性大，打击的重点是涉黑涉恶、护黄护赌护毒引发的双方或者多方群殴行为。对于因建房、土地权属、用水等民间纠纷引发的双方多人斗殴，中学生或者未成年人之间因为普通矛盾引发的群架，一般不按聚众斗殴对待，但是雇用打手或者纠集闲散人员斗殴的，应以聚众斗殴论处。

《江苏省高级人民法院、江苏省人民检察院、江苏省公安厅关于办理涉枪涉爆、聚众斗殴案件具体应用法律若干问题的意见》（2002年10月25日施行）

二、办理聚众斗殴案件的有关问题

……聚众斗殴通常表现为出于私仇、争霸或其他动机而成帮结伙地斗殴，往往造成严重后果，对于群众中因民事纠纷引发的互相斗殴甚至结伙械斗，后果不严重的以及其他情节显著轻微的斗殴行为，不应以犯罪处理。

案例17－16　施某某等17人聚众斗殴案[①]

争议焦点：农村因土地、排水等问题发生纠纷是否属于聚众斗殴？

检察观点：西岑村与子英村相邻，两村因土地及排水问题发生纠纷。施某某等9名西岑村村民与李某某等8名子英村村民手持木棍、铁锹等器械互相谩骂对峙、互扔石头，造成人员车辆受损，涉嫌构成聚众斗殴罪。鉴于施某某等17人参与聚众斗殴的目的并非私仇或争霸一方，且造成的财产损失及人员伤害均属轻微，并未造成严重后果；两村村委会达成了和解协议，施某某等17人也出具了承诺书，从惩罚与教育相结合的原则出发以及有利于促进社会和谐的角度考虑，决定对施某某等17人不起诉。

---

① 最高人民检察院指导性案例第1号，http://www.spp.gov.cn/spp/jczdal/201608/t20160811_162301.shtml。

案例 17－17　于某某聚众斗殴案[①]

检察观点：双方纠集多人在地铁站出口处发生殴斗，造成多人受伤。经鉴定，受伤人员均为轻微伤，行为人于某某在殴斗过程中有制止行为。本案虽有刑法第二百九十二条第一款规定的犯罪行为，但犯罪情节轻微，且有如实供述、双方达成和解等情节，决定不起诉。

案例 17－18　汤某甲聚众斗殴案[②]

检察观点：双方共 20 多人持械打斗，持续时间 10 分钟左右，打斗过程中双方不同程度受伤。汤某甲当以聚众斗殴罪追究其刑事责任。鉴于汤某甲系受到同案人招引参与犯罪，并非犯罪的纠集者，主观恶性不大，能够认罪悔罪，在共同犯罪中起次要作用，系从犯，犯罪情节轻微，依照相关规定决定对汤某甲不起诉。

（十二）聚众斗殴罪和寻衅滋事罪的区分

案例 17－19　王某某等故意伤害案[③]

争议焦点：如何区分聚众斗殴罪与寻衅滋事罪、故意伤害罪？

裁判要点：从寻衅滋事罪的概念及客观方面看，无论“寻衅”还是“滋事”，都是单方的积极行为。寻衅滋事的单方积极性，是相对于受害对象的被动性而言的，双方所处的状态是一方积极主动，另一方消极被动。如果行为人与受害人之间的关系不符合这种特征，则不宜认定为寻衅滋事罪。

聚众斗殴罪最典型的客观方面特征是双方各自纠集多人进行互殴对打，严重影响社会公共秩序。实践中，聚众斗殴大多表现为不法团伙之间出于报复、争霸等动机，成帮结伙地打群架、互相斗殴，不仅参加人数多，而且双方事先通常都有一定准备，互相侵犯对方的意图和动机较为明显。虽然聚众斗殴必然表现为双方互殴对打，但双方对打并不必然就应定性为聚众斗殴。聚众斗殴罪的认定，除要求客观上双方或多方以暴力互相攻击外，还要求双方都有非法侵犯对方的意图，均是积极参与斗殴。如果行为人并没有争霸、报复等动机，则不宜认定为聚众斗殴罪。

---

① 参见北京市大兴区人民检察院京大检公诉刑不诉(2017)79 号。

② 参见汕头市金平区人民检察院汕金检刑不诉(2016)19 号。

③ 最高人民法院刑事审判第一、二、三、四、五庭主办：《刑事审判参考》2008 年第 4 集(总第 64 集)，第 507 号案例，法律出版社 2009 年版。

本案被告人一方最初并没有主动挑衅的故意和行为。在被害人一方持械主动进行挑衅之时，本案行为人之一王某东不仅没有对在场的人提出参与斗殴的积极要求，反而前后两次进行劝阻，并在被害人过来挑衅时仍进行说和，缺少报复、争霸等流氓动机和目的。故本案被告人不构成寻衅滋事罪和聚众斗殴罪，而构成故意伤害罪。

案例 17-20 李某等人聚众斗殴案①

争议焦点：司法实践中聚众斗殴罪的构成要件如何进行认定？

裁判要点：本案中，上诉人李某为阻止他人对店铺进行装修，纠集多人携带木棍至店铺门口与他人发生争执，且长时间对峙，继而相互斗殴。由此可见，李某在案发前已确定了对象，有明确的目的，且有纠集人员等的事前准备，对发生斗殴的结果有预见，且实际发生了斗殴，其行为符合聚众斗殴罪的构成要件。

三、取证指引

聚众斗殴案件常具有以下特点：(1)犯罪主体人数较多，以男性为主，具有明显的圈子范围，常见违法犯罪前科记录。(2)犯罪手段表现为打群架和互殴，通常持有刀具、棍棒、器械等犯罪工具。(3)犯罪地点一般在公共场所，参与斗殴的人员多，围观群众和知情人众多，秩序较为混乱，证人证言丰富，现场勘验照片和痕迹、视频监控资料多。(4)常造成一方或双方人员伤亡及影响正常生活、交通秩序的结果。

对于侦查人员来说，办理聚众斗殴犯罪案件应围绕证明犯罪嫌疑人具有斗殴的故意、存在多人聚众斗殴的行为、造成了人员伤亡、秩序混乱的严重后果等方面展开，为后续将案件定性为聚众斗殴、寻衅滋事、故意伤害或其他犯罪奠定证据基础。一般来说，聚众斗殴案件容易发生人员伤亡，故本类案件的取证一般应从伤者的伤情鉴定开始，尽早收集与斗殴双方无关的现场旁观人员证言，并及时隔离斗殴同一方人员，分开讯问，防止同案人员串供。

(一)主体证据

主体证据是指能反映犯罪嫌疑人身份的证据，具体可参考本书第一讲“高利转

① 参见上海市第一中级人民法院(2016)沪01刑终1176号刑事裁定书。

贷罪”中有关“主体证据”的相关内容。

（二）主观方面证据

主观方面证据是指能反映犯罪嫌疑人主观上具有斗殴故意的证据。主观动机直接影响行为人的主观恶性和案件性质的认定。如果是无事生非、随意殴打他人，即使一方人数众多，也不构成聚众斗殴罪，而可能构成寻衅滋事罪；如果行为人因为双方之前有纠纷，为了发泄怒气、争霸一方、争夺等目的而纠集多人殴打对方的，才可能构成聚众斗殴罪。办案人员需要通过讯问犯罪嫌疑人和询问证人等方式，了解其斗殴的起因和细节，以判断其主观动机。具体事项包括：犯罪嫌疑人与对方发生言语冲突和积怨的具体经过，召集人通过电话、微信、QQ、短信等召集他人参加斗殴的具体措辞、安排分工的内容，各参加者前往斗殴时特意携带工具等所做的准备。

（三）客观方面证据

客观方面证据是指能证明聚众斗殴犯罪行为存在、发生经过和结果的证据，用以证明聚众斗殴行为实施的时间、地点、起因、纠集者、参与人、斗殴过程、犯罪工具、伤亡后果、因果关系及其他相关事实的证据。

实务中，本罪的行为事项证据的取证要点如下：

（1）报警电话记录、受案登记表、立案决定书等，证明案件来源；

（2）双方伤情的照片、医院诊断证明书及住院病历资料、伤情鉴定意见等，证明斗殴造成的人身损伤情况；

（3）现场勘验笔录、示意图及照片、同案人的指认笔录及照片、从现场提取的刀具木棍、现场痕迹照片及提取笔录，证明斗殴发生经过、案件现场和有关犯罪工具的来源、持有人等情况；

（4）车辆等物品损坏照片、维修（明细）清单、价格认定结论书，证明斗殴造成的财产损害情况；

（5）能够证明案发经过的视频监控资料、执法记录仪记录的内容以及现场当事人、证人用手机相机等设备拍摄的能反映案件情况的视听资料，证明案发经过；

（6）行为人的通话记录、微信聊天记录等书证，证明斗殴的动机、犯意和联络的过程；

（7）参加斗殴的双方人员的证言，旁观群众的证言，犯罪嫌疑人的供述和辩解，证明斗殴的起因、策划、准备和经过。

言词证据是本罪中相当重要的证据形式。在提取犯罪嫌疑人的供述和证人证言的过程中,侦查人员应问清楚以下问题:双方斗殴是因何人何事而起?谁是召集人?通过何种方式召集?召集人与被召集人之间是什么关系?召集时怎么交代的前因后果?被召集人是怎么理解和回应的?各自做了哪些准备?谁安排整体行动?工具怎么来的?现场由谁指挥?各方人员在现场都做了些什么?造成了哪些伤亡?斗殴何时结束?谁叫停的?通过对上述问题的深入追问,弄清案件的前因后果和事实经过。

第十八讲
LECTURE 18

寻衅滋事罪

一、犯罪构成

刑法第二百九十三条　寻衅滋事罪

有下列寻衅滋事行为之一,破坏社会秩序的,处五年以下有期徒刑、拘役或者管制:

(一)随意殴打他人,情节恶劣的;

(二)追逐、拦截、辱骂、恐吓他人,情节恶劣的;

(三)强拿硬要或者任意损毁、占用公私财物,情节严重的;

(四)在公共场所起哄闹事,造成公共场所秩序严重混乱的。

纠集他人多次实施前款行为,严重破坏社会秩序的,处五年以上十年以下有期徒刑,可以并处罚金。

(一)犯罪主体

本罪的主体为一般主体,凡年满十六周岁且具备刑事责任能力的自然人均能构成本罪。

(二)犯罪客体

本罪侵犯的客体是社会管理秩序。虽然寻衅滋事犯罪行为常常伴随着对公民人身、人格或公私财产的损害,但是其侵害的主要法益是公共秩序。在刑法的编排体系中,寻衅滋事罪被置于第六章“妨害社会管理秩序罪”第一节“扰乱公共秩序罪”中,也能反映立法原意。

不过如何理解社会秩序，理论界存在分歧。第一种观点认为，社会秩序就是公共场所秩序；第二种观点认为，社会秩序即公共秩序，这里的公共秩序是指根据法律和社会公德确立的公共生活规则所维持的社会正常秩序，既包括公共场所秩序，也包括非公共场所秩序。司法实践中一般持第二种观点，对于在非公共场所寻衅滋事的，亦可构成本罪。

（三）犯罪主观方面

本罪在主观上只能由故意构成。即公然藐视国家法纪和社会公德，其动机常常是通过寻衅滋事活动，发泄情绪，寻求刺激，逞强耍横，填补精神空虚。

（四）犯罪客观方面

刑法第二百九十三条列举了寻衅滋事罪的四类客观行为：

1. 随意殴打他人，情节恶劣的

所谓“殴打”，即直接对他人身体行使有形力的行为①。寻衅滋事罪中的殴打，并不以造成身体伤害为要件，因此跟故意伤害罪的构成要件不同；同时也不要求以聚众为前提，由此和聚众斗殴罪也有所区别。而“随意”是指行为人殴打的理由、对象和方式均具有随意性和偶发性，如为了一个生活小事而随意殴打素不相识之人，殴打行为并不是出于“事出有因”，而是无事生非或小题大做，超出了一般人的合理预测范围。

2. 追逐、拦截、辱骂、恐吓他人，情节恶劣的

追逐、拦截他人，即阻挡妨碍他人的行动自由。而辱骂他人，则一般指出于取乐刺激等目的，用言语对他人予以轻蔑的价值评价，贬损他人的人格和自尊。恐吓，指通过语言或行动表达出对他人的恶意侵害可能，从而使他人心理感到恐怖畏惧，抑制并侵犯他人的意志自由。需要指出的是，如果行为人使用暴力、胁迫或者其他方法强制猥亵或者侮辱妇女的，则构成强制猥亵、侮辱罪。

3. 强拿硬要或者任意损毁、占用公私财物，情节严重的

强拿硬要，是指违背他人意志强行取得财物的行为，从外在表现形式来看，既可以是自己主动夺取，也可以是逼迫他人主动交付。与抢劫罪、抢夺罪不同，这里的强拿硬要虽然也表现出一定的暴力威胁性，但尚未达到足以使被害人不敢反抗的

---

① 张明楷：《刑法学》（下），法律出版社2016年版，第1063页。

强度。损毁财物,是指破坏财物使其使用价值和价值降低或丧失的行为。占有财物,是指无正当理由而占有使用他人财物的行为。实践中,强拿硬要或者任意损毁、占有公私财物,通常表现为用蛮不讲理的手段,强行索要市场、商店的商品以及他人的财物,或者随心所欲毫无顾忌地损坏、毁灭公私财物。

4. 在公共场所起哄闹事,造成公共场所秩序严重混乱的

公共场所,是指不特定人或者多数人出入聚集的场所。关于信息网络是否属于公共场所的问题,理论界有诸多讨论和不同意见。但是根据《最高人民法院、最高人民检察院关于办理利用信息网络实施诽谤等刑事案件适用法律若干问题的解释》的规定,在信息网络上散布虚假信息,起哄闹事,造成公共秩序严重混乱的,以寻衅滋事罪论处。因此,在实务中,寻衅滋事罪中的公共场所并不局限于实体空间,网络空间供众多网民发声,亦可成为公共场所。起哄闹事,是指有意制造事端意在扰乱正常公共秩序的行为。

上述四类行为需要分别达到情节恶劣、情节严重或者给公共场所秩序造成严重混乱的严重程度,方可入刑。至于严重程度的判断标准,详见下文引述的《最高人民法院、最高人民检察院关于办理寻衅滋事刑事案件适用法律若干问题的解释》的相关规定。

另外,值得注意的是,寻衅滋事罪是 1997 年刑法修订时,从 1979 年刑法第一百六十条规定的流氓罪中分解而来的新罪名。寻衅滋事罪与其他犯罪,如故意伤害罪、故意毁坏财物罪、强制猥亵、侮辱妇女罪、抢夺罪等罪名,在犯罪行为方式上存在重合与交叉。这种行为方式的重合给司法实务工作者正确区分罪与非罪、认定此罪与彼罪提出了不小的挑战。不过,寻衅滋事罪区别于其他罪名的最大特点是其行为的"随意性"和"挑事"的特点。从语义上看,"寻衅滋事"是一个并列的动宾结构短语,"寻衅"和"滋事"含义基本一致,意指故意制造事端挑起冲突,具有起哄闹事之意味。

二、常见疑难问题

(一)寻衅滋事罪中"恶势力犯罪集团"的认定

案例 18-1 龙某等寻衅滋事案[①]

争议焦点:如何认定寻衅滋事行为人构成恶势力犯罪集团?

裁判要点:本案中,被告人龙某、马某、居某、梁某、杜某、栾某,自 2017 年 9 月

① 参见江苏省常州市武进区人民法院(2019)苏 0412 刑初 135 号刑事判决书。

以来，经常纠集在一起，为达到打击竞争对手、谋取经济利益的非法目的，通过暴力、威胁或者其他手段，多次实施寻衅滋事违法犯罪活动，为非作恶，欺压百姓，扰乱经济、生活秩序，造成了较为恶劣的社会影响，属于恶势力犯罪集团。其中，被告人龙某起组织、领导作用，系首要分子，应对全案负责。根据“两高两部”《关于办理恶势力刑事案件若干问题的意见》第九条规定，“多次实施违法犯罪活动至少应包括1次犯罪活动，其中根据有关司法解释规定累加后应作为犯罪处理的，可将已用于累加的违法行为计为1次犯罪活动，其他违法行为单独计算违法活动的次数”。本案中，被告人龙某纠集马某、居某、梁某等人，实施了10起寻衅滋事违法犯罪活动，符合上述规定要求，部分经公安介入后自行解决的不影响对其定罪处罚。

案例18-2 周某某寻衅滋事案①

争议焦点：如何认定寻衅滋事行为人构成恶势力犯罪集团？

裁判要点：本案系因同案人卢某2认为泽惠公司的人曾以其名字做生意及说其坏话而产生到泽惠公司闹事的念头，之后纠集被告人周某某及同案人卢某1、黄某2到泽惠公司办公室闹事，并持钢管、砖头将泽惠公司的大门、玻璃窗等物品打坏的刑事案件。经查询被告人周某某的犯罪经历情况，其无犯罪前科记录，本案属初犯，且根据在案证据，未能证明被告人周某某及同案人参与黑恶组织或者恶势力犯罪团伙，故不符合黑恶势力的犯罪案件。

案例18-3 吴某1、吴某2寻衅滋事、盗窃案②

争议焦点：寻衅滋事恶势力集团成员应当如何认定？

裁判要点：根据《关于办理恶势力刑事案件若干问题的意见》的规定，恶势力的其他成员，是指知道或应当知道与他人经常纠集在一起是为了共同实施违法犯罪，仍按照纠集者的组织、策划、指挥参与违法犯罪活动的违法犯罪分子，包括已有充分证据证明但尚未归案的人员。仅因临时雇佣或被雇佣、利用或被利用以及受蒙蔽参与少量恶势力违法犯罪活动的，一般不应认定为恶势力成员。经查，本案被告人供述及证人证言均证实本案各原审被告人实施违法犯罪事实之前均明知“吴某1等人是因怀疑石某1贪污、要求石某1公布账务而实施上访等违

① 参见雷州市人民法院(2018)粤0882刑初445号刑事判决书。

② 贵州省黔东南苗族侗族自治州中级人民法院(2019)黔26刑终86号刑事裁定书。

法犯罪事实”，且也明知“本案有关人员之前实施过或上访、或拆桥等事实”，符合该意见中规定的恶势力成员的规定，亦符合刑法共同犯罪的理论，即明知该团伙是恶势力团伙（这里的明知只需要对有关人员所实施的行为明知即可，并不要求有关人员认识到该团伙是法律意义上是恶势力团伙）还按照该组织的意图去实施相关的行为，本案各原审被告人均属于恶势力成员。至于是否受利用或蒙蔽的问题，如果本案各原审被告人或部分原审被告人是在实施了违法犯罪事实之后才知道事情的前因后果而受蒙蔽单纯地实施某一起违法或犯罪事实的，或者各原审被告人知道事情的前因后果后不再按照吴某1等人组织、指挥去实施违法犯罪活动的，可以理解为受蒙蔽实施少量违法犯罪事实，不以恶势力成员论处，但本案的实际是各原审被告人均是知道事情的前因后果的情况下，还受吴某1等人的组织、指挥实施违法犯罪活动，应以恶势力成员论。

案例 18－4　杨某等 25 人恶势力犯罪集团案①

争议焦点：对寻衅滋事恶势力如何依法适用认罪认罚从宽制度？

裁判要点：对犯罪组织不够固定，临时雇佣特征明显，未在一定区域形成非法控制或造成重大影响的，依法不予认定为黑社会性质组织。涉黑涉恶案件被告人自愿如实供述自己的罪行，承认指控的犯罪事实，愿意接受处罚的，检察机关可以依法适用认罪认罚从宽制度。涉恶犯罪案件具有涉案人员多、犯罪事实多、法律关系交织复杂、性质认定难度较大等显著特点。检察机关在办理该类案件中，应当坚持客观公正理念，依法准确认定。一方面，秉持“不人为拔高、不随意降低”办案原则。坚持司法公正，以事实为依据，以法律为准绳，尊重和保障人权，是检察机关的重要职责。在开展扫黑除恶专项斗争过程中，即使对挂牌督办案件，检察官也必须履行检察官法赋予的“忠实执行宪法和法律”的职责，坚持客观公正，“不拔高”“不凑数”“不随意降低”。要严格把握法律政策界限，对不具备黑社会性质组织犯罪“四个特征”的，坚决不予认定。要准确把握恶势力犯罪集团与恶势力、普通刑事犯罪的界限，对有明显首要分子，重要成员较为固定，组织成员经常纠集在一起，共同故意实施多次恶势力惯常事实的犯罪活动或其他犯罪活动的，依法认定为恶势力犯罪集团。另一方面，依法适用认罪认罚从宽制度。新修订的刑事诉讼法明确了认罪认罚从宽制度。检察机关在办理黑恶势力

① 参见最高人民检察院：《检察机关开展扫黑除恶专项斗争典型案例选编》（第三辑）。

犯罪案件时，要充分发挥主导作用，依法适用认罪认罚从宽制度，贯彻落实宽严相济刑事政策，提升办案整体质效，着重把握好以下环节：一是依法履行告知义务。及时全面告知犯罪嫌疑人、被告人享有的诉讼权利和认罪认罚的法律规定，听取犯罪嫌疑人、被告人、辩护人或者值班律师、被害人及其诉讼代理人的意见。二是依法开展认罪认罚协商。在事实清楚、证据确实充分的前提下，检察机关应当综合考量犯罪嫌疑人、被告人的犯罪事实、犯罪性质、情节和社会危害程度，依法提出适度从宽的量刑意见，并与犯罪嫌疑人、被告人及其辩护人充分沟通，详细阐明定罪量刑的理由和依据，协商确定是否从宽以及从宽形式与幅度，确保宽严有据。三是强化程序保障。认罪认罚制度贯穿于刑事诉讼整个过程，对审查起诉中没有达成认罪认罚协议，而在法庭审理阶段提出认罪认罚的，检察机关应当尊重其意愿并给予认罪认罚从宽的机会。同时，应当发挥辩护律师作用，保障其充分参与认罪认罚协商，为犯罪嫌疑人、被告人提供专业的法律帮助。

（二）寻衅滋事的认定

《最高人民法院、最高人民检察院关于办理寻衅滋事刑事案件适用法律若干问题的解释》（法释〔2013〕18 号，2013 年 7 月 22 日施行）

第一条　行为人为寻求刺激、发泄情绪、逞强耍横等，无事生非，实施刑法第二百九十三条规定的行为的，应当认定为“寻衅滋事”。

行为人因日常生活中的偶发矛盾纠纷，借故生非，实施刑法第二百九十三条规定的行为的，应当认定为“寻衅滋事”，但矛盾系由被害人故意引发或者被害人对矛盾激化负有主要责任的除外。

行为人因婚恋、家庭、邻里、债务等纠纷，实施殴打、辱骂、恐吓他人或者损毁、占用他人财物等行为的，一般不认定为“寻衅滋事”，但经有关部门批评制止或者处理处罚后，继续实施前列行为，破坏社会秩序的除外。

案例 18－5　杨某某投放虚假危险物质案①

争议焦点：在公共场所用锥子扎人造成恐怖气氛的行为如何定性？

裁判要点：行为人在公共场所用锥子扎人的行为不构成投放虚假危险物质罪，

① 最高人民法院刑事审判第一庭、第二庭编：《刑事审判参考》2002 年第 5 辑（总第 28 辑），第 206 号案例，法律出版社 2003 年版。

而构成寻衅滋事罪。原因主要是：

其一，在犯罪主观方面，本案现有证据不能证明被告人明知或应知社会上存在的“扎针”传播艾滋病的传言，不能证明被告人用铁锥扎人的目的是故意制造社会恐慌，被告人的行为不符合投放虚假危险物质罪的构成要件和立法本意。

其二，被告人的行为符合寻衅滋事罪的构成要件。被告人由于被女友抛弃而产生不健康的心理，无端滋事，用锥子扎伤他人，侵害他人身体，与“随意殴打他人”扰乱社会秩序属同一类型。尽管其伤害后果并不严重，但由于被告人是在特定的背景下，使用特定的方法，并选择在特定的地点——公共汽车这一人员集中的地方作案，不仅给被害人造成了较大的心理压力，在案发时引起公共汽车秩序的混乱，且案发后，客观上产生了恶劣的社会影响，属于“情节恶劣”。

（三）利用信息网络寻衅滋事的认定

《最高人民法院、最高人民检察院、公安部、司法部关于办理利用信息网络实施黑恶势力犯罪刑事案件若干问题的意见》（2019年10月21日施行）

二、依法严惩利用信息网络实施的黑恶势力犯罪

7. 利用信息网络辱骂、恐吓他人，情节恶劣，破坏社会秩序的，依照刑法第二百九十三条第一款第二项的规定，以寻衅滋事罪定罪处罚。

编造虚假信息，或者明知是编造的虚假信息，在信息网络上散布，或者组织、指使人员在信息网络上散布，起哄闹事，造成公共秩序严重混乱的，依照刑法第二百九十三条第一款第四项的规定，以寻衅滋事罪定罪处罚。

（四）寻衅滋事“情节恶劣”的认定

《最高人民法院、最高人民检察院关于办理寻衅滋事刑事案件适用法律若干问题的解释》（法释〔2013〕18号，2013年7月22日施行）

第二条　随意殴打他人，破坏社会秩序，具有下列情形之一的，应当认定为刑法第二百九十三条第一款第一项规定的“情节恶劣”：

（一）致一人以上轻伤或者二人以上轻微伤的；

（二）引起他人精神失常、自杀等严重后果的；

（三）多次随意殴打他人的；

（四）持凶器随意殴打他人的；

（五）随意殴打精神病人、残疾人、流浪乞讨人员、老年人、孕妇、未成年人，造成恶劣社会影响的；

（六）在公共场所随意殴打他人，造成公共场所秩序严重混乱的；

（七）其他情节恶劣的情形。

第三条　追逐、拦截、辱骂、恐吓他人，破坏社会秩序，具有下列情形之一的，应当认定为刑法第二百九十三条第一款第二项规定的“情节恶劣”：

（一）多次追逐、拦截、辱骂、恐吓他人，造成恶劣社会影响的；

（二）持凶器追逐、拦截、辱骂、恐吓他人的；

（三）追逐、拦截、辱骂、恐吓精神病人、残疾人、流浪乞讨人员、老年人、孕妇、未成年人，造成恶劣社会影响的；

（四）引起他人精神失常、自杀等严重后果的；

（五）严重影响他人的工作、生活、生产、经营的；

（六）其他情节恶劣的情形。

第四条　强拿硬要或者任意损毁、占用公私财物，破坏社会秩序，具有下列情形之一的，应当认定为刑法第二百九十三条第一款第三项规定的“情节严重”：

（一）强拿硬要公私财物价值一千元以上，或者任意损毁、占用公私财物价值二千元以上的；

（二）多次强拿硬要或者任意损毁、占用公私财物，造成恶劣社会影响的；

（三）强拿硬要或者任意损毁、占用精神病人、残疾人、流浪乞讨人员、老年人、孕妇、未成年人的财物，造成恶劣社会影响的；

（四）引起他人精神失常、自杀等严重后果的；

（五）严重影响他人的工作、生活、生产、经营的；

（六）其他情节严重的情形。

第五条　在车站、码头、机场、医院、商场、公园、影剧院、展览会、运动场或者其他公共场所起哄闹事，应当根据公共场所的性质、公共活动的重要程度、公共场所的人数、起哄闹事的时间、公共场所受影响的范围与程度等因素，综合判断是否“造成公共场所秩序严重混乱”。

（五）“多次”实施寻衅滋事行为的认定

《最高人民法院、最高人民检察院关于办理寻衅滋事刑事案件适用法律若干问题的解释》（法释〔2013〕18号，2013年7月22日施行）

第六条　纠集他人三次以上实施寻衅滋事犯罪，未经处理的，应当依照刑法第二百九十三条第二款的规定处罚。

《最高人民法院、最高人民检察院、公安部、司法部关于办理黑恶势力犯罪案件若干问题的指导意见》（法发〔2018〕1号，2018年1月16日施行）

四、依法惩处利用“软暴力”实施的犯罪

……

《关于办理寻衅滋事刑事案件适用法律若干问题的解释》第二条至第四条中的“多次”一般应当理解为二年内实施寻衅滋事行为三次以上。二年内多次实施不同种类寻衅滋事行为的，应当追究刑事责任。

《最高人民法院司法观点集成（新编版）·刑事卷Ⅳ》（第1792页　观点编号:899）

（六）关于纠集他人多次寻衅滋事的认定

根据刑法第二百九十三条第二款的规定，纠集他人多次实施刑法第二百九十三条第一款行为，严重破坏社会秩序的，处五年以上十年以下有期徒刑，可以并处罚金。实践中对于该规定的具体理解存在不同认识，主要集中在如下三个问题：(1)应否有时间跨度的限制；(2)每次实施的寻衅滋事行为是否须构成犯罪；(3)每次寻衅滋事行为是否须未经处理。经研究，《解释》第六条规定：“纠集他人三次以上实施寻衅滋事犯罪，未经处理的，应当依照刑法第二百九十三条第二款的规定处罚。”据此，对寻衅滋事行为依照刑法第二百九十三条第二款的规定“处五年以上十年以下有期徒刑，可以并处罚金”，应当同时满足以下两个条件：一是每次实施的寻衅滋事行为均构成犯罪，二是每次寻衅滋事行为未经处理，包括行政处理和刑事处理。至于多次寻衅滋事行为的时间跨度，《解释》未作限制，只要未超过法定的追诉时限期限，均可计入。

（六）未成年人随意殴打他人、强拿硬要行为的定性

《最高人民法院关于审理未成年人刑事案件具体应用法律若干问题的解释》（法释〔2006〕1号，2006年1月23日施行）

第七条　已满十四周岁不满十六周岁的人使用轻微暴力或者威胁，强行索要其他未成年人随身携带的生活、学习用品或者钱财数量不大，且未造成被害人轻微伤以上或者不敢正常到校学习、生活等危害后果的，不认为是犯罪。

已满十六周岁不满十八周岁的人具有前款规定情形的，一般也不认为是犯罪。

第八条　已满十六周岁不满十八周岁的人出于以大欺小、以强凌弱或者寻求精神刺激，随意殴打其他未成年人、多次对其他未成年人强拿硬要或者任意损毁公私财物，扰乱学校及其他公共场所秩序，情节严重的，以寻衅滋事罪定罪处罚。

案例18-6　张某等寻衅滋事案①

争议焦点：未成年人以轻微暴力强索硬要他人财物的行为如何定性？

裁判要点：本案未成年人实施的暴力殴打和强拿硬要手机行为，其主观上并不单纯是为了非法占有被害人的财物，而是通过这些方式以实现教训、报复被害人的目的。且三被告人前去见被害人时没有携带凶器，对被害人实施了简单的拳打脚踢行为，被害人也没有受伤，被告人使用轻微暴力强拿硬要财物的行为扰乱了正常的社会秩序，其暴力强度并未超出寻衅滋事罪所涵括的程度，以寻衅滋事罪定罪评价更为客观和准确。

根据罪刑相适应原则，对于未成年人使用或威胁使用轻微暴力强抢少量财物的行为，一般不以抢劫罪定罪处罚。

① 最高人民法院刑事审判第一、二、三、四、五庭主办：《刑事审判参考》2008年第6集（总第65集），第517号案例，法律出版社2009年版。

（七）网上辱骂恐吓他人的行为定性

《最高人民法院、最高人民检察院关于利用信息网络实施诽谤等刑事案件适用法律若干问题的解释》（法释〔2013〕21号，2013年9月10日施行）

第五条　利用信息网络辱骂、恐吓他人，情节恶劣，破坏社会秩序的，依照刑法第二百九十三条第一款第（二）项的规定，以寻衅滋事罪定罪处罚。

编造虚假信息，或者明知是编造的虚假信息，在信息网络上散布，或者组织、指使人员在信息网络上散布，起哄闹事，造成公共秩序严重混乱的，依照刑法第二百九十三条第一款第（四）项的规定，以寻衅滋事罪定罪处罚。

《最高人民法院司法观点集成（新编版）·刑事卷Ⅳ》（第1798页　观点编号:901）

（二）利用信息网络实施寻衅滋事犯罪的认定

1. 利用信息网络辱骂、恐吓他人的认定及处理

《解释》第五条第一款规定，利用信息网络辱骂、恐吓他人，情节恶劣，破坏社会秩序的，以寻衅滋事罪定罪处罚。该款规定反映出信息网络的工具性特征。实践中需要把握以下两点：一是如果利用信息网络辱骂特定的个人，则可能存在寻衅滋事罪与侮辱罪的竞合。如果辱骂他人情节恶劣，破坏社会秩序的，应按照《解释》第九条的规定，依照处罚较重的罪即寻衅滋事罪定罪处罚。二是要严格入罪标准。辱骂、恐吓行为必须达到“情节恶劣”的程度，同时对社会秩序造成了现实的破坏。对于一些网民在网络上发泄不满，辱骂他人的，要重在教育，强化管理，一般不要轻易适用本款规定按犯罪处理。

2. 在信息网络上编造、散布虚假信息，起哄闹事的认定

……

信息网络具有明显的公共属性和社会属性。网络社会已经与现实社会融为一体，成为现实社会的重要组成部分。网络信息必然会对现实社会产生直接的、实实在在的影响。显而易见，编造虚假信息并在信息网络上散布，起哄闹事，进而造成公共秩序严重混乱，此类行为具有现实的社会危害性，应当以寻衅滋事罪追究刑事责任。实践中需要把握以下两点：一是该款规定的“虚假信息”，不是针对特定的自然人而捏造的虚假事实，而是针对不特定的自然人或者

单位、公共事件而编造的虚假信息。如果针对特定的自然人，捏造损害其名誉的虚假事实，并在网络上散布的，应当适用《解释》第一条的规定处理。二是“造成公共秩序严重混乱”，主要是指导致现实社会公共秩序严重混乱。网络空间是现实社会的组成部分，行为人在信息网络上散布虚假信息，起哄闹事，在导致网络秩序混乱的同时，往往会导致现实社会公共秩序的混乱，甚至引发群体性事件等。对此以寻衅滋事罪定罪处罚，于法有据。

案例 18－7　秦某某诽谤、寻衅滋事案①

争议焦点：行为人利用信息网络散布谣言，造成公共秩序混乱的，如何定性？

裁判要点：该行为构成寻衅滋事罪。但随着时代发展，信息网络与人们的现实生活融为一体，其“工具属性”“公共属性”凸显，利用信息网络实施寻衅滋事的行为方式及危害后果与传统的寻衅滋事呈现出不同特征。例如，行为人利用信息网络散布地震谣言，导致多地大量群众外出“避难”；散布核泄漏谣言，导致大范围的“抢盐”。上述危害后果明显严重扰乱了生产、生活、工作、营业等社会公共秩序，但又不宜概括为造成某一具体公共场所秩序混乱，而用公共秩序混乱则能较好解释该问题。

《最高人民法院、最高人民检察院关于利用信息网络实施诽谤等刑事案件适用法律若干问题的解释》第五条第二款规定的利用信息网络实施的寻衅滋事罪要求造成“公共秩序严重混乱”，不仅指虚假信息被大量转发、评论等造成的网络秩序混乱，同时也要求造成生产、生活、工作、营业、教学等现实社会公共秩序的严重混乱。对于虚假信息被及时、有效删除，未被大量转发、评论等，尚未造成广泛影响的，或者仅仅是对网络秩序造成了影响，不宜认定为“造成公共秩序严重混乱”。

---

① 最高人民法院刑事审判第一、二、三、四、五庭主办：《刑事审判参考》2014 年第 2 集（总第 97 集），第 966 号案例，法律出版社 2014 年版。

（八）涉医案件寻衅滋事罪的认定

《最高人民法院、最高人民检察院、公安部、司法部、国家卫生和计划生育委员会关于依法惩处涉医违法犯罪维护正常医疗秩序的意见》（法发〔2014〕5号，2014年4月22日施行）

对涉医违法犯罪行为，要依法严肃追究、坚决打击……人民法院应当加快审理进度，在全面查明案件事实的基础上依法准确定罪量刑，对于犯罪手段残忍、主观恶性深、人身危险性大的被告人或者社会影响恶劣的涉医犯罪行为，要依法从严惩处。

（一）在医疗机构内殴打医务人员或者故意伤害医务人员身体、故意损毁公私财物，尚未造成严重后果的，分别依照治安管理处罚法第四十三条、第四十九条的规定处罚；故意杀害医务人员，或者故意伤害医务人员造成轻伤以上严重后果，或者随意殴打医务人员情节恶劣、任意损毁公私财物情节严重，构成故意杀人罪、故意伤害罪、故意毁坏财物罪、寻衅滋事罪的，依照刑法的有关规定定罪处罚。

（二）在医疗机构私设灵堂、摆放花圈、焚烧纸钱、悬挂横幅、堵塞大门或者以其他方式扰乱医疗秩序，尚未造成严重损失，经劝说、警告无效的，要依法驱散，对拒不服从的人员要依法带离现场，依照治安管理处罚法第二十三条的规定处罚；聚众实施的，对首要分子和其他积极参加者依法予以治安处罚；造成严重损失或者扰乱其他公共秩序情节严重，构成寻衅滋事罪、聚众扰乱社会秩序罪、聚众扰乱公共场所秩序、交通秩序罪的，依照刑法的有关规定定罪处罚。

在医疗机构的病房、抢救室、重症监护室等场所及医疗机构的公共开放区域违规停放尸体，影响医疗秩序，经劝说、警告无效的，依照治安管理处罚法第六十五条的规定处罚；严重扰乱医疗秩序或者其他公共秩序，构成犯罪的，依照前款的规定定罪处罚。

……

（四）公然侮辱、恐吓医务人员的，依照治安管理处罚法第四十二条的规定处罚；采取暴力或者其他方法公然侮辱、恐吓医务人员情节严重（恶劣），构成侮辱罪、寻衅滋事罪的，依照刑法的有关规定定罪处罚。

……

（六）对于故意扩大事态，教唆他人实施针对医疗机构或者医务人员的违法犯罪行为，或者以受他人委托处理医疗纠纷为名实施敲诈勒索、寻衅滋事等行为的，依照治安管理处罚法和刑法的有关规定从严惩处。

案例 18－8　肖某故意伤害案①

争议焦点：因不满医院治疗效果而持刀伤害医护人员的，如何定性？

裁判要点：第一，行为人因对术后效果不满，数次到医院“要说法”的，属于正常的医疗纠纷，与《最高人民法院、最高人民检察院关于办理寻衅滋事刑事案件适用法律若干问题的解释》第一条第三款规定的婚恋、家庭、邻里、债务等纠纷的性质类似。行为人出于积怨报复行凶，属于有预谋的故意伤害，而非借故生事的寻衅滋事。

第二，在医疗纠纷引发的殴打他人案件中，如果行为人殴打对象是为其治疗的医务人员，或者是其误认为参与治疗的医务人员，作案对象相对特定，一般不认定为“寻衅滋事”，若经有关部门批评制止或者处理处罚后，继续殴打医务人员，破坏公共场所秩序的，才可构成“寻衅滋事”。如果行为人进入医疗机构后不加区分，见医务人员就动手殴打，作案对象具有随意性，“滋事”的故意十分明显，则应认定为“寻衅滋事”。

第三，虽在公共场所殴打他人，但未破坏社会秩序的，不构成寻衅滋事罪。本案被告人持刀行凶的行为对医院工作秩序虽造成一定影响，但没有达到影响该医院或者该院美容科正常运营的严重程度，其行为侵犯的客体主要是他人的身体健康权，而非社会秩序，其行为更符合故意伤害罪的客体要件。

（九）信访活动中寻衅滋事行为的定性

《公安部关于公安机关处置信访活动中违法犯罪行为适用法律的指导意见》（公通字〔2013〕25 号，2013 年 7 月 19 日施行）

四、对妨害社会管理秩序违法犯罪行为的处理

10. 任意损毁、占用信访接待场所、国家机关或者他人财物，符合《治安管理

---

① 最高人民法院刑事审判第一、二、三、四、五庭主办：《刑事审判参考》2014 年第 5 集（总第 100 集），第 1026 号案例，法律出版社 2015 年版。

处罚法》第二十六条第三项规定的,以寻衅滋事依法予以治安管理处罚;符合《刑法》第二百九十三条规定的,以寻衅滋事罪追究刑事责任。

(十)寻衅滋事罪与抢劫罪的区分

《最高人民法院关于审理抢劫、抢夺刑事案件适用法律若干问题的意见》(法发〔2005〕8号,2005年6月8日施行)

九、关于抢劫罪与相似犯罪的界限

4. 抢劫罪与寻衅滋事罪的界限

寻衅滋事罪是严重扰乱社会秩序的犯罪,行为人实施寻衅滋事的行为时,客观上也可能表现为强拿硬要公私财物的特征。这种强拿硬要的行为与抢劫罪的区别在于:前者行为人主观上还具有逞强好胜和通过强拿硬要来填补其精神空虚等目的,后者行为人一般只具有非法占有他人财物的目的;前者行为人客观上一般不以严重侵犯他人人身权利的方法强拿硬要财物,而后者行为人则以暴力、胁迫等方式作为劫取他人财物的手段。司法实践中,对于未成年人使用或威胁使用轻微暴力强抢少量财物的行为,一般不宜以抢劫罪定罪处罚。其行为符合寻衅滋事罪特征的,可以寻衅滋事罪定罪处罚。

(十一)寻衅滋事罪与故意伤害罪、聚众斗殴罪等罪的区分

案例18-9　王某某等故意伤害案①

争议焦点:如何区分故意伤害罪、寻衅滋事罪与聚众斗殴罪?

裁判要点:寻衅滋事罪,无论"寻衅"还是"滋事",都是单方的积极行为。寻衅滋事的单方积极性,是相对于受害对象的被动性而言的,如果双方的关系不符合这种特征,则不宜认定为寻衅滋事罪。聚众斗殴罪最典型的客观方面特征是双方各自纠集多人进行互殴对打,严重影响社会公共秩序。实践中,聚众斗殴大多表现为不法团伙之间出于报复、争霸等动机,成帮结伙地打群架、互相斗殴,不仅参加人数多,而且双方事先通常都有一定准备,互相侵犯对方的意图和动机较

---

① 最高人民法院刑事审判第一、二、三、四、五庭主办:《刑事审判参考》2008年第5集(总第64集),第507号案例,法律出版社2009年版。

为明显。如果行为人并没有争霸、报复等动机,则不宜认定为聚众斗殴罪。

本案被告人一方最初并没有主动挑衅的故意和行为。在被害人一方持械主动进行挑衅之时,本案被告人不仅没有对在场的人提出参与斗殴的积极要求,反而前后两次进行劝阻,并在被害人过来挑衅时仍进行说和,缺少报复、争霸等流氓动机和目的。故本案被告人不构成寻衅滋事罪和聚众斗殴罪,而构成故意伤害罪。

案例 18－10　祝某某以危险方法危害公共安全案①

争议焦点:如何区分寻衅滋事与以危险方法危害公共安全罪?

裁判要点:本案被告人殴打正在驾驶的公交车司机,并与司机争抢公交车变速杆的操控权。这一行为,从客观方面看妨害了司机正常驾驶车辆,足以导致公交车不能正常行驶,方向和车速失控,随时发生乘客、路上行人、车辆伤亡或者财产损失的现实危险,属于刑法所要求的足以危及公共安全的其他危险行为(方法)。从主观方面看,行为人应当明知且完全有能力明知其正在实施的危险行为会导致上述危险状态的发生,但为达到与司机争强斗胜的目的却放任这一危险状态的发生。被告人的行为与寻衅滋事行为截然不同,符合以危险方法危害公共安全罪的特征。

(十二)同一行为构成本罪和故意伤害罪的处理

《最高人民法院、最高人民检察院关于办理寻衅滋事刑事案件适用法律若干问题的解释》(法释〔2013〕18 号,2013 年 7 月 22 日施行)

第七条　实施寻衅滋事行为,同时符合寻衅滋事罪和故意杀人罪、故意伤害罪、故意毁坏财物罪、敲诈勒索罪、抢夺罪、抢劫罪等罪的构成要件的,依照处罚较重的犯罪定罪处罚。

---

① 最高人民法院刑事审判第一庭、第二庭编:《刑事审判参考》2004 年第 5 集(总第 40 集),第 319 号案例,法律出版社 2005 年版。

案例 18－11　杨某等故意伤害案①

争议焦点：寻衅滋事随意殴打他人致人重伤、死亡的应如何定罪？

裁判要点：寻衅滋事罪的"随意殴打他人"与故意伤害罪中的伤害行为具有显著区别：

因寻衅滋事而随意殴打他人的，行为人的动机在于发泄或满足其不良情绪，其特点表现为在殴打他人的起因、殴打对象和殴打手段上均具有相当的"随意"性。殴打起因上的随意性，是指行为人为寻求精神刺激，无事生非，毫无理由或者强以微不足道的琐事、不能成立的理由为借口，挑起事端，殴打他人。殴打对象上的随意性反映了行为人殴打他人就是为了取乐、发泄或者谁妨碍了他要威风就殴打谁，寻衅打人的对象具有不特定性。殴打手段、方式的随意性是指殴打他人具有突发性，选择的殴打手段、器物、打击部位和力量因时、因事、因人随心所欲，但一般情况下，行为人不具有伤害他人至何种程度的明确故意。故意伤害罪在于行为人一般则有直接明确的伤害故意和目的，伤害他人的起因、对象一般都具有特定性。

各被告人在公共场所寻求刺激，滋事生非，随意殴打他人，其行为危害社会管理秩序，情节恶劣已构成寻衅滋事罪。同时，各被告人随意殴打他人，致人死亡，严重侵犯了公民的生命健康权利，其行为亦符合故意伤害罪的犯罪构成。此种情况下，各被告人基于一个犯意实施了一个犯罪行为，触犯了两个罪名，属于想象竞合犯，应按从一重处断的原则处理，即按其中法定刑之重者处理，本案只需定故意伤害罪一罪即可。

三、取证指引

寻衅滋事犯罪案件常具有以下共性：寻衅滋事案件多发常见；犯罪的突发性、偶然性较强；犯罪主体人数较多，共同犯罪居多，通常三五成群，以青年男性为主，文化程度低，无固定职业者和流动人口占多数；发案地点集中在城中村、KTV、酒吧、夜宵摊、车站、饭店、街边等公共场所，现场人数较多，秩序较为混乱；被害人一般有受伤情况。

基于上述特点，寻衅滋事犯罪案件通常事实较为清楚，证据种类多样，犯罪嫌

① 最高人民法院刑事审判第一庭、第二庭编：《刑事审判参考》2003 年第 1 辑（总第 30 辑），第 225 号案例，法律出版社 2003 年版。

疑人也容易确定。办案重点在于确定犯罪事实和具体细节，为后续案件定性为寻衅滋事、故意伤害还是其他犯罪打好基础。

（一）主体证据

本罪主体为一般主体，即年满十六周岁、具有刑事责任能力的自然人均可构成。具体可参考本书第一讲“高利转贷罪”中有关“主体证据”的相关内容。

（二）主观方面证据

本罪在主观方面表现为故意，行为动机是通过寻衅滋事，发泄情绪，寻求刺激，逞强耍横，起哄闹事，主观方面证据即指能反映犯罪嫌疑人上述寻衅心态的证据。根据寻衅系事出有因还是无因的判断标准，寻衅滋事行为可分为无事生非和借故生非两种类型。当然，所有事情的发生都有一定的原因力，这里的“有因”“无因”是从一般大众的认识角度来认定的。所谓无事生非，是指无冤无仇随意挑事；而借故生非，是指对于犯罪嫌疑人借与他人的偶发矛盾纠纷对受害人实施殴打、损毁财物的行为，其解决矛盾和纠纷的手段和程度明显超出了一般人合理的理解和接受程度。

实务中，判断犯罪嫌疑人系故意还是过失并不难，需要特别注意的是，应探寻和确定其寻衅的主观动机，主观动机如何直接影响了本罪与他罪的界限。在调查过程中，办案人员不能单凭犯罪嫌疑人的供述或辩解认定其是否具有寻衅动机，而要根据查证的行为推定其行为的主观动机，因此要多角度详细了解犯罪嫌疑人行为的过程。同时，还要结合被害人陈述、证人证言等证据印证其行为动机，如在询问被害人、证人时，要重点询问被害人与行为人是否相识、平时有无结怨、是否存在竞争关系、寻衅滋事行为的起因、被毁损财物和被殴打人员的范围、行为有无随意性等。最后结合有关证据综合确定犯罪嫌疑人的主观动机。

（三）客观方面证据

客观方面证据是指能证明存在刑法第二百九十三条规定的四种寻衅滋事行为及其发生经过、造成结果的证据。实务中，寻衅滋事罪客观方面证据要点如下：

（1）寻衅滋事现场的勘验检查笔录、照片、证据保全清单。寻衅滋事行为多发生在人流密集的公共场所，办案人员接到报警后应第一时间赶赴现场，制止事态发展，收缴犯罪工具和器械，扣留相关证据，同时拍录案发现场照片，详细收录犯罪嫌疑人辱骂他人的污言秽语,记载其拦截、追逐、起哄闹事的行为方式。

(2)被害人陈述和辨认笔录。询问受害人时,要重点了解寻衅滋事行为的起因经过、实施方式、持续时间、严重程度及犯罪嫌疑人的数量和体貌特征。

(3)目击证人证言。寻衅滋事行为一般会引来大批群众围观,办案人员应第一时间向现场群众及周边社区的居民提取证言,了解事情发生经过以及犯罪嫌疑人的体貌特征、居住地、聚集地及经常出没的公共场所等信息。

(4)犯罪嫌疑人的供述和辩解。详细讯问寻衅滋事行为实施的时间、地点、主体、对象、手段、方式、情节、后果、因果关系及其他相关事实。

(5)能够证明案发经过、周边情况的视频监控资料、执法记录仪记录的内容以及现场当事人、证人用手机相机等设备拍摄的能反映案件情况的视听资料。

(6)作案工具、现场痕迹等物证及相应的辨认笔录。

(7)人员受伤或财物毁损的证据,如体表原始伤情记录及伤势照片、检查报告、病历资料和法医学人体损伤程度鉴定意见书、证据保全清单、价格认定结论书等。

(8)其他,如谅解书、收条、情况说明、接警单、到案经过等。

第十九讲
LECTURE 19

组织、领导、参加黑社会性质组织罪

一、犯罪构成

刑法第二百九十四条　组织、领导、参加黑社会性质组织罪

组织、领导黑社会性质的组织的，处七年以上有期徒刑，并处没收财产；积极参加的，处三年以上七年以下有期徒刑，可以并处罚金或者没收财产；其他参加的，处三年以下有期徒刑、拘役、管制或者剥夺政治权利，可以并处罚金。

……

犯前三款罪又有其他犯罪行为的，依照数罪并罚的规定处罚。

黑社会性质的组织应当同时具备以下特征：

（一）形成较稳定的犯罪组织，人数较多，有明确的组织者、领导者，骨干成员基本固定；

（二）有组织地通过违法犯罪活动或者其他手段获取经济利益，具有一定的经济实力，以支持该组织的活动；

（三）以暴力、威胁或者其他手段，有组织地多次进行违法犯罪活动，为非作恶，欺压、残害群众；

（四）通过实施违法犯罪活动，或者利用国家工作人员的包庇或者纵容，称霸一方，在一定区域或者行业内，形成非法控制或者重大影响，严重破坏经济、社会生活秩序。

（一）犯罪主体

本罪的主体为一般主体，凡年满十六周岁且具备刑事责任能力的自然人均能构成本罪。黑社会性质组织应当具有一定规模，人数较多，组织成员一般在10人以上且组织结构较为稳定，有明确的组织者、领导者，骨干成员基本固定，有比较明确的层级和职责分工。在共同犯罪活动中，组织者、领导者、积极参加者和一般参加者均可成为本罪的主体。

所谓组织者、领导者，是指黑社会性质组织的发起者、创建者，或者在组织中实际处于领导地位，对整个组织及其运行、活动起着决策、指挥、协调、管理作用的犯罪分子，既包括通过一定形式产生的有明确职务、称谓的组织者、领导者，也包括在黑社会性质组织中被公认的事实上的组织者、领导者。通常情况下，组织者即是领导者，但特殊情况下非组织者、参加者也可以成为事实上的领导者。积极参加者，是指接受黑社会性质组织的领导和管理，多次积极参与黑社会性质组织的违法犯罪活动，或者积极参与较严重的黑社会性质组织的犯罪活动且作用突出，以及其他在组织中起重要作用的犯罪分子，如具体负责黑社会性质组织的财务、管理等事项的犯罪分子。其他参加者，是指除上述组织成员之外，其他接受黑社会性质组织领导和管理的犯罪分子。

对于下列人员，不宜认定为黑社会性质组织成员：主观上没有加入黑社会性质组织的意愿，受雇于黑社会性质组织开办的公司、企业，未参与或仅参与少量黑社会性质组织实施的危害后果不大的犯罪活动的人员；临时被纠集、收买或雇用实施违法犯罪活动的人员。上述人员虽然不宜按照黑社会性质组织罪处罚，但应按照其触犯的具体犯罪惩处。

国家机关工作人员组织、领导、参加黑社会性质组织的，应从重处罚。

（二）犯罪客体

本罪的客体为复杂客体，既侵犯了经济秩序、社会生活秩序，同时又侵犯了公民的人身财产权利。黑社会性质组织是介于一般犯罪集团和黑社会组织之间的一种过渡形态，他们人数较多，组织严密，以暴力胁迫为手段，在一定的时间和空间范围内有组织地实施非法持有枪支、洗钱、贩毒、开设赌场、故意伤害、聚众斗殴等违法犯罪活动，对公民的人身财产权利和正常的社会秩序带来严重侵害和破坏。同时，黑社会性质组织又具有一定的经济实力，他们以财力、暴力和组织力为依托，在一定区域或者行业内形成非法控制或重大影响，称霸一方，试图以“黑规则”来取代国家以强制力为后盾的正常法律秩序，从而使人们失去最基本的安全感、秩序感和对政府的信任感，动摇社会的治理根基和人们的信念，最终对社会造成深层次、全方位和基础性的破坏。

（三）犯罪主观方面

本罪在主观上只能由故意构成，即行为人知道或者应当知道而依然组织、领导、参加黑社会性质组织。根据相关司法解释的规定，这里的“明知”并不要求黑社会性质组织成员在加入时确切地知道该组织系黑社会性质组织，只要其知道或者应当知道该组织具有一定规模、且以实施违法犯罪为主要活动即可。如果行为人是在不知情或被欺骗的情况下加入的，不构成犯罪，但行为人在知道黑社会性质组织后还依然参与犯罪活动的，可以构成本罪。

（四）犯罪客观方面

本罪在客观方面表现为行为人实施组织、领导和参加黑社会性质组织的行为。

黑社会性质组织应同时满足以下四个方面的特征：

1. 组织特征

形成较稳定的犯罪组织，人数较多，有明确的组织者、领导者，骨干成员基本固定。目前，黑社会性质的犯罪组织出现了一个明显的变化，即组织者、领导者、骨干成员可能并不多，但他们控制着一批社会上的闲散人员，这些人员形成了一个市场，需要实施违法犯罪时，即通过这个市场雇用打手，形成“一呼即来，一哄而散”的活动方式。对以这种方式存在的组织，只要其基本的组织者、领导者、骨干成员较为固定，就应认定形成了“较稳定的犯罪组织”①。

2. 经济特征

有组织地通过违法犯罪活动或者其他手段获取经济利益，具有一定的经济实力，以支持该组织的活动。可以从以下三个方面认定“有组织地通过违法犯罪活动或者其他手段获取经济利益”：(1)有组织地通过违法犯罪活动或其他不正当手段聚敛；(2)有组织地以投资、控股、参股、合伙等方式通过合法的生产、经营活动获取；(3)由组织成员提供或通过其他单位、组织、个人资助取得。实践中，有些黑社会性质组织的头目，在其具备了一定的实力后，往往通过各种手段将财产洗白，合法地进行一些经营活动，以此支撑该组织的活动，这部分资产也应当算作该组织的“经济实力”。另外，由于不同地区的经济发展水平、不同行业的利润空间均存在很大差异，加之黑社会性质组织存在、发展的时间也各有不同，在办案时不能一般性

---

① 参见全国人大常委会法制工作委员会刑法室：《〈中华人民共和国刑法修正案（八）〉条文说明、立法理由及相关规定》，北京大学出版社 2011 年版，第 167 页。

地要求黑社会性质组织所具有的经济实力必须达到特定规模或特定数额。

3. 行为特征

以暴力、威胁或者其他手段，有组织地多次进行违法犯罪活动，为非作恶，欺压、残害群众。暴力性、胁迫性和有组织性是黑社会性质组织行为方式的主要特征，但有时也会采取一些非暴力性的“其他手段”。根据司法实践经验，这些“其他手段”主要包括：以暴力、威胁为基础，在利用组织势力和影响已对他人形成心理强制或威慑的情况下，进行所谓的“谈判”“协商”“调解”；滋扰、哄闹、聚众等其他干扰、破坏正常经济、社会生活秩序的非暴力手段。在这些“其他手段”中，暴力、威胁色彩虽不明显，但实际是以组织的势力、影响和犯罪能力为依托，以暴力、威胁的现实可能性为基础的，从而形成足以使他人产生恐惧、恐慌的心理强制或者足以影响、限制人身自由、危及人身财产安全的情形。

4. 危害性特征

通过实施违法犯罪活动，或者利用国家工作人员的包庇或者纵容，称霸一方，在一定区域或者行业内，形成非法控制或者重大影响，严重破坏经济、社会生活秩序。

值得注意的是，黑社会性质组织能在一些地方和行业坐大成势，盘踞不倒，与个别国家工作人员的包庇、纵容有着直接关系，但司法中认定黑社会性质组织并不以存在“保护伞”为必要条件。实践中应按照宽严相济、不枉不纵的政策去严格认定黑社会性质组织，既要防止将已构成黑社会性质组织犯罪的案件“降格”处理，也不能因为强调严厉打击而将一般的共同犯罪案件“拔高”认定，从而切实做到宽严有据，罚当其罪，实现政治效果、法律效果和社会效果的统一。

二、常见疑难问题

（一）黑社会性质组织应具备“组织特征”、“经济特征”、“行为特征”和“危害性特征”

《最高人民法院、最高人民检察院、公安部办理黑社会性质组织犯罪案件座谈会纪要》（法〔2009〕382号，2009年12月9日施行）

二、（一）关于黑社会性质组织的认定。黑社会性质组织必须同时具备《立法解释》[①]中规定的“组织特征”、“经济特征”、“行为特征”和“危害性特征”。

① 2002年4月28日施行的《全国人民代表大会常务委员会关于〈中华人民共和国刑法〉第二百九十四条第一款的解释》。

由于实践中许多黑社会性质组织并非这"四个特征"都很明显,因此,在具体认定时,应根据立法本意,认真审查、分析黑社会性质组织"四个特征"相互间的内在联系,准确评价涉案犯罪组织所造成的社会危害,确保不枉不纵。

《最高人民法院、最高人民检察院、公安部、司法部关于办理黑恶势力犯罪案件若干问题的指导意见》(法发〔2018〕1号,2018年1月16日施行)

二、依法认定和惩处黑社会性质组织犯罪

3. 黑社会性质组织应同时具备《刑法》第二百九十四条第五款中规定的"组织特征""经济特征""行为特征""危害性特征"。由于实践中许多黑社会性质组织并非这"四个特征"都很均显,在具体认定时,应根据立法本意,认真审查、分析黑社会性质组织"四个特征"相互间的内在联系,准确评价涉案犯罪组织所造成的社会危害,做到不枉不纵。

案例19-1　牛某某等人绑架、敲诈勒索、开设赌场、重婚案①

争议焦点:如何准确把握黑社会性质组织的认定标准,做到不枉不纵?

裁判要点:应当坚持罪刑法定原则和证据裁判原则,本着实事求是的态度,严格依照刑法和司法解释认定黑社会性质组织。对于指控证据尚未达到"确实、充分"的程度,不符合黑社会性质组织认定标准的,不能勉强认定为黑社会性质组织犯罪。具体到本案,并无充分证据证实该犯罪团伙同时具备组织特征、经济特征、行为特征和非法控制特征等"四个特征",故依法不能认定为黑社会性质组织。具体分析如下:

第一,认定组织特征的证据不充分。黑社会性质组织应当具有一定规模,人数较多,组织成员一般在10人以上;应有明确的组织者、领导者,骨干成员基本固定,并有比较明确的层级和职责分工。综观本案,其一,虽然公诉机关指控有8人系组织成员,但时某等5人多系被临时纠集参与作案,涉案人员尚没有形成稳定的组织体系。其二,本案犯罪团伙没有成文或者不成文的组织纪律或者活动规矩,被告人牛某某要求手下人交纳"保证金"系其经营赌场时管理雇员的必要手段,难以认定为组织纪律或者活动规约。其三,被告人之间并不存在明显的层

① 最高人民法院刑事审判第一、二、三、四、五庭主办:《刑事审判参考》2015年第6集(总第107集),第1160号案例,法律出版社2017年版。

级关系，相互之间并非管理与被管理的上下级，也没有明确固定的职责分工，反映不出组织性。

第二，认定经济特征的证据不充分。是否将所获经济利益全部或部分用于违法犯罪活动或者维系犯罪组织的生存、发展，即所获经济利益是否在客观上起到豢养组织成员、维护组织稳定、壮大组织势力的作用，是认定经济特征的重要依据。本案中，被告人牛某某获取经济利益的主要途径是开设赌场，但赌场收入一般由各合伙人按出资比例分配，并非由牛某某全权支配或者独享。赌场的部分收入用于支付雇员工资，也并非由牛某某决定，不能认定其以此方式豢养组织成员。牛某某在 3 年多时间内从赌场获利几十万元，经济实力相对薄弱，且所获赃款基本上用于其个人及家庭支出，尚无证据证实牛某某将所获取的上述不义之财用于保持组织稳定、实施其他违法犯罪、支持组织活动或者维系组织的生存与发展。

第三，认定行为特征的证据不充分。“有组织地多次进行违法犯罪活动”是认定黑社会性质组织的必要条件之一，涉案犯罪组织实施的犯罪活动不多，仅触犯少量具体罪名的，是否应认定为黑社会性质组织，要结合组织特征、经济特征和非法控制特征综合判断，严格把握。从本案看，被告人牛某某等人仅实施了 3 起犯罪，且目的均是图财，与追求非法控制无关。其中，只有开设赌场犯罪具有一定的持续性，而敲诈勒索犯罪发生于 2009 年 1 月，纯属偶发案件，绑架犯罪又与敲诈勒索犯罪相隔一年两个月之久。这些违法犯罪活动既反映不出牛某某等人长期欺压、残害无辜群众，也反映不出其有逞强争霸、争权势力范围、确立“江湖”地位等目的。

第四，认定非法控制特征的证据不充分。非法控制特征是黑社会性质组织的本质特征，也是该组织区别于一般犯罪集团的关键所在。本案中，首先，虽然牛某某等人在 3 年多时间里多次非法开设赌场并获利数十万元，但并无扩张的行为或意图，在案证据不能证明牛某某等人对当地的其他地下赌场有任何影响。其次，牛某某等人所实施的绑架、敲诈勒索犯罪均具有随机性，侵害对象有限且犯罪目的单一，既没有对当地群众形成心理强制或者威慑，也没有表现为“称霸一方”；既不属于插手民间纠纷、经济纠纷，也不属于干扰破坏他人正常生产、经营。无确实、充分的证据证实牛某某犯罪团伙对当地经济、社会生活秩序造成了严重破坏，不符合黑社会性质组织的非法控制特征。

《最高人民法院、最高人民检察院、公安部、司法部关于办理利用信息网络实施黑恶势力犯罪刑事案件若干问题的意见》(2019 年 10 月 21 日施行)

三、准确认定利用信息网络实施犯罪的黑恶势力

9. 利用信息网络实施违法犯罪活动,符合刑法、《指导意见》①以及最高人民法院、最高人民检察院、公安部、司法部《关于办理恶势力刑事案件若干问题的意见》等规定的恶势力、恶势力犯罪集团、黑社会性质组织特征和认定标准的,应当依法认定为恶势力、恶势力犯罪集团、黑社会性质组织。

认定利用信息网络实施违法犯罪活动的黑社会性质组织时,应当依照刑法第二百九十四条第五款规定的"四个特征"进行综合审查判断,分析"四个特征"相互间的内在联系,根据在网络空间和现实社会中实施违法犯罪活动对公民人身、财产、民主权利和经济、社会生活秩序所造成的危害,准确评价,依法予以认定。

(二)"组织特征"的认定

《最高人民法院、最高人民检察院、公安部办理黑社会性质组织犯罪案件座谈会纪要》(法〔2009〕382 号,2009 年 12 月 9 日施行)

(一)关于黑社会性质组织的认定

1. 关于组织特征。黑社会性质组织不仅有明确的组织者、领导者,骨干成员基本固定,而且组织结构较为稳定,并有比较明确的层级和职责分工。

当前,一些黑社会性质组织为了增强隐蔽性,往往采取各种手段制造"人员频繁更替、组织结构松散"的假象。因此,在办案时,要特别注意审查组织者、领导者,以及对组织运行、活动起着突出作用的积极参加者等骨干成员是否基本固定、联系是否紧密,不要被其组织形式的表象所左右。

……

对于黑社会性质组织存在时间、成员人数及组织纪律等问题的把握。黑社会性质组织一般在短时间内难以形成,而且成员人数较多,但鉴于普通犯罪集团、"恶势力"团伙向黑社会性质组织发展是一个渐进的过程,没有明显的性质

① 《最高人民法院、最高人民检察院、公安部、司法部关于办理黑恶势力犯罪案件若干问题的指导意见》(法发〔2018〕1 号)。

转变的节点，故对黑社会性质组织存在时间、成员人数问题不宜作出“一刀切”的规定。对于那些已存在一定时间，且成员人数较多的犯罪组织，在定性时要根据其是否已具备一定的经济实力，是否已在一定区域或行业内形成非法控制或重大影响等情况综合分析判断。此外，在通常情况下，黑社会性质组织为了维护自身的安全和稳定，一般会有一些约定俗成的纪律、规约，有些甚至还有明确的规定。因此，具有一定的组织纪律、活动规约，也是认定黑社会性质组织特征时的重要参考依据。

《最高人民法院、最高人民检察院、公安部、司法部关于办理黑恶势力犯罪案件若干问题的指导意见》(法发〔2018〕1号，2018年1月16日施行)

6. 组织形成后，在一定时期内持续存在，应当认定为“形成较稳定的犯罪组织”。

黑社会性质组织一般在短时间内难以形成，而且成员人数较多，但鉴于“恶势力”团伙和犯罪集团向黑社会性质组织发展是一个渐进的过程，没有明显的性质转变的节点，故对黑社会性质组织存在时间、成员人数问题不宜作出“一刀切”的规定。

《最高人民法院、最高人民检察院、公安部、司法部关于办理利用信息网络实施黑恶势力犯罪刑事案件若干问题的意见》(2019年10月21日施行)

三、准确认定利用信息网络实施犯罪的黑恶势力

10. 认定利用信息网络实施违法犯罪的黑恶势力组织特征，要从违法犯罪的起因、目的，以及组织、策划、指挥、参与人员是否相对固定，组织形成后是否持续进行犯罪活动、是否有明确的职责分工、行为规范、利益分配机制等方面综合判断。利用信息网络实施违法犯罪的黑恶势力组织成员之间一般通过即时通讯工具、通讯群组、电子邮件、网盘等信息网络方式联络，对部分组织成员通过信息网络方式联络实施黑恶势力违法犯罪活动，即使相互未见面、彼此不熟识，不影响对组织特征的认定。

案例 19-2 汪某等人组织、领导、参加黑社会性质组织案①

争议焦点:较长时期内暂停实施违法犯罪活动的,是否可以认定黑社会性质组织仍持续存在?

裁判要点:刑法规定的"形成较稳定的犯罪组织"隐含了黑社会性质组织应当是"较长时期内持续存在"的含义。如何认定"持续存在"?在确定犯罪组织的形成起点后,只要该犯罪组织以组织名义、为组织利益连续多次实施违法犯罪活动的,就可以认定犯罪组织持续存在。实践中,有以下两种情况值得注意:

一是有些黑社会性质组织脱离"打打杀杀"的初级阶段后,往往会以合法行业为主要经济来源,并会为逃避打击而自我"洗白",有意减少甚至在一定时期内暂时停止实施违法犯罪活动,给人造成犯罪组织已经"转型"或者"解散"的错觉。当需要打击对手、抢夺市场、攫取资源之时,便会恢复本来面目,继续实施违法犯罪活动。二是有些黑社会性质组织在发展过程中,因某些具体的犯罪案件被公安司法机关查破,原有的组织成员或被抓或潜逃,被迫暂时停止实施违法犯罪活动,由此形成组织"溃散"的假象。但经过一段时间以后,组织成员又会重新聚集,或者又有新的成员加入并继续实施有组织违法犯罪活动。

在第一种情况下,由于暂停违法犯罪活动期间,组织成员、结构一般不会发生大的变化,故仍应认定其持续存在。在第二种情况下,应当着重审查组织者、领导者、骨干成员等组织的核心成员是否具有延续性,以及组织的非法影响是否具有延续性。组织的核心成员具有延续性,说明犯罪组织的基本构成是稳定的;非法影响具有延续性,说明犯罪组织的行为方式和犯罪宗旨未发生根本变化。

对于刑法第二百九十四条第五款第一项中的"骨干成员基本固定",不能理解为骨干成员不变或基本不变。如同正规合法的社会组织,黑社会性质组织也会存在新老交替,当原本的骨干成员受到司法打击或由于死亡、受伤、潜逃、被开除等其他原因脱离组织后,由低层级的成员或新成员填补继位,并不会影响组织结构的稳定性和组织运转的有效性,组织者、领导者依然能够通过对骨干成员的直接指挥来对整个犯罪组织进行稳定的管控。因此,只要不是时聚时散或者频繁地大面积更换,就可以视为"骨干成员基本固定"。正因如此,在判断组织核心成员的延续性时,也并不要求骨干成员全部或者大部分保持不变。

---

① 最高人民法院刑事审判第一、二、三、四、五庭主办:《刑事审判参考》2015 年第 6 集(总第 107 集),第 1155 号案例,法律出版社 2017 年版。

案例 19-3 唐某某、李某某等 14 人恶势力犯罪案[①]

争议焦点:不具备非法控制性特征、组织松散的共同犯罪案件是否能认定为黑社会性质组织犯罪或恶势力犯罪集团?

裁判要点:对尚未形成较稳定的犯罪组织,首要分子对成员的控制力、约束力较弱,为组织利益、以组织名义实施的违法犯罪活动较少,未在一定区域形成非法控制和重大影响的,即使实施了较为严重的暴力犯罪,也不能认定为黑社会性质组织犯罪或恶势力犯罪集团。本案是公安机关以涉黑犯罪移送,检察机关坚持法治思维,改变定性意见,以恶势力犯罪起诉,法院以恶势力犯罪裁判的典型案例。

一是围绕黑社会性质组织犯罪构成,准确判定涉黑涉恶。黑社会性质组织犯罪中,组织特征、经济特征、行为特征、危害性特征是一个有机整体,缺一不可。在围绕"四个特征"审查时,要认真审查、分析"四个特征"之间的内在关系,特别要注重审查危害性特征,危害性特征是本质特征。对于组织成员、违法犯罪事实相对较多,但是组织特征较弱,为组织利益实施的违法犯罪活动较少,非法控制特征不明显的犯罪案件,即使组织成员实施了较为严重的暴力犯罪,也不能认定为黑社会性质组织犯罪。

二是围绕犯罪集团的认定标准,准确认定是恶势力犯罪集团还是恶势力。恶势力犯罪集团,是符合恶势力全部认定条件,同时又符合犯罪集团法定条件的犯罪组织,具体表现为有多名组织成员,有明显的首要分子,重要成员较为固定,组织成员经常纠集在一起,共同故意实施多次恶势力惯常实施的犯罪活动或其他犯罪活动。对未形成固定重要成员,成员之间关系相对松散,未多次实施有组织有预谋犯罪的,不宜认定为恶势力犯罪集团。在司法实践中,要依法区分恶势力犯罪集团和恶势力,同时充分运用《刑法》总则中关于共同犯罪的规定,准确区分主从犯,依法惩处。

三是准确理解把握"打早打小"和"打准打实"的实质内涵。"打早打小"要求对黑恶势力及早打击,尤其是对恶势力犯罪要及早打击,防止其坐大成势,发展成为黑社会性质组织,产生严重社会危害。"打准打实"是本着实事求是的态度,在准确查明事实的基础上,构成什么罪,就按什么罪判处刑罚,既不能"降格"也不能"拔高"。特别在办理涉案人员、涉案事实众多的涉黑恶案件中,要坚持法治标准,防止因降低认定标准而"拔高"认定为涉黑犯罪或者涉恶集团犯罪。

---

① 参见最高人民检察院:《检察机关开展扫黑除恶专项斗争典型案例选编》(第三辑)。

(三)组织者、领导者、骨干成员、积极参加者和一般参加者的区分

《最高人民法院、最高人民检察院、公安部办理黑社会性质组织犯罪案件座谈会纪要》(法〔2009〕382号,2009年12月9日施行)

(一)关于黑社会性质组织的认定……1.关于组织者、领导者、积极参加者和其他参加者的认定。组织者、领导者,是指黑社会性质组织的发起者、创建者,或者在组织中实际处于领导地位,对整个组织及其运行、活动起着决策、指挥、协调、管理作用的犯罪分子,既包括通过一定形式产生的有明确职务、称谓的组织者、领导者,也包括在黑社会性质组织中被公认的事实上的组织者、领导者;积极参加者,是指接受黑社会性质组织的领导和管理,多次积极参与黑社会性质组织的违法犯罪活动,或者积极参与较严重的黑社会性质组织的犯罪活动且作用突出,以及其他在组织中起重要作用的犯罪分子,如具体主管黑社会性质组织的财务、人员管理等事项的犯罪分子;其他参加者,是指除上述组织成员之外,其他接受黑社会性质组织的领导和管理的犯罪分子。

《全国部分法院审理黑社会性质组织犯罪案件工作座谈会纪要》(法〔2015〕291号,2015年10月13日施行)

二、关于黑社会性质组织的认定

(一)认定组织特征的问题

……

黑社会性质组织应有明确的组织者、领导者,骨干成员基本固定,并有比较明确的层级和职责分工,一般有三种类型的组织成员,即:组织者、领导者与积极参加者、一般参加者(也即“其他参加者”)。骨干成员,是指直接听命于组织者、领导者,并多次指挥或积极参与实施有组织的违法犯罪活动或者其他长时间在犯罪组织中起重要作用的犯罪分子,属于积极参加者的一部分。

《最高人民法院、最高人民检察院、公安部、司法部关于办理黑恶势力犯罪案件若干问题的指导意见》(法发〔2018〕1号,2018年1月16日施行)

4. 发起、创建黑社会性质组织,或者对黑社会性质组织进行合并、分立、重组的行为,应当认定为"组织黑社会性质组织";实际对整个组织的发展、运行、活动进行决策、指挥、协调、管理的行为,应当认定为"领导黑社会性质组织"。黑社会性质组织的组织者、领导者,既包括通过一定形式产生的有明确职务、称谓的组织者、领导者,也包括在黑社会性质组织中被公认的事实上的组织者、领导者。

5. ……

参加黑社会性质组织并具有以下情形之一的,一般应当认定为"积极参加黑社会性质组织":多次积极参与黑社会性质组织的违法犯罪活动,或者积极参与较严重的黑社会性质组织的犯罪活动且作用突出,以及其他在组织中起重要作用的情形,如具体主管黑社会性质组织的财务、人员管理等事项。

6. ……

黑社会性质组织成员既包括已有充分证据证明但尚未归案的组织成员,也包括虽有参加黑社会性质组织的行为但因尚未达到刑事责任年龄或因其他法定情形而未被起诉,或者根据具体情节不作为犯罪处理的组织成员。

案例19-4 陈某某等人组织、领导、参加黑社会性质组织案①

争议焦点一:如何准确认定黑社会性质组织的成员?

裁判要点:司法实践中,认定被告人有无组织行为、领导行为相对容易,而认定被告人是否有参加黑社会性质组织行为时,情况则显得比较复杂。一般来说,可以将是否举行专门的参加仪式作为重要的认定依据。但当前的实践中多数黑社会性质组织在发展成员时并无此类程序,这就要求在审判时要按照两份《纪要》的规定,审慎地结合以下两个方面来判别被告人是否有参加黑社会性质组织的行为:

第一,是否参与实施了黑社会性质组织的违法犯罪活动。黑社会性质组织区别于其他犯罪组织的本质特征,就是依靠有组织的违法犯罪活动来达到对经济、社会生活进行非法控制并进而攫取非法利益的目的。黑社会性质组织的生存

① 最高人民法院刑事审判第一、二、三、四、五庭主办:《刑事审判参考》2015年第6集(总第107集),第1152号案例,法律出版社2017年版。

离不开有组织的违法犯罪活动,而是否参与有组织的违法犯罪活动又是表明被告人与涉案黑社会性质组织之间存在关系的重要标志。因此,这一点自然是判断参加行为的重要依据。

第二,与涉案黑社会性质组织之间有无相对固定的从属关系。所谓相对同定的从属关系,是指在黑社会性质组织中组织者、领导者居于核心地位,积极参加者和其他参加者较稳定地处于被领导、被管理的地位。其中,有些人是直接听命于组织者、领导者,更多的则是在分级管理的体系内听命于其他组织成员。但不管怎样,组织成员在黑社会性质组织中均应具有相对同定的位置,如果与黑社会性质组织没有任何从属关系,如只是临时受邀或基于个人意愿参与某起犯罪,即便其参与了有组织的违法犯罪活动,也不能将其认定为是黑社会性质组织的成员。换言之,如果在黑社会性质组织中找不到可以对应的位置,就说明被告人与该犯罪组织没有从属关系;如果与黑社会性质组织的某一成员之间没有服从与被服从、管理与被管理关系,就不能认定被告人有参加黑社会性质组织的行为。

争议焦点二:如何认定黑社会性质组织的领导者?

裁判要点:是否可以因被告人参与了该起黑社会性质组织的犯罪活动便认定其具有领导或参加行为?被告人文某某与陈某某(编者注:黑社会性质组织的领导者和组织者)是相识已久的朋友关系,私交甚好。被告人虽长期与陈某某共同经营生意,且颇受陈某某手下“马仔”尊重,但没有证据证明其接受某一组织成员的管理或者对某一组织成员起着领导作用,也就是在陈某某黑社会性质组织内既无上级,也无下属。虽然被告人经营创世纪娱乐城达 7 年之久,客观上为陈某某黑社会性质组织的发展提供了重要的帮助、支持,但其主观上并没有为黑社会性质组织存在、发展服务的意图,除了出面经营娱乐城之外,被告人未曾介入陈某某黑社会性质组织的决策、指挥、协调、管理等内部事务,也未参与其他有组织的违法犯罪活动。因此,其与陈某某的经济合作实际上只是二人相互借助、各为其利。这一点,从陈某某与被告人共同投资经营公交路线后因无利可图便很快撤资的事实也可看出。被告人确曾利用陈某某黑社会性质组织的成员为其解决纠纷,但相关同案被告人均否认自己是被告人的下属,且有其他证据表明被告人借助该犯罪组织势力是经过陈某某事先默许的,其既无自行决定的行为,也无自行决定的权力。因此,被告人与该黑社会性质组织之间并不存在相对固定的从属关系,不应认定其领导或者参加了陈某某黑社会性质组织。

案例 19-5 朱某某等人组织、领导、参加黑社会性质组织案①

争议焦点:如何准确认定黑社会性质组织的骨干成员?

裁判要点:在认定"骨干成员"时应分以下几个层次来把握:第一,骨干成员是积极参加者中的一部分,应当满足积极参加者的认定条件。第二,"骨干成员"应当是直接听命于组织者、领导者的积极参加者。第三,"骨干成员"在黑社会性质组织中所起的作用应当大于一般的积极参加者。只有是"多次指挥或积极参与实施有组织的违法犯罪活动或者其他长时间在犯罪组织中起重要作用"的积极参加者,才能被认定为"骨干成员"。也就是说,只要未达到"多次",即便"积极参与实施较严重的黑社会性质组织的犯罪活动,且作用突出",也不能认定。同理,只要未达到"长时间",即便是对黑社会性质组织的人、财、物等重要事项具有主要管理职权,亦不能认定。

关于"骨干成员"与"积极参加者"在裁判文书中的表述。一般来说,在裁判文书认定的事实部分,对于谁是骨干成员应予明确表述,不属于骨干成员的积极参加者也要单独表述清楚。而在裁判文书的"本院认为"部分,由于需要准确叙述罪状和量刑依据,对确属"骨干成员"的被告人,只表述"被告人某某积极参加黑社会性质组织"即可。因为"骨干成员"并没有与之对应的法定刑,积极参加者的身份才是对被告人定罪量刑的适当依据。

(四)行为人"明知系黑社会性质组织"的认定

《最高人民法院、最高人民检察院、公安部办理黑社会性质组织犯罪案件座谈会纪要》(法〔2009〕382 号,2009 年 12 月 9 日施行)

1.……关于黑社会性质组织成员的主观明知问题。在认定黑社会性质组织的成员时,并不要求其主观上认为自己参加的是黑社会性质组织,只要其知道或者应当知道该组织具有一定规模,且是以实施违法犯罪为主要活动的,即可认定。

① 最高人民法院刑事审判第一、二、三、四、五庭主办:《刑事审判参考》2015 年第 6 集(总第 107 集),第 1153 号案例,法律出版社 2017 年版。

《最高人民法院、最高人民检察院、公安部、司法部关于办理黑恶势力犯罪案件若干问题的指导意见》(法发〔2018〕1号,2018年1月16日施行)

5. 知道或者应当知道是以实施违法犯罪为基本活动内容的组织,仍加入并接受其领导和管理的行为,应当认定为“参加黑社会性质组织”。没有加入黑社会性质组织的意愿,受雇到黑社会性质组织开办的公司、企业、社团工作,未参与黑社会性质组织违法犯罪活动的,不应认定为“参加黑社会性质组织”。

案例19-6 陈某某等组织、领导、参加黑社会性质组织案①

争议焦点:如何认定行为人“参加”黑社会性质组织?

裁判要点:参加黑社会性质组织中的参加,实践中可以从以下几个方面认定:

1. 关于“参加”的主观明知问题,不要求行为人在加入犯罪组织时明确知道该组织具有黑社会性质,行为人只要知道或者应当知道所参加的是由多人组成、具有一定层级结构,主要从事违法犯罪活动的组织群体,或者该组织虽有形式合法的生产、经营活动,但仍是以有组织地实施违法犯罪活动为基本行为方式,欺压、残害群众的组织,就可以认定其具有主观明知。

2. 关于接受黑社会性质组织领导和管理的问题。对于那些主观上并无加入意图,客观上也不受犯罪组织领导和管理,因被纠集、雇佣、收买、威逼或者受蒙蔽为黑社会性质组织实施违法犯罪活动或者提供帮助、支持、服务的人员,不应以参加黑社会性质组织定罪处罚。

3. 关于“参加”行为完成形态问题的把握。就本质而言“参加”行为是否完成应以行为人与黑社会性质组织就加入该组织问题达成意思一致作为判断标准比较合适,而不能以是否履行手续、是否取得组织会籍、是否举行专门仪式等作为认定的标准。对有下列情形之一的,可以认定行为人完成了“参加”行为:一是就加入犯罪组织问题有明确的约定;二是行为人履行了加入组织的仪式;三是行为人要求加入,并经该组织或组织头目的批准或默许;四是虽未履行手续,但已在该组织的领导和管理下实际参加了该组织的各种违法犯罪活动;五是行为人开始不知道加入的是从事违法犯罪活动的黑社会性质组织,了解真相后没有退出,并在该组织的领导和管理下参加了该组织的违法犯罪活动。

---

① 最高人民法院刑事审判第一、二、三、四、五庭主办:《刑事审判参考》2010年第3集(总第74集),第618号案例,法律出版社2010年版。

（五）不宜认定为黑社会性质组织成员的情形

《全国部分法院审理黑社会性质组织犯罪案件工作座谈会纪要》（法〔2015〕291号，2015年10月13日施行）

二、关于黑社会性质组织的认定

（一）认定组织特征的问题

……以下人员不属于黑社会性质组织的成员：1. 主观上没有加入社会性质组织的意愿，受雇到黑社会性质组织开办的公司、企业、社团工作，未参与或者仅参与少量黑社会性质组织的违法犯罪活动的人员；2. 因临时被纠集、雇佣或受蒙蔽为黑社会性质组织实施违法犯罪活动或者提供帮助、支持、服务的人员；3. 为维护或扩大自身利益而临时雇佣、收买、利用黑社会性质组织实施违法犯罪活动的人员。上述人员构成其他犯罪的，按照具体犯罪处理。

《最高人民法院、最高人民检察院、公安部、司法部关于办理黑恶势力犯罪案件若干问题的指导意见》（法发〔2018〕1号，2018年1月16日施行）

5. ……没有加入黑社会性质组织的意愿，受雇到黑社会性质组织开办的公司、企业、社团工作，未参与黑社会性质组织违法犯罪活动的，不应认定为"参加黑社会性质组织"。

（六）黑社会性质组织不同身份成员的刑事责任承担

《最高人民法院关于审理黑社会性质组织犯罪的案件具体应用法律若干问题的解释》（法释〔2000〕42号，2000年12月10日施行）

第三条　……对于黑社会性质组织的组织者、领导者，应当按照其所组织、领导的黑社会性质组织所犯的全部罪行处罚；对于黑社会性质组织的参加者，应当按照其所参与的犯罪处罚。

《最高人民法院、最高人民检察院、公安部办理黑社会性质组织犯罪案件座谈会纪要》(法〔2009〕382号,2009年12月9日施行)

(二)关于办理黑社会性质组织犯罪案件的其他问题

2. 关于黑社会性质组织成员的刑事责任。对黑社会性质组织的组织者、领导者,应根据法律规定和本纪要中关于"黑社会性质组织实施的违法犯罪活动"的规定,按照该组织所犯的全部罪行承担刑事责任。组织者、领导者对于具体犯罪所承担的刑事责任,应当根据其在该起犯罪中的具体地位、作用来确定。对黑社会性质组织中的积极参加者和其他参加者,应按照其所参与的犯罪,根据其在具体犯罪中的地位和作用,依照罪责刑相适应的原则,确定应承担的刑事责任。

案例19-7 刘某等人组织、领导、参加黑社会性质组织案①

争议焦点:如何认定黑社会性质组织的组织者、领导者对具体犯罪的罪责?

裁判要点:组织者、领导者对黑社会性质组织所犯的全部罪行承担刑事责任,并不意味着组织者、领导者在具体犯罪中承担最重罪责,而要根据其在具体犯罪中的地位和作用来确定罪责。具体来说,在确定组织者、领导者对具体犯罪的罪责时,应把握以下原则:

第一,组织者、领导者对于并非由自己直接组织、策划、指挥、参与的犯罪一般不承担最重的责任。如上文所述,2009年《纪要》规定了四种并非由组织者、领导者直接组织、策划、指挥、参与的违法犯罪。上述四种情形下,组织者、领导者对具体犯罪只是一般性地知晓,甚至根本不知晓,只应负一般的责任,而应当由具体犯罪的起意者、组织者、指挥者或者实施者承担最重的责任。

第二,组织者、领导者对由其直接组织、策划、指挥、参与实施的犯罪,一般应承担最重的刑事责任。实践中存在的争议问题是,如果组织者、领导者提出犯意后未参与具体的策划、实施,如何确定其罪责程度?《最高人民法院关于审理故意杀人、故意伤害案件正确适用死刑的指导意见》指出:对于雇凶者与受雇者共同直接实施故意杀人、故意伤害犯罪的,应认定雇凶者为罪行最为严重的主犯;雇凶者没有直接实施故意杀人、故意伤害犯罪行为,但参与了共同犯罪的策划,实施了具体组织、指挥行为的,对雇凶者也应认定为罪行最为严重的主犯;雇凶者只是

① 最高人民法院刑事审判第一、二、三、四、五庭主办:《刑事审判参考》2015年第6集(总第107集),第1158号案例,法律出版社2017年版。

笼统提出犯意,没有实施具体组织、指挥行为,积极实施犯罪行为的受雇者可以认定为罪行最为严重的主犯。上述意见对黑社会性质组织犯罪案件具有参考意义,但审判时应当结合涉黑犯罪的自身特点来把握,不能机械理解。

具体来说,如果组织者、领导者不仅提出犯意,而且具体策划、组织、指挥,或者直接参与实施犯罪的,当然应认定为罪责最为严重的主犯。但是,如果组织者、领导者没有针对具体犯罪进行策划、组织、指挥以及参与实施,只是提出犯意后交由组织成员负责实施,也并不能就此认为组织者、领导者不是罪责最为严重的主犯,还应当结合具体案情进行分析。这是因为,黑社会性质组织犯罪不同于一般共同犯罪、团伙犯罪,组织者、领导者与组织成员的联系更加紧密,具有领导与被领导、管理与被管理的关系,犯罪的组织化程度也更高,分工更明确,隐蔽性更强。基于这些特点,组织者、领导者往往只需要躲在幕后发号施令即可,不必策划、组织、指挥具体的违法犯罪活动,参与实施的情况就更少。实践中,组织者、领导者一旦发出指示,组织成员都会不遗余力地执行,如果简单套用上述意见,无疑会给黑社会性质组织的组织者、领导者逃避处罚以可乘之机。

(七)黑社会性质组织存续起止时间的认定

《全国部分法院审理黑社会性质组织犯罪案件工作座谈会纪要》(法〔2015〕291号,2015年10月13日施行)

二、关于黑社会性质组织的认定

(一)认定组织特征的问题

黑社会性质组织存续时间的起点,可以根据涉案犯罪组织举行成立仪式或者进行类似活动的时间来认定。没有前述活动的,可以根据足以反映其初步形成核心利益或强势地位的重大事件发生时间进行审查判断。没有明显标志性事件的,也可以根据涉案犯罪组织为维护、扩大组织势力、实力、影响、经济基础或按照组织惯例、纪律、活动规约而首次实施有组织的犯罪活动的时间进行审查判断。存在、发展时间明显过短、犯罪活动尚不突出的,一般不应认定为黑社会性质组织。

《最高人民法院、最高人民检察院、公安部、司法部关于办理黑恶势力犯罪案件若干问题的指导意见》(法发〔2018〕1号,2018年1月16日施行)

6.……黑社会性质组织未举行成立仪式或者进行类似活动的,成立时间可以按照足以反映其初步形成非法影响的标志性事件的发生时间认定。没有明显标志性事件的,可以按照本意见中关于黑社会性质组织违法犯罪活动认定范围的规定,将组织者、领导者与其他组织成员首次共同实施该组织犯罪活动的时间认定为该组织的形成时间。该组织者、领导者因未到案或者因死亡等法定情形未被起诉的,不影响认定。

案例19-8 史某某等人组织、领导、参加黑社会性质组织案①

争议焦点:如何认定黑社会性质组织的形成时间?

裁判要点:涉案犯罪行为能否认定为黑社会性质组织的犯罪行为,该问题需要通过明确黑社会性质组织形成的时间节点才能解决。

从司法实践情况来看,尽管举行成立仪式也并不意味着黑社会性质组织的四个特征都已具备,但由于此类活动往往带有明确组织层级、结构、宗旨、目标的性质,故将举行成立仪式作为黑社会性质组织形成时间的起点很少会引起争议。不过,由于黑社会性质组织的成熟程度、严密程度毕竟不同于典型的黑社会组织,通过举行专门仪式来宣告成立的为数很少,故仅此一个判断标准尚不足以应对实践中各类复杂情况。

有相当多的黑社会性质组织在发展过程中,都存在对其树立非法权威、争夺势力范围、获取稳定经济来源具有重要意义的违法犯罪活动或其他重大事件。这些违法犯罪活动或重大事件的具体情形和后果不尽相同:有的是击垮主要竞争对手,有的是抢夺重要资源,还有的是制造重大社会影响并极大提升了犯罪组织的知名度。但其相同之处在于,它们都会对黑社会性质组织的发展、升级产生显著的推动或催化作用。将这些违法犯罪活动或重大事件作为黑社会性质组织的形成起点,不仅易于判断,而且也符合黑社会性质组织的成立宗旨和发展规律。

当然,确实也有一些案件中不存在明显的标志性事件。在此情况下,可以按照2015年《纪要》的规定,将首次实施有组织犯罪活动的时间作为形成起点。应

① 最高人民法院刑事审判第一、二、三、四、五庭主办:《刑事审判参考》2015年第6集(总第107集),第1154号案例,法律出版社2017年版。

当注意的是,“首次实施有组织犯罪活动”并非仅指实施犯罪的方式具有组织性,更重要的是看该犯罪是否为了组织利益、按照组织意志而实施,以及犯罪能否体现该组织追求非法控制的意图。认定黑社会性质组织的违法犯罪活动,并非只有那些直接体现组织利益和组织意图的违法犯罪活动才能构成,只要符合组织惯例、纪律、活动规约,或者客观上起到维护和扩大组织势力、实力、影响、经济基础作用的也可认定。但是,在判断黑社会性质组织形成时间起点时,由于还没有所谓的惯例、纪律、活动规约可供参照,反映非法控制意图的事实尚不充分,如果作为判断依据的“首次实施有组织犯罪活动”不能体现组织利益、意图,则会失去应有的作用和意义。

(八)黑社会性质组织“人数较多”的认定

《全国部分法院审理黑社会性质组织犯罪案件工作座谈会纪要》(法〔2015〕291号,2015年10月13日施行)

二、关于黑社会性质组织的认定

(一)认定组织特征的问题

……

黑社会性质组织应当具有一定规模,人数较多,组织成员一般在10人以上。其中,既包括已有充分证据证明但尚未归案的组织成员,也包括虽有参加黑社会性质组织的行为但因尚未达到刑事责任年龄或因其他法定情形而未被起诉,或者根据具体情节不作为犯罪处理的组织成员。

(九)黑社会性质组织的组织纪律、活动规约的认定

《全国部分法院审理黑社会性质组织犯罪案件工作座谈会纪要》(法〔2015〕291号,2015年10月13日施行)

二、关于黑社会性质组织的认定

(一)认定组织特征的问题

……

对于黑社会性质组织的组织纪律、活动规约,应当结合制定、形成相关纪律、规约的目的与意图来进行审查判断。凡是为了增强实施违法犯罪活动的组

织性、隐蔽性而制定或者自发形成,并用以明确组织内部人员管理、职责分工、行为规范、利益分配、行动准则等事项的成文或不成文的规定、约定,均可认定为黑社会性质组织的组织纪律、活动规约。

（十）“经济特征”的认定

《最高人民法院、最高人民检察院、公安部办理黑社会性质组织犯罪案件座谈会纪要》(法〔2009〕382 号,2009 年 12 月 9 日施行)

2. 关于经济特征。一定的经济实力是黑社会性质组织坐大成势,称霸一方的基础。由于不同地区的经济发展水平、不同行业的利润空间均存在很大差异,加之黑社会性质组织存在、发展的时间也各有不同,因此,在办案时不能一般性地要求黑社会性质组织所具有的经济实力必须达到特定规模或特定数额。此外,黑社会性质组织的敛财方式也具有多样性。实践中,黑社会性质组织不仅会通过实施赌博、敲诈、贩毒等违法犯罪活动攫取经济利益,而且还往往会通过开办公司、企业等方式“以商养黑”“以黑护商”。因此,无论其财产是通过非法手段聚敛,还是通过合法的方式获取,只要将其中部分或全部用于违法犯罪活动或者维系犯罪组织的生存、发展即可。

“用于违法犯罪活动或者维系犯罪组织的生存、发展”,一般是指购买作案工具、提供作案经费,为受伤、死亡的组织成员提供医疗费、丧葬费,为组织成员及其家属提供工资、奖励、福利、生活费用,为组织寻求非法保护以及其他与实施有组织的违法犯罪活动有关的费用支出等。

《全国部分法院审理黑社会性质组织犯罪案件工作座谈会纪要》(法〔2015〕291 号,2015 年 10 月 13 日施行)

二、关于黑社会性质组织的认定

（二）认定经济特征的问题

……

是否将所获经济利益全部或部分用于违法犯罪活动或者维系犯罪组织的生存、发展,是认定经济特征的重要依据。无论获利后的分配与使用形式如何变化,只要在客观上能够起到豢养组织成员、维护组织稳定、壮大组织势力的作用即可认定。

《最高人民法院、最高人民检察院、公安部、司法部关于办理黑恶势力犯罪案件若干问题的指导意见》(法发〔2018〕1号,2018年1月16日施行)

7.在组织的形成、发展过程中通过以下方式获取经济利益的,应当认定为"有组织地通过违法犯罪活动或者其他手段获取经济利益":

(1)有组织地通过违法犯罪活动或其他不正当手段聚敛;

(2)有组织地以投资、控股、参股、合伙等方式通过合法的生产、经营活动获取;

(3)由组织成员提供或通过其他单位、组织、个人资助取得。

8.通过上述方式获得一定数量的经济利益,应当认定为"具有一定的经济实力",同时也包括调动一定规模的经济资源用以支持该组织活动的能力。通过上述方式获取的经济利益,即使是由部分组织成员个人掌控,也应计入黑社会性质组织的"经济实力"。组织成员主动将个人或者家庭资产中的一部分用于支持该组织活动,其个人或者家庭资产可全部计入"一定的经济实力",但数额明显较小或者仅提供动产、不动产使用权的除外。

由于不同地区的经济发展水平、不同行业的利润空间均存在很大差异,加之黑社会性质组织存在、发展的时间也各有不同,在办案时不能一般性地要求黑社会性质组织所具有的经济实力必须达到特定规模或特定数额。

《最高人民法院、最高人民检察院、公安部、司法部关于办理利用信息网络实施黑恶势力犯罪刑事案件若干问题的意见》(2019年10月21日施行)

三、准确认定利用信息网络实施犯罪的黑恶势力

11.利用信息网络有组织地通过实施违法犯罪活动或者其他手段获取一定数量的经济利益,用于违法犯罪活动或者支持该组织生存、发展的,应当认定为符合刑法第二百九十四条第五款第二项规定的黑社会性质组织经济特征。

案例19-9　王某等组织、领导、参加黑社会性质组织案①

争议焦点:如何把握黑社会性质组织的经济特征?

裁判要点:经济特征是黑社会性质组织的特征之一。(1)黑社会性质组织获取经济利益的手段具有选择性。黑社会性质组织既可以通过有组织地实施违法

① 最高人民法院刑事审判第一、二、三、四、五庭主办:《刑事审判参考》2010年第3集(总第74集),第625号案例,法律出版社2010年版。

犯罪活动敛财。也可以通过形式合法的经营来获取经济利益。(2)黑社会性质组织所获经济利益应足以支持黑社会性质组织生存、发展和实施违法犯罪活动。(3)黑社会性质组织所获经济利益应用于犯罪组织或组织犯罪活动所需。(4)正确把握经济特征与其他特征的相互关系。黑社会性质组织攫取经济利益、扩充经济实力并不是其实施违法犯罪活动的终极目标,而只是其非法控制社会的一个必要步骤。司法实践中,许多黑社会性质组织的经济特征并不是十分典型。因此,在认定方法上要特别注意以"非法控制特征"为核心,用辩证的、联系的观点分析"四个特征"的内在联系。

(十一)"一定经济实力"的判断标准

《全国部分法院审理黑社会性质组织犯罪案件工作座谈会纪要》(法〔2015〕291号,2015年10月13日施行)

二、关于黑社会性质组织的认定

(二)认定经济特征的问题

"一定的经济实力",是指黑社会性质组织在形成、发展过程中获取的,足以支持该组织运行、发展以及实施违法犯罪活动的经济利益。包括:1. 有组织地通过违法犯罪活动或其他不正当手段聚敛的资产;2. 有组织地通过合法的生产、经营活动获取的资产;3. 组织成员以及其他单位、个人资助黑社会性质组织的资产。通过上述方式获取的经济利益,即使是由部分组织成员个人掌控,也应计入黑社会性质组织的"经济实力"。

各高级人民法院可以根据本地区的实际情况,对黑社会性质组织所应具有的"经济实力"在20－50万元幅度内,自行划定一般掌握的最低数额标准。

……

(十二)"行为特征"的认定

《最高人民法院、最高人民检察院、公安部办理黑社会性质组织犯罪案件座谈会纪要》(法〔2009〕382号,2009年12月9日施行)

(一)关于黑社会性质组织的认定

3. 关于行为特征。暴力性、胁迫性和有组织性是黑社会性质组织行为方式的主要特征,但有时也会采取一些“其他手段”。

根据司法实践经验,《立法解释》中规定的“其他手段”主要包括:以暴力、威胁为基础,在利用组织势力和影响已对他人形成心理强制或威慑的情况下,进行所谓的“谈判”“协商”“调解”;滋扰、哄闹、聚众等其他干扰、破坏正常经济、社会生活秩序的非暴力手段。

“黑社会性质组织实施的违法犯罪活动”主要包括以下情形:由组织者、领导者直接组织、策划、指挥、参与实施的违法犯罪活动;由组织成员以组织名义实施,并得到组织者、领导者认可或者默许的违法犯罪活动;多名组织成员为逞强争霸、插手纠纷、报复他人、替人行凶、非法敛财而共同实施,并得到组织者、领导者认可或者默许的违法犯罪活动;组织成员为组织争夺势力范围、排除竞争对手、确立强势地位、谋取经济利益、维护非法权威或者按照组织的纪律、惯例、共同遵守的约定而实施的违法犯罪活动;由黑社会性质组织实施的其他违法犯罪活动。

……此外,“多次进行违法犯罪活动”只是认定黑社会性质组织的必要条件之一,最终能否认定为黑社会性质组织,还要结合危害性特征来加以判断。即使有些案件中的违法犯罪活动已符合“多次”的标准,但根据其性质和严重程度,尚不足以形成非法控制或者重大影响的,也不能认定为黑社会性质组织。

《全国部分法院审理黑社会性质组织犯罪案件工作座谈会纪要》(法〔2015〕291号,2015年10月13日实施)

二、关于黑社会性质组织的认定

(三)认定行为特征的问题

涉案犯罪组织仅触犯少量具体罪名的,是否应认定为黑社会性质组织要结合组织特征、经济特征和非法控制特征(危害性特征)综合判断,严格把握。

黑社会性质组织实施的违法犯罪活动包括非暴力性的违法犯罪活动,但暴力或以暴力相威胁始终是黑社会性质组织实施违法犯罪活动的基本手段,并随时可能付诸实施。因此,在黑社会性质组织所实施的违法犯罪活动中,一般应有一部分能够较明显地体现出暴力或以暴力相威胁的基本特征。否则,定性时应当特别慎重。

《最高人民法院、最高人民检察院、公安部、司法部关于办理利用信息网络实施黑恶势力犯罪刑事案件若干问题的意见》(2019年10月21日施行)

三、准确认定利用信息网络实施犯罪的黑恶势力

12.通过线上线下相结合的方式,有组织地多次利用信息网络实施违法犯罪活动,侵犯不特定多人的人身权利、民主权利、财产权利,破坏经济秩序、社会秩序的,应当认定为符合刑法第二百九十四条第五款第三项规定的黑社会性质组织行为特征。单纯通过线上方式实施的违法犯罪活动,且不具有为非作恶、欺压残害群众特征的,一般不应作为黑社会性质组织行为特征的认定依据。

案例19-10 符某某等人敲诈勒索,强迫交易,故意销毁会计账簿,对公司、企业人员行贿案①

争议焦点:如何把握黑社会性质组织行为特征中的暴力性?

裁判要点:暴力性是黑社会性质组织行为特征中的必备属性,即便是黑社会性质组织的非暴力行为,也往往是以暴力或以暴力威胁为后盾的。黑社会性质组织之所以能够实现对人民群众的心理强制或威慑,并进而实现非法控制,依靠的正是暴力血腥的违法犯罪手段。本案中,仅从触犯的罪名、犯罪的次数以及非法获利数额等方面来看,其行为基本符合黑社会性质组织行为特征中的有组织性、违法性和危害严重性等特点。但被告人等实施强迫交易、敲诈勒索犯罪的手段的暴力色彩极为微弱,既没有带领组织成员实施打打杀杀的行为,也不是通过暴力对人民群众形成事实上的心理威慑,跟开发商的"谈判""协商"也并不是以暴力为基础,最多以到工地堵门、堵路、不让施工等手段相威胁,在行为特征方面与黑社会性质组织存在明显区别。

(十三)行为特征中"其他手段"的理解

《最高人民法院、最高人民检察院、公安部、司法部关于办理黑恶势力犯罪案件若干问题的指导意见》(法发〔2018〕1号,2018年1月16日施行)

9.黑社会性质组织实施的违法犯罪活动包括非暴力性的违法犯罪活动,但

① 最高人民法院刑事审判第一、二、三、四、五庭主办:《刑事审判参考》2015年第6集(总第107集),第1157号案例,法律出版社2017年版。

暴力或以暴力相威胁始终是黑社会性质组织实施违法犯罪活动的基本手段,并随时可能付诸实施。暴力、威胁色彩虽不明显,但实际是以组织的势力、影响和犯罪能力为依托,以暴力、威胁的现实可能性为基础,足以使他人产生恐惧、恐慌进而形成心理强制或者足以影响、限制人身自由、危及人身财产安全或者影响正常生产、工作、生活的手段,属于《刑法》第二百九十四条第五款第(三)项中的"其他手段",包括但不限于所谓的"谈判""协商""调解"以及滋扰、纠缠、哄闹、聚众造势等手段。

(十四)黑社会性质组织实施的犯罪和成员个人犯罪的区分

《最高人民法院、最高人民检察院、公安部办理黑社会性质组织犯罪案件座谈会纪要》(法〔2009〕382 号,2009 年 12 月 9 日施行)

(一)关于黑社会性质组织的认定

3. 关于行为特征……"黑社会性质组织实施的违法犯罪活动"主要包括以下情形:由组织者、领导者直接组织、策划、指挥、参与实施的违法犯罪活动;由组织成员以组织名义实施,并得到组织者、领导者认可或者默许的违法犯罪活动;多名组织成员为逞强争霸、插手纠纷、报复他人、替人行凶、非法敛财而共同实施,并得到组织者、领导者认可或者默许的违法犯罪活动;组织成员为组织争夺势力范围、排除竞争对手、确立强势地位、谋取经济利益、维护非法权威或者按照组织的纪律、惯例、共同遵守的约定而实施的违法犯罪活动;由黑社会性质组织实施的其他违法犯罪活动……

《全国部分法院审理黑社会性质组织犯罪案件工作座谈会纪要》(法〔2015〕291 号,2015 年 10 月 13 日施行)

二、关于黑社会性质组织的认定

(三)认定行为特征的问题

……

属于 2009 年《座谈会纪要》规定的五种情形之一的,一般应当认定为黑社会性质组织实施的违法犯罪活动,但确与维护和扩大组织势力、实力、影响、经济基础无任何关联,亦不是按照组织惯例、纪律、活动规约而实施,则应作为组织成员个人的违法犯罪活动处理。组织者、领导者明知组织成员曾多次实施起因、性质类似的违法犯罪活动，但并未明确予以禁止的，如果该类行为对扩大组织影响起到一定作用，可以视为是按照组织惯例实施的违法犯罪活动。

《最高人民法院、最高人民检察院、公安部、司法部关于办理黑恶势力犯罪案件若干问题的指导意见》(法发〔2018〕1号，2018年1月16日施行)

10. 为确立、维护、扩大组织的势力、影响、利益或者按照纪律规约、组织惯例多次实施违法犯罪活动，侵犯不特定多人的人身权利、民主权利、财产权利，破坏经济秩序、社会秩序，应当认定为"有组织地多次进行违法犯罪活动，为非作恶，欺压、残害群众"。

符合以下情形之一的，应当认定为是黑社会性质组织实施的违法犯罪活动：

(1)为该组织争夺势力范围、打击竞争对手、形成强势地位、谋取经济利益、树立非法权威、扩大非法影响、寻求非法保护、增强犯罪能力等实施的；

(2)按照该组织的纪律规约、组织惯例实施的；

(3)组织者、领导者直接组织、策划、指挥、参与实施的；

(4)由组织成员以组织名义实施，并得到组织者、领导者认可或者默许的；

(5)多名组织成员为逞强争霸、插手纠纷、报复他人、替人行凶、非法敛财而共同实施，并得到组织者、领导者认可或者默许的；

(6)其他应当认定为黑社会性质组织实施的。

案例19－11　刘某等人组织、领导、参加黑社会性质组织案①

争议焦点：如何区分黑社会性质组织实施的犯罪活动与成员个人实施的活动？

裁判要点：纯粹由组织成员个人实施的犯罪，不能视为组织犯罪。2009年下发的《最高人民法院、最高人民检察院、公安部办理黑社会性质组织犯罪案件座谈会纪要》列举了属于黑社会性质组织违法犯罪活动的五种情形，其中四种情形属于并非由组织者、领导者直接组织、策划、指挥、参与的违法犯罪，但均能体现组织意志或符合组织利益，或者是组织利益和组织意志的统一，因而应认定为组织犯罪。如果与组织利益无任何关联，即使有组织者、领导者的认可和默许，也不能视为组织犯罪。

---

① 最高人民法院刑事审判第一、二、三、四、五庭主办：《刑事审判参考》2015年第6集(总第107集)，第1158号案例，法律出版社2017年版。

第一，“由组织成员以组织名义实施，并得到组织者、领导者认可或者默许的违法犯罪活动”。是指组织成员以组织名义实施违法犯罪时原本未经组织者、领导者授意，属于“越权”行为。但因组织成员以组织名义实施，不言而喻能扩大组织的影响力，符合组织利益，且因得到了组织者、领导者的认可或默许，体现了组织意志，因而视为组织犯罪。

第二，“多名组织成员为逞强争霸、插手纠纷、报复他人、替人行凶、非法敛财而共同实施的违法犯罪”。此类违法犯罪虽然行为人主观动机上不一定是为了组织利益，但因上述行为是黑社会性质组织经常实施的违法犯罪，通常手段上具有暴力、胁迫性，方式上为公开化或半公开化，犯罪的附带后果能扩大组织的影响力和势力，客观上符合组织利益。而且，多名组织成员共同实施，本身在一定程度上能反映组织意志，尤其是得到组织者、领导者的认可或默许，可能体现组织的意志，因而视为组织犯罪。

第三，“组织成员为组织争夺势力范围、排除竞争对手、确立强势地位、谋取经济利益、维护非法权威而实施违法犯罪”。这几种情形都是为了组织利益而实施的违法犯罪。其中，为组织谋取经济利益较为直接，而为组织争夺势力范围、排除竞争对手、确立强势地位、维护非法权威与组织的潜在利益有关，有利于黑社会性质组织在今后的竞争中取得优势地位，从而谋取更大的经济利益，因而视为组织犯罪。

第四，“按照组织的纪律、惯例、共同遵守的约定而实施违法犯罪活动”。所谓组织的纪律、共同遵守的约定，是指组织制定或者自发形成的，并用以明确组织内部人员管理、职责分工、行为规范、利益分配、行动准则等事项的成文或不成文的规定、约定；所谓惯例，是指能够体现组织意志、宗旨的一贯做法。

（十五）“危害性特征”的认定

《最高人民法院、最高人民检察院、公安部办理黑社会性质组织犯罪案件座谈会纪要》（法〔2009〕382号，2009年12月9日施行）

（一）关于黑社会性质组织的认定

4.关于危害性特征。称霸一方，在一定区域或者行业内，形成非法控制或者重大影响，从而严重破坏经济、社会生活秩序，是黑社会性质组织的本质特征，也是黑社会性质组织区别于一般犯罪集团的关键所在。

对于“一定区域”的理解和把握。区域的大小具有相对性，且黑社会性质组织非法控制和影响的对象并不是区域本身，而是在一定区域中生活的人，以及该区域内的经济、社会生活秩序。因此，不能简单地要求“一定区域”必须达到某一特定的空间范围，而应当根据具体案情，并结合黑社会性质组织对经济、社会生活秩序的危害程度加以综合分析判断。

对于“一定行业”的理解和把握。黑社会性质组织所控制和影响的行业，既包括合法行业，也包括黄、赌、毒等非法行业。这些行业一般涉及生产、流通、交换、消费等一个或多个市场环节。

通过实施违法犯罪活动，或者利用国家工作人员的包庇、纵容，称霸一方，并具有以下情形之一的，可认定为“在一定区域或者行业内，形成非法控制或者重大影响，严重破坏经济、社会生活秩序”：对在一定区域内生活或者在一定行业内从事生产、经营的群众形成心理强制、威慑，致使合法利益受损的群众不敢举报、控告的；对一定行业的生产、经营形成垄断，或者对涉及一定行业的准入、经营、竞争等经济活动形成重要影响的；插手民间纠纷、经济纠纷，在相关区域或者行业内造成严重影响的；干扰、破坏他人正常生产、经营、生活，并在相关区域或者行业内造成严重影响的；干扰、破坏公司、企业、事业单位及社会团体的正常生产、经营、工作秩序，在相关区域、行业内造成严重影响，或者致使其不能正常生产、经营、工作的；多次干扰、破坏国家机关、行业管理部门以及村委会、居委会等基层群众自治组织的工作秩序，或者致使上述单位、组织的职能不能正常行使的；利用组织的势力、影响，使组织成员获取政治地位，或者在党政机关、基层群众自治组织中担任一定职务的；其他形成非法控制或者重大影响，严重破坏经济、社会生活秩序的情形。

《全国部分法院审理黑社会性质组织犯罪案件工作座谈会纪要》（法〔2015〕291号，2015年10月13日施行）

二、关于黑社会性质组织的认定

（四）认定非法控制特征（危害性特征）的问题

2009年《座谈会纪要》明确了可以认定为“在一定区域或者行业内，形成非法控制或者重大影响，严重破坏经济、社会生活秩序”的八种情形，适用时应当注意以下问题：第1种情形中的“致使合法利益受损的群众不敢举报、控告的”，是指致使多名合法利益遭受犯罪或者严重违法活动侵害的群众不敢通过正当途径维护权益;第2种情形中的“形成垄断”,是指可以操控、左右、决定与一定行业相关的准入、退出、经营、竞争等经济活动。“形成重要影响”,是指对与一定行业相关的准入、退出、经营、竞争等经济活动具有较大的干预和影响能力,或者具有在该行业内占有较大市场份额、通过违法犯罪活动或以其他不正当手段在该行业内敛财数额巨大(最低数额标准由各高院根据本地情况在20－50万元的幅度内自行划定)、给该行业内从事生产、经营活动的其他单位、组织、个人造成直接经济损失100万元以上等情节之一;第3、4、5种情形中的“造成严重影响”,是指具有致人重伤或致多人轻伤、通过违法犯罪活动或以其他不正当手段敛财数额巨大(数额标准同上)、造成直接经济损失100万元以上、多次引发群体性事件或引发大规模群体性事件等情节之一;第6种情形中的“多次干扰、破坏国家机关、行业管理部门以及村委会、居委会等基层群众自治组织的工作秩序”,包括以拉拢、收买、威胁等手段多次得到国家机关工作人员包庇或纵容,或者多次对前述单位、组织中正常履行职务的工作人员进行打击、报复的情形;第7种情形中的“获取政治地位”,是指当选各级人大代表、政协委员。“担任一定职务”,是指在各级党政机关及其职能部门、基层群众自治组织中担任具有组织、领导、监督、管理职权的职务。

根据实践经验,在黑社会性质组织犯罪案件中,2009年《座谈会纪要》规定的八种情形一般不会单独存在,往往是两种以上的情形同时并存、相互交织,从而严重破坏经济、社会生活秩序。审判时,应当充分认识这一特点,准确认定该特征。“四个特征”中其他构成要素均已具备,仅在成员人数、经济实力规模方面未达到本纪要提出的一般性要求,但已较为接近,且在非法控制特征(危害性特征)方面同时具有2009年《座谈会纪要》相关规定中的多种情形,其中至少有一种情形已明显超出认定标准的,也可以认定为黑社会性质组织。

案例19－12 王某某等人故意伤害、寻衅滋事、非法拘禁、敲诈勒索案[①]

争议焦点:如何根据“非法控制或重大影响”的内在要求准确认定黑社会性质组织的危害性特征?

裁判要点:在对涉案犯罪组织是否形成非法控制与重大影响进行司法判断时,除了要对照2009年《最高人民法院、最高人民检察院、公安部办理黑社会性质

① 最高人民法院刑事审判第一、二、三、四、五庭主办:《刑事审判参考》2015年第6集(总第107集),第1159号案例,法律出版社2017年版。

组织犯罪案件座谈会纪要》和2015年《全国部分法院审理黑社会性质组织犯罪案件工作座谈会纪要》的相关规定，还应着重审查涉案犯罪组织是否是基于争抢势力范围、树立非法权威、攫取不法利益等非法控制目的而实施违法犯罪行为；是否在一段较长的时期内连续、多次通过实施违法犯罪行为对他人的自主性造成干扰或破坏；被侵害对象的数量以及所造成的后果是否已达到形成非法控制或重大影响的严重程度。如果以上几点都已齐备，危害性特征一般能够成立。反之，则不能认定。

（十六）一般犯罪集团、恶势力团伙和黑社会性质组织的区分

案例19－13　焦某某等人寻衅滋事案①

争议焦点：如何根据违法犯罪活动的多样性把握黑社会性质组织的认定标准？

裁判要点：对于黑社会性质组织的四个特征不能简单套用，而是应以非法控制为核心，将四个特征作为一个有机整体来判断。黑社会性质组织与犯罪集团、恶势力团伙最为显著的区别就在于，黑社会性质组织实施违法犯罪活动的目标不仅是攫取经济利益，同时也追求对经济、生活秩序的非法控制，之后再通过由其掌控的非法秩序来实现经济利益的最大化。也就是说，是否追求非法控制是区分黑社会性质组织与犯罪集团、恶势力团伙的关键标尺。

就犯罪集团来说，其犯罪的动机和目的一般都比较单一和明确，就是要通过抢劫、盗窃、走私、贩毒、组织卖淫、拐卖人口等具体犯罪来谋取不法利益，但不追求对经济、社会生活的非法控制，因此，其犯罪活动往往是较隐秘的，与黑社会性质组织公开、半公开地实施违法犯罪活动明显有别。

就恶势力团伙来说，其特征与黑社会性质组织相对更为接近，其实施违法犯罪活动不单纯是为了获取经济利益，同时也有在社会上逞强争胜、“扬名立万”的意图。但与黑社会性质组织追求非法控制不同，恶势力团伙好勇斗狠、逞强争胜的目的更多的是满足树立恶名、寻求刺激等心理需要，并没有清晰、明确的追求对经济、社会生活进行非法控制进而攫取更大经济利益的意愿。从某种意义上说，恶势力团伙与黑社会性质组织实际上只隔着一层“窗户纸”，一旦恶势力团伙

① 最高人民法院刑事审判第一、二、三、四、五庭主办：《刑事审判参考》2015年第6集（总第107集），第1156号案例，法律出版社2017年版。

开始有意识、有计划、有组织地通过违法犯罪活动试图在正常社会里建立非法秩序,那么其就跨越了向黑社会性质组织升级转型的鸿沟,剩下的只需完成量的积累即可。

2015年最高人民法院印发的《全国部分法院审理黑社会性质组织犯罪案件工作座谈会纪要》规定:"涉案犯罪组织仅触犯少量具体罪名的,是否应认定为黑社会性质组织要结合组织特征、经济特征和非法控制特征(危害性特征)综合判断,严格把握。"该纪要对犯罪"多样性"的要求,反映了非法控制的内在要求,并不超出法律规定的本意与合理解释的范畴。如果涉案犯罪组织触犯的具体罪名明显偏少,则要考虑其是否属于专门从事某一两种犯罪的犯罪集团,而非黑社会性质组织。

(十七)"一定区域"和"一定行业"的把握

《全国部分法院审理黑社会性质组织犯罪案件工作座谈会纪要》(法〔2015〕291号,2015年10月13日施行)

二、关于黑社会性质组织的认定

(四)认定非法控制特征(危害性特征)的问题

黑社会性质组织所控制和影响的"一定区域",应当具备一定空间范围,并承载一定的社会功能。既包括一定数量的自然人共同居住、生活的区域,如乡镇、街道、较大的村庄等,也包括承载一定生产、经营或社会公共服务功能的区域,如矿山、工地、市场、车站、码头等。对此,应当结合一定地域范围内的人口数量、流量、经济规模等因素综合评判。如果涉案犯罪组织的控制和影响仅存在于一座酒店、一处娱乐会所等空间范围有限的场所或者人口数量、流量、经济规模较小的其他区域,则一般不能视为是对"一定区域"的控制和影响。

黑社会性质组织所控制和影响的"一定行业",是指在一定区域内存在的同类生产、经营活动。黑社会性质组织通过多次有组织地实施违法犯罪活动,对黄、赌、毒等非法行业形成非法控制或重大影响的,同样符合非法控制特征(危害性特征)的要求。

……

《最高人民法院、最高人民检察院、公安部、司法部关于办理黑恶势力犯罪案件若干问题的指导意见》(法发〔2018〕1号,2018年1月16日施行)

11. 鉴于黑社会性质组织非法控制和影响的“一定区域”的大小具有相对性,不能简单地要求“一定区域”必须达到某一特定的空间范围,而应当根据具体案情,并结合黑社会性质组织对经济、社会生产秩序的危害程度加以综合分析判断。

(十八)“形成非法控制或者重大影响,严重破坏经济、社会生活秩序”的认定

《最高人民法院、最高人民检察院、公安部、司法部关于办理黑恶势力犯罪案件若干问题的指导意见》(法发〔2018〕1号,2018年1月16日施行)

11. ……通过实施违法犯罪活动,或者利用国家工作人员的包庇或者不依法履行职责,放纵黑社会性质组织进行违法犯罪活动的行为,称霸一方,并具有以下情形之一的,可认定为“在一定区域或者行业内,形成非法控制或者重大影响,严重破坏经济、社会生活秩序”:

(1)致使在一定区域内生活或者在一定行业内从事生产、经营的多名群众,合法利益遭受犯罪或严重违法活动侵害后,不敢通过正当途径举报、控告的;

(2)对一定行业的生产、经营形成垄断,或者对涉及一定行业的准入、经营、竞争等经济活动形成重要影响的;

(3)插手民间纠纷、经济纠纷,在相关区域或者行业内造成严重影响的;

(4)干扰、破坏他人正常生产、经营、生活,并在相关区域或者行业内造成严重影响的;

(5)干扰、破坏公司、企业、事业单位及社会团体的正常生产,经营、工作秩序,在相关区域、行业内造成严重影响,或者致使其不能正常生产、经营、工作的;

(6)多次干扰、破坏党和国家机关、行业管理部门以及村委会、居委会等基层群众自治组织的工作秩序,或者致使上述单位、组织的职能不能正常行使的;

(7)利用组织的势力、影响,帮助组织成员或他人获取政治地位,或者在党政机关、基层群众自治组织中担任一定职务的;

(8)其他形成非法控制或者重大影响,严重破坏经济、社会生活秩序的情形。

《最高人民法院、最高人民检察院、公安部、司法部关于办理利用信息网络实施黑恶势力犯罪刑事案件若干问题的意见》(2019年10月21日施行)

三、准确认定利用信息网络实施犯罪的黑恶势力

13. 对利用信息网络实施黑恶势力犯罪非法控制和影响的“一定区域或者行业”,应当结合危害行为发生地或者危害行业的相对集中程度,以及犯罪嫌疑人、被告人在网络空间和现实社会中的控制和影响程度综合判断。虽然危害行为发生地、危害的行业比较分散,但涉案犯罪组织利用信息网络多次实施强迫交易、寻衅滋事、敲诈勒索等违法犯罪活动,在网络空间和现实社会造成重大影响,严重破坏经济、社会生活秩序的,应当认定为“在一定区域或者行业内,形成非法控制或者重大影响”。

(十九)是否有国家工作人员充当“保护伞”不影响黑社会性质组织的认定

《最高人民检察院关于认真贯彻执行全国人民代表大会常务委员会〈关于刑法第二百九十四条第一款的解释〉和〈关于刑法第三百八十四条第一款的解释〉的通知》(高检发研字〔2002〕11号,2002年5月13日施行)

二、……根据《解释》的规定,黑社会性质组织是否有国家工作人员充当“保护伞”,即是否要有国家工作人员参与犯罪或者为犯罪活动提供非法保护,不影响黑社会性质组织的认定,对于同时具备《解释》规定的黑社会性质组织四个特征的案件,应依法予以严惩,以体现“打早打小”的立法精神。同时,对于确有“保护伞”的案件,也要坚决一查到底,绝不姑息……

(二十)成立后未实施犯罪的不能认定为黑社会性质组织

《最高人民法院、最高人民检察院、公安部办理黑社会性质组织犯罪案件座谈会纪要》(法〔2009〕382号,2009年12月15日施行)

(一)关于黑社会性质组织的认定

3. 关于行为特征……会议认为,在办案时还应准确理解《立法解释》中关于“多次进行违法犯罪活动”的规定。黑社会性质组织实施犯罪活动过程中,往往伴随着大量的违法活动,对此均应作为黑社会性质组织的违法犯罪事实予以认

定。但如果仅实施了违法活动，而没有实施犯罪活动的，则不能认定为黑社会性质组织……

（二十一）国家机关工作人员从重处罚

《最高人民法院关于审理黑社会性质组织犯罪的案件具体应用法律若干问题的解释》（法释〔2000〕42号，2000年12月10日施行）

第四条　国家机关工作人员组织、领导、参加黑社会性质组织的，从重处罚。

（二十二）已退出或者新接任的组织者、领导者的刑事责任问题

《全国部分法院审理黑社会性质组织犯罪案件工作座谈会纪要》（法〔2015〕291号，2015年10月13日施行）

三、关于刑事责任和刑罚适用

（一）已退出或者新接任的组织者、领导者的刑事责任问题

对于在黑社会性质组织形成、发展过程中已经退出的组织者、领导者，或者在加入黑社会性质组织之后逐步发展成为组织者、领导者的犯罪分子，应对其本人参与及其实际担任组织者、领导者期间该组织所犯的全部罪行承担刑事责任。

（二十三）不作为犯罪处理的情形

《最高人民法院关于审理黑社会性质组织犯罪的案件具体应用法律若干问题的解释》（法释〔2000〕42号，2000年12月10日施行）

第三条　……对于参加黑社会性质的组织，没有实施其他违法犯罪活动的，或者受蒙蔽、胁迫参加黑社会性质的组织，情节轻微的，可以不作为犯罪处理。

《全国部分法院审理黑社会性质组织犯罪案件工作座谈会纪要》（法〔2015〕291号，2015年10月13日施行）

二、关于黑社会性质组织的认定

（一）认定组织特征的问题

……对于参加黑社会性质组织，没有实施其他违法犯罪活动，或者受蒙蔽、威胁参加黑社会性质组织，情节轻微的，可以不作为犯罪处理。对于参加黑社会性质组织后仅参与少量情节轻微的违法活动的，也可以不作为犯罪处理……

（二十四）涉黑犯罪中"事实清楚、证据确凿"的把握

《最高人民法院、最高人民检察院、公安部办理黑社会性质组织犯罪案件座谈会纪要》（法〔2009〕382号，2009年12月9日施行）

（二）关于办理黑社会性质组织犯罪案件的其他问题

4.关于认定黑社会性质组织犯罪的证据要求。办理涉黑案件同样应当坚持案件"事实清楚，证据确实、充分"的法定证明标准。但应当注意的是，"事实清楚"是指能够对定罪量刑产生影响的事实必须清楚，而不是指整个案件的所有事实和情节都要一一查证属实；"证据确实、充分"是指能够据以定罪量刑的证据确实、充分，而不是指案件中所涉全部问题的证据都要达到确实、充分的程度。对此，一定要准确理解和把握，不要纠缠那些不影响定罪量刑的枝节问题。比如，在可以认定某犯罪组织已将所获经济利益部分用于组织活动的情况下，即使此部分款项的具体数额难以全部查实，也不影响定案。

《全国部分法院审理黑社会性质组织犯罪案件工作座谈会纪要》（法〔2015〕291号，2015年10月13日施行）

四、关于审判程序和证据审查

（二）证明标准和证据运用问题

办理黑社会性质组织犯罪案件应当坚持"事实清楚，证据确实、充分"的法定证明标准。黑社会性质组织犯罪案件侦查取证难度大，"四个特征"往往难以通过实物证据来加以证明。审判时，应当严格依照刑事诉讼法及有关司法解释的规定对相关证据进行审查与认定。在确保被告人供述、证人证言、被害人陈述

等言词证据取证合法、内容真实,且综合全案证据,已排除合理怀疑的情况下,同样可以认定案件事实。

(二十五)贯彻宽严相济的刑事政策

《最高人民法院、最高人民检察院、公安部办理黑社会性质组织犯罪案件座谈会纪要》(法〔2009〕382号,2009年12月9日施行)

一、……要严格贯彻落实宽严相济的刑事政策,对黑社会性质组织的组织者、领导者及其他骨干成员要依法从严惩处;对犯罪情节较轻的其他参加人员以及初犯、偶犯、未成年犯,要依法从轻、减轻处罚,以分化、瓦解犯罪分子,减少社会对抗、促进社会和谐,取得法律效果和社会效果的统一。

……

(二)关于办理黑社会性质组织犯罪案件的其他问题

5. 关于黑社会性质组织成员的立功问题。积极参加者、其他参加者配合司法机关查办案件,有提供线索、帮助收集证据或者其他协助行为,并对侦破黑社会性质组织犯罪案件起到一定作用的,即使依法不能认定立功,一般也应酌情对其从轻处罚。组织者、领导者检举揭发与该黑社会性质组织及其违法犯罪活动有关联的其他犯罪线索,即使依法构成立功或者重大立功,在量刑时也应从严掌握。

《全国部分法院审理黑社会性质组织犯罪案件工作座谈会纪要》(法〔2015〕291号,2015年10月13日施行)

一、准确把握形势、任务,坚定不移地在法治轨道上深入推进打黑除恶专项斗争

(二)认真贯彻落实宽严相济刑事政策

审理黑社会性质组织犯罪案件应当认真贯彻落实宽严相济刑事政策。要依照法律规定,根据具体的犯罪事实、情节以及人身危险性、主观恶性、认罪悔罪态度等因素充分体现刑罚的个别化。同时要防止片面强调从宽或者从严,切实做到区别对待,宽严有据,罚当其罪。对于黑社会性质组织的组织者、领导者、骨干成员及其“保护伞”,要依法从严惩处。根据所犯具体罪行的严重程度,依法应当判处重刑的要坚决判处重刑。确属罪行极其严重,依法应当判处死刑

的,也必须坚决判处。对于不属于骨干成员的积极参加者以及一般参加者,确有自首、立功等法定情节的,要依法从轻、减轻或免除处罚;具有初犯、偶犯等酌定情节的,要依法酌情从宽处理。对于一般参加者,虽然参与实施了少量的违法犯罪活动,但系未成年人或是只起次要、辅助作用的,应当依法从宽处理。符合缓刑条件的,可以适用缓刑。

……

三、关于刑事责任和刑罚适用

(二)量刑情节的运用问题

黑社会性质组织的成员虽不具有自首情节,但到案后能够如实供述自己罪行,并具有以下情形之一的,一般应当适用《刑法》第六十七条第三款的规定予以从轻处罚:1. 如实交代大部分尚未被掌握的同种犯罪事实;2. 如实交代尚未被掌握的较重的同种犯罪事实;3. 如实交代犯罪事实,并对收集定案证据、查明案件事实有重要作用的。

积极参加者、一般参加者配合司法机关查办案件,有提供线索、帮助收集证据或者其他协助行为,并在侦破黑社会性质组织犯罪案件、认定黑社会性质组织及其主要成员、追缴黑社会性质组织违法所得、查处"保护伞"等方面起到较大作用的,即使依法不能认定立功,一般也应酌情对其从轻处罚。组织者、领导者、骨干成员以及"保护伞"协助抓获同案中其他重要的组织成员,或者骨干成员能够检举揭发其他犯罪案件中罪行同样严重的犯罪分子,原则上依法应予从轻或者减轻处罚。组织者、领导者检举揭发与该黑社会性质组织及其违法犯罪活动有关联的其他犯罪线索,如果在是否认定立功的问题上存在事实、证据或法律适用方面的争议,应当严格把握。依法应认定为立功或者重大立功的,在决定是否从宽处罚、如何从宽处罚时,应当根据罪责刑相一致原则从严掌握。可能导致全案量刑明显失衡的,不予从宽处罚。

审理黑社会性质组织犯罪案件,应当通过判处和执行民事赔偿以及积极开展司法救助来最大限度地弥补被害人及其亲属的损失。被害人及其亲属确有特殊困难,需要接受被认定为黑社会性质组织成员的被告人赔偿并因此表示谅解的,量刑时应当特别慎重。不仅应当查明谅解是否确属真实意思表示以及赔偿款项与黑社会性质组织违法所得有无关联,而且在决定是否从宽处罚、如何从宽处罚时,也应当从严掌握。可能导致全案量刑明显失衡的,不予从宽处罚。

《最高人民法院、最高人民检察院、公安部、司法部关于办理黑恶势力犯罪案件若干问题的指导意见》(法发〔2018〕1号,2018年1月16日施行)

12. 对于组织者、领导者和因犯参加黑社会性质组织罪被判处五年以上有期徒刑的积极参加者,可根据《刑法》第五十六条第一款的规定适用附加剥夺政治权利。对于符合《刑法》第三十七条之一规定的组织成员,应当依法禁止其从事相关职业。符合《刑法》第六十六条规定的组织成员,应当认定为累犯,依法从重处罚。

对于因有组织的暴力性犯罪被判处死刑缓期执行的黑社会性质组织犯罪分子,可以根据《刑法》第五十条第二款的规定同时决定对其限制减刑。对于因有组织的暴力性犯罪被判处十年以上有期徒刑、无期徒刑的黑社会性质组织犯罪分子,应当根据《刑法》第八十一条第二款规定,不得假释。

案例19-14 邓某某等人组织、领导、参加黑社会性质组织案①

争议焦点:组织者、领导者通过赔偿经济损失取得被害人家属谅解的,量刑时应当如何把握?

裁判要点:组织者、领导者通过赔偿经济损失取得被害人家属谅解的,审判时应从以下几方面来理解和把握:

一是被害人谅解必须基于真实意思表示。由于黑社会性质组织体系严密,人员构成复杂,经济实力较强,因此,即便在被司法机关打掉之后,仍有可能残存一定的犯罪能力和社会活动能力。审判时,若被害方对黑社会性质组织犯罪分子表示谅解的,一定要审慎核实背景情况,排除因受到威逼、诱骗而违背真实意愿的情形。

二是被告人的赔偿款项应当与黑社会性质组织的违法犯罪所得无关。根据刑法第六十四条的规定,犯罪分子违法所得的一切财物,都应当予以追缴或者责令退赔。但是,在黑社会性质组织犯罪案件中,犯罪分子往往采取各种手段极力掩饰、隐瞒违法犯罪所得的来源、去向,给司法机关的追缴工作制造困难。因此,审判时应当认真甄别赔偿款项的来源,不能让黑社会性质组织犯罪分子利用隐匿的违法犯罪所得在量刑时获利。

三是在谅解意思真实、赔偿款项与违法犯罪所得无关的情况下,量刑仍应从

① 最高人民法院刑事审判第一、二、三、四、五庭主办:《刑事审判参考》2015年第6集(总第107集),第1161号案例,法律出版社2017年版。

严把握。如前所述,黑社会性质组织犯罪具有极大的社会危害,对于此类犯罪分子原则上不能因被害方谅解而予以从宽处罚。如果被害方确因特殊生活困难急需获得经济赔偿的(如丧失劳动能力以及急需支付就学、就医费用等),在考虑是否从宽以及确定从宽幅度时,要以保证罪责刑相一致、实现刑罚目的以及全案量刑平衡为底线。

案例 19－15　吴某某等人组织、领导、参加黑社会性质组织案①

争议焦点:组织者、领导者检举揭发构成立功,量刑时应如何把握?

裁判要点:对于因揭发检举而构成立功或重大立功的黑社会性质组织的组织者、领导者是否从宽处罚,除了要综合考虑此类犯罪的特殊危害、被告人所具有的各种量刑情节以及全案的量刑平衡之外,还应着重审查以下两点:

一是认罪态度。黑社会性质组织的组织者、领导者若能如实供述罪行,则检举揭发可以表明其人身危险性降低,对其从宽处理不违反立功制度设立初衷。反之,对于在证据面前拒不供认或者避重就轻的,则不宜从宽处理。

二是检举线索的来源。由于组织者、领导者在黑社会性质组织中居于核心地位,有获取他人犯罪线索的便利条件,故审判时应当防止组织者、领导者利用这种优势地位获利甚至逃避处罚。如果线索是利用组织者、领导者的特殊地位而取得,且与该黑社会性质组织及其违法犯罪活动有关联的,则一般不应从宽处罚。至于对检举线索“关联性”的判断,则应当从是否与黑社会性质组织寻求非法保护、实施违法犯罪等活动有关联、是否与该组织的成员、“保护伞”及雇佣、纠集的人员有关联等方面来进行审查。

(二十六)涉黑犯罪财物的认定和处理

《最高人民法院关于审理黑社会性质组织犯罪的案件具体应用法律若干问题的解释》(法释〔2000〕42 号,2000 年 12 月 10 日施行)

第七条　对黑社会性质组织和组织、领导、参加黑社会性质组织的犯罪分子聚敛的财物及其收益,以及用于犯罪的工具等,应当依法追缴、没收。

---

① 最高人民法院刑事审判第一、二、三、四、五庭主办:《刑事审判参考》2015 年第 6 集(总第 107 集),第 1162 号案例,法律出版社 2017 年版。

《最高人民法院、最高人民检察院、公安部办理黑社会性质组织犯罪案件座谈会纪要》(法〔2009〕382号,2009年12月15日施行)

(二)关于办理黑社会性质组织犯罪案件的其他问题

3. 关于涉黑犯罪财物及其收益的认定和处置。在办案时,要依法运用查封、扣押、冻结、追缴、没收等手段,彻底摧毁黑社会性质组织的经济基础,防止其死灰复燃。对于涉黑犯罪财物及其收益以及犯罪工具,均应按照刑法第六十四条和《司法解释》第七条的规定予以追缴、没收。黑社会性质组织及其成员通过犯罪活动聚敛的财物及其收益,是指在黑社会性质组织的形成、发展过程中,该组织及组织成员通过违法犯罪活动或其他不正当手段聚敛的全部财物、财产性权益及其孳息、收益。在办案工作中,应认真审查涉案财产的来源、性质,对被告人及其他单位、个人的合法财产应依法予以保护。

《全国部分法院审理黑社会性质组织犯罪案件工作座谈会纪要》(法〔2015〕291号,2015年10月13日施行)

五、关于黑社会性质组织犯罪案件审判工作相关问题

(一)涉案财产的处置问题

审理黑社会性质组织犯罪案件时,对于依法查封、冻结、扣押的涉案财产,应当全面审查证明财产来源、性质、用途、权属及价值大小的有关证据,调查财产的权属情况以及是否属于违法所得或者依法应当追缴的其他财物。属于下列情形的,依法应当予以追缴、没收:1. 黑社会性质组织形成、发展过程中,该组织及其组织成员通过违法犯罪活动或其他不正当手段聚敛的财产及其孳息、收益,以及合法获取的财产中实际用于支持该组织存在、发展和实施违法犯罪活动的部分;2. 其他单位、个人为支持黑社会性质组织存在、发展以及实施违法犯罪活动而资助或提供的财产;3. 组织成员通过个人实施的违法犯罪活动所聚敛的财产及其孳息、收益,以及供个人犯罪所用的本人财物;4. 黑社会性质组织及其组织成员个人非法持有的违禁品;5. 依法应当追缴的其他涉案财物。

《最高人民法院、最高人民检察院、公安部、司法部关于办理黑恶势力犯罪案件若干问题的指导意见》(法发〔2018〕1号,2018年1月16日施行)

27. 对于依法查封、冻结、扣押的黑社会性质组织涉案财产,应当全面收集、审查证明其来源、性质、用途、权属及价值大小的有关证据。符合下列情形之一

的，应当依法追缴、没收：

(1)组织及其成员通过违法犯罪活动或其他不正当手段聚敛的财产及其孳息、收益；

(2)组织成员通过个人实施违法犯罪活动聚敛的财产及其孳息、收益；

(3)其他单位、组织、个人为支持该组织活动资助或主动提供的财产；

(4)通过合法的生产、经营活动获取的财产或者组织成员个人、家庭合法资产中，实际用于支持该组织活动的部分；

(5)组织成员非法持有的违禁品以及供犯罪所用的本人财物；

(6)其他单位、组织、个人利用黑社会性质组织及其成员的违法犯罪活动获取的财产及其孳息、收益；

(7)其他应当追缴、没收的财产。

28. 违法所得已用于清偿债务或者转让给他人，具有下列情形之一的，应当依法追缴：

(1)对方明知是通过违法犯罪活动或者其他不正当手段聚敛的财产及其孳息、收益的；

(2)对方无偿或者以明显低于市场价格取得的；

(3)对方是因非法债务或者违法犯罪活动而取得的；

(4)通过其他方式恶意取得的。

29. 依法应当追缴、没收的财产无法找到、被他人善意取得、价值灭失或者与其他合法财产混合且不可分割的，可以追缴、没收其他等值财产。

……

31. 对于依法查封、扣押、冻结的涉案财产，有证据证明确属被害人合法财产，或者确与黑社会性质组织及其违法犯罪活动无关的应予以返还。

(二十七)资格刑、财产刑的适用

《全国部分法院审理黑社会性质组织犯罪案件工作座谈会纪要》(法〔2015〕291号,2015年10月13日施行)

三、关于刑事责任和刑罚适用

(三)附加剥夺政治权利的适用问题

对于黑社会性质组织的组织者、领导者,可以适用《刑法》第五十六条第一款的规定附加剥夺政治权利。对于因犯参加黑社会性质组织罪被判处5年以上有期徒刑的积极参加者,也可以适用该规定附加剥夺政治权利。

(四)财产刑的适用问题

对于黑社会性质组织的组织者、领导者,依法应当并处没收财产。黑社会性质组织敛财数额特别巨大,但因犯罪分子转移、隐匿、毁灭证据或者拒不交代涉案财产来源、性质,导致违法所得以及其他应当追缴的财产难以准确查清和追缴的,对于组织者、领导者以及为该组织转移、隐匿资产的积极参加者可以并处没收个人全部财产。对于确属骨干成员的积极参加者一般应当并处罚金或者没收财产。对于其他积极参加者和一般参加者,应当根据所参与实施违法犯罪活动的次数、性质、地位、作用、违法所得数额以及造成损失的数额等情节,依法决定财产刑的适用。

《最高人民法院、最高人民检察院、公安部、司法部关于办理黑恶势力犯罪案件若干问题的指导意见》(法发〔2018〕1号,2018年1月16日施行)

13.对于组织者、领导者一般应当并处没收个人全部财产。对于确属骨干成员或者为该组织转移、隐匿资产的积极参加者,可以并处没收个人全部财产。对于其他组织成员,应当根据所参与实施违法犯罪活动的次数、性质、地位、作用、违法所得数额以及造成损失的数额等情节,依法决定财产刑的适用。

（二十八）出庭证人、鉴定人、被害人的保护

《全国部分法院审理黑社会性质组织犯罪案件工作座谈会纪要》（法〔2015〕291号，2015年10月13日施行）

四、关于审判程序和证据审查

（四）对出庭证人、鉴定人、被害人的保护问题

人民法院受理黑社会性质组织犯罪案件后，应当及时了解在侦查、审查起诉阶段有无对证人、鉴定人、被害人采取保护措施的情况，确保相关保护措施在审判阶段能够紧密衔接。开庭审理时，证人、鉴定人、被害人因出庭作证，本人或其近亲属的人身安全面临危险的，应当采取不暴露外貌、真实声音等出庭作证措施。必要时，可以进行物理隔离，以音频、视频传送的方式作证，并对声音、图像进行技术处理。有必要禁止特定人员接触证人、鉴定人、被害人及其近亲属的，以及需要对证人、鉴定人、被害人及其近亲属的人身和住宅采取专门性保护措施的，应当及时与检察机关、公安机关协调，确保保护措施及时执行到位。依法决定不公开证人、鉴定人、被害人真实姓名、住址和工作单位等个人信息的，应当在开庭前核实其身份。证人、鉴定人签署的如实作证保证书应当列入审判副卷，不得对外公开。

《最高人民法院、最高人民检察院、公安部、司法部关于办理黑恶势力犯罪案件若干问题的指导意见》（法发〔2018〕1号，2018年1月16日施行）

35. 公安机关、人民检察院、人民法院办理黑社会性质组织犯罪案件，应当按照《刑事诉讼法》、《关于办理黑社会性质组织犯罪案件若干问题的规定》、《公安机关办理刑事案件证人保护工作规定》的有关规定，对证人、报案人、控告人、举报人、鉴定人、被害人采取保护措施。

犯罪嫌疑人、被告人，积极配合侦查、起诉、审判工作，在查明黑社会性质组织的组织结构和组织者、领导者的地位作用，组织实施的重大犯罪事实，追缴、没收赃款赃物，打击"保护伞"等方面提供重要线索和证据，经查证属实的，可以根据案件具体情况，依法从轻、减轻或者免除处罚，并对其参照证人保护的有关规定采取保护措施。前述规定，对于确属组织者、领导者的犯罪嫌疑人、被告人应当严格掌握。

> 对于确有重大立功或者对于认定重大犯罪事实或追缴、没收涉黑财产具有重要作用的组织成员，确有必要通过分案审理予以保护的，公安机关可以与人民检察院、人民法院在充分沟通的基础上作出另案处理的决定。
>
> ……

（二十九）当前打击黑社会性质组织犯罪的重点领域和行业

> **《最高人民法院、最高人民检察院、公安部、司法部关于办理黑恶势力犯罪案件若干问题的指导意见》（法发〔2018〕1号，2018年1月16日施行）**
>
> 一、总体要求
>
> 2. 各级人民法院、人民检察院、公安机关和司法行政机关应聚焦黑恶势力犯罪突出的重点地区、重点行业和重点领域，重点打击威胁政治安全特别是政权安全、制度安全以及向政治领域渗透的黑恶势力；把持基层政权、操纵破坏基层换届选举、垄断农村资源、侵吞集体资产的黑恶势力；利用家族、宗族势力横行乡里、称霸一方、欺压残害百姓的“村霸”等黑恶势力；在征地、租地、拆迁、工程项目建设等过程中煽动闹事的黑恶势力；在建筑工程、交通运输、矿产资源、渔业捕捞等行业、领域，强揽工程、恶意竞标、非法占地、滥开滥采的黑恶势力；在商贸集市、批发市场、车站码头、旅游景区等场所欺行霸市、强买强卖、收保护费的市霸、行霸等黑恶势力；操纵、经营“黄赌毒”等违法犯罪活动的黑恶势力；非法高利放贷、暴力讨债的黑恶势力；插手民间纠纷，充当“地下执法队”的黑恶势力；组织或雇佣网络“水军”在网上威胁、恐吓、侮辱、诽谤、滋扰的黑恶势力；境外黑社会入境发展渗透以及跨国跨境的黑恶势力。同时，坚决深挖黑恶势力“保护伞”。

三、取证指引

本罪的侦查取证工作，历来较为复杂，原因主要有：（1）无论在理论界还是司法实务中，黑社会性质组织和一般犯罪集团、恶势力及恶势力集团的区分和认定都是个难题，黑社会性质组织的四个特征表述较为抽象，不好把握。（2）本罪涉及的人员多，时间跨度长，违法犯罪行为多样，同时在“转型”“洗白”之后又具有较大的隐蔽性，多以公司、企业的面目对外，调查取证难度大。（3）黑社会性质组织在当地或某个行业盘踞多年，背后有“保护伞”撑腰，信息渠道广、反侦察能力较强，侦查机关要克服重重阻力，投入大量人力、物力才能将其攻克。(4)具体到办案过程中，办案人员不但要从整体上认定黑社会性质组织的持续存在，还要在其内部准确认定组织者、领导者、骨干成员和其他参加者，同时要区分哪些犯罪行为系黑社会性质组织犯罪，哪些应认定为成员的个人犯罪，并且要将数量和种类繁多的犯罪行为一一归责至上述不同身份的成员名下，并准确认定主犯、从犯等身份，侦查工作量极大，是一个繁杂的系统工程。(5)涉黑犯罪的政策性和实践性很强，办案人员不但要吃透法律，更要吃透政策，把准不同阶段黑恶犯罪的特点和打击重点。

本罪的证据具有以下几个特点：(1)证据种类和数量繁多且分散。黑社会性质组织触犯的罪名较多，常常是两位数，而一个完整的犯罪行为在实施时又常由组织内不同层级的人分工负责，一般的组织成员掌握的犯罪信息有限，使犯罪的证据也异常分散。(2)实物证据相对较少且取证困难，言词证据较多。黑社会性质组织犯罪中，不但其犯罪成员多，而且被害人和关系人、目击者等知情人也多，言词证据非常丰富。不同人的立场、观察、记忆、表述天然地存在区别，因此需要将言词证据作为一个系统来对待，进行多方对比和确认，最终固定成犯罪事实。(3)证据的共同证明性。同一个证据可以证明多方面的法律事实，而一个犯罪事实也需要多方面的证据来形成证据链。

（一）主体证据

本罪的主体是一般主体，即行为人系年满十六周岁、具有刑事责任能力的自然人。具体的证据包括：

1. 基本身份信息证据

能够反映行为人的姓名（曾用名）、性别、民族、年龄、籍贯、出生地、住所地、职业、经历、身份号码等基本信息的证据，例如：身份证、户籍资料、护照、居住证、医院出生证明、个人履历表、犯罪嫌疑人的供述和相关人员（如亲属、邻居等）关于行为人基本情况的证言。黑社会性质组织成员如有广为人知或在组织内部通用的代号、绰号的，应当记录在案；对于犯罪嫌疑人拒不交代真实姓名的，可按其自报的姓名记录、起诉。

2. 违法犯罪前科证据

能证明行为人有无违法犯罪经历的文书和证据，如刑事判决书、裁定书，不起诉决定书，行政处罚决定书；释放证明书、假释证明书；无违法犯罪记录证明等。本罪的犯罪嫌疑人通常都有犯罪前科。

3. 刑事责任能力证据

能证明行为人有无刑事责任能力的证据,如户籍证明,医学出生证明,骨龄鉴定意见,精神病鉴定意见,邻居朋友的证人证言等。

(二)主观方面证据

行为人犯本罪的主观心态是故意,即在组织、领导、参加黑社会性质组织犯罪活动时明知该组织系具有一定规模、以实施违法犯罪为主要活动的组织。故主观方面证据系指能证明行为人上述明知状态及犯罪动机的证据。

实务中,行为人常主张其不知道加入的是黑社会性质组织。对此,可以收集以下证据来证明其明知状态:

(1)犯罪嫌疑人关于组织、领导、参加犯罪组织的供述和辩解;

(2)其他黑社会性质组织成员的供述和辩解;

(3)证人证言;

(4)有关物证、书证。

另外,对于一开始因被欺骗、被胁迫而参加黑社会性质组织的行为人,应注意收集其内心状态发生变化的相关证据。

(三)客观方面证据

按照证明内容,客观方面证据可分为三部分:围绕四个特征认定黑社会性质组织存在的证据;黑社会性质组织实施的具体违法犯罪活动的证据;确定黑社会性质组织中不同成员身份的证据。具体证据种类如下:

1. 犯罪嫌疑人的供述和辩解①

(1)关于组织特征。实践中组织特征的证据由大量的事件和团伙成员之间特有的语言呈现,故证据种类以言词证据为主。办案人员在讯问过程中,应讯问:

①黑社会性质组织形成、发展、壮大的时间、经过及标志性事件,包括组织发起人、发起原因、发展过程、成立时间、地点、经过、组织活动宗旨、重大经营举措、存续时间、合并分立等方面;

②黑社会性质组织的内部结构,包括组织成员人数、角色分工、个人特点、成员

---

① 部分参考河南省高级人民法院、河南省人民检察院、河南省公安厅《黑社会性质组织认定证据参考标准(试行)》。

间的隶属关系、相互关系等，黑社会性质组织成员通常对各层级的人员角色有自己的称呼和用语，如老大、军师、打手、小弟、联络人等，需通过这些弄清楚黑社会性质组织的领导者、组织者和骨干人员，摸清组织内多个层级的人员的隶属关系；

③黑社会性质组织的内部纪律和帮规条约以及其他控制管理的手段，包括成文帮规或不成文的活动惯例、要求，口号、名称、标志、暗语、代号，对组织成员实施奖惩、给予抚恤的情况，如帮规通常有“不能吸毒”“单线联系”等；

④网罗、训练成员和为实施违法犯罪购置、使用装备工具的情况，包括网罗成员的方法，培训的时间、地点、内容；各成员的主要分工、活动责任区域；购买、使用、储存、销毁的刀枪棍棒等作案工具，车辆、手机、电脑等交通通信工具；作案的标志、暗语、代号等方面的证据；

⑤组织成员相对固定的活动场所和定期的聚会、会议等活动，包括活动的时间、频率、方式、讨论事项、碰头地点、碰头暗号、参加人员、组织进行管理活动的场所、经营场所、藏匿犯罪工具、赃款赃物或者其他财产的场所等；

⑥对内对外进行协调的情况，包括对组织成员内部矛盾的协调，以及实施违法犯罪活动后对案件处理结果进行协调等。

(2)关于经济特征。办案人员应通过讯问锁定涉案组织通过实施违法犯罪活动或其他手段获取经济利益并用于支持该组织活动的事实，具体应讯问：

①组织经济来源。既包括通过违法犯罪活动也包括通过其他合法形式获取的资金，实务中经常涉及的证据包括：通过抢劫、诈骗、敲诈勒索、强迫交易、非法经营等违法犯罪手段获取经济利益情况的证据；组织成员经营餐饮娱乐、物流运输、建筑、采矿、房地产等经济实体及其收入的证据；公司的工商税务资料和银行账户信息等证据。

②上述收入用以维系组织生存和发展、实施违法犯罪活动。例如：为组织成员发放工资、福利，提供生活费用；为受伤、死亡的组织成员提供医疗费、丧葬费、抚恤金；购买作案工具；为作案后在逃的成员提供工具、费用；拉拢贿赂国家工作人员等。

(3)关于行为特征。办案人员应通过讯问了解黑社会性质组织及其成员通过暴力、胁迫或其他手段实施的违法犯罪活动。在讯问过程中，可以按照具体涉嫌罪名的构成要件和证据标准问清犯罪活动的具体事实，包括时间、地点、起因、经过、工具、组织者、纠集人、策划情况、造成的人员伤亡等结果、本人所起的作用、其他参与人的衣着发型动作特点等情况。另外，在讯问中还应把握：

①行为的“暴力性”特征，且应至少有一次构成犯罪；

②实施的犯罪活动具有关联性，而不是偶然随机的；

③违法犯罪活动的组织性，通过对活动的动机、目的以及组织、策划、指挥、参与实施情况的讯问来认定该行为系成员个人违法犯罪还是组织行为。

(4)关于危害性特征。通过讯问了解黑社会性质组织通过暴力、威胁或其他手段，聚敛钱财，扩充实力，争夺势力范围，在当地或某一行业造成的影响等情况。例如：与其他黑恶团伙逞强争霸的活动，介入基层选举、村民选举活动侵蚀基本政权的行为，利用“保护伞”为非作歹肆无忌惮的行为；采用暴力、威胁或者软暴力等其他手段，强收保护费、强立债权、强索债务、插手民间纠纷的行为，长期操纵色情、赌博、高利贷、毒品及其他行业，对抗国家职能部门、基层自治组织正常管理的行为等。

(5)关于“保护伞”。对国家工作人员进行贿赂、拉拢的动因、时间、地点、手段、经过、结果等。

2. 被害人陈述

受到黑社会性质组织欺压、残害、威胁、滋扰的被害人的陈述，证实案件发生的时间、地点、经过、犯罪嫌疑人的特征、人身财产受损害的情况以及黑社会性质组织在当地或某一行业的影响等，有条件的可以组织受害人进行辨认。

3. 证人证言

(1)黑社会性质组织实施故意杀人、故意伤害、聚众斗殴、寻衅滋事等具体犯罪活动时的围观人、发现人、举报人的证言，着重了解案发时犯罪嫌疑人的体貌特征、发生经过，与犯罪嫌疑人的供述和被害人陈述进行比对核实，有条件的可以组织目击者对犯罪嫌疑人或其照片进行辨认；

(2)其他关系人、目击者、知情人的证言，着重了解黑社会性质组织的成立、发展、壮大经过、标志性事件、在当地或某一行业形成非法控制等事实；

(3)可收集当地或某一行业群众的意见，收集固定黑社会性质组织活动在当地群众中所造成的负面效应和引发的严重后果。

4. 物证、书证

(1)黑社会性质组织非法集会的窝点、主要管理活动场所、经营场所或者藏匿犯罪工具、赃款赃物或其他财产的场所[①]；

(2)证明人员构成、组织结构、职务分工和帮规纪律等情况的证据，例如：黑社会性质组织的名称、机构设置、组织成员名册、骨干成员分工名册、招募协议、工资

---

① 最高人民检察院公诉厅：《刑事公诉案件证据审查指引》，中国检察出版社2015年版，第187页。

表、组织成员登记表、各种会议记录、任命书、委托书、聘用书、决心书、保证书、书面的“帮规”“戒约”等；

(3)违法犯罪活动的作案工具，例如：枪支、弹药、刀棍、交通工具、手机、电脑、车船牌照等；

(4)违法犯罪活动所获得的财产证明，例如：产权证，生产经营场所，营业执照、银行账户开户和流水情况、赃款、赃物、财务会计资料等；

(5)其他，例如：书信、字条、借条、收据、日记、票据、病历、医疗诊断结论等。

5. 鉴定意见

包括法医鉴定、伤残鉴定、资产评估鉴定、痕迹鉴定等。

6. 勘验、检查笔录

包括犯罪现场、窝藏地点勘查图、勘验、检查笔录，人体检查笔录，现场照片、录像等。

7. 视听资料、电子数据

包括公共场所的监控视频，现场当事人、证人用手机、相机等设备拍摄的反映案件情况的资料，重大犯罪案件的现场执法录像资料，相关新闻报道的录音录像资料等。

8. 其他证据材料

包括指认、辨认笔录、抓获经过、出警记录、报案材料、搜查笔录、扣押物品清单等。

除上述证据外，办案人员还要注意黑社会性质组织中组织者、领导者、参加者地位和作用的划分。证明黑社会性质组织成员的地位和作用，要重点收集和固定以下证据①：

(1)对于黑社会性质组织的组织者，重点查明：

①组织者为成立黑社会性质组织而注入资金、实物、财产性利益的时间、地点、交接人、经过、财产数额、财产去向及相应票证；

②组织者为黑社会性质组织制定活动宗旨、帮规戒律等的时间、地点、手段、参与人、原因、经过、结果；

③组织者依照黑社会性质组织章程，行使人事安排权、经营决策权、利益分配权、惩戒权的时间、地点、手段、参与人、原因、经过、结果；

---

① 最高人民检察院公诉厅编：《公诉案件证据参考标准》，法律出版社 2014 年版，第 442 ~ 443 页。

④组织者对国家工作人员进行拉拢、收买、威胁的时间、地点、手段、参与人、原因、经过、结果；

⑤组织者组织、策划、指挥黑社会性质组织实施具体违法犯罪活动的时间、地点、手段、参与人、被害人、原因、经过、结果。

实践中，要注意区分名义上的组织者与事实上的核心人物，不能单纯以组织者的称谓来认定其在黑社会性质组织中的地位与作用，而应当根据上述证据，综合考察犯罪嫌疑人在黑社会性质组织及具体违法犯罪活动中的地位和作用，认定其是否为黑社会性质组织的主要出资人或公认的核心人物。

(2)对于黑社会性质组织的领导者，重点查明：

①犯罪嫌疑人成为黑社会性质组织领导者的时间、地点、参与人、手段、原因、经过、结果；

②领导者参与制定黑社会性质组织活动宗旨、帮规戒律的时间、地点、手段、原因、经过、结果；

③领导者依照黑社会性质组织章程，具体行使人事安排权、经营决策权、利益分配权、惩戒权的时间、地点、参与人、手段、原因、经过、结果；

④领导者对国家工作人员进行拉拢、收买、威胁的时间、地点、参与人、手段、原因、经过、结果；

⑤领导者具体组织、策划、指挥黑社会性质组织活动实施具体违法犯罪活动的时间、地点、参与人、被害人、手段、原因、经过、结果。

实践中，要注意区分名义上的领导者与事实上的领导者，不能单纯以称谓来认定其在黑社会性质组织中的地位与作用，而应当根据上述证据，综合考察犯罪嫌疑人在黑社会性质组织及其实施具体违法犯罪活动中的地位和作用，认定其是不是黑社会性质组织的具体领导、指挥、协调的重要人物。

(3)对于黑社会性质组织的参加者，重点查明：

①犯罪嫌疑人于何时、何地、通过何人、以何种方式参加黑社会性质组织，是否参与具体违法犯罪活动，以及参加具体违法犯罪活动的时间、地点、参与人及分工、被害人、手段、原因、经过、结果；

②犯罪嫌疑人是否明知加入的是犯罪组织及加入的时间、地点、手段、原因、经过、结果，加入黑社会性质组织后身份变化情况；

③犯罪嫌疑人是否因被欺骗、被蒙蔽而参加黑社会性质组织，且是否未参与具体违法犯罪活动。

第二十讲
LECTURE 20

包庇、纵容黑社会性质组织罪

一、犯罪构成

> **刑法第二百九十四条第三款、第四款　包庇、纵容黑社会性质组织罪**
>
> 国家机关工作人员包庇黑社会性质的组织，或者纵容黑社会性质的组织进行违法犯罪活动的，处五年以下有期徒刑；情节严重的，处五年以上有期徒刑。
>
> 犯前三款罪又有其他犯罪行为的，依照数罪并罚的规定处罚。

（一）犯罪主体

本罪为身份犯，行为主体是国家机关工作人员，即在国家机关中从事公务的人员。在判断本罪的主体时，应以其从事职务的“公务性”而非具体身份编制为判断标准。具体来说，本罪主体既包括纯正的国家机关工作人员，如在各级国家权力机关、行政机关、司法机关、军事机关和乡（镇）以上中国共产党的机关、人民政协机关中的公务员，也包括准国家机关工作人员，例如，在依法行使国家行政管理职权的组织中从事公务的人员，在受国家机关委托代表国家行使职权的组织中从事公务的人员或者虽未列入国家机关人员编制但在国家机关中从事公务的人员。

（二）犯罪客体

本罪的客体是复杂客体，犯罪行为既侵害了社会治安管理秩序，又侵犯了国家相关部门打击黑社会性质组织的正常职权活动，从而使黑社会性质组织或其成员能逃避打击、继续存在甚至发展壮大。

（三）犯罪主观方面

本罪的主观方面必须是故意，过失不构成本罪。只要行为人知道或者应当知道是从事违法犯罪活动的组织，仍实施包庇或纵容行为，即可认定本罪，而不要求行为人确切地知道该组织系黑社会性质组织。在司法实务中，判断行为人的主观故意是认定此罪的难点。

（四）犯罪客观方面

客观方面表现为"包庇"或"纵容"。"包庇"是指行为人通过积极的行为来帮助黑社会性质组织及其成员逃避查禁，如通风报信，帮助逃匿、阻挠其他国家工作人员的查禁活动、阻止他人检举揭发和作证等。根据相关司法解释，包庇行为并不需要行为人利用职务上的便利，利用职务上的便利只构成量刑加重情节。而"纵容"则是指行为人本负有查处、打击黑社会性质组织活动的职责，但消极地不履行该职责，放任黑社会性质组织的活动和发展壮大。"纵容"应以行为人负有一定的打击黑社会性质组织违法犯罪活动的职责为前提，如果没有相应职责单纯属于"知情不举"的，则不构成本罪。

值得注意的是，本罪系选择性罪名，实践中需根据行为方式选择适用包庇黑社会性质组织罪、纵容黑社会性质组织罪还是包庇、纵容黑社会性质组织罪。

二、常见疑难问题

（一）行为人主观"明知系黑社会性质组织"的认定

《最高人民法院、最高人民检察院、公安部办理黑社会性质组织犯罪案件座谈会纪要》（法〔2009〕382号，2009年12月15日施行）

（二）关于办理黑社会性质组织犯罪案件的其他问题

1. 关于包庇、纵容黑社会性质组织罪主观要件的认定。本罪主观方面要求必须是出于故意，过失不能构成本罪。会议认为，只要行为人知道或者应当知道是从事违法犯罪活动的组织，仍对该组织及其成员予以包庇，或者纵容其实施违法犯罪活动，即可认定本罪。至于行为人是否明知该组织系黑社会性质组织，不影响本罪的成立。

案例 20－1　黄某某等组织、参加黑社会性质组织，陈某某、张某某包庇黑社会性质组织案[①]

争议焦点：如何准确把握包庇、纵容黑社会性质组织罪的主观要件？

裁判要点：包庇、纵容黑社会性质组织罪的主观要件为故意，其中包庇行为只能出自直接故意；而纵容行为，则可能采取听之任之的态度，即纵容行为的主观方面可以是直接故意，也可以是间接故意。然而，对于“明知”的内容，是否必须包含“明知是黑社会性质的组织，或者明知是黑社会性质组织的违法犯罪活动”这一认识因素，理论界和实务界均存在不同的理解。

从司法实践来看，黑社会性质组织一般在短时间内难以形成，普通犯罪集团、“恶势力”团伙向黑社会性质组织发展是一个渐进的过程，没有明显的性质转变节点；某些黑社会性质组织为了增强隐蔽性，还会通过开办公司、企业等“合法”方式“以商养黑”，且某些黑社会性质组织的领导者、组织者还有特殊的身份作掩护，如以国家工作人员、人大代表、政协委员等身份作保护伞。所以，司法机关认定一个犯罪集团是否构成，何时形成黑社会性质组织，需要结合案件的具体情况综合认定。正是由于黑社会性质组织在认定上的严格性、形式上的多样化，使实施包庇、纵容行为的行为人很难明确认识到其包庇、纵容的对象是黑社会性质组织及其活动。如果将明知是黑社会性质组织及其活动作为本罪故意成立不可或缺的认识因素，将给司法认定带来相当的困难，也会成为行为人逃避法律制裁的理由，不利于打黑专项斗争工作的开展。

有鉴于此，《最高人民法院、最高人民检察院、公安部办理黑社会性质组织犯罪案件座谈会纪要》明确规定：“只要行为人知道或者应当知道是从事违法犯罪活动的组织，仍对该组织及其成员予以包庇，或者纵容其实施违法犯罪活动，即可认定本罪。至于行为人是否明知该组织系黑社会性质组织，不影响本罪的成立。”

---

① 最高人民法院刑事审判第一、二、三、四、五庭主办：《刑事审判参考》2010 年第 3 集（总第 74 集），第 620 号案例，法律出版社 2010 年版。

（二）“包庇”“纵容”行为的具体表现

《最高人民法院关于审理黑社会性质组织犯罪的案件具体应用法律若干问题的解释》（法释〔2000〕42号，2000年12月10日施行）

第五条　刑法第二百九十四条第四款规定的“包庇”，是指国家机关工作人员为使黑社会性质组织及其成员逃避查禁，而通风报信，隐匿、毁灭、伪造证据，阻止他人作证、检举揭发，指使他人作伪证，帮助逃匿，或者阻挠其他国家机关工作人员依法查禁等行为。

刑法第二百九十四条第四款规定的“纵容”，是指国家机关工作人员不依法履行职责，放纵黑社会性质组织进行违法犯罪活动的行为。

案例20-2　刘某某包庇、纵容黑社会性质组织案①

争议焦点：1. 包庇、纵容行为如何认定？2. 公安机关的内设机构人员知情不报的，能否认定为“纵容”行为？

裁判要点：“包庇”一般表现为积极的作为，“纵容”则一般表现为消极的不作为。本案中，被告人的行为可细分为三类：一是意图帮助黑社会性质组织及其成员逃避查禁的积极作为，包括通风报信、隐匿证据等，例如，被告人刘某某故意将公安机关正在侦查刘某的情况泄露给他人；二是不是基于上述意图的其他帮助黑社会性质组织的积极作为，例如，刘某某帮助要回被公安机关查扣的赌博机主板等；三是不依法履行职责，纵容黑社会性质组织犯罪的消极不作为，例如，明知刘某等人有吸毒、非法持有枪支、杀人的犯罪行为而知情不举、不查。上述三类行为均系包庇、纵容黑社会性质组织的具体表现形式，在犯罪形态上，属于连续犯。

被告人吕某提出，其系公安局装备财务处处长，系公安机关的内勤人员，没有查禁违法犯罪的职责，依法不构成包庇、纵容黑社会性质组织罪。法院经审理认为，依据人民警察法第二条的规定，无论人民警察的具体岗位如何，均负有维护国家安全，维护社会治安秩序，保护公民的人身安全、人身自由和合法财产，保护公共财产，预防、制止和惩治违法犯罪活动的任务。该任务是所有人民警察的共同职责，也属于法定义务，内勤岗位上的人民警察也不例外。内设机构人员明知犯罪嫌疑人有杀害他人的重大嫌疑，隐瞒不报，不履行人民警察预防、制止和惩治违法犯罪活动的共同职责，属于不依法履行职责。

① 最高人民法院刑事审判第一、二、三、四、五庭主办：《刑事审判参考》2015年第6集（总第107集），第1163号案例，法律出版社2017年版。

(三)"包庇"行为不要求相关国家工作人员利用职务便利

《最高人民法院、最高人民检察院、公安部、司法部关于办理黑恶势力犯罪案件若干问题的指导意见》(法发〔2018〕1号,2018年1月16日生效)

六、依法严惩"保护伞"

22.《刑法》第二百九十四条第三款中规定的"包庇"行为,不要求相关国家机关工作人员利用职务便利。利用职务便利包庇黑社会性质组织的,酌情从重处罚……

(四)国家工作人员事先同谋并实施包庇、纵容行为的处理

《最高人民法院、最高人民检察院、公安部、司法部关于办理黑恶势力犯罪案件若干问题的指导意见》(法发〔2018〕1号,2018年1月16日生效)

六、依法严惩"保护伞"

国家机关工作人员……包庇、纵容黑社会性质组织,事先有通谋的,以具体犯罪的共犯论处。

(五)包庇、纵容黑社会性质组织罪的加重量刑情节

《最高人民法院关于审理黑社会性质组织犯罪的案件具体应用法律若干问题的解释》(法释〔2000〕42号,2000年12月10日施行)

第六条　国家机关工作人员包庇、纵容黑社会性质的组织,有下列情形之一的,属于刑法第二百九十四条第四款[①]规定的"情节严重":

(一)包庇、纵容黑社会性质组织跨境实施违法犯罪活动的;

(二)包庇、纵容境外黑社会组织在境内实施违法犯罪活动的;

(三)多次实施包庇、纵容行为的;

(四)致使某一区域或者行业的经济、社会生活秩序遭受黑社会性质组织特别严重破坏的;

(五)致使黑社会性质组织的组织者、领导者逃匿,或者致使对黑社会性质组织的查禁工作严重受阻的;

(六)具有其他严重情节的。

① 1997年刑法中"包庇、纵容黑社会性质组织犯罪"规定在第二百九十四条第四款,经2011年《刑法修正案(八)》的修订,该罪被规定在第二百九十四条第三款中。

（六）犯包庇、纵容黑社会性质组织罪又有其他犯罪行为的处理

刑法第二百九十四条第三款、第四款　包庇、纵容黑社会性质组织罪

国家机关工作人员包庇黑社会性质的组织，或者纵容黑社会性质的组织进行违法犯罪活动的，处五年以下有期徒刑；情节严重的，处五年以上有期徒刑。

犯前三款罪又有其他犯罪行为的，依照数罪并罚的规定处罚。

案例 20－3　刘某甲、刘某乙、吕某包庇、纵容黑社会性质组织案[①]

争议焦点：受贿行为发生在《刑法修正案（八）》之前，能否数罪并罚？

裁判要点：刑法原第二百九十四条第三款规定：犯前两款罪（编者注：指组织、领导、参加黑社会性质组织罪和入境发展黑社会性质组织罪）又有其他犯罪行为的，依照数罪并罚的规定处罚。并在第四款规定了包庇、纵容黑社会性质组织罪。《刑法修正案（八）》对此作了修改：将包庇、纵容黑社会性质组织罪作为第三款，并在第四款规定：犯前三款罪又有其他犯罪行为的，依照数罪并罚的规定处罚。

本案中，被告人主张其受贿行为发生在《刑法修正案（八）》生效之前，不应数罪并罚。法院认为，刑法原第二百九十四条第三款的规定，属于注意性规定。《刑法修正案（八）》对包庇、纵容黑社会性质组织罪与其他犯罪是否数罪并罚的问题予以明确，是因为主要是因为实践中，国家机关工作人员包庇、纵容黑社会性质组织的行为不同于普通的包庇犯罪，往往与权钱交易相伴随，一人犯数罪的情况比较常见，可能涉及牵连犯的一些理论问题，明确数罪并罚的处罚原则可以减少不必要的争议。因此，《刑法修正案（八）》的这一修改，并不意味着对于包庇、纵容提高黑社会性质组织者在《刑法修正案（八）》出台之前的受贿犯罪，不应当数罪并罚。事实上，在该条文修改前，司法实践中对行为人实施包庇、纵容黑社会性质组织犯罪，同时又有受贿犯罪事实的，亦普遍采取了数罪并罚的做法。

---

① 最高人民法院刑事审判第一、二、三、四、五庭主办：《刑事审判参考》2015 年第 6 集（总第 107 集），第 1163 号案例，法律出版社 2017 年版。

(七)包庇、纵容黑社会性质组织罪与渎职罪的区分

根据刑法第三百九十七条的规定,国家机关工作人员滥用职权或者玩忽职守,致使公共财产、国家和人民利益遭受重大损失的,属于滥用职权、玩忽职守犯罪。包庇、纵容黑社会性质组织罪的主体亦为国家机关工作人员,且在行为上通常也表现为积极地超越职权、违法履职或者消极地不履行职责,因此容易跟渎职类犯罪形成混淆。事实上,通观近年来对黑恶势力背后"保护伞"惩处的通报,有些公安、司法工作人员被判处滥用职权、玩忽职守罪,有些则构成包庇、纵容黑社会性质组织罪。那么,在充当黑恶势力背后"保护伞"方面,包庇、纵容黑社会性质组织罪与滥用职权罪、玩忽职守罪之间究竟有何区别呢?

(1)最显著的区别是,包庇、纵容黑社会性质组织罪属于行为犯,只要行为人实施了包庇或者纵容黑社会性质组织及其违法犯罪活动的行为即可构罪,而滥用职权罪、玩忽职守罪等渎职类犯罪属于结果犯,即需要造成公共财产、国家和人民利益遭受重大损失的严重后果。

(2)国家机关工作人员构成包庇、纵容黑社会性质组织罪的行为,既可以是其职务行为,也可以是非职务行为,而滥用职权罪、玩忽职守罪等渎职类犯罪必然是伴随不正确履行职务而产生的。

(3)主观方面,包庇、纵容黑社会性质组织罪必须是出于主观故意,而玩忽职守罪则是出于过失。

(4)国家机关工作人员包庇、纵容黑社会性质组织的行为同时造成了公共财产、国家和人民利益遭受重大损失的,如何处理?笔者认为按照想象竞合犯的理论,应该择一重罪处罚。由于本罪处罚较重,且按照特别法优于一般法的原则,在扫黑除恶专项斗争中一般应当以本罪定罪处罚。

(八)包庇、纵容黑社会性质组织罪的管辖机关

包庇、纵容黑社会性质组织罪是刑法第二百九十四条第三款规定的,放在第六章"妨害社会管理秩序罪"第一节,而不是放入第九章渎职类犯罪中,且第二百九十四条第一款、第二款规定的组织、领导、参加黑社会性质组织罪和入境发展黑社会性质组织罪均由公安机关管辖。因此,从刑法的立法结构来看,公安机关对本罪可具有管辖权。

监察体制改革之后,国家公职人员的贪污贿赂、职务犯罪行为由监察机关管

辖。而2018年4月17日中央纪委国家监委印发的《国家监察委员会管辖规定(试行)》列举的国家监委管辖的六大类88个职务犯罪罪名中,并不包含包庇、纵容黑社会性质组织罪。

但是,2018年1月中共中央、国务院开展扫黑除恶专项斗争以后,最高人民法院、最高人民检察院、公安部、司法部于2018年1月16日印发的《关于办理黑恶势力犯罪案件若干问题的指导意见》明确规定:"公安机关、人民检察院、人民法院对办理黑恶势力犯罪案件中发现的涉嫌包庇、纵容黑社会性质组织犯罪、收受贿赂、渎职侵权等违法违纪线索,应当及时移送有关主管部门和其他相关部门,坚决依法严惩充当黑恶势力'保护伞'的职务犯罪。"根据该意见的规定,包庇、纵容黑社会性质组织犯罪显然不由公安机关管辖,不然何来移送给"有关主管部门和其他部门"呢？考虑到此意见出台时,各地监察机关尚未成立,因此用"有关主管部门和其他部门"来表述亦属情理之中;且此处的收受贿赂、渎职侵权类犯罪属于此后监察机关管辖范围,因此根据该司法解释,可以推断包庇、纵容黑社会性质组织罪应由监察机关管辖。

监察机关的职责是对职务犯罪案件进行调查处置,那么,包庇、纵容黑社会性质组织罪是否为职务犯罪呢？"纵容"以行为人负有相应的打击、查处、惩治黑恶势力违法犯罪活动为前提,因此纵容黑社会性质组织必然属于未依法履职的情形,从法理上属于职务犯罪。而"包庇"黑社会性质组织,根据相关司法解释的规定,并不要求行为人必然利用手中职权,但实践中国家机关工作人员通常是因为利用职权进行包庇而触犯本罪。因此对于大多数的包庇、纵容黑社会性质组织犯罪来说,其本质属于职务犯罪。

当然,由于目前对本罪的管辖问题尚无权威的规定,实践中本罪由公安机关还是监察机关管辖,各地处理不一。鉴于国家机关工作人员在涉嫌包庇、纵容黑社会性质组织犯罪时,通常会伴有贪污贿赂犯罪行为,因此根据《国家监察委员会管辖规定(试行)》第十九条"公职人员既涉嫌严重职务违法或者职务犯罪,又涉嫌其他违法犯罪的案件,由国家监察委员会与最高人民检察院、公安部等机关协商解决管辖问题,一般应当由国家监察委员会为主调查,其他机关予以配合"的规定,在监察机关查处贪污贿赂、渎职类案件的过程中发现有包庇、纵容黑社会性质组织行为的,可以协商公安机关后,以监察机关为主调查,从而有利于形成惩处黑恶势力"保护伞"的合力,加大对黑恶势力犯罪背后"保护伞"的打击力度。

三、取证指引

包庇、纵容黑社会性质组织犯罪具有以下特点①:(1)危害性大。包庇、纵容黑社会性质组织的国家机关工作人员是典型的黑恶势力“保护伞”,不但助长、壮大了黑恶势力,而且动摇国家基层政权的公信力,削弱人民群众对公权力的信任感。(2)隐蔽性强。通常是在查处黑社会性质组织犯罪时一并“拔出萝卜带出泥”的结果。(3)查处困难。黑社会性质组织犯罪本身错综复杂,倒查其背后的保护伞更需抽丝剥茧。而本罪的涉案人员或者熟悉侦查程序,或者身处要职,反侦查能力强,信息来源多,社会关系网广,常通过各种途径对办案施加压力和阻力。(4)涉及部门和领域具有一定的集中性。一般来说,有三类国家公职人员容易被拉拢、腐蚀成为黑社会性质组织的“保护伞”:一是公安局、检察院、法院、看守所等掌握侦查、批捕、羁押、公诉、审判权力的司法机关或司法行政机关;二是掌握重大资源审批权限和行政管理执法职能的政府职能部门,如工商、税务、国资、住建、房地产管理部门等;三是地方政府核心权力层的主要领导。(5)常伴随其他犯罪行为,如受贿、渎职等。

(一)主体证据

本罪主体系国家机关工作人员。所谓主体证据,是指能证明行为人系从事公务的国家机关工作人员的证据,主要是书证,包括两大类:行为人自然身份证据和行为人职务身份证据。

(1)行为人自然身份证据。包括身份证、户籍证明、居住证明、违法犯罪记录证明等材料,用以确定行为人的基本信息、刑事责任能力及有无前科等情况。

(2)行为人职务身份证据。既包括工作证、干部履历表、公务员登记表、任免文件、选举公告、委派通知、供职证明、人大代表或政协委员的身份材料等行为人职务方面的证据,也包括能反映其职权职责情况的证据,如行为人所在部门的工作职责、行为人具体负责、经手、承办、管理某项具体公务的人证、书证,关于履职程序和权限的法律法规和单位内部规定等材料。

实践中涉嫌构成包庇、纵容黑社会性质组织犯罪的,通常为公安、检察、法院、监狱等有关司法机关和部门的工作人员,一般会有法官法、检察官法等法律法规对其职责进行明确规定,各单位内部也有相应的绩效考核管理办法和职责分工文件。

---

① 部分内容参见崔灿、邢敏:《查处黑社会性质组织保护伞职务犯罪问题研究》,载《山东警察学院学报》2014年第11期。

对于履行公务但无公务员身份的犯罪嫌疑人，可以调取其考核登记表、薪级工资审批表、个人账户明细查询等文件，证实其公职人员身份。

另外，实践中涉嫌构成包庇、纵容黑社会性质组织犯罪的，通常为公安、检察、法院、监狱等有关司法机关和部门的工作人员，一般会有法官法、检察官法等法律法规对其职责进行明确规定，各单位内部也有相应的绩效考核管理办法和职责分工文件。对于履行公务但无公务员身份的犯罪嫌疑人，可以调取其考核登记表、薪级工资审批表、个人账户明细查询等文件，证实其公职人员身份。

（二）主观方面证据

主观方面证据是指能够证明行为人明知系从事违法犯罪活动的组织，仍对该组织及其成员实施包庇或纵容行为的证据，主要为言词证据。在办案中，需要确定犯罪嫌疑人的主观故意、犯罪动机和目的。主要证据包括：

（1）犯罪嫌疑人的供述和辩解。证实其与涉黑案件人员的关系和交往情况，被黑社会性质组织拉拢的事实，以及具体实施包庇、纵容行为的原因、起意、动机和目的、犯意的提出、有无共谋、是否受别人指示、采取的手段和行为等情况。

（2）关联涉黑案件人员的证言。证实黑社会性质组织涉案人员与犯罪嫌疑人的关系和交往情况，犯意的提起、共谋、实施情况。

（3）书证、物证、电子数据、视听资料等。包括记事本、账本、资金往来明细、通话记录详单、微信、QQ 聊天记录、电子邮件、视频监控等，用以证实犯罪嫌疑人与涉黑案件产生联系、共谋和知悉掌握司法机关查禁黑社会性质组织的相关信息的事实。

（三）客观方面证据

客观方面证据是指能够证明行为人对黑社会性质组织及其成员提供了通风报信、帮助逃匿、隐匿毁灭证据、阻止他人检举揭发等包庇、纵容保护的证据。具体证据包括：

（1）有关黑社会性质组织违法犯罪事实的证据。包括：法院的判决书、涉嫌黑社会性质组织罪和其他罪名的证据材料。

（2）负有查禁、打击黑恶势力职能的证据。包括：相关法律法规规定、单位内部职责分工文件、任命文件等。

（3）实施包庇、纵容行为的证据。包括：

①犯罪嫌疑人的供述和辩解。用以证实其实施包庇、纵容行为的原因、起意、共谋、手段、行为、结果等情况。

②相关黑社会性质组织成员及其他证人的证言。用以证实犯罪嫌疑人与黑社会性质组织的关系来往和其具体实施包庇、纵容行为的起意、过程及结果。

③书证。包括:信件、记事本、批示、会议纪要、资金流水、电话数据、微信聊天记录、电子邮件、手机短信、通风报信的字条、案件材料、接处警登记表、受案登记表、受案回执、公安行政处罚审批表、公安行政处罚决定书,人民调解协议书、收条、值班表等,证明内容同上。

④物证。包括:贿赂犯罪嫌疑人的赃款赃物、帮助毁灭转移证据、逃跑的工具等物证,证明内容同上。

⑤控告人材料。包括:被黑社会性质组织违法犯罪活动侵害的人员的举报、控告、申诉材料及证言,用以证实犯罪嫌疑人纵容、默许黑社会性质组织从事非法活动的事实。

⑥其他。包括:勘验、检查笔录,伪造或藏匿罪证的现场照片,视听资料等。

(4)收受黑社会性质组织财物、请吃、服务的证据。包括有关产权证明文件、发票、收据等。

第二十一讲
LECTURE 21

开设赌场罪

一、犯罪构成

> **刑法第三百零三条第二款　开设赌场罪**①
>
> 开设赌场的，处五年以下有期徒刑、拘役或者管制，并处罚金；情节严重的，处五年以上十年以下有期徒刑，并处罚金。
>
> **刑法第三百零三条第三款**
>
> 组织中华人民共和国公民参与国(境)外赌博，数额巨大或者有其他严重情节的，依照前款的规定处罚。

(一)犯罪主体

本罪的犯罪主体为一般主体，即年满十六周岁、有刑事责任能力的自然人。

(二)犯罪客体

本罪规定在第六章“妨害社会管理秩序罪”第一节“扰乱公共秩序罪”中。根据

① 原条文是：“开设赌场的，处三年以下有期徒刑、拘役或者管制，并处罚金；情节严重的，处三年以上十年以下有期徒刑，并处罚金。”

《刑法修正案(十一)》对本罪名进行了修改：一是将本罪的有期徒刑的界分点从三年修改为五年。通过修改界分点，在保持打击面不变的情况下，调整刑罚配置，加大处罚力度；二是新增组织中华人民共和国公民参与国(境)外赌博犯罪的规定，并且组织者不限于境外赌场人员，无论其身份为何，只要组织中国公民参与国(境)外赌博且达到了本罪的定罪标准，就应当追究其开设赌场罪的刑事责任。近年来跨境赌博违法犯罪严重，致使大量资金外流等，严重损害国家形象和经济安全，通过调整开设赌场罪的相关规定可以打击该行为。

立法体系,本罪侵犯的客体系社会公共秩序,具体而言,侵犯的是以劳动或其他合法行为取得财产这一国民健全的经济生活方式与秩序①。

(三)犯罪主观方面

本罪在主观上只能由故意构成,且行为人应以营利为目的。"营利"不同于"盈利",行为人是否实际盈利并不影响其"以营利为目的"主观心态的认定。实践中,对于不以营利为目的,亲属家人之间进行有输赢性质的麻将、扑克等娱乐活动,或者行为人与他人之间进行带有少量财物输赢的娱乐活动,虽然主观上也有为了赢取少量财物的获利成分,但输赢对其无所谓,或者意义不大,其主要目的是消遣、娱乐,因此,这样的行为不属于"以营利为目的",一般不宜纳入赌博罪或开设赌场罪的刑法考量。

(四)犯罪客观方面

刑法是用简单罪状描述的本罪。根据学术界和实务界的一般观点,"开设赌场"即为赌博提供场所、赌具、筹码、设定赌博方式的行为,单纯提供棋牌室等娱乐场所并收取一定的场所和服务费的行为不构成本罪。

开设赌场罪是《刑法修正案(六)》从刑法原第三百零三条赌博罪中分立出来的新罪名,实务中开设赌场罪和"聚众赌博"型的赌博罪常难以准确区分和认定,因为"聚众赌博"也有为赌博活动提供场所、工具并抽头渔利的客观表现。那么,"开设赌场"和"聚众赌博"有什么本质性的区别呢?应该说,开设赌场罪之所以单列为一个独立的罪名,是考虑到现实生活中已经出现了成规模、有组织、长期性、定点性、开放性的赌场,对于这样的犯罪活动再适用赌博罪"处三年以下有期徒刑、拘役或者管制,并处罚金"进行处罚,已经与该行为的危害性和主观恶性不相适应,不符合罪责刑相一致的原则了。为了更有效地打击犯罪,刑法单独新设了开设赌场罪这一罪名,并设定了两种量刑区间,对于情节严重的开设赌场行为,处三年以上十年以下有期徒刑,并处罚金。一言以蔽之,"开设赌场"的行为危害性要高于"聚众赌博"。

根据赌场形态的不同,开设赌场犯罪案件可粗略分为场地型开设赌场、利用赌博机开设赌场和网上开设赌场三种形态。近年来,随着通信技术和互联网技术的发展,在网上开设赌场的犯罪行为日益猖獗,利用互联网、微信、QQ、支付宝等通信支付工具进行赌博的行为愈演愈烈,涉案金额和涉案人数都屡创新高,成为打击犯罪的一个重点。

---

① 张明楷:《刑法学》,法律出版社2016年版,第1078页。

与传统的实体赌场不同,网上开设赌场是以现代科技为依托建立网站等虚拟赌场,通过互联网、移动通信终端等传输赌博数据,组织赌博活动。在网络上开设赌场,可分为两个环节:一是信息流环节,包括赌博网站网址等招赌信息的发布、赌博网站会员的身份注册、投注信息的上传与接收、赌博输赢结果的公布等;二是资金流环节,即利用银行、第三方支付平台进行赌资的收支结算活动。

二、常见疑难问题

(一)开设赌场罪中"黑恶犯罪团伙"的认定

案例21-1 周某某、何某某开设赌场案[①]

争议焦点:开设赌场如何认定构成"恶势力"?

裁判要点:二被告人借助"保护伞"及其前科背景所形成的威慑力,肆无忌惮地在当地实施前述多次违法犯罪行为,其中充斥着言语威胁或者足以使他人感知其暴力违法犯罪背景的色彩,其违法犯罪的方式和手段足以使他人产生恐惧、恐慌,足以对参赌借贷人员及当地群众形成心理强制,导致群众敢怒不敢言,其后果是严重扰乱和破坏了当地社会秩序和治安环境,造成了恶劣社会影响,应当认定二被告人行为符合"为非作恶、欺压百姓"的犯罪特征,依法应认定为恶势力犯罪。

案例21-2 林某某、欧某某开设赌场案[②]

争议焦点:在网络上开设赌场如何认定构成"黑恶犯罪团伙"?

裁判要点:被告人只是为非法牟利而结伙在网络上开设赌场,作案时间也较短,没有以暴力、威胁等手段实施的其他严重犯罪活动,因此不宜认定为黑恶犯罪团伙。

案例21-3 韦某甲、韦某乙开设赌场案[③]

争议焦点:在一段时间内持续开设赌场是否能认定为恶势力?

裁判要点:本案中,韦某戊及四被告人虽在一段时间内持续开设赌场进行违法犯罪活动,但其主观上并非出于"为非作恶,欺压百姓"的目的,客观上亦未以暴力、威胁或者其他手段扰乱经济、社会生活秩序,也未造成较为恶劣的社会影响,故不符合恶势力犯罪的构成要件。

---

① 参见湖南省江永县人民法院(2019)湘1125刑初19号刑事判决书。
② 参见广东省东莞市第二人民法院(2017)粤1972刑初1293号刑事判决书。
③ 参见广东省东莞市第二人民法院(2017)粤1972刑初1293号刑事判决书。

案例21－4 陈某某、邓某某开设赌场案[1]

争议焦点：为获取非法利益开设赌场是否能认定为恶势力？

裁判要点：涉案被告人陈某某、邓某某结伙共同出资开设赌场，其主观上虽为获取非法利益，但客观上并没有涉嫌以纠集组织或群体在相对固定的区域行业内进行一种或数种严重的犯罪活动，且开设的赌场系借春节人员较集中的期间，是临时起意，其组织成员并不固定，故不符合恶势力的犯罪构成要件。

（二）赌博犯罪和正常棋牌娱乐活动的区分

《最高人民法院、最高人民检察院关于办理赌博刑事案件具体应用法律若干问题的解释》（法释〔2005〕3号，2005年5月13日施行）

第九条　不以营利为目的，进行带有少量财物输赢的娱乐活动，以及提供棋牌室等娱乐场所只收取正常的场所和服务费用的经营行为等，不以赌博论处。

《公安部关于办理赌博违法案件适用法律若干问题的通知》（公通字〔2005〕30号，2005年5月25日施行）

九、不以营利为目的，亲属之间进行带有财物输赢的打麻将、玩扑克等娱乐活动，不予处罚；亲属之外的其他人之间进行带有少量财物输赢的打麻将、玩扑克等娱乐活动，不予处罚。

（三）赌资的认定

《最高人民法院、最高人民检察院关于办理赌博刑事案件具体应用法律若干问题的解释》（法释〔2005〕3号，2005年5月13日施行）

第八条　赌博犯罪中用作赌注的款物、换取筹码的款物和通过赌博赢取的款物属于赌资。通过计算机网络实施赌博犯罪的，赌资数额可以按照在计算机网络上投注或者赢取的点数乘以每一点实际代表的金额认定。

赌资应当依法予以追缴；赌博用具、赌博违法所得以及赌博犯罪分子所有的专门用于赌博的资金、交通工具、通讯工具等，应当依法予以没收。

---

① 参见雷州市人民法院(2018)粤0882刑初454号刑事判决书。

《最高人民法院、最高人民检察院、公安部关于办理利用赌博机开设赌场案件适用法律若干问题的意见》(公通字〔2014〕17号,2014年3月26日施行)

五、关于赌资的认定

本意见所称赌资包括:

(一)当场查获的用于赌博的款物;

(二)代币、有价证券、赌博积分等实际代表的金额;

(三)在赌博机上投注或赢取的点数实际代表的金额。

《公安部关于办理赌博违法案件适用法律若干问题的通知》(公通字〔2005〕30号,2005年5月25日施行)

六、赌博现场没有赌资,而是以筹码或者事先约定事后交割等方式代替的,赌资数额经调查属实后予以认定。个人投注的财物数额无法确定时,按照参赌财物的价值总额除以参赌人数的平均值计算。

《公安部法制局就〈关于办理赌博违法案件有关法律适用问题的通知〉的电话答复》(2005年9月5日施行)

二、赌博违法活动中既有赌资又有欠条的,打欠条属于《通知》第六条规定的“事先约定事后交割”方式,欠条所载金额经调查属实后可以认定为赌资。

(四)在我国领域外开设赌场行为的定性

《最高人民法院、最高人民检察院关于办理赌博刑事案件具体应用法律若干问题的解释》(法释〔2005〕3号,2005年5月13日施行)

第三条　中华人民共和国公民在我国领域外周边地区聚众赌博、开设赌场,以吸引中华人民共和国公民为主要客源,构成赌博罪的,可以依照刑法规定追究刑事责任。

（五）未经批准擅自发行彩票的行为定性

《最高人民法院、最高人民检察院关于办理赌博刑事案件具体应用法律若干问题的解释》（法释〔2005〕3号，2005年5月13日施行）

第六条　未经国家批准擅自发行、销售彩票，构成犯罪的，依照刑法第二百二十五条第（四）项的规定，以非法经营罪定罪处罚。

案例21－5　周某某等赌博案[①]

争议焦点：在内地利用香港“六合彩”开奖信息进行竞猜赌博的行为，如何定性？

裁判要点：根据相关司法解释，擅自发行、销售香港“六合彩”，构成犯罪的，以非法经营罪定罪处罚。本案被告人利用香港“六合彩”开奖信息，在庄家与投注者之间进行对赌，其本质上只是利用了“六合彩”信息的这一形式，为庄家与参赌者之间的赌博提供一个判断输赢的衡量标准，系借助“六合彩”的中奖信息为个人赌博提供一个稳获非法所得的平台，并不是发行、销售“六合彩”，而属于一种赌博行为。

（六）利用微信红包进行赌博的行为定性

案例21－6　洪某某、李某某开设赌场案[②]

争议焦点：在微信群里发红包进行赌博的行为，如何定性？

裁判要点：以营利为目的，通过邀请人员加入微信群的方式招揽赌客，根据竞猜游戏网站的开奖结果等方式进行赌博，设定赌博规则，利用微信群进行控制管理，在一段时间内持续组织网络赌博活动的，属于刑法第三百零三条第二款规定的“开设赌场”。

（七）“聚众赌博”型的赌博罪和开设赌场罪的区分

开设赌场罪的设置主要是为了打击有长期经营计划、有规模、赌场轮廓清晰的

---

① 最高人民法院刑事审判第一、二、三、四、五庭主办：《刑事审判参考》2012年第1集（总第84集），第752号案例，法律出版社2012年版。

② 最高人民法院指导案例105号，http://www.court.gov.cn/zixun－xiangqing－137101.html。

开设赌场行为,开放性和参赌人员的不特定性是开设赌场罪的最显著特点。两罪常见的特点:

1. 赌客的来源

赌博罪中聚众赌博的赌客往往是组织者利用其人际资源召集起来的,人员相对固定化,私密性较好,每聚赌一次一般都要重新召集。而开设赌场罪中的赌客来源,除开设初期也是通过组织者召集,发展到后来基本上口口相传,有一定的知名度,在圈内处于半公开开放状态,很多赌客会自动上门参赌,因此人员相对不特定。

2. 聚赌地点和时间

赌博罪的聚众赌博中,聚赌的地点基本上不固定,时间方面也不连续、不规律化,基本上是赌一次算一次,有这场可能没下场,下场什么时候开始要等通知。而开设赌场罪的开设地点有固定的也有不固定的,而开设的时间基本上往往是连续一段时间,只要没有警察找上门基本上每天会固定场次。

3. 规模化程度

赌博罪中聚众赌博规模化一般不大,每次参赌人数不多,多次聚赌中参赌人员重复率高,组织结构简单,工作人员少等。而开设赌场罪中,组织结构相对完整,有赌场内管理人员、抽头人员、护场人员、望风人员等,赌场的轮廓比较清晰。

4. 经营化理念

赌博罪中聚众赌博组织者基本没有经营性的理念,基本上是这次组织到多少人聚赌一次就赚点钱。而开设赌场罪中,开设者有一些经营思路,比如如何将赌场开大点,如何让更多的安全系数较大的人来参加赌博,如何将附近的其他赌场冲掉打垮等。①

(八)利用电子游戏机组织赌博行为的定性

《最高人民法院、最高人民检察院、公安部关于办理利用赌博机开设赌场案件适用法律若干问题的意见》(公通字〔2014〕17 号,2014 年 3 月 26 日施行)

一、关于利用赌博机组织赌博的性质认定

设置具有退币、退分、退钢珠等赌博功能的电子游戏设施设备,并以现金、有价证券等贵重款物作为奖品,或者以回购奖品方式给予他人现金、有价证券等

① 姚海华主编:《刑事实务》,中国法制出版社 2017 年版,第 540 页。

贵重款物(以下简称设置赌博机)组织赌博活动的,应当认定为刑法第三百零三条第二款规定的"开设赌场"行为。

(九)赌博机的认定

《最高人民法院、最高人民检察院、公安部关于办理利用赌博机开设赌场案件适用法律若干问题的意见》(公通字〔2014〕17号,2014年3月26日施行)

六、关于赌博机的认定

对于涉案的赌博机,公安机关应当采取拍照、摄像等方式及时固定证据,并予以认定。对于是否属于赌博机难以确定的,司法机关可以委托地市级以上公安机关出具检验报告。司法机关根据检验报告,并结合案件具体情况作出认定。必要时,人民法院可以依法通知检验人员出庭作出说明。

(十)网上开设赌场犯罪的认定

《最高人民法院、最高人民检察院关于办理赌博刑事案件具体应用法律若干问题的解释》(法释〔2005〕3号,2005年5月13日施行)

第二条　以营利为目的,在计算机网络上建立赌博网站,或者为赌博网站担任代理,接受投注的,属于刑法第三百零三条规定的"开设赌场"。

《最高人民法院、最高人民检察院、公安部关于办理网络赌博犯罪案件适用法律若干问题的意见》(公通字〔2010〕40号,2010年8月31日施行)

一、关于网上开设赌场犯罪的定罪量刑标准

利用互联网、移动通讯终端等传输赌博视频、数据,组织赌博活动,具有下列情形之一的,属于刑法第三百零三条第二款规定的"开设赌场"行为:

(一)建立赌博网站并接受投注的;

(二)建立赌博网站并提供给他人组织赌博的;

(三)为赌博网站担任代理并接受投注的;

(四)参与赌博网站利润分成的。

……

（十一）网络赌博中参赌人数、赌资和代理网站的认定

《最高人民法院、最高人民检察院、公安部关于办理网络赌博犯罪案件适用法律若干问题的意见》（公通字〔2010〕40号，2010年8月31日施行）

三、关于网络赌博犯罪的参赌人数、赌资数额和网站代理的认定

赌博网站的会员账号数可以认定为参赌人数，如果查实一个账号多人使用或者多个账号一人使用的，应当按照实际使用的人数计算参赌人数。

赌资数额可以按照在网络上投注或者赢取的点数乘以每一点实际代表的金额认定。

对于将资金直接或间接兑换为虚拟货币、游戏道具等虚拟物品，并用其作为筹码投注的，赌资数额按照购买该虚拟物品所需资金数额或者实际支付资金数额认定。

对于开设赌场犯罪中用于接收、流转赌资的银行账户内的资金，犯罪嫌疑人、被告人不能说明合法来源的，可以认定为赌资。向该银行账户转入、转出资金的银行账户数量可以认定为参赌人数。如果查实一个账户多人使用或多个账户一人使用的，应当按照实际使用的人数计算参赌人数。

有证据证明犯罪嫌疑人在赌博网站上的账号设置有下级账号的，应当认定其为赌博网站的代理。

（十二）网络赌博案件的管辖

《最高人民法院、最高人民检察院、公安部关于办理网络赌博犯罪案件适用法律若干问题的意见》（公通字〔2010〕40号，2010年8月31日施行）

四、关于网络赌博犯罪案件的管辖

网络赌博犯罪案件的地域管辖，应当坚持以犯罪地管辖为主、被告人居住地管辖为辅的原则。

“犯罪地”包括赌博网站服务器所在地、网络接入地，赌博网站建立者、管理者所在地，以及赌博网站代理人、参赌人实施网络赌博行为地等。

（十三）赌场工作人员构成共犯的认定

《最高人民法院、最高人民检察院关于办理赌博刑事案件具体应用法律若干问题的解释》（法释〔2005〕3号，2005年5月13日施行）

第四条　明知他人实施赌博犯罪活动，而为其提供资金、计算机网络、通讯、费用结算等直接帮助的，以赌博罪的共犯论处。

《最高人民法院、最高人民检察院、公安部关于办理利用赌博机开设赌场案件适用法律若干问题的意见》（公通字〔2014〕17号，2014年3月26日施行）

三、关于共犯的认定

明知他人利用赌博机开设赌场，具有下列情形之一的，以开设赌场罪的共犯论处：

（一）提供赌博机、资金、场地、技术支持、资金结算服务的；

（二）受雇参与赌场经营管理并分成的；

（三）为开设赌场者组织客源，收取回扣、手续费的；

（四）参与赌场管理并领取高额固定工资的；

（五）提供其他直接帮助的。

……

七、关于宽严相济刑事政策的把握

办理利用赌博机开设赌场的案件，应当贯彻宽严相济刑事政策，重点打击赌场的出资者、经营者。对受雇佣为赌场从事接送参赌人员、望风看场、发牌坐庄、兑换筹码等活动的人员，除参与赌场利润分成或者领取高额固定工资的以外，一般不追究刑事责任，可由公安机关依法给予治安管理处罚。对设置游戏机，单次换取少量奖品的娱乐活动，不以违法犯罪论处。

(十四)网上开设赌场犯罪的共犯认定

《最高人民法院、最高人民检察院、公安部关于办理网络赌博犯罪案件适用法律若干问题的意见》(公通字〔2010〕40号,2010年8月31日施行)

二、关于网上开设赌场共同犯罪的认定和处罚

明知是赌博网站,而为其提供下列服务或者帮助的,属于开设赌场罪的共同犯罪,依照刑法第三百零三条第二款的规定处罚:

(一)为赌博网站提供互联网接入、服务器托管、网络存储空间、通讯传输通道、投放广告、发展会员、软件开发、技术支持等服务,收取服务费数额在2万元以上的;

(二)为赌博网站提供资金支付结算服务,收取服务费数额在1万元以上或者帮助收取赌资20万元以上的;

(三)为10个以上赌博网站投放与网址、赔率等信息有关的广告或者为赌博网站投放广告累计100条以上的。

实施前款规定的行为,数量或者数额达到前款规定标准5倍以上的,应当认定为刑法第三百零三条第二款规定的"情节严重"。

实施本条第一款规定的行为,具有下列情形之一的,应当认定行为人"明知",但是有证据证明确实不知道的除外:

(一)收到行政主管机关书面等方式的告知后,仍然实施上述行为的;

(二)为赌博网站提供互联网接入、服务器托管、网络存储空间、通讯传输通道、投放广告、软件开发、技术支持、资金支付结算等服务,收取服务费明显异常的;

(三)在执法人员调查时,通过销毁、修改数据、账本等方式故意规避调查或者向犯罪嫌疑人通风报信的;

(四)其他有证据证明行为人明知的。

……

案例21-7 萧某某开设赌场案①

争议焦点：对明知是赌博网站仍为其提供资金结算便利的行为，如何定性？

裁判要点：明知是赌博网站，仍为赌博网站提供资金支付结算服务的行为构成开设赌场罪的共同犯。

三、取证指引

开设赌场罪通常具有以下特点：(1)近年来，开设赌场犯罪的数量不断攀升，且不同地区的案件呈现出不同的类型特点。在东部沿海地区通过微信、支付宝、互联网进行的网络赌场犯罪占据主流，而在中西部的农村地区，通过麻将、扑克牌进行赌博的实体赌场犯罪还是犯罪常态。(2)新型网络赌场案件打击难度大。网络赌博更加快捷、方便和隐蔽，具有空间跨度大、犯罪成本低、赌资流动快且难以追回、隐蔽性强的特点。赌博网站的服务器通常架设在赌博合法化的国家和地区，代理人员通过发布信息招募参赌人员，且这类网站大多采取会员制和动态地址，通过加密通信、设置防火墙等方式逃避侦查，造成发现难、取证难、追赃难和根除难的"四难"问题。(3)共同犯罪和犯罪团伙犯罪是普遍现象，呈现出有组织性和明确分工的特点。(4)开设赌场的背后可能涉及执法、司法工作人员收受贿赂、参与分红并充当"保护伞"的行为。

(一)主体证据

主体证据是指能证明行为人系年满十六周岁、具有刑事责任能力的自然人的证据。具体内容可参考本书第一讲"高利转贷罪"中有关"主体证据"的相关内容。

(二)主观方面证据

开设赌场罪系故意犯罪，主观方面证据即指能反映犯罪嫌疑人主观故意且以营利为目的的证据。主观故意的证据，对于主犯，需证明其有积极联系场地供他人赌博，而对于从犯，则需证明其明知他人从事赌博类犯罪活动，仍积极追求或者放任该行为的发生，如明知他人系开设赌场，还为其提供资金结算、网络接入等服务。在网络赌博案件中，对于为赌博网站担任代理并接受投注的行为，需要证明犯罪嫌

---

① 最高人民法院刑事审判第一、二、三、四、五庭主办：《刑事审判参考》2012年第4集(总第87集)，第804号案例，法律出版社2013年版。

疑人对赌博网站账号的性质和用途是明知的,在这种情形下还积极获取网站账号并提供给他人赌博,可以推定其主观上具有明知故意。

主观方面证据主要通过犯罪嫌疑人的供述和辩解、被害人陈述、证人证言等言词证据来确定如下事项:

(1)开设赌场的动机、目的和起因;

(2)犯意的提起和谋划情况;

(3)如系共同犯罪的,行为人之间犯意联络、分工、犯罪预备的经过和赃款赃物的分配安排;

(4)犯罪嫌疑人经营赌场获利的事实,如提供场地赌具、对赌博活动进行控制管理、收费护场、为赌博网站担任代理接受投注等。

(三)客观方面证据

客观方面证据是指能证明犯罪嫌疑人在现实生活中或网络上开设赌场的证据。从证明内容来看,可分为以下几类:

(1)存在开设赌场行为的证据。通过搜查清单、现场执法仪拍摄内容、现场勘验笔录和照片、赌具赌资等物证书证、证人证言等言词证据,证实犯罪嫌疑人存在为赌博活动提供场所、设定赌博方式,提供赌具、筹码,接受投注,或在计算机网络上建立赌博网站、为赌博网站担任代理接受投注,并抽水渔利从事营利性活动的行为。

(2)认定赌场所有者、经营者、投资者、管理者和共犯的证据。赌场的出资者、经营者即赌场"老板",是指提供资金、租赁买入场地设备、雇佣人员、组织赌博或者负责经营管理的人员。实践中通常难以取得能证实赌场老板身份的直接客观证据,需通过赌客或赌场工作人员的证人证言来综合认定。办案人员询问时应围绕犯罪嫌疑人是否存在招揽工人、分配工作、发放工资、提供赌具、抽头结账等行为予以展开,从而形成有效的证据链。

同时,开设赌场犯罪通常是分工明确的共同犯罪,办案人员还应对是否存在共同犯罪、共犯的身份和实施的犯罪行为进行调查取证。组织形式完备的赌场通常有以下几类人员:负责发牌坐庄的人员,俗称"皇帝""荷官";负责为赌场抽头的人员,俗称"水手";负责望风看场的人员,俗称"钉子";其他联系提供赌博场所工具、兑换筹码、接送赌客的人员;端茶送水做后勤服务工作的人员①。上述几类人员是否构成共犯,应根据开设赌场的具体方式、其在开设赌场中所起的作用、领取的薪酬水平、对赌博行为的控制力等因素,予以区分认定。根据相关司法解释,因利用赌博机开设赌场的犯罪危害性较小,对于在赌博机赌场从事接送参赌人员、望风看场、发牌坐庄、兑换筹码等活动的人员,除参与赌场利润分成或者领取高额固定工资的以外,一般不追究刑事责任。

(3)认定赌具、赌资、赌博方式和参赌人员的证据。如现场缴获的捕鱼机、老虎机、扑克牌、麻将机等均为赌具。赌资的认定则较为复杂,既可以表现为现金、筹码,也可以体现为银行转账、微信转账等多种形式。实践中一般将赌博台上、收银台中的以及现场参赌工作人员随身携带的现金,放在赌桌台上、赌客或工作人员持有的筹码(换算成金钱)认定为赌资。

主要的证据种类包括:

(1)犯罪嫌疑人的供述和辩解,证实实施开设赌场行为的时间、地点、参与人,开设方式,赌博次数,赌场规模,赌场的宣传方式,赌博的形式和规则,抽头渔利的比例,营利金额、赌具赌资及赃物的情况,参赌人员,赌场的管理情况等,办案人员也要注意讯问是否有未成年人、国家工作人员参与赌博的从重处罚情形;

(2)证人证言,证人包括举报人、赌场地点的房东、赌场工作人员、参与赌博人员等,证实内容同上;

(3)书证、物证,包括短信、通话记录、赌具、赌资、账本、转账记录、通信工具等,证实开设赌场的作案工具、赃款赃物的金额种类和赌场的经营情况;

(4)鉴定意见,必要时需对开设赌场的赌资数额进行鉴定;

(5)勘验、检查、辨认等笔录,包括抓赌现场和涉案物品的勘查图、照片和笔录等;

(6)其他证据,如录音录像资料,报案材料,扣押清单等。

值得注意的是,开设网络赌场的取证方式和要点与传统的实体赌场类犯罪存在很大不同,电子证据是主要证据形式。

---

① 闫君剑:《“实体型”开设赌场罪的司法认定》,载《中国检察官》2017年第6期。

《最高人民法院、最高人民检察院、公安部关于办理网络赌博犯罪案件适用法律若干问题的意见》(公通字〔2010〕40 号,2010 年 8 月 31 日施行)

五、关于电子证据的收集与保全

侦查机关对于能够证明赌博犯罪案件真实情况的网站页面、上网记录、电子邮件、电子合同、电子交易记录、电子账册等电子数据,应当作为刑事证据予以提取、复制、固定。

侦查人员应当对提取、复制、固定电子数据的过程制作相关文字说明,记录案由、对象、内容以及提取、复制、固定的时间、地点、方法,电子数据的规格、类别、文件格式等,并由提取、复制、固定电子数据的制作人、电子数据的持有人签名或者盖章,附所提取、复制、固定的电子数据一并随案移送。

对于电子数据存储在境外的计算机上的,或者侦查机关从赌博网站提取电子数据时犯罪嫌疑人未到案的,或者电子数据的持有人无法签字或者拒绝签字的,应当由能够证明提取、复制、固定过程的见证人签名或者盖章,记明有关情况。必要时,可对提取、复制、固定有关电子数据的过程拍照或者录像。

第二十二讲
LECTURE 22

走私、贩卖、运输、制造毒品罪

一、犯罪构成

刑法第三百四十七条　走私、贩卖、运输、制造毒品罪

走私、贩卖、运输、制造毒品，无论数量多少，都应当追究刑事责任，予以刑事处罚。

走私、贩卖、运输、制造毒品，有下列情形之一的，处十五年有期徒刑、无期徒刑或者死刑，并处没收财产：

（一）走私、贩卖、运输、制造鸦片一千克以上、海洛因或者甲基苯丙胺五十克以上或者其他毒品数量大的；

（二）走私、贩卖、运输、制造毒品集团的首要分子；

（三）武装掩护走私、贩卖、运输、制造毒品的；

（四）以暴力抗拒检查、拘留、逮捕，情节严重的；

（五）参与有组织的国际贩毒活动的。

走私、贩卖、运输、制造鸦片二百克以上不满一千克、海洛因或者甲基苯丙胺十克以上不满五十克或者其他毒品数量较大的，处七年以上有期徒刑，并处罚金。

走私、贩卖、运输、制造鸦片不满二百克、海洛因或者甲基苯丙胺不满十克或者其他少量毒品的，处三年以下有期徒刑、拘役或者管制，并处罚金；情节严重的，处三年以上七年以下有期徒刑，并处罚金。

单位犯第二款、第三款、第四款罪的，对单位判处罚金，并对其直接负责的主管人员和其他直接责任人员，依照各该款的规定处罚。

利用、教唆未成年人走私、贩卖、运输、制造毒品,或者向未成年人出售毒品的,从重处罚。

对多次走私、贩卖、运输、制造毒品,未经处理的,毒品数量累计计算。

刑法第三百五十六条　毒品犯罪的再犯

因走私、贩卖、运输、制造、非法持有毒品罪被判过刑,又犯本节规定之罪的,从重处罚。

刑法第三百五十七条　毒品的范围及毒品数量的计算

本法所称的毒品,是指鸦片、海洛因、甲基苯丙胺(冰毒)、吗啡、大麻、可卡因以及国家规定管制的其他能够使人形成瘾癖的麻醉药品和精神药品。

毒品的数量以查证属实的走私、贩卖、运输、制造、非法持有毒品的数量计算,不以纯度折算。

(一)犯罪主体

本罪的主体既可以是自然人,也可以是单位。其中,成立贩卖毒品罪只需年满十四周岁、具有刑事责任能力即可,走私、运输、制造毒品罪的主体则必须是年满十六周岁具有刑事责任能力的人。

(二)犯罪客体

本罪侵犯的客体是国家对毒品的管理制度。本罪的犯罪对象是毒品,根据刑法第三百五十七条的规定,毒品是指鸦片、海洛因、甲基苯丙胺(冰毒)、吗啡、大麻、可卡因以及国家规定管制的其他能够使人形成瘾癖的麻醉药品和精神药品。

(三)犯罪主观方面

本罪的主观方面表现为故意,即行为人明知走私、贩卖、运输、制造毒品的行为会发生危害公众健康的结果,并且希望或者放任这种结果的发生。因此,行为人必须认识到其走私、贩卖、运输、制造的是毒品,如果其客观上虽然实施了走私、贩卖、运输、制造毒品的行为,但主观上不知其为毒品,便不构成本罪。但是这并不要求其认识到毒品的名称、化学成分、效用等具体性质,只要认识到是毒品即可。对于主观故意的判断,不能仅凭被告人的供述,而应当根据被告人实施毒品犯罪行为的过程、方式、毒品被查获时的情形等证据,结合被告人的年龄、阅历、智力等情况,进行综合分析判断。①

行为人明知不是毒品而欺骗他人说是毒品以获取利益的,不构成本罪,而应当以诈骗罪论处。此外,刑法没有要求本罪以营利为目的,故不以营利为目的实施本罪的,不影响本罪的成立。②

(四)犯罪客观方面

本罪的客观方面表现为违反国家毒品管理法规,实施走私、贩卖、运输、制造毒品的行为。走私毒品,是指违反海关法规,逃避海关监管,非法运输、携带、邮寄毒品进出国(边)境或者在领海、内海运输、收购、贩卖毒品以及直接向走私毒品的犯罪分子购买毒品等行为。贩卖毒品,是指有偿转让毒品或者以出卖为目的而非法收购毒品的行为。运输毒品,是指以携带、邮寄、利用他人或者使用交通工具等方法在我国领域内运送毒品的行为。制造毒品,是指对毒品的原材料进行配制、提炼、加工而制作成毒品的行为。③ 制造毒品主要表现为以下几种情形:(1)将毒品以外的物质作为原料,提取或制作成毒品;(2)去掉毒品中的不纯物,使之成为纯毒品或纯度更高的毒品;(3)使用化学方法或者化学以外的方法使一种毒品变成另一种毒品;(4)用混合等物理方法加工、配制毒品;(5)非法按照一定的处方针对特定人的特定情况调制毒品。④

实施走私、贩卖、运输、制造毒品行为的,无论数量多少,均构成犯罪。毒品的数量以查证属实的数量计算,而不以纯度折算。

二、常见疑难问题

(一)毒品犯罪团伙构成"恶势力"的认定

案例 22-1　王某某、饶某走私、贩卖、运输、制造毒品案⑤

争议焦点:毒品犯罪团伙如何认定为恶势力犯罪?

裁判要点:本案被告人王某某伙同肖某某贩卖冰毒一次,伙同饶某、刘某某贩卖冰毒一次,肖某某容留王某某、温某2等人吸食毒品,均以较为隐蔽的方式贩

① 高铭暄、马克昌:《刑法学》,北京大学出版社2016年版,第592页。
② 张明楷:《刑法学》,法律出版社2016年版,第1147~1148页。
③ 高铭暄、马克昌:《刑法学》,北京大学出版社2016年版,第591页。
④ 张明楷:《刑法学》,法律出版社2016年版,第1144页。
⑤ 参见十堰市茅箭区人民法院(2018)鄂0302刑初799号刑事判决书。

卖毒品，尚未使用暴力、威胁或者其他手段在一定区域或者行业内多次实施违法犯罪活动，不应认定为恶势力犯罪。

（二）实施毒品犯罪中“恶势力团伙”成员不同身份的认定

案例 22-2　杜某某等人走私、贩卖、运输、制造毒品案[①]

争议焦点：实施毒品犯罪的“恶势力团伙”成员如何区分首要分子、重要成员、积极参加者？

裁判要点：本案所涉恶势力犯罪集团之犯罪事实，或贩卖毒品、或寻衅滋事、或非法拘禁，被告人杜某某坐镇当铺，或组织、或指挥，系恶势力犯罪集团的首要分子。被告人赵某某受杜某某雇用管理当铺事务，司职幕僚，积极参加贩卖毒品、容留他人吸毒、寻衅滋事、非法拘禁的系列犯罪；被告人董某某受杜某某雇用，充当帮凶，帮助贩卖毒品，受指派积极实施寻衅滋事、非法拘禁的犯罪活动，被告人杨某某长期跟随杜某某厮混，仗势行威，参与贩卖毒品、寻衅滋事、非法拘禁的犯罪活动，赵某某、董某某、杨某某均系积极参加恶势力集团犯罪的重要成员。被告人张某受杜某某的安排将毒品送往当铺用于贩卖，被告人李某某帮助杜某某以抽点的方式贩卖毒品，被告人张某 1、张某 2、申某某出于蹭吸毒品的目的，帮助杜某某或赵某某贩卖毒品，被告人赵某 1、赵某 2 受杜某某的指使，充当马仔，跟随董某某实施寻衅滋事或非法拘禁的犯罪行为，被告人张某某受安排参与非法拘禁，被告人曹某某受杜某某的指使实施寻衅滋事犯罪，被告人秦某某受杜某某的雇用，与杜某某共唱双簧，明知杜某某实施非法拘禁暴力威胁的行为，接受杜某某的安排协助实施非法拘禁犯罪行为，均系杜某某恶势力集团犯罪的积极参加者，对各自的行为负相应法律责任。被告人秦某 1 的贩卖毒品、容留他人吸食毒品行为，与杜某某恶势力犯罪集团无层级从属的关系，不属于恶势力集团的组成部分。

---

① 参见山西省晋城市中级人民法院(2018)晋 05 刑终 350 号刑事判决书。

（三）制毒物品行为人“主观明知”的认定

《最高人民法院、最高人民检察院、公安部关于办理制毒物品犯罪案件适用法律若干问题的意见》（公通字〔2009〕33号，2009年6月23日施行）

二、关于制毒物品犯罪嫌疑人、被告人主观明知的认定

对于走私或者非法买卖制毒物品行为，有下列情形之一，且查获了易制毒化学品，结合犯罪嫌疑人、被告人的供述和其他证据，经综合审查判断，可以认定其“明知”是制毒物品而走私或者非法买卖，但有证据证明确属被蒙骗的除外：

1. 改变产品形状、包装或者使用虚假标签、商标等产品标志的；
2. 以藏匿、夹带或者其他隐蔽方式运输、携带易制毒化学品逃避检查的；
3. 抗拒检查或者在检查时丢弃货物逃跑的；
4. 以伪报、藏匿、伪装等蒙蔽手段逃避海关、边防等检查的；
5. 选择不设海关或者边防检查站的路段绕行出入境的；
6. 以虚假身份、地址办理托运、邮寄手续的；
7. 以其他方法隐瞒真相，逃避对易制毒化学品依法监管的。

《全国部分法院审理毒品犯罪案件工作座谈会纪要》（法〔2008〕324号，2008年12月1日施行）

十、主观明知的认定问题

毒品犯罪中，判断被告人对涉案毒品是否明知，不能仅凭被告人供述，而应当依据被告人实施毒品犯罪行为的过程、方式、毒品被查获时的情形等证据，结合被告人的年龄、阅历、智力等情况，进行综合分析判断。

具有下列情形之一，被告人不能做出合理解释的，可以认定其“明知”是毒品，但有证据证明确属被蒙骗的除外：(1)执法人员在口岸、机场、车站、港口和其他检查站点检查时，要求行为人申报为他人携带的物品和其他疑似毒品物，并告知其法律责任，而行为人未如实申报，在其携带的物品中查获毒品的；(2)以伪报、藏匿、伪装等蒙蔽手段，逃避海关、边防等检查，在其携带、运输、邮寄的物品中查获毒品的；(3)执法人员检查时，有逃跑、丢弃携带物品或者逃避、抗拒检查等行为，在其携带或者丢弃的物品中查获毒品的；(4)体内或者贴身隐秘处藏匿毒品的；(5)为获取不同寻常的高额、不等值报酬为他人携带、运输物

品,从中查获毒品的;(6)采用高度隐蔽的方式携带、运输物品,从中查获毒品的;(7)采用高度隐蔽的方式交接物品,明显违背合法物品惯常交接方式,从中查获毒品的;(8)行程路线故意绕开检查站点,在其携带、运输的物品中查获毒品的;(9)以虚假身份或者地址办理托运手续,在其托运的物品中查获毒品的;(10)有其他证据足以认定行为人应当知道的。

《最高人民法院、最高人民检察院、公安部办理毒品犯罪案件适用法律若干问题的意见》(公通字〔2007〕84号,2007年12月18日施行)

二、关于毒品犯罪嫌疑人、被告人主观明知的认定问题

走私、贩卖、运输、非法持有毒品主观故意中的"明知",是指行为人知道或者应当知道所实施的行为是走私、贩卖、运输、非法持有毒品行为。具有下列情形之一,并且犯罪嫌疑人、被告人不能做出合理解释的,可以认定其"应当知道",但有证据证明确属被蒙骗的除外:

(一)执法人员在口岸、机场、车站、港口和其他检查站检查时,要求行为人申报为他人携带的物品和其他疑似毒品物,并告知其法律责任,而行为人未如实申报,在其所携带的物品内查获毒品的;

(二)以伪报、藏匿、伪装等蒙蔽手段逃避海关、边防等检查,在其携带、运输、邮寄的物品中查获毒品的;

(三)执法人员检查时,有逃跑、丢弃携带物品或逃避、抗拒检查等行为,在其携带或丢弃的物品中查获毒品的;

(四)体内藏匿毒品的;

(五)为获取不同寻常的高额或不等值的报酬而携带、运输毒品的;

(六)采用高度隐蔽的方式携带、运输毒品的;

(七)采用高度隐蔽的方式交接毒品,明显违背合法物品惯常交接方式的;

(八)其他有证据足以证明行为人应当知道的。

案例22-3 周某某运输毒品案①

争议焦点:以托运方式运输毒品,如何认定其主观明知?

① 最高人民法院刑事审判第一、二、三、四、五庭主办:《刑事审判参考》2009年第2集(总第67集),第550号案例,法律出版社2009年版。

裁判要点：被告人以虚假身份办理托运手续，在其托运的物品中查获毒品，虽然其归案后始终否认其明知所托运的鞋内藏有毒品，但依据其运输毒品的过程、方式、毒品被查获时的情形等证据，结合其年龄、阅历、智力等情况，可以认定其明知是毒品而运输。

（四）毒品数量的认定

《全国法院毒品犯罪审判工作座谈会纪要》（法〔2015〕129号，2015年5月18日施行）

（三）毒品数量认定问题

走私、贩卖、运输、制造、非法持有两种以上毒品的，可以将不同种类的毒品分别折算为海洛因的数量，以折算后累加的毒品总量作为量刑的根据。对于刑法、司法解释或者其他规范性文件明确规定了定罪量刑数量标准的毒品，应当按照该毒品与海洛因定罪量刑数量标准的比例进行折算后累加。对于刑法、司法解释及其他规范性文件没有规定定罪量刑数量标准，但《非法药物折算表》规定了与海洛因的折算比例的毒品，可以按照《非法药物折算表》折算为海洛因后进行累加。对于既未规定定罪量刑数量标准，又不具备折算条件的毒品，综合考虑其致瘾癖性、社会危害性、数量、纯度等因素依法量刑。在裁判文书中，应当客观表述涉案毒品的种类和数量，并综合认定为数量大、数量较大或者少量毒品等，不明确表述将不同种类毒品进行折算后累加的毒品总量。

对于未查获实物的甲基苯丙胺片剂（俗称"麻古"等）、MDMA片剂（俗称"摇头丸"）等混合型毒品，可以根据在案证据证明的毒品粒数，参考本案或者本地区查获的同类毒品的平均重量计算出毒品数量。在裁判文书中，应当客观表述根据在案证据认定的毒品粒数。

对于有吸毒情节的贩毒人员，一般应当按照其购买的毒品数量认定其贩卖毒品的数量，量刑时酌情考虑其吸食毒品的情节；购买的毒品数量无法查明的，按照能够证明的贩卖数量及查获的毒品数量认定其贩毒数量；确有证据证明其购买的部分毒品并非用于贩卖的，不应计入其贩毒数量。

办理毒品犯罪案件，无论毒品纯度高低，一般均应将查证属实的毒品数量认定为毒品犯罪的数量，并据此确定适用的法定刑幅度，但司法解释另有规定或者为了隐蔽运输而临时改变毒品常规形态的除外。涉案毒品纯度明显低于同类毒品的正常纯度的,量刑时可以酌情考虑。

制造毒品案件中,毒品成品、半成品的数量应当全部认定为制造毒品的数量,对于无法再加工出成品、半成品的废液、废料则不应计入制造毒品的数量。对于废液、废料的认定,可以根据其毒品成分的含量、外观形态,结合被告人对制毒过程的供述等证据进行分析判断,必要时可以听取鉴定机构的意见。

(五)"情节严重"的认定

《最高人民法院关于审理毒品犯罪案件适用法律若干问题的解释》(法释〔2016〕8号,2016年4月11日施行)

第四条 走私、贩卖、运输、制造毒品,具有下列情形之一的,应当认定为刑法第三百四十七条第四款规定的"情节严重":

(一)向多人贩卖毒品或者多次走私、贩卖、运输、制造毒品的;

(二)在戒毒场所、监管场所贩卖毒品的;

(三)向在校学生贩卖毒品的;

(四)组织、利用残疾人、严重疾病患者、怀孕或者正在哺乳自己婴儿的妇女走私、贩卖、运输、制造毒品的;

(五)国家工作人员走私、贩卖、运输、制造毒品的;

(六)其他情节严重的情形。

(六)毒品犯罪案件罪名的确定和表述

《全国部分法院审理毒品犯罪案件工作座谈会纪要》(法〔2008〕324号,2008年12月1日施行)

一、毒品案件的罪名确定和数量认定问题

刑法第三百四十七条规定的走私、贩卖、运输、制造毒品罪是选择性罪名,对同一宗毒品实施了两种以上犯罪行为并有相应确凿证据的,应当按照所实施的犯罪行为的性质并列确定罪名,毒品数量不重复计算,不实行数罪并罚。对同一宗毒品可能实施了两种以上犯罪行为,但相应证据只能认定其中一种或者几种行为,认定其他行为的证据不够确实充分的,则只按照依法能够认定的行为的性质定罪。如涉嫌为贩卖而运输毒品，认定贩卖的证据不够确实充分的，则只定运输毒品罪。对不同宗毒品分别实施了不同种犯罪行为的，应对不同行为并列确定罪名，累计毒品数量，不实行数罪并罚。对被告人一人走私、贩卖、运输、制造两种以上毒品的，不实行数罪并罚，量刑时可综合考虑毒品的种类、数量及危害，依法处理。

罪名不以行为实施的先后、毒品数量或者危害大小排列，一律以刑法条文规定的顺序表述。如对同一宗毒品制造后又走私的，以走私、制造毒品罪定罪。下级法院在判决中确定罪名不准确的，上级法院可以减少选择性罪名中的部分罪名或者改动罪名顺序，在不加重原判刑罚的情况下，也可以改变罪名，但不得增加罪名。

案例 22－4　李某某贩卖毒品案①

争议焦点：被告人实施走私、贩卖、运输、制造毒品中多个行为时，其罪名应当如何确定？

裁判要点：被告人既运输毒品又贩卖毒品，构成贩卖、运输毒品罪。需指出的是，对被告人既有运输毒品又有贩卖毒品的行为，不仅构成了贩卖毒品罪，也构成了运输毒品罪，但一审仅以贩卖毒品这一主要犯罪行为确定了罪名，根据《毒品座谈会纪要》规定，二审法院可不再变动定性。

（七）共同犯罪的认定

《全国法院毒品犯罪审判工作座谈会纪要》（法〔2015〕129 号，2015 年 5 月 18 日施行）

（二）共同犯罪认定问题

办理贩卖毒品案件，应当准确认定居间介绍买卖毒品行为，并与居中倒卖毒品行为相区别。居间介绍者在毒品交易中处于中间人地位，发挥介绍联络作用，通常与交易一方构成共同犯罪，但不以牟利为要件；居中倒卖者属于毒品交易主体，与前后环节的交易对象是上下家关系，直接参与毒品交易并从中获利。

① 最高人民法院刑事审判第一庭、第二庭编：《刑事审判参考》2005 年第 5 集（总第 46 集），第 364 号案例，法律出版社 2006 年版。

居间介绍者受贩毒者委托,为其介绍联络购毒者的,与贩毒者构成贩卖毒品罪的共同犯罪;明知购毒者以贩卖为目的购买毒品,受委托为其介绍联络贩毒者的,与购毒者构成贩卖毒品罪的共同犯罪;受以吸食为目的的购毒者委托,为其介绍联络贩毒者,毒品数量达到刑法第三百四十八条规定的最低数量标准的,一般与购毒者构成非法持有毒品罪的共同犯罪;同时与贩毒者、购毒者共谋,联络促成双方交易的,通常认定与贩毒者构成贩卖毒品罪的共同犯罪。居间介绍者实施为毒品交易主体提供交易信息、介绍交易对象等帮助行为,对促成交易起次要、辅助作用的,应当认定为从犯;对于以居间介绍者的身份介入毒品交易,但在交易中超出居间介绍者的地位,对交易的发起和达成起重要作用的被告人,可以认定为主犯。

两人以上同行运输毒品的,应当从是否明知他人带有毒品,有无共同运输毒品的意思联络,有无实施配合、掩护他人运输毒品的行为等方面综合审查认定是否构成共同犯罪。受雇于同一雇主同行运输毒品,但受雇者之间没有共同犯罪故意,或者虽然明知他人受雇运输毒品,但各自的运输行为相对独立,既没有实施配合、掩护他人运输毒品的行为,又分别按照各自运输的毒品数量领取报酬的,不应认定为共同犯罪。受雇于同一雇主分段运输同一宗毒品,但受雇者之间没有犯罪共谋的,也不应认定为共同犯罪。雇用他人运输毒品的雇主,及其他对受雇者起到一定组织、指挥作用的人员,与各受雇者分别构成运输毒品罪的共同犯罪,对运输的全部毒品数量承担刑事责任。

(八)仅有被告人口供案件的事实认定

案例 22-5 张某某、刘某某、李某某贩卖毒品案①

争议焦点:毒品犯罪案件中仅有被告人口供时,如何认定案件事实?

裁判要点:毒品犯罪的一个显著特点就是一般具有隐蔽性,毒品犯罪证据的收集比较困难。毒品犯罪案件的证据一般或多或少地具有某些瑕疵。根据相关规定,在审理毒品犯罪案件中,对于毒品、毒资等已不存在,或者被告人翻供,审查证据和认定事实存在困难的情况下,仅凭被告人口供是不能定案的。只有当被告人的口供与同案其他被告人供述吻合,并且完全排除诱供、逼供、串供等情形,

① 最高人民法院刑事审判第一庭、第二庭编:《刑事审判参考》2005 年第 5 集(总第 46 集),第 367 号案例,法律出版社 2006 年版。

被告人的口供与同案被告人的供述才可以作为定案的根据。对仅有口供作为定案根据的,对其判处死刑立即执行要特别慎重。

(九)走私、贩卖、运输、制造毒品罪的死刑适用

《全国法院毒品犯罪审判工作座谈会纪要》(法〔2015〕129号,2015年5月18日施行)

二、关于毒品犯罪法律适用的若干具体问题

(四)死刑适用问题

当前,我国毒品犯罪形势严峻,审判工作中应当继续坚持依法从严惩处毒品犯罪的指导思想,充分发挥死刑对于预防和惩治毒品犯罪的重要作用。要继续按照《大连会议纪要》的要求,突出打击重点,对罪行极其严重、依法应当判处死刑的被告人,坚决依法判处。同时,应当全面、准确贯彻宽严相济刑事政策,体现区别对待,做到罚当其罪,量刑时综合考虑毒品数量、犯罪性质、情节、危害后果、被告人的主观恶性、人身危险性及当地的禁毒形势等因素,严格审慎地决定死刑适用,确保死刑只适用于极少数罪行极其严重的犯罪分子。

1. 运输毒品犯罪的死刑适用

对于运输毒品犯罪,应当继续按照《大连会议纪要》的有关精神,重点打击运输毒品犯罪集团首要分子,组织、指使、雇用他人运输毒品的主犯或者毒枭、职业毒犯、毒品再犯,以及具有武装掩护运输毒品、以运输毒品为业、多次运输毒品等严重情节的被告人,对其中依法应当判处死刑的,坚决依法判处。

对于受人指使、雇用参与运输毒品的被告人,应当综合考虑毒品数量、犯罪次数、犯罪的主动性和独立性、在共同犯罪中的地位作用、获利程度和方式及其主观恶性、人身危险性等因素,予以区别对待,慎重适用死刑。对于有证据证明确属受人指使、雇用运输毒品,又系初犯、偶犯的被告人,即使毒品数量超过实际掌握的死刑数量标准,也可以不判处死刑;尤其对于其中被动参与犯罪,从属性、辅助性较强,获利程度较低的被告人,一般不应当判处死刑。对于不能排除受人指使、雇用初次运输毒品的被告人,毒品数量超过实际掌握的死刑数量标准,但尚不属数量巨大的,一般也可以不判处死刑。

一案中有多人受雇运输毒品的,在决定死刑适用时,除各被告人运输毒品的数量外,还应结合其具体犯罪情节、参与犯罪程度、与雇用者关系的紧密性及

其主观恶性、人身危险性等因素综合考虑，同时判处二人以上死刑要特别慎重。

2. 毒品共同犯罪、上下家犯罪的死刑适用

毒品共同犯罪案件的死刑适用应当与该案的毒品数量、社会危害及被告人的犯罪情节、主观恶性、人身危险性相适应。涉案毒品数量刚超过实际掌握的死刑数量标准，依法应当适用死刑的，要尽量区分主犯间的罪责大小，一般只对其中罪责最大的一名主犯判处死刑；各共同犯罪人地位作用相当，或者罪责大小难以区分的，可以不判处被告人死刑；二名主犯的罪责均很突出，且均具有法定从重处罚情节的，也要尽可能比较其主观恶性、人身危险性方面的差异，判处二人死刑要特别慎重。涉案毒品数量达到巨大以上，二名以上主犯的罪责均很突出，或者罪责稍次的主犯具有法定、重大酌定从重处罚情节，判处二人以上死刑符合罪刑相适应原则，并有利于全案量刑平衡的，可以依法判处。

对于部分共同犯罪人未到案的案件，在案被告人与未到案共同犯罪人均属罪行极其严重，即使共同犯罪人到案也不影响对在案被告人适用死刑的，可以依法判处在案被告人死刑；在案被告人的罪行不足以判处死刑，或者共同犯罪人归案后全案只宜判处其一人死刑的，不能因为共同犯罪人未到案而对在案被告人适用死刑；在案被告人与未到案共同犯罪人的罪责大小难以准确认定，进而影响准确适用死刑的，不应对在案被告人判处死刑。

对于贩卖毒品案件中的上下家，要结合其贩毒数量、次数及对象范围，犯罪的主动性，对促成交易所发挥的作用，犯罪行为的危害后果等因素，综合考虑其主观恶性和人身危险性，慎重、稳妥地决定死刑适用。对于买卖同宗毒品的上下家，涉案毒品数量刚超过实际掌握的死刑数量标准的，一般不能同时判处死刑；上家主动联络销售毒品，积极促成毒品交易的，通常可以判处上家死刑；下家积极筹资，主动向上家约购毒品，对促成毒品交易起更大作用的，可以考虑判处下家死刑。涉案毒品数量达到巨大以上的，也要综合上述因素决定死刑适用，同时判处上下家死刑符合罪刑相适应原则，并有利于全案量刑平衡的，可以依法判处。

一案中有多名共同犯罪人、上下家针对同宗毒品实施犯罪的，可以综合运用上述毒品共同犯罪、上下家犯罪的死刑适用原则予以处理。

办理毒品犯罪案件，应当尽量将共同犯罪案件或者密切关联的上下游案件进行并案审理；因客观原因造成分案处理的，办案时应当及时了解关联案件的

审理进展和处理结果，注重量刑平衡。

3. 新类型、混合型毒品犯罪的死刑适用

甲基苯丙胺片剂（俗称“麻古”等）是以甲基苯丙胺为主要毒品成分的混合型毒品，其甲基苯丙胺含量相对较低，危害性亦有所不同。为体现罚当其罪，甲基苯丙胺片剂的死刑数量标准一般可以按照甲基苯丙胺（冰毒）的2倍左右掌握，具体可以根据当地的毒品犯罪形势和涉案毒品含量等因素确定。

涉案毒品为氯胺酮（俗称“K粉”）的，结合毒品数量、犯罪性质、情节及危害后果等因素，对符合死刑适用条件的被告人可以依法判处死刑。综合考虑氯胺酮的致瘾癖性、滥用范围和危害性等因素，其死刑数量标准一般可以按照海洛因的10倍掌握。

涉案毒品为其他滥用范围和危害性相对较小的新类型、混合型毒品的，一般不宜判处被告人死刑。但对于司法解释、规范性文件明确规定了定罪量刑数量标准，且涉案毒品数量特别巨大，社会危害大，不判处死刑难以体现罚当其罪的，必要时可以判处被告人死刑。

（十）贩卖纯度极低的毒品的量刑考量

案例22-6 赵某某贩卖毒品案[①]

争议焦点：贩卖含量极低的毒品如何量刑？

裁判要点：刑法明确规定毒品数量不以纯度折算，无论被告人贩卖的毒品纯度多低，只要经鉴定确认是毒品，就应当以查获的或者有证据证实的毒品数量来认定其毒品犯罪的数量，而不能以纯度折算后的毒品来认定其毒品犯罪的数量。被告人贩卖含量极低的海洛因针剂，仅有贩卖毒品含量低这一酌定从轻处罚情节，仅此尚不足以成为对其在法定刑以下减轻处罚的理由。考虑到本案毒品含量极低，其危害性相对小于含量高的毒品，对被告人可以在法定刑幅度内酌情从轻处罚，这既贯彻了对毒品犯罪严厉打击的政策精神，也体现了宽严相济刑事政策区别对待的要求。

① 最高人民法院刑事审判第一、二、三、四、五庭主办：《刑事审判参考》2008年第4集（总第63集），第500号案例，法律出版社2008年版。

（十一）制造毒品失败的犯罪形态的认定

案例 22－7 朱某某等制造、贩卖毒品案[①]

争议焦点：行为人制造毒品失败时如何认定其犯罪形态？

裁判要点：制造毒品罪是结果犯，行为人制造出刑法规定的毒品才能构成犯罪既遂，因行为人意志以外的原因未能制造出毒品的，构成犯罪未遂。对于此种行为应如何量刑，应结合客观情况进行分析：(1)制造毒品失败的行为系由于制毒原材料大量掺假或制毒工艺存在无法弥补的缺陷等原因，客观上制毒不能成功的情况下，属于不能犯的未遂，因缺乏数量量刑依据，故可结合具体的犯罪情节比照既遂犯从轻或减轻处罚；(2)制造毒品失败的行为系由于制毒手法不熟练等原因，而客观上能够制毒成功的情况下，属于能犯的未遂，该行为的毒品数量能够推算出来，故可结合犯罪数量比照既遂从轻或减轻处罚。具体的毒品数量应根据行为人使用的制毒方法，按照“就低不就高”的原则来推算。

（十二）对“特情介入”案件的处理

《全国部分法院审理毒品犯罪案件工作座谈会纪要》(法〔2008〕324 号，2008 年 12 月 1 日施行)

六、特情介入案件的处理问题

运用特情侦破毒品案件，是依法打击毒品犯罪的有效手段。对特情介入侦破的毒品案件，要区别不同情形予以分别处理。

对已持有毒品待售或者有证据证明已准备实施大宗毒品犯罪者，采取特情贴靠、接洽而破获的案件，不存在犯罪引诱，应当依法处理。

行为人本没有实施毒品犯罪的主观意图，而是在特情诱惑和促成下形成犯意，进而实施毒品犯罪的，属于“犯意引诱”。对因“犯意引诱”实施毒品犯罪的被告人，根据罪刑相适应原则，应当依法从轻处罚，无论涉案毒品数量多大，都不应判处死刑立即执行。行为人在特情既为其安排上线，又提供下线的双重引诱，即“双套引诱”下实施毒品犯罪的，处刑时可予以更大幅度的从宽处罚或者依法免予刑事处罚。

---

① 最高人民法院刑事审判第一、二、三、四、五庭主办：《刑事审判参考》2008 年第 2 集(总第 61 集)，第 486 号案例，法律出版社 2008 年版。

行为人本来只有实施数量较小的毒品犯罪的故意,在特情引诱下实施了数量较大甚至达到实际掌握的死刑数量标准的毒品犯罪的,属于"数量引诱"。对因"数量引诱"实施毒品犯罪的被告人,应当依法从轻处罚,即使毒品数量超过实际掌握的死刑数量标准,一般也不判处死刑立即执行。

对不能排除"犯意引诱"和"数量引诱"的案件,在考虑是否对被告人判处死刑立即执行时,要留有余地。

对被告人受特情间接引诱实施毒品犯罪的,参照上述原则依法处理。

案例 22-8 包某某贩卖毒品案①

争议焦点:在存在特情介入的情况下,如何区别"犯意引诱"和"数量引诱"?

裁判要点:"数量引诱"系行为人在特情引诱之前就已经具有实施毒品犯罪的主观故意,这种故意是一种概括性的故意,无论最终交易的毒品数量是多少,都没有超出行为人的故意范畴。在该情形下,"特情引诱"不是使行为人产生新的犯意,只是使其犯意暴露出来。"数量引诱"与"犯意引诱"的根本区别在于:"数量引诱"系行为人在特情介入之前就已经具有毒品犯罪的主观故意,而"犯意引诱"系行为人在特情介入之前没有实施毒品犯罪的主观意图。"数量引诱"与"机会引诱"的相同点是在特情介入之前行为人已经具有实施毒品犯罪的主观故意;区别在于,"机会引诱"只是提供机会,不存在实质性引诱,而"数量引诱"不仅提供机会,而且毒品数量上还存在从小到大的实质性引诱。

(十三)以毒品冲抵价款的行为的定性

案例 22-9 庄某某、刘某某、郑某非法买卖枪支、贩卖毒品案②

争议焦点:以毒品冲抵非法买卖枪支价款的行为应当如何定性?

裁判要点:以毒品冲抵部分买卖枪支价款的行为构成贩卖毒品罪,该贩卖毒品行为与非法买卖枪支行为之间不存在牵连关系,应予数罪并罚。被告人以毒品冲抵部分买卖枪支价款作为其实施非法买卖枪支犯罪的方法行为,与非法买卖枪支的目的行为侵犯的法益并不属于同一法益,这两个犯罪行为不能够充足

---

① 最高人民法院刑事审判第一、二、三、四、五庭主办:《刑事审判参考》2010 年第 4 集(总第 75 集),第 639 号案例,法律出版社 2011 年版。

② 最高人民法院刑事审判第一、二、三、四、五庭主办:《刑事审判参考》2007 年第 6 集(总第 59 集),第 463 号案例,法律出版社 2008 年版。

一个犯罪构成,而分别符合不同的犯罪构成,依照上述牵连关系的认定原则,显然被告人贩卖毒品的行为与非法买卖枪支的行为不能成立牵连犯所要求的牵连关系,因而不能构成牵连犯,而应以贩卖毒品罪与非法买卖枪支罪实行数罪并罚。

(十四)为贩卖毒品向公安特情人员购买毒品的行为定性

案例22-10　苏某某贩卖毒品案①

争议焦点:行为人以贩卖为目的,向特情人员购买毒品,其行为如何定性?

裁判要点:为贩卖毒品向公安特情人员购买毒品的,应以贩卖毒品罪处罚。根据最高人民法院对"贩卖毒品"所作的解释以及司法实践,如果毒品交易的卖方不是公安特情和公安机关,而是其他真正的毒贩,由于交易双方已就毒品交易种类、数量、价格、时间、地点等基本交易事项达成一致,那么,即使交易双方未能实际完成毒品交易而被公安机关当场抓获的,对毒品交易的双方都应以"能犯的"既遂处理。这一点是认定贩卖毒品罪与其他刑事犯罪既未遂问题的一项重要区别。对于出面与行为人进行所谓"毒品交易",充当毒品"卖方"的实际上是公安特情和公安机关,公安特情和公安机关没有也不可能真正将毒品卖给被告人。换言之,从一开始就不可能实现行为人为贩毒而购毒的犯罪目的。我们认为,对这种因犯罪分子意志以外的因素而不可能实现其贩毒目的的情形,应当根据刑法第二十三条第二款的规定,对其比照既遂犯予以从轻或减轻处罚,以真正贯彻、落实刑法第五条规定的"刑罚的轻重,应当与犯罪分子所犯的罪行和承担的刑事责任相适应",即所谓的罪责刑相适应原则。

(十五)为吸食者代购少量毒品的行为定性

案例22-11　刘某某贩卖毒品案②

争议焦点:为吸食者代购少量毒品的行为如何定性?

裁判要点:不以牟利为目的,为他人代购用于吸食的毒品,毒品数量未达到非法持有毒品罪的定罪标准的,不宜认为是犯罪。

---

① 最高人民法院刑事审判第一庭、第二庭编:《刑事审判参考》2002年第5辑(总第28辑),第208号案例,法律出版社2002年版。

② 最高人民法院刑事审判第一、二、三、四、五庭主办:《刑事审判参考》2014年第4集(总第99集),第1014号案例,法律出版社2015年版。

（十六）为贩卖毒品者交接及转移毒品行为的定性

案例 22－12 梁某某、周某某等贩卖毒品案①

争议焦点：为贩卖毒品者交接及转移毒品行为应当如何定性？

裁判要点：对于受雇运输，且没有在犯罪过程中实行过限，宜以运输毒品罪定性；对于受雇为毒品买主或者卖主交换毒品或者毒资，即使未参与商定毒品价格，也宜以贩卖毒品罪定性；对于无法认定其是运输还是贩卖的，则宜就低认定为非法持有毒品罪。对受雇从事毒品犯罪活动的人员，不能一概认定为从犯，应根据案件情况具体分析。受雇帮助他人转移毒品的行为，在无证据证实被告人知道雇佣者有交易毒品的情况，也无法证实或推断出被告人明知雇佣者取得毒品后的目的是走私、贩卖还是运输，应定转移毒品罪。

（十七）贩卖毒品罪与非法持有毒品罪的界限

案例 22－13 张某贩卖毒品案②

争议焦点：如何区分贩卖毒品罪与非法持有毒品罪？

裁判要点：被告人贩卖毒品的事实清楚、证据充分，而被查获的部分毒品处于尚未交易状态的，应把被告人的犯罪事实作为一个整体看待。如果行为人主观上有贩卖毒品的故意，客观上有贩卖毒品的经历，并且，行为人本人不吸毒或者行为人虽然吸毒，但藏匿或储存的毒品数量明显超过个人吸食所需数量，行为人非法持有毒品的行为应视为是为贩卖毒品做准备，是贩卖毒品行为的组成部分，应以贩卖毒品罪定罪。

（十八）在毒品中添加非毒品物质的行为的定性

案例 22－14 凌某某、刘某某贩卖、制造毒品案③

争议焦点：在毒品中添加非毒品物质的行为是否属于制造毒品？

---

① 最高人民法院刑事审判第一庭、第二庭编：《刑事审判参考》2005 年第 6 集（总第 47 集），第 373 号案例，法律出版社 2006 年版。

② 最高人民法院刑事审判第一庭、第二庭编：《刑事审判参考》2001 年第 5 辑（总第 16 辑），第 105 号案例，法律出版社 2001 年版。

③ 最高人民法院刑事审判第一、二、三、四、五庭主办：《刑事审判参考》2012 年第 4 集（总第 87 集），第 800 号案例，法律出版社 2013 年版。

裁判要点：本案中，刘某某、凌某某等人将“摇头丸”、“Y仔”与“K粉”混合后加入袋装“雀巢”咖啡内贩卖，主观目的并不是制造出一种新类型的毒品，而是通过这种混合的形式达到表面上似乎是贩卖咖啡以掩人耳目的目的，其主观目的是贩卖毒品。在客观行为上，这种物理混合的方式只是简单地把一些毒品和咖啡掺杂起来，既没有严格的比例配置规范要求，也没有专业化的配比工艺程序，还不足以达到改变毒品成分和效用的程度，没有形成新的混合型毒品，不属于制造毒品的行为。对被告人的这种行为以贩卖、制造毒品罪论处，既不符合客观事实，也不符合其主观意愿。

(十九)网络涉毒犯罪的法律适用

《最高人民法院关于审理毒品犯罪案件适用法律若干问题的解释》(法释〔2016〕8号，2016年4月6日施行)

第十四条　利用信息网络，设立用于实施传授制造毒品、非法生产制毒物品的方法，贩卖毒品，非法买卖制毒物品或者组织他人吸食、注射毒品等违法犯罪活动的网站、通讯群组，或者发布实施前述违法犯罪活动的信息，情节严重的，应当依照刑法第二百八十七条之一的规定，以非法利用信息网络罪定罪处罚。

实施刑法第二百八十七条之一、第二百八十七条之二规定的行为，同时构成贩卖毒品罪、非法买卖制毒物品罪、传授犯罪方法罪等犯罪的，依照处罚较重的规定定罪处罚。

三、取证指引

毒品犯罪作为一种违反国家的毒品管理制度、破坏社会管理秩序、严重危害公民健康的犯罪，主要有如下特点：(1)大多没有被害人，常常缺少有价值的犯罪现场以及被害人陈述这一重要证据类型。毒品犯罪涉案人一般较多，各涉案人常常互相包庇或者互相推诿，给侦查工作造成了很大的困难。(2)作案手段隐蔽、犯罪方式复杂多变。毒品犯罪嫌疑人在实施犯罪前往往做了十分精心的准备和周密的计划，为逃避打击一般会准备多种方案，作案手段十分隐蔽且多变。(3)利用网络、物流、快递等新型平台和方式实施毒品犯罪活动日渐增多，相较传统方式更加隐蔽，也给打击犯罪增加了难度。(4)多为集团犯罪，且跨境犯罪日益增多。毒品犯罪集团往往组织严密，分工明确，即使查获其中某一环节或某一部分犯罪嫌疑人，也很难将整个集团一网打尽。对于毒品案件的取证,一般按照“明知是毒品 + 实施走私、贩卖、运输、制造行为”的主客观模式进行。

(一)主体证据

本罪主体为一般主体,对于走私、运输、制造毒品行为的主体须查明其是否年满十六周岁且具有刑事责任能力,对于贩卖毒品的主体需要查明行为人是否年满十四周岁且具有刑事责任能力。主体证据的具体内容可参考本书第一讲“高利转贷罪”有关“主体证据”的内容。

(二)主观方面证据

主观方面证据是指证明行为人明知其走私、贩卖、运输、制造的是毒品而为之以及其实施行为的动机、目的等方面的证据。主要包括如下几种:

(1)犯罪嫌疑人、被告人供述和辩解以及同案人的供述,证明行为人走私、贩卖、运输、制造毒品的动机、目的,是否知道其走私、贩卖、运输、制造的是毒品等。此外,行为人的犯罪手段、交易方式等也可以体现其主观心态,如采用谎报、藏匿、绕关等手段走私毒品的,或者采用违背惯常商业习惯的高度隐蔽方式交易等。

(2)证人证言,主要包括目击证人、知情人、执法人员、购毒者等证言,以证实行为人明知其走私、贩卖、运输、制造的是毒品以及营利等主观目的。

(3)其他证据,如证明行为人是否吸毒的鉴定意见,证明其是否有毒品犯罪前科的书证等。

此外,证明单位走私、贩卖、运输、制造毒品的主观故意时,还需要通过收集和提取单位的法定代表人、直接主管人员和其他负责人员的供述、单位集体讨论记录、有关负责人签署的文件、单位财务账目等书证及相关证人证言等证据材料,以证明其行为系由单位集体研究决定,或者由单位的负责人或被授权的其他人员决定、同意的,谋取不正当利益或者违法所得大部分归单位所有等事实。①

(三)客观方面证据

客观方面证据是指证明存在走私、贩卖、运输、制造毒品的行为以及该行为系行为人所实施的证据。若要认定恶势力犯罪,还应当查明走私、贩卖、运输、制造毒

---

① 最高人民检察院公诉厅编:《公诉案件证据参考标准》,法律出版社 2014 年版,第 565 页。

品的团伙是否经常纠集在一起，以暴力、威胁或者其他手段，在一定区域或者行业内多次实施违法犯罪活动。对于客观方面，主要通过如下证据证实：

(1)犯罪嫌疑人、被告人供述和辩解，可证实实施走私、贩卖、运输、制造毒品的时间、地点、参与人，毒品的来源、产地、种类、数量、价值、去向，犯罪方式、手段、具体经过，作案工具来源、数量、特征、下落，非法所得数额、去向、用途等。

(2)证人证言，包括知情人、见证人、关系人、中介人的证言，购买人、被利用人、被教唆人的证言，海关、国(边)境检查人员的证言等，证实实施行为的时间、地点、方式、经过等情况。

(3)物证、书证，包括走私、贩卖、运输、制造的毒品实物或照片，作案工具，货单、邮单、托运单、藏匿毒品的货物报关单，信件、电报、支票、汇票、发票等，以证实行为人走私、贩卖、运输、制造毒品的手段、方式、数量、地点、预谋经过、非法所得、赃款用途等情况。

(4)勘验、检查笔录，包括截获现场、走私现场、贩卖现场、运输现场、制造现场勘验、检查笔录及照片，物证的勘验、检查笔录及照片，人身检查笔录及照片等。

(5)其他证据，如视听资料、搜查、扣押、收缴、封存、销毁笔录等。①

对于实施毒品犯罪的团伙，还应当查明其是否经常纠集在一起，以暴力、威胁或者其他手段在一定区域或者行业内多次实施违法犯罪活动，以便认定恶势力犯罪。如果行为人只是以较为隐蔽的方式实施毒品犯罪，不存在上述情形，则不得认定为恶势力。对此可以通过收集犯罪嫌疑人、被告人的供述和辩解、同案人供述、知情者证言、手机等物证、相关书证、笔录等证据予以证实。

毒品犯罪案件在取证时，必须注意以下几点：首先，注意收集毒品和有关毒品的鉴定意见，从而做到人证合一、人赃并获；其次，要规范实物证据与书面证据的收集；最后，要规范技术侦查措施的运用和相关证据转化。按照规定对重大毒品犯罪及嫌疑人采取了记录监控、行踪监控、通信监控、场所监控等技术侦查措施的，要请求技术侦查部门及时将有关情况转化成符合法定程序要求的书面材料、照片、录音录像资料等证据形式。在讯问和查证中需要使用技术侦查措施获取的证据材料且可能危及有关人员的人身安全，或者可能产生其他严重后果的，应当采取不暴露有关人员身份、技术方法等保护措施。②

---

① 最高人民检察院公诉厅编：《刑事公诉案件证据审查指引》，中国检察出版社 2015 年版，第 255～257 页。

② 吴照美：《常见刑事案件取证指引》，中国人民公安大学出版社 2018 年版，第 189～191 页。

第二十三讲
LECTURE 23

组织卖淫罪、强迫卖淫罪

一、犯罪构成

刑法第三百五十八条　组织卖淫罪 强迫卖淫罪 协助组织卖淫罪

组织、强迫他人卖淫的，处五年以上十年以下有期徒刑，并处罚金；情节严重的，处十年以上有期徒刑或者无期徒刑，并处罚金或者没收财产。

组织、强迫未成年人卖淫的，依照前款的规定从重处罚。

犯前两款罪，并有杀害、伤害、强奸、绑架等犯罪行为的，依照数罪并罚的规定处罚。

为组织卖淫的人招募、运送人员或者有其他协助组织他人卖淫行为的，处五年以下有期徒刑，并处罚金；情节严重的，处五年以上十年以下有期徒刑，并处罚金。

刑法第三百六十一条　特定单位的人员组织、强迫、引诱、容留、介绍卖淫的处理规定

旅馆业、饮食服务业、文化娱乐业、出租汽车业等单位的人员，利用本单位的条件，组织、强迫、引诱、容留、介绍他人卖淫的，依照本法第三百五十八条、第三百五十九条的规定定罪处罚。

前款所列单位的主要负责人，犯前款罪的，从重处罚。

（一）犯罪主体

本罪的主体为一般主体，即凡达到刑事责任年龄，具有刑事责任能力的自然人均可构成本罪。需要注意的是，组织卖淫罪的主体必须是卖淫的组织者，既可以是个人,也可以是一个团伙。判断其是否为组织者,应根据其在卖淫活动中所起的作用进行判断。此外,对于旅馆业、饮食服务业、文化娱乐业、出租汽车业等单位的主要负责人,利用本单位的条件实施组织、强迫卖淫行为的,应当从重处罚。

(二)犯罪客体

本罪侵犯的客体是国家对社会风尚的管理秩序和公民的人身权利。

(三)犯罪主观方面

组织卖淫罪与强迫卖淫罪的主观方面均表现为故意。组织、强迫卖淫者通常以营利为目的,但刑法并未将营利目的规定为本罪的责任要素。① 因此,无论是否具有营利目的,只要其实施组织卖淫、强迫卖淫的行为,便成立本罪。

(四)犯罪客观方面

就组织卖淫罪而言,其客观方面主要表现为以招募、雇佣、强迫、引诱、容留等手段,控制他人从事卖淫活动的行为。一般表现为两种情况:一是设置卖淫场所或者变相卖淫场所,控制卖淫者,招揽嫖娼者;二是没有固定的卖淫场所,通过控制卖淫人员,有组织地进行卖淫活动。所谓控制卖淫人员,是指通过对卖淫人员施加物理、心理的影响,进而左右卖淫人员的意志,使其难以摆脱行为人的影响。所谓卖淫,是指以营利为目的,与不特定的对方发生性交或者其他淫乱活动的行为。这里的"不特定的对方",多数情况下是不特定的异性,但也不排除不特定的同性。②

就强迫卖淫罪而言,其客观方面主要表现为使用暴力、威胁、虐待等强制方法迫使他人卖淫的行为。即在他人不愿意从事卖淫活动的情况下,使用各种强制性手段迫使其从事卖淫活动。行为对象既包括妇女,也包括幼女,还包括男子。

另外,如果在组织他人卖淫的活动中,对被组织者实施强迫行为的,只认定组织卖淫罪即可,不必数罪并罚,但这种情况下的被组织者与被强迫者必须具有同一性;否则应当分别定罪,数罪并罚。③

---

① 张明楷:《刑法学》,法律出版社 2016 年版,第 1160 页。

② 高铭暄、马克昌:《刑法学》,北京大学出版社 2016 年版,第 600 页。

③ 张明楷:《刑法学》,法律出版社 2016 年版,第 1160 页。

二、常见疑难问题

(一)组织、强迫卖淫罪中"恶势力"犯罪集团的认定

《最高人民法院、最高人民检察院、公安部、司法部关于办理黑恶势力犯罪案件若干问题的指导意见》(法发〔2018〕1号,2018年1月16日施行)

三、依法惩处恶势力犯罪

14.具有下列情形的组织,应当认定为"恶势力":经常纠集在一起,以暴力、威胁或者其他手段,在一定区域或者行业内多次实施违法犯罪活动,为非作恶,欺压百姓,扰乱经济、社会生活秩序,造成较为恶劣的社会影响,但尚未形成黑社会性质组织的违法犯罪组织。恶势力一般为三人以上,纠集者相对固定,违法犯罪活动主要为强迫交易、故意伤害、非法拘禁、敲诈勒索、故意毁坏财物、聚众斗殴、寻衅滋事等,同时还可能伴随实施开设赌场、组织卖淫、强迫卖淫、贩卖毒品、运输毒品、制造毒品、抢劫、抢夺、聚众扰乱社会秩序、聚众扰乱公共场所秩序、交通秩序以及聚众"打砸抢"等。

在相关法律文书中的犯罪事实认定部分,可使用"恶势力"等表述加以描述。

案例23-1 农某某、谢某某、卓某等组织卖淫案①

争议焦点:如何认定组织卖淫的犯罪集团构成"恶势力"犯罪?

裁判要点:本案中,被告人臧某某等人对卖淫女和嫖娼人员均没有使用暴力和暴力威胁的手段,嫖娼人员与技师自主确定服务项目,人身自由和意思表达均没有受到限制。会所的设立和经营主要靠股东的出资来维持,会所亏损时也没有暴力敛财。本案的组织卖淫、非法经营、容留吸毒犯罪虽然败坏社会风尚,妨害社会管理,但并非独霸一方,操纵经营。被告人臧某某、翁某某、张某某等人实施组织卖淫和非法经营犯罪,追求的只是经济利益,不是为了形成强势的社会影响力,故本案不应定性为"恶势力"犯罪。

① 参见乐清市人民法院(2018)浙0382刑初1929号刑事判决书。

案例23－2 俞某某组织卖淫案[①]

争议焦点：强迫卖淫犯罪"恶势力"应当如何认定？

裁判要点：俞某某与金某某、万某经常纠集在一起，无所事事，多次介绍本案被害人卖淫，在被害人不愿继续卖淫的情况下，仍然以暴力、胁迫、扣押身份证等方法，控制被害人，违背其意志，多次强迫其卖淫，获取非法利益并以此为主要收入来源；俞某某趁被害人醉酒之机以及被害人因害怕不敢反抗的情况下，两次违背其意志，强行与其发生性关系；被害人系未成年人，身心发育、认知能力均未成熟，属于国家法律应予特殊保护的对象，俞某某、金某某、万某等人的行为具有较大的社会危害性，造成了较为恶劣的社会影响，原判认定为恶势力犯罪正确。

（二）组织卖淫行为的认定

《最高人民法院、最高人民检察院关于办理组织、强迫、引诱、容留、介绍卖淫刑事案件适用法律若干问题的解释》（法释〔2017〕13号，2017年7月25日施行）

第一条　以招募、雇佣、纠集等手段，管理或者控制他人卖淫，卖淫人员在三人以上的，应当认定为刑法第三百五十八条规定的"组织他人卖淫"。

组织卖淫者是否设置固定的卖淫场所、组织卖淫者人数多少、规模大小，不影响组织卖淫行为的认定。

（三）"多次"强迫他人卖淫的认定

最高人民法院审判业务意见[②]

强迫他人卖淫的行为在实践中是多样的。有的可能是实施了1次总括的强迫行为，就已迫使他人就范，连续实施多次卖淫活动。也有的可能每次卖淫前都要重复实施1次强迫行为。至于始初1次、2次强迫不成功，而后强迫成功也是十分常见的。因此，准确认定强迫他人卖淫的次数，应当符合司法实际，遵循既有利于严厉打击强迫他人卖淫的犯罪人，也有利于充分保护被害人的合法权

① 参见新疆维吾尔自治区昌吉回族自治州中级人民法院（2019）新23刑终67号刑事裁定书。

② 最高人民法院刑事审判第一庭、第二庭编：《刑事审判参考》2002年第3辑（总第26辑），法律出版社2002年版，第206～207页。

益。基于此，我们认为，无论行为人强迫他人（1 人）卖淫成功与否，只要对 1 人强迫次数达 3 次以上或者强迫他人（1 人）卖淫 3 次以上的，均应认定为多次强迫他人卖淫。

（四）"情节严重""情节特别严重"的认定

《最高人民法院、最高人民检察院关于办理组织、强迫、引诱、容留、介绍卖淫刑事案件适用法律若干问题的解释》（法释〔2017〕13 号，2017 年 7 月 25 日施行）

第二条　组织他人卖淫，具有下列情形之一的，应当认定为刑法第三百五十八条第一款规定的"情节严重"：

（一）卖淫人员累计达十人以上的；

（二）卖淫人员中未成年人、孕妇、智障人员、患有严重性病的人累计达五人以上的；

（三）组织境外人员在境内卖淫或者组织境内人员出境卖淫的；

（四）非法获利人民币一百万元以上的；

（五）造成被组织卖淫的人自残、自杀或者其他严重后果的；

（六）其他情节严重的情形。

第六条　强迫他人卖淫，具有下列情形之一的，应当认定为刑法第三百五十八条第一款规定的"情节严重"：

（一）卖淫人员累计达五人以上的；

（二）卖淫人员中未成年人、孕妇、智障人员、患有严重性病的人累计达三人以上的；

（三）强迫不满十四周岁的幼女卖淫的；

（四）造成被强迫卖淫的人自残、自杀或者其他严重后果的；

（五）其他情节严重的情形。

行为人既有组织卖淫犯罪行为，又有强迫卖淫犯罪行为，且具有下列情形之一的，以组织、强迫卖淫"情节严重"论处：

（一）组织卖淫、强迫卖淫行为中具有本解释第二条、本条前款规定的"情节严重"情形之一的；

（二）卖淫人员累计达到本解释第二条第一、二项规定的组织卖淫"情节严重”人数标准的；

（三）非法获利数额相加达到本解释第二条第四项规定的组织卖淫“情节严重”数额标准的。

案例23－3　张某某、冯某某组织卖淫案①

争议焦点：组织卖淫“情节严重”应如何认定？

裁判要点：从司法实践的情况看，以管理、控制卖淫的人数、造成被组织卖淫者伤亡后果及被组织者中是否有不满十四周岁的幼女等来认定是否构成“情节严重”，比单纯用组织卖淫的次数衡量是否“情节严重”更合理、更具可操作性。组织卖淫的次数，可以作为量刑幅度内的量刑情节予以考虑，但不宜作为量刑升格的情节，因为组织卖淫的次数少，也可构成“情节严重”。被组织的卖淫女人数，是认定“情节严重”的重要依据之一，而次数则不能成为认定“情节严重”的依据。一方面，次数问题取证困难，规定次数会给实际操作带来许多不便；另一方面，次数与人数相比，显然人数的危害比次数大得多。结合司法实践，我们认为，以下三种情形应当认定为组织卖淫罪“情节严重”的情形：一是从组织卖淫的人数看，组织卖淫入罪标准为3人，“情节严重”以基本犯起点人数的五倍即15人作为最低限度较为适宜；二是从被组织者是否因被组织卖淫造成伤亡的后果来考量，依照一般侵犯人身犯罪的标准，以是否造成重伤、死亡为界限确定是否构成“情节严重”；三是从被组织者中是否有幼女来考察。只要有幼女被组织卖淫的，一律以“情节严重”论，以切实严格保护幼女的安全。

（五）为卖淫嫖娼活动通风报信行为的定性

《最高人民法院、最高人民检察院关于办理组织、强迫、引诱、容留、介绍卖淫刑事案件适用法律若干问题的解释》（法释〔2017〕13号，2017年7月25日施行）

第十四条　根据刑法第三百六十二条、第三百一十条的规定，旅馆业、饮食服务业、文化娱乐业、出租汽车业等单位的人员，在公安机关查处卖淫、嫖娼活动时，为违法犯罪分子通风报信，情节严重的，以包庇罪定罪处罚。事前与犯罪

---

① 最高人民法院刑事审判第一、二、三、四、五庭主办：《刑事审判参考》2014年第6集（总第101集），第1054号案例，法律出版社2015年版。

分子通谋的，以共同犯罪论处。

具有下列情形之一的，应当认定为刑法第三百六十二条规定的“情节严重”：

（一）向组织、强迫卖淫犯罪集团通风报信的；

（二）二年内通风报信三次以上的；

（三）一年内因通风报信被行政处罚，又实施通风报信行为的；

（四）致使犯罪集团的首要分子或者其他共同犯罪的主犯未能及时归案的；

（五）造成卖淫嫖娼人员逃跑，致使公安机关查处犯罪行为因取证困难而撤销刑事案件的；

（六）非法获利人民币一万元以上的；

（七）其他情节严重的情形。

《全国人民代表大会常务委员会关于严禁卖淫嫖娼的决定》（主席令第18号，2009年8月27日施行）

七、旅馆业、饮食服务业、文化娱乐业、出租汽车业等单位，对发生在本单位的卖淫、嫖娼活动，放任不管、不采取措施制止的，由公安机关处一万元以上十万元以下罚款，并可以责令其限期整顿、停业整顿，经整顿仍不改正的，由工商行政主管部门吊销营业执照；对直接负责的主管人员和其他直接责任人员，由本单位或者上级主管部门予以行政处分，由公安机关处一千元以下罚款。

（六）组织卖淫罪与容留卖淫罪的区分

案例23－4　高某某、郑某某等组织卖淫、协助组织卖淫案[①]

争议焦点：提供卖淫场所的行为人构成组织卖淫罪还是容留卖淫罪？

裁判要点：是否有组织性是区分组织卖淫罪和容留卖淫罪的关键。建立了卖淫组织，对卖淫者进行管理，组织、安排卖淫活动的，构成组织卖淫罪。判定行为人是否有组织行为和居于组织地位应把握以下几个方面：1. 是否建立了卖淫组织。无论是否具有固定的卖淫场所，组织卖淫罪必然要建立相应的卖淫组织。2. 是否对卖淫者进行管理。在纠集到多名从事卖淫活动的人员后，组织者要实

---

① 最高人民法院刑事审判第一庭编：《刑事审判参考》2000年第6辑（总第11辑），第78号案例，法律出版社2000年版。

施一定的管理行为，支配、监督卖淫人员，使之服从、接受管理安排。3. 是否组织、安排卖淫活动。主要是指组织者在卖淫组织中有无参与组织、安排具体的卖淫活动，具体方式有推荐、介绍卖淫女进行卖淫活动，招揽嫖客，为卖淫活动安排相关服务、保障人员，提供物质便利条件等。容留卖淫罪是仅为卖淫人员提供进行卖淫活动的处所的行为。与组织卖淫罪相比较，容留卖淫罪没有形成卖淫组织，行为人没有组织、管理卖淫活动。组织卖淫的行为人有引诱、容留卖淫行为的，均应作为组织卖淫的手段之一，可作为量刑情节考虑，不实行数罪并罚。但是，根据刑法第三百六十一条的规定，旅馆业、饮食服务业、文化娱乐业、出租汽车业等单位的人员，利用本单位的条件，引诱、容留、介绍他人卖淫的，以组织卖淫罪定罪处罚。

（七）组织卖淫罪与容留、介绍、引诱卖淫罪的区分

《最高人民法院、最高人民检察院关于办理组织、强迫、引诱、容留、介绍卖淫刑事案件适用法律若干问题的解释》（法释〔2017〕13 号，2017 年 7 月 25 日施行）

第三条　在组织卖淫犯罪活动中，对被组织卖淫的人有引诱、容留、介绍卖淫行为的，依照处罚较重的规定定罪处罚。但是，对被组织卖淫的人以外的其他人有引诱、容留、介绍卖淫行为的，应当分别定罪，实行数罪并罚。

案例 23 -5　张某某、冯某某组织卖淫案①

争议焦点：如何区分组织卖淫罪与容留、介绍、引诱卖淫罪？

裁判要点：区分组织卖淫罪和容留、介绍、引诱卖淫罪的关键是行为人是否对卖淫者具有管理、控制等组织行为。如果行为人只是实施了容留、介绍甚至引诱卖淫的行为，没有对卖淫活动进行组织的，就不能以组织卖淫罪处罚。以管理、控制卖淫的人数、造成被组织卖淫者伤亡后果及被组织者中是否有不满十四周岁的幼女等来认定是否构成“情节严重”，比单纯用组织卖淫的次数衡量是否“情节严重”更合理、更具可操作性。就本案而言，张某某、冯某某虽然没有从人身自由上对卖淫女实施严格的控制行为，但均实施了对多名卖淫女卖淫活动的管

---

① 最高人民法院刑事审判第一、二、三、四、五庭主办：《刑事审判参考》2014 年第 6 集（总第 101 集），第 1054 号案例，法律出版社 2015 年版。

理行为，均构成组织卖淫罪。具体体现在：(1)提供固定卖淫场所；(2)规定上班时间和地点；(3)雇用人员负责拉客，为卖淫女提供客源；(4)规定卖淫收入的分配比例，先由被告人收取嫖资后分配；(5)为卖淫活动寻求保护。这些特征，均为单一的容留、引诱、介绍卖淫所不能涵括。

(八)组织卖淫罪与协助组织卖淫罪的区分

案例 23-6　蔡某等组织卖淫、协助组织卖淫案①

争议焦点：如何区分组织卖淫与协助组织卖淫行为?

裁判要点：在认定"组织卖淫"与"协助组织卖淫"行为时不能简单地以作用大小为标准，而应根据组织与协助组织行为的分工来认定。

在组织卖淫活动中对卖淫者的卖淫活动直接进行安排、调度的，属于组织卖淫罪的行为人，应当以组织卖淫罪论处。其中起主要作用的是主犯，起次要作用的是从犯，从犯当然应当以组织卖淫罪论处。并且从犯的犯罪行为也是组织行为，即对卖淫者的卖淫行为直接进行策划、管理、指派，只是这种组织行为相对于主要组织者而言处于辅助地位。如果不是对卖淫者的卖淫活动直接进行安排、调度，而是在外围协助组织者实施其他行为，如充当保镖、打手、管账人或为直接组织者招募、雇佣、运送卖淫者，为卖淫者安排住处或为组织者充当管账人、提供反调查信息等行为的，则都不构成组织卖淫罪，而仅构成协助组织卖淫罪。2011年5月1日起施行的《刑法修正案(八)》对协助组织卖淫罪的罪状作了一定修改，把以往的"协助组织他人卖淫，处……"修改为："为组织卖淫的人招募、运送人员或者有其他协助组织他人卖淫行为的，处……"其中所列举的具体协助组织卖淫行为，与上述对协助组织卖淫的理解和认定标准基本是一致的。在具体案件中，组织他人卖淫场所中的老板、领班、直接管理人员一般系组织者，其行为应当以组织卖淫罪论处。而保镖、打手、管账人、服务生一般系协助组织者，应当以协助组织卖淫罪论处。

① 最高人民法院刑事审判第一、二、三、四、五庭主办：《刑事审判参考》2012年第2集(总第85集)，第768号案例，法律出版社2012年版。

（九）组织男性从事同性性交易行为的定性

《公安部关于对同性之间以钱财为媒介的性行为定性处理问题的批复》（公复字〔2001〕4号，2001年2月18日施行）

根据《中华人民共和国治安管理处罚条例》和全国人大常委会《关于严禁卖淫嫖娼的决定》的规定，不特定的异性之间或者同性之间以金钱、财物为媒介发生不正当性关系的行为，包括口淫、手淫、鸡奸等行为，都属于卖淫嫖娼行为，对行为人应当依法处理。

案例23－7　李某组织卖淫案[①]

争议焦点：组织男性从事同性性交易行为的情形如何定性？

裁判要点：组织卖淫罪，是指组织他人卖淫的行为。组织男性从事同性性交易，构成组织卖淫罪。我们认为，“卖淫”就其常态而言，虽是指女性以营利为目的，与不特定男性从事性交易的行为；但随着立法的变迁，对男性以营利为目的，与不特定女性从事性交易的行为，也应认定为“卖淫”；而随着时代的发展、社会生活状况的变化，“卖淫”的外延还可以、也应当进一步扩大，亦即还应当包括以营利为目的，与不特定同性从事性交易的行为。

（十）拐卖妇女后致其被迫卖淫行为的定性

《最高人民法院、最高人民检察院、公安部、司法部关于依法惩治拐卖妇女儿童犯罪的意见》（法发〔2010〕7号，2010年3月15日施行）

18.将妇女拐卖给有关场所，致使被拐卖的妇女被迫卖淫或者从事其他色情服务的，以拐卖妇女罪论处。

有关场所的经营管理人员事前与拐卖妇女的犯罪人通谋的，对该经营管理人员以拐卖妇女罪的共犯论处；同时构成拐卖妇女罪和组织卖淫罪的，择一重罪论处。

① 最高人民法院刑事审判第一庭、第二庭编：《刑事审判参考》2004年第3集（总第38集），第303号案例，法律出版社2004年版。

三、取证指引

组织卖淫罪、强迫卖淫罪是妨害社会管理秩序罪中的两个重要罪名，组织、强迫卖淫行为不仅会对社会治安管理秩序造成极大的破坏，同时还会败坏社会风气，败坏道德风尚，而且易导致性病以及其他传染病的散播，严重威胁人们的身心健康。而在社会进步的同时，组织、强迫卖淫行为必然会以更加复杂多样的形式呈现，这给取证工作带来了极大的挑战。

（一）主体证据

由于构成组织卖淫罪的主体必须是卖淫的组织者，因此除了收集其身份证明材料之外，还需要判断其在卖淫活动中是否起到了组织的作用。对于强迫卖淫罪则一般只需查明行为人是否达到刑事责任年龄、具有刑事责任能力即可。由于对旅馆业、饮食服务业、文化娱乐业、出租汽车业等单位的主要负责人利用本单位的条件实施本罪的，应当从重处罚，因此，对于此类情形首先应当查明行为人是否属于单位主要负责人，对此应当通过相关职务身份证明材料予以核实，包括人事部门或组织部门的任职证明、职工登记表、技术等级证等；此外，还应当查明其客观上是否利用本单位的条件实施组织卖淫行为。

（二）主观方面证据

主观方面证据是指证明行为人明知自己组织、强迫他人卖淫的行为会破坏社会道德风尚，妨害社会治安管理秩序，而希望或放任这种结果的发生。实践中，大部分组织卖淫的行为人都具有营利的目的，但是本罪不以营利目的为成立条件。要证明行为人的主观心态，主要通过犯罪嫌疑人、被告人的供述和辩解、证人证言、同案人供述等言词证据予以证明，应重点审查组织、强迫卖淫的动机、目的以及组织、强迫卖淫的时间、地点、方式、经过，共同犯罪组织策划的时间、地点、参与人、分工、经过，行为人在卖淫活动中所起的组织、策划、指挥作用等。

（三）客观方面证据

客观方面证据是指证明行为人采用招募、雇佣、强迫、引诱、容留等手段实施了组织他人卖淫的行为，或是实施违背他人意志迫使他人卖淫的行为。若要认定组织卖淫、强迫卖淫的团伙构成恶势力犯罪团伙，还应当查明团伙成员是否基本固定、是否经常纠集在一起，以暴力、威胁或者其他手段，在一定区域内多次实施违法犯罪活动，为非作恶，欺压百姓，扰乱经济、社会生活秩序。倘若犯罪团伙只是为了追求经济利益而实施组织卖淫等行为，并非为了形成强势的社会影响力，则不得认定为恶势力。

(1)犯罪嫌疑人、被告人供述和辩解。主要证实行为人实施组织、强迫卖淫的时间、地点(包括设置的卖淫场所与变相场所等)，组织、强迫卖淫的方式、手段如招募、雇佣、强迫、引诱、容留等，被组织、强迫卖淫者、嫖客的人数、性别、年龄，造成被组织、强迫卖淫者身体损害的程度，组织、强迫卖淫详细经过，非法获利的数额，在共同犯罪中所起的作用大小等。

(2)证人证言。由于组织、强迫卖淫罪一般涉及人数较多，因此证人证言也较为复杂：举报人、发现者、邻里、同事的证言，可证实其发现的时间、地点、经过以及组织者、卖淫者的反常行为；进行卖淫活动人员的证言，可证实其被招募、雇佣等经过，是否受到强迫、引诱，卖淫时间、地点、次数、获利情况等；嫖客的证言，证明其嫖娼的时间、地点、次数、价款、受何人介绍等；其他知情人如保镖、打手、看门人等证言，证明行为人组织、强迫卖淫的方式、手段、人员数量、具体经过等。

(3)物证、书证。如饭店、旅店、出租车等卖淫场所以及货币、首饰等卖淫所得钱财实物及照片，证明行为人非法获利情况的账簿、宿费、车费等书证，证明行为人组织方式的服务协议、雇佣合同、招募广告等书证。

(4)鉴定意见。如文检鉴定、痕迹鉴定、毛发精液鉴定等鉴定意见，证明卖淫场所的情况等。

(5)勘验、检查、搜查、辨认等笔录。包括卖淫场所现场勘查笔录、照片，物证的勘验、检查笔录、照片，人身、尸体检查笔录、照片等。①

(6)视听资料、电子数据。包括案发现场监控视频、相关人员拍摄的视听资料、勘查现场的录音录像、卖淫人员与嫖客通过网络、通信工具的联系记录等。

在处理组织、强迫卖淫罪时，对证人的询问是办案的重点，询问时应注意问题要全面，对同一问题要向多个知情人询问，如有出入，要查明原因。由于此类案件涉及个人隐私，因此提问时应当注意围绕案件的相关情况提出问题，不能询问与案件无关的事项。② 在收集、提取此类案件的证据时，要多方面、多角度全面收集，面对大量的言词证据应当仔细对比分析，对于互相推卸责任、包庇、串供等情形必

① 最高人民检察院公诉厅编：《公诉案件证据参考标准》，法律出版社2014年版，第585~586页。
② 刘品新：《妨害社会管理秩序犯罪案件证据实务》，广东人民出版社2003年版，第363页。

须准确判断。对于客观方面证据的收集也必须全面细致,详细调查行为人的行为方式,从而在定性时准确区分本罪与协助组织卖淫罪,引诱、容留、介绍卖淫罪等罪名。

第二十四讲
LECTURE 24

贪 污 罪

一、犯罪构成

刑法第三百八十二条　贪污罪

国家工作人员利用职务上的便利,侵吞、窃取、骗取或者以其他手段非法占有公共财物的,是贪污罪。

受国家机关、国有公司、企业、事业单位、人民团体委托管理、经营国有财产的人员,利用职务上的便利,侵吞、窃取、骗取或者以其他手段非法占有国有财物的,以贪污论。

与前两款所列人员勾结,伙同贪污的,以共犯论处。

刑法第三百八十三条　贪污罪的处罚规定

对犯贪污罪的,根据情节轻重,分别依照下列规定处罚:

(一)贪污数额较大或者有其他较重情节的,处三年以下有期徒刑或者拘役,并处罚金。

(二)贪污数额巨大或者有其他严重情节的,处三年以上十年以下有期徒刑,并处罚金或者没收财产。

(三)贪污数额特别巨大或者有其他特别严重情节的,处十年以上有期徒刑或者无期徒刑,并处罚金或者没收财产;数额特别巨大,并使国家和人民利益遭受特别重大损失的,处无期徒刑或者死刑,并处没收财产。

对多次贪污未经处理的,按照累计贪污数额处罚。

犯第一款罪,在提起公诉前如实供述自己罪行、真诚悔罪、积极退赃,避免、减少损害结果的发生,有第一项规定情形的,可以从轻、减轻或者免除处罚;有第二项、第三项规定情形的，可以从轻处罚。

犯第一款罪，有第三项规定情形被判处死刑缓期执行的，人民法院根据犯罪情节等情况可以同时决定在其死刑缓期执行二年期满依法减为无期徒刑后，终身监禁，不得减刑、假释。

刑法第三百九十四条　贪污罪

国家工作人员在国内公务活动或者对外交往中接受礼物，依照国家规定应当交公而不交公，数额较大的，依照本法第三百八十二条、第三百八十三条的规定定罪处罚。

刑法第一百八十三条第二款　贪污罪

国有保险公司工作人员和国有保险公司委派到非国有保险公司从事公务的人员有前款行为①的，依照本法第三百八十二条、第三百八十三条的规定定罪处罚。

刑法第二百七十一条第二款　贪污罪

国有公司、企业或者其他国有单位中从事公务的人员和国有公司、企业或者其他国有单位委派到非国有公司、企业以及其他单位从事公务的人员有前款行为②的，依照本法第三百八十二条、第三百八十三条的规定定罪处罚。

刑法第二百八十七条　利用计算机实施犯罪的提示性规定

利用计算机实施金融诈骗、盗窃、贪污、挪用公款、窃取国家秘密或者其他犯罪的，依照本法有关规定定罪处罚。

（一）犯罪主体

本罪的犯罪主体是国家工作人员。根据刑法及相关司法解释规定，国家工作人员包括，各级国家权力机关、行政机关、审判机关、检察机关以及军事机关中行使一定职权、履行一定职务的人员；在国有公司、企业、事业单位、人民团体中从事公务的人员；国家机关、国有公司、企业、事业单位委派到非国有公司、企业事业单位、社会团体从事公务的人员；其他依照法律从事公务的人员。③

---

① 前款行为指“利用职务上的便利，故意编造未曾发生的保险事故进行虚假理赔，骗取保险金归自己所有的”。

② 前款行为指“利用职务上的便利，将本单位财物非法占为己有”。

③ 如村民委员会等基层组织人员协助人民政府从事管理工作则属于其他依照法律从事公务的人员。

（二）犯罪客体

本罪侵犯的客体是复杂客体，既侵犯了公共财物的所有权，又扰乱了国家机关、国有企业事业单位的正常活动以及侵犯了国家工作人员的职务廉洁性。

（三）犯罪主观方面

本罪在主观方面是故意。其故意具体表现为行为人明知自己利用职务之便所实施的行为会发生侵害公共财产、侵犯职务廉洁性的结果，并且希望或放任这种结果的发生。

（四）犯罪客观方面

本罪的客观方面表现为利用职务之便，侵吞、窃取、骗取或者以其他手段非法占有公共财物的行为。

利用职务上的便利，是指利用主管、经手、管理特定财物的权力和所形成的方便条件。这里的“职务”须体现一定的职权性，既可以是具有一定官职的人所享有的职权，也可以是按照其岗位职责或要求而应承担的事务。主管是指不具体负责经手、管理财物，但是依照其职权范围或者职务地位具有调拨、支配、转移、使用或者其他方式支配特定财物的职权；经手是指具有领取、支出等经办特定财物的流转权限，经手人尽管不负责特定财物的管理和处置，但对该财物具有临时的控制权；管理是具有监守或者保管特定财物的职权，管理者在管理期间享有对特定财物的处置权。

侵吞财物，是指行为人将自己因职务而管理或经手的公共财物非法转归自己或他人所有的行为。

窃取财物，是指行为人利用职务之便，采取秘密窃取的方式，将自己管理的公共财物非法占有的行为，也就是通常所说的监守自盗。

骗取财物，是指行为人利用职务之便，采取虚构事实或隐瞒真相的方法，非法占有公共财物的行为。

其他方法，是指除了侵吞、盗窃、骗取之外，其他非法占有公共财物的方法。其他方法与侵吞、窃取、骗取行为只是行为方式存在差异，行为目的具有一致性。

二、常见疑难问题

（一）受委托管理、经营国有财产的认定

《全国法院审理经济犯罪案件工作座谈会纪要》（法〔2003〕167号，2003年11月13日施行）

二、关于贪污罪

（二）“受委托管理、经营国有财产”的认定

刑法第三百八十二条第二款规定的“受委托管理、经营国有财产”，是指因承包、租赁、临时聘用等管理、经营国有财产。

以上规定在司法实务中的理解与适用：[①]

受委托管理、经营国有财产的人员不是国家工作人员，也不能以国家工作人员论，因此，只能成为贪污犯罪的主体，不能成为受贿、挪用公款等其他国家工作人员职务犯罪的主体。

对于国有单位中非从事公务的工作人员，即使是合同工，一旦在国有单位内部承担管理、经营国有财产的职责，则应当直接认定为国有单位中从事公务的人员，而不是受委托管理、经营国有财产的人员。

所谓管理，是指具有监守或者保管公共财物的职权。经营者在经营期间通常同时行使管理职权，对公共财物具有处置权。所谓经营，是指将公共财物投放市场并作为资本使其增值的商业活动，或者利用公共财物从事营利性活动。

《最高人民检察院关于人民检察院直接受理立案侦查案件立案标准的规定（试行）》（高检发释字〔1999〕2号，1999年9月9日施行）

（一）贪污案

“受委托管理、经营国有财产”是指因承包、租赁、聘用等而管理、经营国有财产。

---

① 参见郭清国：《〈全国法院审理经济犯罪案件工作座谈会纪要〉的理解与适用》，载最高人民法院刑事审判第一、二、三、四、五庭主办：《中国刑事审判指导案例》（06卷），法律出版社2017年版，第369页。

案例24－1　张某某、黄某某职务侵占案①

争议焦点:“委托”“管理”“经营”的认定?

裁判要点:受委托管理、经营国有财产中的“委托”是基于信任或者合同等其他关系而产生的权利义务关系,被委托人与委托单位是一种平等的关系。受委托最典型的,就是公民个人与国有企业签订承包、租赁合同,依照合同约定对国有企业进行管理、经营。受委托管理、经营不同于国有单位非国家工作人员从事的不具有公务性质的生产、服务等劳务活动。委托的内容必须限于对国有资产进行管理、经营。所谓管理,是指依委托行使监守或保管国有资产职权的活动;所谓经营,是指行为人在对国有资产具有管理职权的前提下,将国有资产投入市场,作为资本使其增值的商业活动,也就是对国有财物具有处分权。如果受委托的事项不是管理、经营国有财产,而是从事具体的保管、经手、生产、服务等劳务活动,不能适用刑法第三百八十二条第二款的规定(不构成贪污罪)。

张某某通过与国有的储运公司签订临时劳务合同,受聘担任储运公司承包经营的海关验货场门卫,当班时负责验货场内货柜及物资安全,凭司机所持的缴费卡放行车辆,晚上还代业务员、核算员对进出场车辆进行打卡、收费。受聘用期间,张某某多次萌发纠集他人合伙盗窃验货场内货柜之邪念,自结识了在某公司任初验员的黄某某后,两人经密谋商定作案。1999年4月29日下午7时许,黄某某带着联系好的拖车前往海关验货场,在张某某的配合下将3个集装箱货柜偷运出验货场。5月3日案发,大部分赃物发还被窃单位,尚有价值76715元的物品无法追回。

案例24－2　朱某某贪污案②

争议焦点:租赁国有企业的人员盗卖国有资产的行为如何定性?

裁判要点:委托方式多种多样,实践中除了承包、租赁和临时聘用以外,不排除其他形式存在的可能,但其共同的特征在于,委托双方属于平等的民事主体关系,这种委托是国有单位以平等主体身份就国有财产的管理、经营与被委托者达成的协议,本质上是民事委托关系,因此有别于刑法第九十三条规定的“委派”。

① 参见最高人民法院刑事审判第一、二、三、四、五庭主办:《中国刑事审判指导案例》(06卷),法律出版社2017年版,第57页。

② 参见最高人民法院刑事审判第一、二、三、四、五庭主办:《中国刑事审判指导案例》(06卷),法律出版社2017年版,第89页。

委派的实质是任命,具有一定的行政性,被委派者在委派事项及是否接受委派方面,与委派方不是处于平等地位而是具有行政隶属性质,两者间的关系具有隶属性和服从性。

本案被告人朱某某与泗阳县食品总公司破产清算组签订了租赁经营泗阳县食品总公司肉联厂的合同,属于一种典型的民事委托方式,因此,朱某某符合"受委托"管理、经营国有财产的要件,一审、二审法院对朱洪岩的以贪污罪定罪是正确的。

(二)利用职务上的便利的认定

《最高人民检察院关于人民检察院直接受理立案侦查案件立案标准的规定(试行)》(高检发释字〔1999〕2号,1999年9月9日施行)

(一)贪污案

"利用职务上的便利"是指利用职务上主管、管理、经手公共财物的权力及方便条件。

案例24-3 杨某某等贪污案①

争议焦点:如何界定"利用职务上的便利"?

裁判要点:(1)贪污罪中的"利用职务上的便利",是指利用职务上主管、管理、经手公共财物的权力及方便条件,既包括利用本人职务上主管、管理公共财物的职务便利,也包括利用职务上有隶属关系的其他国家工作人员的职务便利。(2)土地使用权具有财产性利益,属于刑法第三百八十二条第一款规定中的"公共财物",可以成为贪污的对象。

义乌国际商贸城指挥部系义乌市委、市政府为确保国际商贸城建设工程顺利进行而设立的机构,指挥部下设确权报批科,工作人员从国土资源局抽调,负责土地确权、建房建设用地的审核及报批工作,分管该科的副总指挥吴某某也是国土资源局的副局长。确权报批科作为指挥部下设机构,同时受指挥部的领导,作为指挥部总指挥的杨某某具有对该科室的领导职权。本案中,杨某某正是利用担任义乌市委常委、义乌市人大常委会副主任和兼任指挥部总指挥的职务便利,给

① 最高人民法院2012年9月18日发布的指导案例第3批第11号。

下属的土地确权报批科人员及其分管副总指挥打招呼,才使王某某等人虚报的拆迁安置得以实现。

贪污罪中的“职务”包括行为人利用其国家工作人员的特定身份冒用“职务”之便。①

职务行为的合法性包括实质合法性和形式合法性两个层面,一般而言,两者是一致、重合的,也即行为人行使职权的程序和内容均具有法定授权。但由于实践中职务行为各种各样,两者也可能发生分离,甚至出现冲突,发生行为看似有权、合法,实质却无权、非法的情形。当行为的实质合法性与形式合法性发生冲突,在判断该行为是职务行为还是单纯的个人行为时,该行为只需要具备形式的合法性就可以认定贪污罪中的“利用职务便利”这一要件,而不需要探究行为实质上究竟是否合法。当然,认定形式上的合法性应当满足一定的条件:第一,行为人具有国家工作人员的身份,这是认定职务行为的前提条件。第二,行为内容本身虽然不合法,但与合法职务具有直接的、现实的紧密联系,这是认定职务行为的充分条件。在符合上述条件的情况下,形式上的合法性同样为行为人利用职务上的便利提供了空间,行为人正是利用这种现实存在的职权之便而非法占有公共财物;对于被占有财物的相对方(包括国有单位等)来说,他们均认为行为人所行使的职权是合法的,故行为人的行为客观上造成了对职务行为廉洁性的侵害。因此,贪污罪中的“职务”不仅包括选任或委任单位明确规定的职责范围,在特定情况下还包括行为人利用其国家工作人员的特定身份,冒用“职务”之便侵吞公款的行为。

(三)共犯的认定

《最高人民法院关于审理贪污、职务侵占案件如何认定共同犯罪几个问题的解释》(法释〔2000〕15号,2000年7月8日施行)

为依法审理贪污或者职务侵占犯罪案件,现就这类案件如何认定共同犯罪问题解释如下:

第一条 行为人与国家工作人员勾结,利用国家工作人员的职务便利,共同侵吞、窃取、骗取或者以其他手段非法占有公共财物的,以贪污罪共犯论处。

---

① 参见沈志先主编:《职务犯罪审判实务》,法律出版社2013年版,第155页。

第二条　行为人与公司、企业或者其他单位的人员勾结,利用公司、企业或者其他单位人员的职务便利,共同将该单位财物非法占为己有,数额较大的,以职务侵占罪共犯论处。

第三条　公司、企业或者其他单位中,不具有国家工作人员身份的人与国家工作人员勾结,分别利用各自的职务便利,共同将本单位财物非法占为己有的,按照主犯的犯罪性质定罪。

以上规定在司法实务中的理解与适用①:

关于利用国家工作人员的职务便利共同侵吞、窃取、骗取或者以其他手段非法占有公共财物以贪污罪的共犯论处问题。《最高人民法院关于审理贪污、职务侵占案件如何认定共同犯罪几个问题的解释》中虽然只规定与国家工作人员共同贪污的情况,但不能据此得出只有与"国家工作人员"共同贪污的,才能认定为贪污共犯。该解释这样规定只是为了表述上的简明而已,实际的含义应当理解为:行为人与贪污罪的主体共同非法占有公共财物的,均以贪污罪共犯论处。也就是说,行为人与受委托管理、经营国有财产人员勾结,利用受委托管理、经营国有财产的人员的职务便利,共同侵吞、窃取、骗取或者以其他手段非法占有公共财物的,也要以贪污罪的共犯论处。

案例24-4　徐某、罗某某贪污案②

争议焦点:共同故意中是否需要证明共犯之间有积极的共谋行为?

裁判要点:对于共同故意的成立,理论上要求具备两个条件,一是各共犯都出于故意,二是各被告人的故意之间有联络,即共同犯罪人不但认识到自己在实施故意犯罪,而且认识到其在配合其他共同犯罪人实施故意犯罪。因此,认定共同故意时,不需要证明共犯之间有积极的共谋行为。

此案中,虽然没有证据证明二被告人曾经商量过要占有该47万余元资产,但

① 参见孙军工:《〈关于审理贪污、职务侵占案件如何认定共同犯罪几个问题的解释〉的理解与适用》,载最高人民法院刑事审判第一、二、三、四、五庭主办:《中国刑事审判指导案例》(06卷),法律出版社2017年版,第403页。

② 参见最高人民法院刑事审判第一、二、三、四、五庭主办:《中国刑事审判指导案例》(06卷),法律出版社2017年版,第43页。

二被告人在隐瞒真相的前提下于2000年9月7日缴清国资款，并后来共同积极办理资产转移手续，足以表明其有非法占有的共同故意。

《全国法院审理经济犯罪案件工作座谈会纪要》(法〔2003〕167号，2003年11月13日施行)

二、关于贪污罪

(三)国家工作人员与非国家工作人员勾结共同非法占有单位财物行为的认定

对于国家工作人员与他人勾结，共同非法占有单位财物的行为，应当按照《最高人民法院关于审理贪污、职务侵占案件如何认定共同犯罪几个问题的解释》的规定定罪处罚。对于在公司、企业或者其他单位中，非国家工作人员与国家工作人员勾结，分别利用各自的职务便利，共同将本单位财物非法占有的，应当尽量区分主从犯，按照主犯的犯罪性质定罪。司法实践中，如果根据案件的实际情况，各共同犯罪人在共同犯罪中的地位、作用相当，难以区分主从犯的，可以贪污罪定罪处罚。

(四)共同贪污犯罪中“个人贪污数额”的认定

刑法第三百八十三条第一款规定的“个人贪污数额”，在共同贪污犯罪案件中应理解为个人所参与或者组织、指挥共同贪污的数额，不能只按个人实际分得的赃款数额来认定。对共同贪污犯罪中的从犯，应当按照其所参与的共同贪污的数额确定量刑幅度，并依照刑法第二十七条第二款的规定，从轻、减轻处罚或者免除处罚。

(四)既遂与未遂的认定

《全国法院审理经济犯罪案件工作座谈会纪要》(法〔2003〕167号，2003年11月13日施行)

二、关于贪污罪

(一)贪污罪既遂与未遂的认定

贪污罪是一种以非法占有为目的的财产性职务犯罪，与盗窃、诈骗、抢夺等侵犯财产罪一样，应当以行为人是否实际控制财物作为区分贪污罪既遂与未遂的标准。对于行为人利用职务上的便利，实施了虚假平账等贪污行为，但公共财物尚未实际转移，或者尚未被行为人控制就被查获的，应当认定为贪污未遂。行为人控制公共财物后，是否将财物据为己有，不影响贪污既遂的认定。

案例 24－5　于某某贪污案[①]

争议焦点：公有不动产脱离公有产权人实际控制并被行为人现实占有的，犯罪行为是否既遂？

裁判要点：作为以非法占有为目的的直接故意犯罪，贪污罪存在未遂形态；其既、未遂的判断标准，与盗窃、诈骗、抢夺等财产犯罪一样，应当视行为人是否实际取得财物而定。具体到贪污不动产犯罪，只要行为人利用职务之便，采取欺骗等非法手段，使公有不动产脱离了公有产权人的实际控制，并被行为人现实地占有的，或者行为人已经就所有权的取得进行了变更登记的，即可认定为贪污罪的既遂，而且，在办理不动产转移登记之后，即使不动产尚未实现事实上的转移，也不影响贪污罪既遂的成立。

被告人于某某虽未就其所截留的公有房屋进行私有产权登记，但因该截留行为系在房屋移交过程中、房屋的所有权人不知情的情况下实施的，房屋所有权的代表人——房管所在一般情况下是不可能对该房屋主张权利的，被告人于某某弄虚作假、欺瞒所在单位截留公房的行为本身即意味着被告人于某某实现了对该公房事实上的占有。由于该公房已经实际脱离了房管所的控制，因此，被告人于某某将来是否进行私有产权登记，并不影响对其已经将该公房据为己有事实的认定。

案例 24－6　王某某挪用公款、贪污案[②]

争议焦点：行为人取得对公共财物的实际控制与支配是否属于犯罪既遂？

裁判要点：根据贪污罪既遂标准的通说“控制说”，只要行为人取得对公共财物的实际控制与支配，就构成贪污罪的既遂。

---

① 参见最高人民法院刑事审判第一、二、三、四、五庭主办：《中国刑事审判指导案例》(06 卷)，法律出版社 2017 年版，第 49 页。

② 参见最高人民法院刑事审判第一、二、三、四、五庭主办：《刑事审判参考》(总第 106 集)，法律出版社 2017 年版，第 45 页。

通阳公司、厚缘公司属于财务独立核算的私营企业,王某某将本应由神牛公司收取的款项转由两家公司分别收取以后,便实际实现了对这部分款项的控制、支配,其贪污犯罪行为已经既遂。行为人将赃款用于公务性支出的,不影响对其贪污行为的认定,用于公务支出的部分不能从贪污数额中扣除。根据犯罪既遂理论,犯罪既遂即代表着行为人的行为已经齐备了某种犯罪的全部构成要件,对其应以既遂状态下的行为及其结果定罪处罚。此后行为人对赃款、赃物的处分以及退赃、退赔等情形,不影响对其行为的定性,也不影响对犯罪数额的认定。这些事后行为只能在量刑时酌情考虑。

(五)非法占有的认定

《最高人民法院关于审理挪用公款案件具体应用法律若干问题的解释》(法释〔1998〕9号,1998年5月9日施行)

第六条　携带挪用的公款潜逃的,依照刑法第三百八十二条、第三百八十三条的规定定罪处罚。

以上规定在司法实务中的理解与适用①:

挪用公款罪与贪污罪的界限问题。一是行为人不是携带挪用的公款潜逃,而是因为挪用公款案发,客观原因不能归还,行为人畏罪潜逃的,仍应定为挪用公款罪。二是只有挪用公款后,把公款带着潜逃的定贪污罪;没有带着潜逃的,不定贪污罪。行为人挪用公款后采取虚假发票平账、销毁有关账目等手段,使所挪用的公款已难以在单位财务账目上反映出来,且没有归还行为的,应当以贪污罪定罪处罚。这时行为人的主观犯意已经发生了变化,即由暂时使用公款转化为非法占有公款。这与行为人截取单位收入不入账,非法占有,使所占有的公款难以在单位财务账目上反映出来,且没有归还行为的,以贪污罪定罪处罚,是一个道理。因此,根据司法实践以及刑法主客观一致的原则,如果行为人平账以后没有归还行为的,只能把这种平账的行为认定是贪污的手段;没有平账的,原则上按挪用公款处理。

有证据证明行为人有能力归还挪用的公款而拒不归还,并隐瞒挪用的公款去

① 参见熊选国:《〈关于审理挪用公款案件具体应用法律若干问题的解释〉的理解与适用(一)》,载最高人民法院刑事审判第一、二、三、四、五庭主办:《中国刑事审判指导案例》(06卷),法律出版社2017年版,第430、437~439页。

向的，应当以贪污罪定罪处罚。

《全国法院审理经济犯罪案件工作座谈会纪要》（法〔2003〕167号，2003年11月13日施行）

（八）挪用公款转化为贪污的认定

挪用公款罪与贪污罪的主要区别在于行为人主观上是否具有非法占有公款的目的。挪用公款是否转化为贪污，应当按照主客观相一致的原则，具体判断和认定行为人主观上是否具有非法占有公款的目的。在司法实践中，具有以下情形之一的，可以认定行为人具有非法占有公款的目的：

1. 根据《最高人民法院关于审理挪用公款案件具体应用法律若干问题的解释》第六条的规定，行为人"携带挪用的公款潜逃的"，对其携带挪用的公款部分，以贪污罪定罪处罚。

2. 行为人挪用公款后采取虚假发票平账、销毁有关账目等手段，使所挪用的公款已难以在单位财务账目上反映出来，且没有归还行为的，应当以贪污罪定罪处罚。

3. 行为人截取单位收入不入账，非法占有，使所占有的公款难以在单位财务账目上反映出来，且没有归还行为的，应当以贪污罪定罪处罚。

4. 有证据证明行为人有能力归还所挪用的公款而拒不归还，并隐瞒挪用的公款去向的，应当以贪污罪定罪处罚。

以上规定在司法实务中的理解与适用①：

挪用公款行为转化为贪污行为的转化标志就是行为人在主观上已由准备以后归还，不打算永久占有，转变为永久占有其挪用的公款，不打算归还。

非法占有在司法实务中的认定：

案例24－7　沈某某贪污案②

争议焦点：没有偿还能力而截留公款用于高风险赌博的行为，如何定性？

① 参见郭清国：《〈全国法院审理经济犯罪案件工作座谈会纪要〉的理解与适用》，载最高人民法院刑事审判第一、二、三、四、五庭主办：《中国刑事审判指导案例》（06卷），法律出版社2017年版，第373页。

② 参见肖晚祥：《贪污罪主观故意包括间接故意》，载《人民司法》2010年第2期。

裁判要点:行为人明知没有偿还能力而截留本单位巨额钱款用于赌博等高风险活动可以推定具有非法占有的间接故意。

被告人沈某某自2002年12月起,先后担任沪北供电公司市场部电费账务组账务员、市场开发组营销员、市场开发组组长、市场营销部客户服务专职等职,负责收取沪北供电公司相关客户单位的电费。2004年2月至2007年12月,沈某某利用职务便利,以收缴电费为名,采用收取福德公司等单位向沪北供电公司缴纳的电费不入账的方式,将截留的主要款项用以赌博、小部分用于归还个人债务、套取现金等。至2007年12月案发,沈某某的上述行为共计造成沪北供电公司损失5,774,801.33元。上海市第二中级人民法院经审理认为:被告人沈某某在担任国有企业沪北供电公司电费账务组账务员、市场营销部客户服务专职等职期间,身为国家工作人员,利用负责收取沪北供电公司相关客户单位电费的职务便利,采用收款不入账的方法,截留福德公司等多家单位缴纳的电费后个人花用,侵吞沪北供电公司577万余元国有资产,其行为已构成贪污罪,依法应予惩处。

案例24-8 赵某贪污、挪用公款案①

争议焦点:虚开票据、虚列支出平账的行为能否认定为具有非法占有的故意?

裁判要点:要避免把虚开票据、虚列支出平账的客观行为与非法占有主观目的之间直接挂钩。

非法占有目的是对被告人主观心态的评价,审判实践中一定要避免把虚开票据、虚列支出平账的客观行为与非法占有主观目的之间直接挂钩。平账是指把各个分类账户的金额与其汇总账户的金额互相核算,将原本不相等的情况调整为相等,只是账目处理的一种技术性手段,不能取代对被告人的主观心态评价。在缺乏直接证据印证时,推定被告人具有非法占有目的,需要结合被告人实施犯罪过程中的具体行为,以对被告人的内心想法和真实目的作出综合性判断。合理评价实施虚开票据的平账行为,应当遵循以下审查标准:

① 参见最高人民法院刑事审判第一、二、三、四、五庭编:《刑事审判参考》(总第103集),法律出版社2016年版,第94~95页。本案同时是最高人民法院研究室2014年1月15日《关于上诉不加刑原则具体运用有关问题的批复》(法研〔2014〕6号)"对于原判数罪并罚的上诉案件,在不超过原判决定执行的刑罚,且对刑罚执行也无不利影响的情况下,可以将其中两个或者两个以上的罪名改判为一罪并加重该罪的刑罚"的规定适用到现实中的一个案例,给司法实践确定一个参考原则:对数罪并罚的案件,在不超过一审判决决定执行刑罚,且对刑罚执行也无不利影响的情况下,将多个罪名改判为一罪并加重该罪判处刑罚,不违背上诉不加刑原则。

第一，平账行为是否造成挪用的公款从单位账目上难以反映出来。本案中，赵某在公司账目上虚列支出与现金取款的次数及数额并不一一对应，反映其虚列的支出并不针对某一笔挪用的款项，对于“现金取款人是赵某本人”这一事实，赵某在账目票据中没有作假和隐瞒，因此虚列支出仅能从宏观上反映出“收支平衡”的假象，仔细查账立刻就能查出问题。

第二，对财务账目的处理能否达到掩盖涉案款项去向的效果。本案中，赵某虚列支出的收款单位均与本单位有业务往来且本单位有到期付款义务，天津城建隧道股份公司所欠业务单位的款项均有相关证人证言可以证实。赵某虚列支出处理财务账目的行为，尽管从表面上掩盖了公司总账目的差额，但这种账目平衡仅仅是账目总额结果的收支平衡，只能起到暂时性掩饰作用。从账目本身上看，各明细条目中并未实现一一对应，虚列支出项目在工程结算时无法核销，相关单位在盾构管片项目工程结束后结款清算时必然能够查出赵某挪用公款的行为。赵某不可能通过这种虚列支出行为实现侵吞公款目的，不符合挪用转化贪污案件中“平账为了永久占有公款”的特征。

第三，从有无归还行为上判断被告人是否有非法占有目的。赵某在挪用公款的每一年度均有相同方式的还款行为，与挪用转化贪污案件相关司法解释中“且没有归还行为”的要件相矛盾。特别是在2009年赵某是以环美混凝土制造有限公司的名义现金还款，反映出其主观上明知其虚列支出的行为造成本单位与债权单位的债务额发生变化，其通过债权单位给付现金避免账目混乱，因此还款行为进一步证明其主观故意没有发生转化。

案例24－9　彭某某贪污、挪用公款案[①]

争议焦点：贪污罪与挪用公款罪的主观要件的区别？

裁判要点：贪污罪和挪用公款罪区别的关键在于行为人主观上是否以非法占有为目的。

非法占有的目的是主观要件，然而，在审判实践中有些案件往往是很难认定行为人主观上是否具有非法占有目的，因此在审理案件中应当根据主客观相一致的原则，不仅要考虑被告人的供述，而且要从行为人的客观行为分析认定。贪

① 参见最高人民法院刑事审判第一、二、三、四、五庭主办：《中国刑事审判指导案例》(06卷)，法律出版社2017年版，第52～53页。

污行为由于行为人的主观意图在于永久占有公款,其必然尽其所能掩盖、隐匿公款的真实去向,尽量在有关账目上不留痕迹;挪用公款行为由于行为人的初衷只是临时性地使用公款,所以一般总要给使用的款项留个"后门",使其在有条件的情况下可以顺利归还。司法实践中,应当根据以下客观事实判定是否构成贪污:其一,行为人是否采取弄虚作假的手段,使自己占有公款的事实在账目上难以发现。如使用虚假发票、对账单等会计凭证的,使其占用的公款已难以在单位财务账目上反映出来的,一般应当认定为贪污行为。其二,行为人销毁有关账目的。该行为不仅仅是逃避侦查的行为,也是掩饰公款去向,试图隐匿公款的行为,反映出行为人主观上有非法占有的目的,是侵吞公款的贪污行为。其三,行为人截取收入不入账的。行为人利用职务上的便利,将本单位的收入直接截留,使账目上不能反映该款项,是直接侵吞公款的贪污行为。

行为人案发前有归还公款的行为,一般被认为是其主观上有归还公款的意愿,没有非法占有的目的。但是,不能一概而论,不能凡有归还行为就一概以挪用公款论。归还行为是与挪用行为相对应的,正是因为行为人出于挪用的目的,而不是非法占有的目的,才会发生归还行为,因此,这种归还行为一般具有主动性、自觉性的特征。在有些案件中,行为人虽然"归还"了部分公款,但不是主动、自觉地归还,而是出于其他目的,为了使其犯罪行为不被发现的一种掩盖行为,所以其所谓的"归还"行为实质上是掩盖其犯罪的行为,不能据此认定其没有非法占有的目的。但是已"归还"的部分不应再计算为侵吞公款的数额。

(六)贪污罪中特定款物的范围

《最高人民法院、最高人民检察院关于办理贪污贿赂刑事案件适用法律若干问题的解释》(法释〔2016〕9号,2016年4月18日施行)

第一条第二款　贪污数额在一万元以上不满三万元,具有下列情形之一的,应当认定为刑法第三百八十三条第一款规定的"其他较重情节",依法判处三年以下有期徒刑或者拘役,并处罚金:

(一)贪污救灾、抢险、防汛、优抚、扶贫、移民、救济、防疫、社会捐助等特定款物的。

案例24－10　周某某、周某贪污案①

争议焦点：如何认定贪污罪的特定款物？

裁判要点：判断一种款物是否属于特定款物，首先要看其是否属于司法解释明确规定的类型，如果符合条文列举的九种类型（救灾、抢险、防汛、优抚、扶贫、移民、救济、防疫、社会捐助等）则当然属于特定款物。如果不属于前述九种类型，则看其是否与列举的款物具有同样的性质。当然，这种解释应当贯彻谦抑原则，审慎对待。本案中两被告人采取虚报人数的方式从政府多领取服务券，然后按照实有人数发放，没有侵犯特定的老年人或者残疾人的受救济权利，没有妨害国家的救济制度，只是导致了财政款的流失，所以犯罪对象应当认定为普通款物。

司法实践中认定犯罪对象是否属于特定款物，不仅要看具体款物的表现形式，还要通过贪污方式看其本质特征，只有在公款已经类型化为特定款物，且妨害了特定事项办理或者特殊群体权利的情况下，才可认定为特定款物。

《最高人民检察院关于贪污养老、医疗等社会保险基金能否适用〈最高人民法院、最高人民检察院关于办理贪污贿赂刑事案件适用法律若干问题的解释〉第一条第二款第一项规定的批复》（高检发释字〔2017〕1号，2017年8月7日施行）

养老、医疗、工伤、失业、生育等社会保险基金可以认定为《最高人民法院、最高人民检察院关于办理贪污贿赂刑事案件适用法律若干问题的解释》第一条第二款第一项规定的“特定款物”。

根据刑法和有关司法解释规定，贪污罪和挪用公款罪中的“特定款物”的范围有所不同，实践中应注意区分，依法适用。②

---

① 参见最高人民法院刑事审判第一、二、三、四、五庭编：《刑事审判参考》（总第106集），法律出版社2017年版，第22～23页。

② 贪污罪中的特定款物为救灾、抢险、防汛、优抚、扶贫、移民、救济、防疫、社会捐助以及养老、医疗、工伤、失业、生育等社会保险基金等特定款物；而挪用公款罪中的特定款物只有7种：救灾、抢险、防汛、优抚、扶贫、移民、救济款物。根据2003年1月30日施行的《最高人民检察院关于挪用失业保险基金和下岗职工基本生活保障资金的行为适用法律问题的批复》的规定，失业保险、下岗职工基本生活保障金属于救济款物范围。

以上规定在司法实务中的理解与适用[①]：

国家建立基本养老保险、基本医疗保险、工伤保险、失业保险、生育保险等社会保险制度的目的，是保障公民在年老、疾病、工伤、失业、生育等情况下依法从国家和社会获得物质帮助的权利。根据我国社会保险法的规定，社会保险基金有基本养老保险基金（含企业职工基本养老保险金、城乡居民基本养老保险金）、基本医疗保险基金（含企业职工基本医疗保险金、城乡居民基本医疗保险金）、工伤保险基金、失业保险基金、生育保险基金。基本养老保险等五种社会保险基金性质相同、作用类似，适用统一的运营模式与监督管理制度，按照预算法规定纳入预决算统一管理。社会保险基金部分来自政府财政拨付，部分来自公民个人自缴和单位缴纳的费用，其征收征缴、发放、管理、投资运营等均由各级人民政府社会保险机构具体负责。根据有关规定，社会保险经办机构根据工作需要，经所在地的社会保险行政主管部门和机构编制管理机关批准，可以在本统筹地区设立分支机构和服务网点，具体负责办理统筹地区社会保险相关事宜。社会保险法明确规定，社会保险基金专款专用，任何组织和个人不得侵占或者挪用。可见，《最高人民检察院关于贪污养老、医疗等社会保险基金能否适用〈最高人民法院、最高人民检察院关于办理贪污贿赂刑事案件适用法律若干问题的解释〉第一条第二款第一项规定的批复》从严惩治贪污社会保险基金的行为具有现实必要性和法律依据。

值得注意的是，随着我国社会经济的发展，社会保险制度也在逐步完善，如根据2016年1月国务院《关于整合城乡居民基本医疗保险制度的意见》，我国绝大多数省份都已将城镇居民医疗保险和新农合基金统一整合为城乡居民基本医疗保险基金，城乡二元化的社会保险模式逐步走向统一。因此，我们认为，对于贪污新农合基金的行为也应当适用该批复。

---

① 参见卢宇蓉、杨建军：《最高人民检察院关于贪污养老、医疗等社会保险基金能否适用〈最高人民法院、最高人民检察院关于办理贪污贿赂刑事案件适用法律若干问题的解释〉第一条第二款第一项规定的批复的理解与适用》，载《检察日报》2017年8月28日，第3版。

《最高人民检察院关于挪用失业保险基金和下岗职工基本生活保障资金的行为适用法律问题的批复》(高检发释字〔2003〕1 号,2003 年 1 月 30 日施行)

挪用失业保险基金和下岗职工基本生活保障资金属于挪用救济款物。挪用失业保险基金和下岗职工基本生活保障资金,情节严重,致使国家和人民群众利益遭受重大损害的,对直接责任人员,应当依照刑法第二百七十三条的规定,以挪用特定款物罪追究刑事责任;国家工作人员利用职务上的便利,挪用失业保险基金和下岗职工基本生活保障资金归个人使用,构成犯罪的,应当依照刑法第三百八十四条的规定,以挪用公款罪追究刑事责任。

(七)国家出资企业案件中贪污罪的认定

《最高人民法院、最高人民检察院关于办理国家出资企业中职务犯罪案件具体应用法律若干问题的意见》(法发〔2010〕49 号,2010 年 11 月 26 日施行)

一、关于国家出资企业工作人员在改制过程中隐匿公司、企业财产归个人持股的改制后公司、企业所有的行为的处理

国家工作人员或者受国家机关、国有公司、企业、事业单位、人民团体委托管理、经营国有财产的人员利用职务上的便利,在国家出资企业改制过程中故意通过低估资产、隐瞒债权、虚设债务、虚构产权交易等方式隐匿公司、企业财产,转为本人持有股份的改制后公司、企业所有,应当依法追究刑事责任的,依照刑法第三百八十二条、第三百八十三条的规定,以贪污罪定罪处罚。贪污数额一般应当以所隐匿财产全额计算;改制后公司、企业仍有国有股份的,按股份比例扣除归于国有的部分。

所隐匿财产在改制过程中已为行为人实际控制,或者国家出资企业改制已经完成的,以犯罪既遂处理。

第一款规定以外的人员实施该款行为的,依照刑法第二百七十一条的规定,以职务侵占罪定罪处罚;第一款规定以外的人员与第一款规定的人员共同实施该款行为的,以贪污罪的共犯论处。

在企业改制过程中未采取低估资产、隐瞒债权、虚设债务、虚构产权交易等方式故意隐匿公司、企业财产的,一般不应当认定为贪污;造成国有资产重大损失,依法构成刑法第一百六十八条或者第一百六十九条规定的犯罪的,依照该

规定定罪处罚。

二、关于国有公司、企业在改制过程中隐匿公司、企业财产归职工集体持股的改制后公司、企业所有的行为的处理

国有公司、企业违反国家规定，在改制过程中隐匿公司、企业财产，转为职工集体持股的改制后公司、企业所有的，对其直接负责的主管人员和其他直接责任人员，依照刑法第三百九十六条第一款的规定，以私分国有资产罪定罪处罚。

改制后的公司、企业中只有改制前公司、企业的管理人员或者少数职工持股，改制前公司、企业的多数职工未持股的，依照本意见第一条的规定，以贪污罪定罪处罚。

……

四、关于国家工作人员在企业改制过程中的渎职行为的处理

国家出资企业中的国家工作人员在公司、企业改制或者国有资产处置过程中严重不负责任或者滥用职权，致使国家利益遭受重大损失的，依照刑法第一百六十八条的规定，以国有公司、企业人员失职罪或者国有公司、企业人员滥用职权罪定罪处罚。

国家出资企业中的国家工作人员在公司、企业改制或者国有资产处置过程中徇私舞弊，将国有资产低价折股或者低价出售给其本人未持有股份的公司、企业或者其他个人，致使国家利益遭受重大损失的，依照刑法第一百六十九条的规定，以徇私舞弊低价折股、出售国有资产罪定罪处罚。

国家出资企业中的国家工作人员在公司、企业改制或者国有资产处置过程中徇私舞弊，将国有资产低价折股或者低价出售给特定关系人持有股份或者本人实际控制的公司、企业，致使国家利益遭受重大损失的，依照刑法第三百八十二条、第三百八十三条的规定，以贪污罪定罪处罚。贪污数额以国有资产的损失数额计算。

国家出资企业中的国家工作人员因实施第一款、第二款行为收受贿赂，同

时又构成刑法第三百八十五条规定之罪的,依照处罚较重的规定定罪处罚。[①]

以上规定在司法实务中的理解与适用:[②]

(1)关于国家出资企业工作人员在改制过程中隐匿公司、企业财产归个人持股的改制后公司、企业所有的行为的定性处理。

国家出资企业改制过程中故意通过低估资产、隐瞒债权、虚设债务、虚构产权交易等方式隐匿公司、企业财产,转为本人持有股份的改制后公司、企业所有的行为以贪污罪定罪处罚具有法律依据。此类行为的基本特征是财产所有权已经发生转移,国有资产已经受到实质侵害,且处于行为人的实际控制之下。对于贪污罪中非法占有,不应狭隘地理解为非法据为已有。行为人将隐匿的资产转归改制后企业所有或者处分给其他股东,属于对赃物的具体处置,不影响行为性质的认定。所以,此类行为具有明显的非法侵占国有资产的主观故意,客观上行为人已经实际控制了非法利益,符合刑法关于贪污罪的本质规定。在具体适用本款规定时,应当注意以下问题:第一,本款规定的行为在客观方面需同时具备两个要件。一是行为人在改制后的企业拥有股份,否则一般应以渎职犯罪处理;二是属于个人或者少数管理层的行为,如出于改制前企业的单位意志,改制后职工均享利益的行为,一般应以私分国有资产罪论处。第二,此规定的行为在主观方面须出于故意。只有采取弄虚作假的手段故意隐匿、侵吞国有资产的行为才构成本款规定的犯罪。改制过程中因工作失误造成资产流失,比如因财务账册、资产管理方面的原因造成资产清查不全面、不准确,资产评估价格偏低或者漏估等,或者经地方政府同意将国有资产处分给改

---

① 该意见第四条第四项规定的渎职同时收受贿赂依照处罚较重的规定定罪处罚的条款,已被2016年4月18日施行的《最高人民法院、最高人民检察院关于办理贪污贿赂刑事案件适用法律若干问题的解释》第十七条“国家工作人员利用职务上的便利,收受他人财物,为他人谋取利益,同时构成受贿罪和刑法分则第三章第三节、第九章规定的渎职犯罪的,除刑法另有规定外,以受贿罪和渎职犯罪数罪并罚”所修改,即以受贿罪和国有公司、企业人员失职罪或者国有公司、企业人员滥用职权罪、徇私舞弊低价折股、出售国有资产罪数罪并罚。但根据2001年12月17日施行的《最高人民法院、最高人民检察院关于适用刑事司法解释时间效力问题的规定》第三条规定,即“对于新的司法解释实施前发生的行为,行为时已有相关司法解释,依照行为时的司法解释办理,但适用新的司法解释对犯罪嫌疑人、被告人有利的,适用新的司法解释”,注意办理国家出资企业案件中要以2016年4月18日为时间点根据司法解释从旧兼从轻原则准确适用该条司法解释的规定。

② 参见刘为波:《〈关于办理国家出资企业中职务犯罪案件具体应用法律若干问题的意见〉的理解与适用》,载最高人民法院刑事审判第一、二、三、四、五庭主办:《中国刑事审判指导案例》(06卷),法律出版社2017年版,第388~395页。

制后企业，行为人未实施故意隐匿企业财产的行为，因不符合贪污罪的基本特征要件，不能以贪污罪定罪处罚，其中符合渎职犯罪构成要件的，可以以渎职犯罪追究刑事责任。第三，隐匿债权不影响贪污罪的认定。刑事司法判断侧重于实质性而非形式性判断，刑法中的财物包括财产性利益，已为刑事司法实践广泛认可。

(2)国有公司、企业在改制过程中隐匿公司、企业财产归职工集体持股的改制后公司、企业所有的行为的处理。

改制后的公司、企业只有改制前公司、企业的管理人员或者少数职工持股，改制前公司、企业的多数职工未持股的，依照《最高人民法院、最高人民检察院关于办理国家出资企业中职务犯罪案件具体应用法律若干问题的意见》第一条的规定，以贪污罪定罪处罚。这有两方面的意义：一是通过明确管理层或少数职工持股的情形应以贪污罪定罪处罚，来间接说明职工集体持股的含义；二是为前述虽然名为职工集体持股但持股比例极小的案件进行实质理解进而以贪污处理提供参考。在职工集体持股的理解当中，还应注意这里的职工是指改制企业中的职工，行为人将改制当中隐匿的财产通过再次股权分配处分给改制后企业职工的，则属于赃物的处分问题，不能理解为职工集体持股。私分国有资产罪和贪污罪的区分关键在于是单位行为还是个人行为。企业领导集体研究决定并由单位统一组织实施，在企业内部一定程度范围内公开，企业不同层面的多数人员获得利益的，一般应当认定为私分国有资产罪；少数人共同实施，企业其他人员不知情或者不知实情，分取利益范围以参与决策、具体实施贪污行为以及为贪污行为提供帮助等少数某一层面的人员，如企业管理层为限的，一般应当认定为贪污罪。其中，部分共同贪污犯罪人未分取赃物或者将赃物交给共同犯罪人之外的个别其他人的，不影响贪污罪的认定。

(3)关于国家工作人员在企业改制过程中的渎职行为的定性处理。

国家出资企业中的国家工作人员在公司、企业改制或者国有资产处置过程中徇私舞弊，将国有资产低价折股，或者低价出售给特定关系人持有股份，或者本人实际控制的公司、企业，致使国家利益遭受重大损失的依照刑法第三百八十二条、第三百八十三条的规定，以贪污罪定罪处罚。贪污数额以国有资产的损失数额计算。对于本款规定中的“特定关系人”，实践中需注意从严掌握。《最高人民法院、最高人民检察院关于办理受贿刑事案件适用法律若干问题的意见》规定，特定关系人是指“与国家工作人员有近亲属、情妇(夫)以及其他共同利益关系的人”。据此，认定是否属于“特定关系人”，关键在于该第三人是否与行为人有共同利益关系。这里的共同利益关系，主要是指经济利益关系，不得将一般的同学、同事、朋友、亲戚关系理解为共同利益关系。

(八)收受交易对方给予的回扣、手续费等如何定性

案例24-11　胡某某贪污案①

争议焦点：如何认定回扣或者手续费的性质？

裁判要点：收受的回扣或者手续费实质上属于本单位的额外支出或者应得利益，构成贪污罪。

一般而言，通过犯罪对象，可以对贪污与受贿作出清楚的界定。行为人所取得的财物系他人(包括单位)的财物，即为受贿；所取得的财物系本单位的公共财物(包括本单位管理、使用或者运输中的私人财物)，即为贪污。但是，在经济往来中，国家工作人员利用签订、履行合同的职务便利，经由交易对方以各种名义的回扣、手续费等形式给付其个人的财物，不能不加区别地一概认定为刑法第三百八十五条第二款规定的受贿行为，而应当结合交易的真实情况，具体分析行为人所获得的财物实际上是属于经济往来的对方单位，还是行为人单位，审慎加以区分，然后准确认定其行为的性质。在购销活动中，如果购入方行为人收受的各种名义的回扣、手续费等实际上来源于虚增标的金额，或者卖出方行为人收受的各种名义回扣、手续费，实际上来源于降低标的金额者，因该回扣或者手续费实质上属于本单位的额外支出或者应得利益，实际上侵犯的是本单位的财产权利，就应当特别注意是不是一种变相的贪污行为。

---

① 参见最高人民法院刑事审判第一、二、三、四、五庭主办：《中国刑事审判指导案例》(06卷)，法律出版社2017年版，第64页。

（九）如何区分贪污罪与吸收客户资金不入账罪

《全国法院审理金融犯罪案件工作座谈会纪要》（法〔2001〕8号，2001年1月21日施行）

（二）关于破坏金融管理秩序罪

3. 用账外客户资金非法拆借、发放贷款行为的认定和处罚

银行或者其他金融机构及其工作人员以牟利为目的，采取吸收客户资金不入账的方式，将客户资金用于非法拆借、发放贷款，造成重大损失的，构成用账外客户资金非法拆借、发放贷款罪。[①] 以牟利为目的，是指金融机构及其工作人员为本单位或者个人牟利，不具有这种目的，不构成该罪。这里的“牟利”，一般是指谋取用账外客户资金非法拆借、发放贷款所产生的非法收益，如利息、差价等。对于用款人为取得贷款而支付的回扣、手续费等，应根据具体情况分别处理：银行或者其他金融机构用账外客户资金非法拆借、发放贷款，收取的回扣、手续费等，应认定为“牟利”；银行或者其他金融机构的工作人员利用职务上的便利，用账外客户资金非法拆借、发放贷款，收取回扣、手续费等，数额较小的，以“牟利”论处；银行或者其他金融机构的工作人员将用款人支付给单位的回扣、手续费秘密占为己有，数额较大的，以贪污罪定罪处罚；银行或者其他金融机构的工作人员利用职务便利，用账外客户资金非法拆借、发放贷款，索取用款人的财物，或者非法收受其他财物，或者收取回扣、手续费等，数额较大的，以受贿罪定罪处罚。

（十）如何区分贪污罪与私分国有资产罪

案例24-12 杨某某贪污、受贿案[②]

争议焦点：如何区分贪污罪与私分国有资产罪？

裁判要点：从实施主体、行为方式、受益人员等方面区分贪污罪和私分国有资

---

① 2006年6月29日《刑法修正案（六）》施行后，根据2007年11月6日施行的《最高人民法院、最高人民检察院关于执行〈中华人民共和国刑法〉确定罪名的补充规定（三）》已将“用账外客户资金非法拆借、发放贷款罪”修改为“吸收客户资金不入账罪”。

② 参见最高人民法院刑事审判第一、二、三、四、五庭主办：《中国刑事审判指导案例》（06卷），法律出版社2017年版，第81页。

产罪。

私分国有资产罪和贪污罪在以下几个构成方面的差别是明显的:第一,实施主体方面。私分国有资产罪是单位犯罪,贪污罪则是自然人犯罪。第二,行为方式方面。私分国有资产罪一般表现为本单位领导集体研究决定并由单位统一组织实施,尽管往往需要采取一定的欺骗手段以逃避有关部门的监管,但就本单位内部而言是相对公开的,因而具有较大程度和较大范围的公开性;贪污罪表现为行为人利用职务便利,以侵吞、窃取、骗取等不为人所知或者他人不知实情的方式实施,除了行为人或者共同行为人之外,其他人并不知情,因而具有相当的秘密性和隐蔽性。第三,受益人员的数量、构成方面。私分国有资产属于集体私分行为,表现为单位多数员工甚至所有员工均实际分取了财物,在受益人员的数量上具有多数性特征,而且,一般不以某一特定层面为限,在受益人员的构成上具有广泛性特征。在私分国有资产行为当中,决策和具体执行的人员可以不是实际受益人,但是,实际受益人员不能仅仅局限在决策和具体执行等少数人员。贪污罪属于个人侵占行为,分取赃物人与贪污行为人是直接对应的,具有一致性。在共同贪污犯罪中,分取赃物人仅限于参与决策、具体实施贪污行为以及为贪污行为提供帮助等共同犯罪人。实践中也存在部分共同贪污犯罪人未分取赃物或者将赃物交给共同犯罪人之外的其他人的情形,但这属于赃物的事后分割和处理问题。多数性和广泛性的判断,不能单纯地以人数的多寡为依据,应当结合决策、执行人员与其他人员的比例关系加以具体分析,从而区分究竟是为了个人利益,还是为了单位多数人利益。

(十一)如何区分贪污罪与非法经营同类营业罪

案例24－13 祝某某等贪污案①

争议焦点:增设中间环节截留国有财产的行为如何认定?

裁判要点:获取购销差价的非法经营同类营业行为与增设中间环节截留国有财产的贪污行为在增设中间环节、获取购销差价上具有共同性,但同时存在以下四点区别:

① 参见最高人民法院刑事审判第一、二、三、四、五庭主办:《刑事审判参考》(总第103集),法律出版社2016年版,第86～90页。

第一，对增设的中间环节是否客观存在要求不同。两种犯罪行为都人为地增设了中间环节，使国有公司、企业原本与业务单位的直接购销关系变成了有其他公司、企业参与的间接购销关系，这个中间环节不是因经营的客观需要而自然产生的，本来不应存在，属于行为人故意设置。但是就获取购销差价的非法经营同类营业行为而言，由于需要从事同类营业，故增设的中间环节通常是客观所需，且中间环节所涉及的公司、企业往往成立并从事同类或者类似的经营行为已有一定时日；而对增设中间环节截留国有财产的贪污行为而言，由于虚设的中间环节不是用于正常的经营活动，故增设的中间环节通常是为了截留国有资产的目的而虚构的。在经济活动中，尽管有时增设的中间环节涉及的公司、企业真实存在，但这些公司、企业往往是为了承揽相关业务而成立，并无从事同类或者类似经营行为的经历。

第二，对增设的中间环节是否具有经营能力要求不同。如果增设的中间环节都是客观存在的，则要看增设的中间环节是否具有经营能力。一般而言，贪污罪中为截留国有财产而增设的中间环节的经营，往往是无经营投资、无经营场地和无经营人员，即属于“三无”经营；而非法经营同类营业罪中增设的中间环节的经营，是有投资、有经营场所、有经营人员的经营，即具有经营同类营业的完全能力。

第三，对增设的中间环节是否进行了实际经营活动并承担一定的经营责任风险要求不同。如果增设的中间环节都客观存在且具有经营能力，则要看增设的中间环节是否进行了实际经营活动并承担一定的经营责任风险。有经营就有风险，就可能存在盈亏。如果增设的中间环节进行了实际经营活动并承担了一定的经营责任风险，则行为人所获取的购销差价系通过利用国有公司、企业让渡的商业机会所进行的经营所得，属于获取购销差价的非法经营同类营业行为；如果增设的中间环节没有进行实际经营活动，而是由国有公司、企业一手操办，或者进行了相关的经营活动，但只管盈利，而由国有公司、企业承担经营责任风险的，则此时行为人所获取的购销差价不是经营所得而是截留的国有财产，属于增设中间环节截留国有财产的贪污行为。

第四，对所获取的购销差价是否合理要求不同。如果增设的中间环节不仅客观存在、具有经营能力，而且进行了实际经营活动并承担了一定的经营责任风险，则要看所获取的购销差价是否合理。获取的购销差价合理的，属于获取购销差价的非法经营同类营业行为；不合理的，则为增设中间环节截留国有财产的贪污行为，因为此时的差价不再是经营行为的对价。当然，在法律没有明确规定的情况下，其合理范围需要司法人员根据经验具体把握。

一言以蔽之，区分获取购销差价的非法经营同类营业行为与增设中间环节截留国有财产的贪污行为的关键，在于行为人是采取何种方式取得非法利益的。如果行为人直接通过非法手段将国有公司、企业的财产转移到兼营公司、企业中，属于截留国有财产的贪污行为，构成贪污罪；如果行为人没有直接转移财产，而是利用职务便利将任职国有公司、企业的营利性商业机会交由兼营公司、企业经营，获取数额巨大的非法利益的，则构成非法经营同类营业罪。因为国有公司、企业让渡给兼营公司、企业的是商业机会，商业机会本身并非财物，不能成为贪污罪的对象。而且兼营公司、企业所获取的非法利益，系利用让渡的商业机会所进行的经营所得，这种经营行为本身就存在一定的风险，并不意味着会百分之百地获利，与采取非法手段将国有公司、企业的财产直接转移到兼营公司、企业中的贪污行为方式不同。

（十二）以单位名义向其他单位或者个人索要“赞助费”并据为己有的行为的定性

案例24－14　阎某某、钱某某贪污、受贿案①

争议焦点：如何认定以单位名义索要的“赞助费”的行为？

裁判要点：以单位名义索要“赞助费”并据为己有的构成贪污罪。

在具体的受贿犯罪中，国家工作人员（受贿或索贿主体）与“他人”（行贿主体）间，应当具有主观认知上的对应性和客观行为上的互动性。本案的特殊性在于，被告人没有利用职务上的便利直接占有本单位原有的公共财物，而是将以单位名义向其他单位索要的财物占为已有。由于阎某某是以市场协会需投资为名向苏交所拉“赞助”，而作为其相对方的苏交所，也是考虑到苏交所系市场协会的会员，阎某某作为省体改委的领导及市场协会对苏交所一向多有帮助，故向市场协会提供赞助亦属情理之中，遂按阎某某的要求为市场协会办理了80万元的付款转账手续。无论被告人阎某某的“借款”之说能否成立，都不影响该80万元系市场协会公款的认定。从阎某某开户转账行为的后果看，由于苏交所的本意系应阎某某的要求向市场协会提供赞助，故尽管阎某某事后以市场协会的名义出具

① 参见最高人民法院刑事审判第一、二、三、四、五庭主办：《中国刑事审判指导案例》（06卷），法律出版社2017年版，第86～87页。

了借款手续，但案发前苏交所从未向市场协会提出还款要求。假如苏交所在诉讼时效内，依据上述真实的银行转账票据和借款收据主张该债权，市场协会显然不能对该债务提出抗辩。既然市场协会对该80万元负有偿还责任，与之相应，市场协会对苏交所“出借”之80万元资金即应享有所有权。由此可见，阎某某利用职务之便开设并被其控制的单位账户，就其本质而言无异于单位使用的其他银行账户，因而是有效的市场协会之账户。苏交所依其真实的意思表示将赞助市场协会的80万元转账至该账户后，该款的所有权即转移至市场协会，故阎某某伙同钱某某占有该80万元系非法占有本单位财产的行为。

（十三）将个人损失转嫁给国有单位的行为的定性

案例24－15　窦某某、冼某某贪污案①

争议焦点：将个人损失转嫁给国有单位的行为如何定性？

裁判要点：将个人损失转嫁给国有单位的行为构成贪污罪。

被告人窦某某、冼某某身为国有企业中工作人员，在为各自单位从事期货交易活动过程中，利用职务便利，采取欺骗手段，将私人账户上的期货合约在价格下跌时分别转入国有企业账户，造成国有企业在转入当天的持仓亏损分别3.84万元和2.8万元。这种向国有企业转嫁个人损失的做法，虽然没有表现为直接地占有国有财物，但实质是以国有企业亏损来弥补个人损失的手段占有国有财物，是非法占有的一种行为。依照刑法第三百八十二条的规定，窦某某、冼某某的行为构成贪污罪，公诉机关指控罪名成立。本案的贪污数额，应按窦某某、冼某某移仓当日的结算价计算。

（十四）内外勾结骗取征地拆迁补偿款、政府补助款等行为的定性

第一种情况：国家工作人员与非国家工作人员勾结进行骗取，双方均有分到赃款。

国家工作人员伙同他人勾结，事后由本人或特定关系人瓜分到骗取的补偿款、补助款的，实践中以贪污罪定罪处罚无争议。

第二种情况：国家工作人员与非国家工作人员勾结进行骗取，但国家工作人员

---

① 载《最高人民法院公报》2003年第2期。

未从中分到赃款。

国家工作人员与非国家工作人员勾结骗取补偿款、补助款但国家工作人员未从中分赃的，实践中有的法院对国家工作人员和非国家工作人员均以贪污罪定罪处罚，也有法院对国家工作人员以滥用职权罪定罪处罚，对非国家工作人员以诈骗罪定罪处罚。

案例 24－16　陆某、王某贪污案①

争议焦点：骗取补偿款但未占有赃款的行为如何定性？

裁判要点：国家工作人员与非国家工作人员勾结骗取补偿款但未从中分到赃款的双方以共同贪污罪定罪处罚。

2011 年 10 月，在南京市玄武区某拆迁地段，已拆迁的王某认为自己的房屋拆迁补偿款少，多次找到身为拆迁审核员的朋友陆某帮忙。在陆某的授意下，王某制作了假离婚证等分户证明材料，交给陆某操作。后陆某以王某"离异"妻子的名义伪造了总额 47 万余元的分户拆迁补偿安置协议，并加盖自己掌握的审核章，交财务支付。在将首批补偿款 104,375 元领出交给王某持有后不久，陆某的行为暴露，剩余款项王某未能取得。2012 年 11 月 23 日，南京市玄武区人民法院以被告人陆某、王某等人犯贪污罪，一审判处有期徒刑十年，并处没收财产人民币 5 万元。陆某不服，以自己的行为是渎职性质，依法不构成犯罪为由提出上诉。2013 年 7 月 5 日，南京市中级人民法院二审裁定驳回被告人的上诉，维持原判。

案例 24－17　涂某某贪污、滥用职权案②

争议焦点：骗取补偿款但未占有赃款的行为如何定性？

裁判要点：国家工作人员与非国家工作人员勾结骗取补偿款但本人未从中分到赃款的，对国家工作人员以滥用职权罪、对非国家工作人员以诈骗罪定罪处罚。

2010 年 2 月，浦口区江浦街道办事处下文授权各村为控违拆违的责任单位，村书记系第一责任人，负责对新增违法建筑做到早发现、早制止、早上报、早拆除

① 参见钱叶六：《内外勾结共同骗取征地拆迁补偿款的定性研究》，载《南京工业大学学报》（社会科学版）2014 年第 3 期。

② （2014）苏刑二终字第 00043 号，载中国裁判文书网，http://wenshu.court.gov.cn，最后访问时间：2019 年 1 月 12 日。

等工作。2009年至2010年上半年，被告人涂某某在担任南京市浦口区江浦街道光明村党支部书记、村委会主任期间，利用其全面负责光明村控违拆违工作的职务便利，先后以光明村委会名义分别与被告人李某正、邓某龙、刘某林等人签订《土地租赁合同》，约定租期内固定资产由李某正等人投资使用，纳入光明村委会的资产，固定资产在遇到国家或上级政府征用时，拆迁补偿费的40%归光明村委会所有，60%归个人所有。2010年上半年，光明村委会明知被告人李某正、刘某林、邓某龙没有办理合法手续，仍违规让李某正等人在光明村所租赁的土地上新建了厂房、工棚等建筑。

2010年2月，浦口区江浦街道办事处下文授权征地拆迁案所在村为拆迁责任单位，负责组织实施征地拆迁工作。2010年7月，浦口区政府正式确定征地拆迁案为江浦街道光明村环城西路项目，光明村委会受江浦街道的委托，负责组织实施对该项目的征地拆迁工作。2010年8月至2011年3月，在浦口区江浦街道光明村环城西路项目拆迁过程中，光明村委会与江浦街道拆迁办项目负责人卓某(已判刑)等人共谋后，由卓某将李某正、邓某龙、刘某林、谢某等人的无证厂房、工棚等以光明村委会名义进行登记、丈量，后因担心江浦街道会向光明村分取部分拆迁补偿款，又以李某正的百全公司名义重新登记并申请了拆迁补偿款，骗取国家拆迁补偿款共计人民币490.78万元。上述款项由光明村委会控制与分配，其中:200万元转入江浦街道会计核算中心归光明村委会所有，被告人李某正非法获取98.6万元，被告人刘某林非法获取90.96万元，被告人邓某龙非法获取65.2万元，余款36万余元分给了谢某等人。

一审法院判决涂某某的行为构成贪污罪(共同犯罪)。二审判决认为:涂某某出于为光明村集体谋取非法利益的目的，利用协助人民政府从事公务的职务便利，和卓某等人共谋，将上诉人李某正等人违法搭建的临时建筑虚假登记为合法建筑申报拆迁补偿，所骗得的490余万元拆迁补偿款分别被光明村集体和李某正等个人非法占有，应当整体认定为与国家机关工作人员共同滥用职权、造成国家资产重大损失的行为，应以滥用职权罪追究其刑事责任。而对于李某正等其他人明知自己违法搭建建筑不符合拆迁补偿的政策，出于非法获利的目的，仍同意将违法建筑交由光明村拆迁，主观上均具有非法占有国家拆迁补偿款的概括故意，各自骗取国家拆迁补偿款数额特别巨大，应当以诈骗罪分别追究刑事责任，而并非滥用职权罪的共犯。

第三种情况：国家机关工作人员与协助政府从事行政管理工作的农村基层组织成员（法律上的国家工作人员）勾结进行骗取，但未从中分到赃款的，对双方均以贪污罪定罪处罚。

政府工作人员与协助政府从事征地拆迁工作的村干部共谋利用职务便利给村干部虚增面积等虚假形式骗取国家补偿款或者补助款，即使政府工作人员未获利，这种行为属于国家工作人员（政府工作人员）与国家工作人员（村干部）共谋，并在双方各自利用相互的职务便利的共同作用下才能骗取补偿款、补助款，完全符合贪污罪共同犯罪的构成要件，也符合《最高人民法院、最高人民检察院关于办理渎职刑事案件适用法律若干问题的解释（一）》第四条第二款“国家机关工作人员与他人共谋，利用其职务行为帮助他人实施其他犯罪行为，同时构成渎职犯罪和共谋实施的其他犯罪共犯的，依照处罚较重的规定定罪处罚”的规定。

案例24－18　张某某、周某某贪污案①

争议焦点：骗取补偿款但未占有赃款的行为如何定性？

裁判要点：国家工作人员为协助政府征地工作的村干部虚增面积，即使未获利也属于为他人贪污提供帮助构成贪污罪共犯。

2012年11月，时任某乡镇人民政府村镇规划建设办公室主任的被告人张某某利用自己负责征地工作的职务之便，与协助人民政府从事征地工作的某村村委会主任周某某进行共谋，利用各自的职务之便为被告人周某某骗取征地权益，将周某某名下的征地面积75.96m^2数据的小数点向右移动一位变为759.6m^2。经操作，虚增的759.6m^2征地面积经某镇人民政府审批确定的征地权益为征地补偿款65,857.3元和留地面积113.94m^2，经评估，留地的市场价格为3500元/m^2。

一审法院认定张某某、周某某构成共同贪污罪。二审法院认为：周某某身为其他依照法律从事公务的人员，利用协助人民政府从事征地的职务便利，侵吞、骗取征地补偿款项及安置留地补偿权益，张某某身为国家机关工作人员，利用职务便利为他人贪污提供帮助，二上诉人的行为均已构成贪污罪。

---

① (2014)浙温刑终字第744号，载中国裁判文书网，http://wenshu.court.gov.cn，最后访问时间：2019年1月13日。

(十五)价值无法鉴定情况下贪污数额的认定

案例24－19　杨某某贪污案[①]

争议焦点:贪污数额如何认定?

裁判要点:价值无法鉴定的情况下,根据其明确获利的数额认定贪污数额。

杨某某于2001年11月至2002年年初,在中国美术出版总社出版发行部工作期间,利用担任出版发行部样书库库管员的职务便利,将其负责保管的该社于1950年至1965年发行的连环画《三打祝家庄》等样书1800余册盗出并销售,共获销赃款人民币16万元。

北京市东城区人民法院审理认为,杨某某身为国有企业中从事公务的人员,利用职务便利窃取公共财产,其行为侵犯了公共财产的所有权,已构成贪污罪,依法应予刑罚处罚。

杨某某贪污的手段为窃取公共财产,在无其他方法可以鉴定贪污数额的情况下,依据其明确获得的16万元的数额认定贪污数额是适宜的,解决了鉴定机构因无实物而无法作价的问题。

(十六)截留收入中有单位应给的奖励款是否从贪污的数额中予以扣除

案例24－20　王某贪污案[②]

争议要点:贪污数额如何认定?

裁判要点:截留收入中有单位应给的奖励款不应从贪污的数额中予以扣除。

实践中,大量存在行为人侵吞单位货款或其他收入,而单位本身又有规定或惯例,会将货款、收入的一定比例作为资金返还给行为人的情形。如被告人王某系某国有企业车间主任,为鼓励创收,该企业规定在保障职工月基本工资的前提下,每月进行财务核算,各车间超额完成收入的5%返给车间主任作为其个人的奖金,其余95%留给企业统一调配管理。2007年,王某在完成各月规定任务后,利用一些客户不需要发票的机会,私揽数笔业务在该车间完成,累计获利10万元,全部据为己有。

---

① 参见最高人民法院中国应用法学研究所编:《人民法院案例选》(刑事卷第7册),人民法院出版社2017年版,第3832页。

② 参见沈志先主编:《职务犯罪审判实务》,法律出版社2013年版,第86～87页。

我们认为,此种情形下行为人应得的奖励款不应当从贪污数额中予以扣除,应认定王某的贪污数额为10万元。主要理由是:第一,该笔超收的10万元属于企业的经营所得,在未作出处理分配前仍然是企业所有的财产,所有权当然归于单位,依法应当受到刑法独立保护。行为人王某无权依据单位的所谓规定,直接处分企业财产。第二,企业规定本身随时可能进行修改,行为人王某超收的10万元并不代表其必然得到5000元的奖励。第三,股东侵吞公司财产的,对于股东在公司中所持有的个人份额,尚不能从贪污数额中予以扣除,类似于本案所涉奖金、合理分红等就更不应从贪污数额中予以扣除。

(十七)如何认定“小金库”性质的公司为单位所有还是个人所有

案例24-21　王某某挪用公款、贪污案①

争议焦点:如何认定“小金库”的所有者?

裁判要点:从知情面、经费使用、受益方等判断“小金库”公司的性质。

从公司设立知情面来看,虽然从表面上看知情面较窄,具有一定的隐蔽性,但由于“小金库”性质公司的设立体现的是单位意志,单位的决策管理层应当对该公司的设立知情,而绝非仅个别领导知情。本案中,转制前的通阳公司由神牛公司出资设立,此时神牛公司管理层对通阳公司的设立是知情的。从公司管理来看,“小金库”及“小金库”性质公司的管理同样应体现单位意志,在“小金库”资金的收入、支出,或者“小金库”性质公司的人、财、物管理等方面都应体现单位的集体决策。因为从本质来讲,单位“小金库”中的资金仍属于单位财产,即使成立了独立的“小金库”性质公司,该公司的财产也属于设立该公司的单位所有,公司事务也应由设立该公司的单位管理。从经费的使用及受益方来看,“小金库”或者“小金库”性质公司中的资金由设立其的单位支配、使用,受益方也是设立该“小金库”的单位,这是由“小金库”的性质决定的。

① 参见最高人民法院刑事审判第一、二、三、四、五庭编:《刑事审判参考》(总第106集),法律出版社2017年版,第43~44页。

（十八）其他法律适用

《最高人民法院研究室关于对行为人通过伪造国家机关公文、证件担任国家工作人员职务并利用职务上的便利侵占本单位财物收受贿赂挪用本单位资金等行为如何适用法律问题的答复》（法研〔2004〕38号，2004年3月20日施行）

行为人通过伪造国家机关公文、证件担任国家工作人员职务以后，又利用职务上的便利实施侵占本单位财物、收受贿赂、挪用本单位资金等行为，构成犯罪的，应当分别以伪造国家机关公文、证件罪和相应的贪污罪、受贿罪、挪用公款罪等追究刑事责任，实行数罪并罚。

《最高人民法院、最高人民检察院关于办理虚假诉讼刑事案件适用法律若干问题的解释》（法释〔2018〕17号，2018年10月1日施行）

第一条　采取伪造证据、虚假陈述等手段，实施下列行为之一，捏造民事法律关系，虚构民事纠纷，向人民法院提起民事诉讼的，应当认定为刑法第三百零七条之一第一款①规定的“以捏造的事实提起民事诉讼”：

（一）与夫妻一方恶意串通，捏造夫妻共同债务的；

（二）与他人恶意串通，捏造债权债务关系和以物抵债协议的；

（三）与公司、企业的法定代表人、董事、监事、经理或者其他管理人员恶意串通，捏造公司、企业债务或者担保义务的；

（四）捏造知识产权侵权关系或者不正当竞争关系的；

（五）在破产案件审理过程中申报捏造的债权的；

（六）与被执行人恶意串通，捏造债权或者对查封、扣押、冻结财产的优先权、担保物权的；

（七）单方或者与他人恶意串通，捏造身份、合同、侵权、继承等民事法律关系的其他行为。

① 刑法第三百零七条之一第一款规定：“以捏造的事实提起民事诉讼，妨害司法秩序或者严重侵害他人合法权益的，处三年以下有期徒刑、拘役或者管制，并处或者单处罚金；情节严重的，处三年以上七年以下有期徒刑，并处罚金。”

> 隐瞒债务已经全部清偿的事实，向人民法院提起民事诉讼，要求他人履行债务的，以“以捏造的事实提起民事诉讼”论。
>
> 向人民法院申请执行基于捏造的事实作出的仲裁裁决、公证债权文书，或者在民事执行过程中以捏造的事实对执行标的提出异议、申请参与执行财产分配的，属于刑法第三百零七条之一第一款规定的“以捏造的事实提起民事诉讼”。
>
> 第四条　实施刑法第三百零七条之一第一款行为，非法占有他人财产或者逃避合法债务，又构成诈骗罪，职务侵占罪，拒不执行判决、裁定罪，贪污罪等犯罪的，依照处罚较重的规定定罪从重处罚。

三、取证指引

收集被调查人涉嫌贪污罪的证据，应注意以下要点：

第一，注意收集行为人职务的证据。“公务”与“劳务”不同，从事“公务”的人员为国家工作人员，从事“劳务”的人员并非国家工作人员。而且，注意区分行为人系利用职务上的便利还是工作上的便利，因为二者触犯的罪名是不同的。

第二，注意收集单位负责人的意见或集体研究的意见。如果单位集体研究决定侵吞公款并以集体名义私分给个人，系私分国有资产罪而非贪污罪。

第三，注意收集行为人主观故意的证据。当其占有的主观故意与客观行为结合时才能构成贪污罪，否则只有挪用的故意则构成挪用类犯罪。

第四，注意收集款项去向的证据。庭审中，经常出现被告辩称用于单位公务支出的情况，在调查阶段应查明去向问题，以免陷入被动。

（一）主体证据

本罪的主体是一般主体，即年满十六周岁、具有刑事责任能力的自然人。自然人犯罪的主体证据可参考本书第一讲“高利转贷罪”中关于“主体证据”的相关内容。

（二）主观方面证据

主观方面证据主要通过行为人的供述和辩解等证据确定以下事实：

（1）有无贪污行为，是否知道或应当知道其所侵犯的是公共财产，是否清楚占有公共财产的后果,在清楚后果的情况下为何去占有,占有的目的是什么,占有后储存、转移和使用方法和用途是什么。另外,原持挪用的故意后又转为占有的故意需在讯问笔录中明确。

(2)共同犯罪的,讯问其完整的共谋过程,如何确定其他共犯人、犯意由谁提起,犯罪如何分工、赃款如何分配等。

(3)讯问其所占有的是何种财产,如是单位的收入、支出、往来款还是资产;是国有资产还是劳动群众集体所有的财产;是银行存款、现金、还是股票、债券等;是不是扶贫或其他公益事业的社会捐助或专项资金;如是个人财产是否被国家机关、国有公司、企业、集体企业和人民团体管理、使用或运输。

(三)客观方面证据

(1)讯问其如何利用职务便利,利用的是自己的职务便利还是有隶属、制约关系的下级的职务便利;采取何种手段骗取、窃取、侵吞、私分公共财产,是虚列支出、虚构交易、虚报人员和项目、重复报销还是直接侵吞等;公共财产何时被其控制,现在何处;占有公共财产的过程是否有其他人知情或授意,是否与他人合伙?是否在国内公务活动或对外交往中接受礼物而不上交?

(2)贪污款物的去向,是否隐瞒真实去向,是否用于非法活动,是否归还、退赃,是否有能力归还而不归还,是否用于公务支出或社会捐赠。是否存在挪用行为向贪污行为的转化,是否采取虚假平账、不入账等手段,是否携带挪用的公款潜逃。

(3)贪污的时间、地点、数额、次数。

(4)询问被调查人近亲属是否知情,是否有收到被调查人大额款项的情况,被调查人消费情况如何,家中是谁管钱,有无家庭记账等。

(5)询问本单位财务人员是否知情,涉案票据是否异常、何时入账,被调查人报销票据时有何表现,是否收受被调查人财物或在子女升学、就业或其他事项上得到其帮助。

(6)询问与其个人或单位有经济往来的第三方,二者之间的收付款情况,款项的去向,由何人经手等。

(7)询问公务活动或对外交往中的送礼人,礼物的来源、价值以及给予的到底是国家还是个人等。

(8)调取证明财物去向的书证,包括单位的银行对账单、取款或存款凭条、转账记录、账簿、原始凭证、记账凭证、现金支票、转账支票、票据存根、出库入库单、汇兑比率表、个人的银行存款明细等。

(9)手机通话记录,短信记录,QQ、微信聊天记录,支付宝、微信收款和支付记录,淘宝购物记录、游戏充值记录、打赏主播记录、网络平台借款记录、网络赌博记录、下注记录、会计电子记账等。

第二十五讲
LECTURE 25

受 贿 罪

一、犯罪构成

刑法第三百八十五条　受贿罪

国家工作人员利用职务上的便利，索取他人财物的，或者非法收受他人财物，为他人谋取利益的，是受贿罪。

国家工作人员在经济往来中，违反国家规定，收受各种名义的回扣、手续费，归个人所有的，以受贿论处。

刑法第三百八十八条　受贿罪

国家工作人员利用本人职权或者地位形成的便利条件，通过其他国家工作人员职务上的行为，为请托人谋取不正当利益，索取请托人财物或者收受请托人财物的，以受贿论处。

刑法第一百六十三条第三款　受贿罪

国有公司、企业或者其他国有单位中从事公务的人员和国有公司、企业或者其他国有单位委派到非国有公司、企业以及其他单位从事公务的人员有前两款行为的，依照本法第三百八十五条、第三百八十六条的规定定罪处罚。

刑法第三百八十六条　受贿罪的处罚规定

对犯受贿罪的，根据受贿所得数额及情节，依照本法第三百八十三条的规定处罚。索贿的从重处罚。

刑法第三百八十三条第一款　贪污罪量刑情节

对犯贪污罪的，根据情节轻重，分别依照下列规定处罚：

（一）贪污数额较大或者有其他较重情节的，处三年以下有期徒刑或者拘役，并处罚金。

（二）贪污数额巨大或者有其他严重情节的，处三年以上十年以下有期徒刑，并处罚金或者没收财产。

（三）贪污数额特别巨大或者有其他特别严重情节的，处十年以上有期徒刑或者无期徒刑，并处罚金或者没收财产；数额特别巨大，并使国家和人民利益遭受特别重大损失的，处无期徒刑或者死刑，并处没收财产。

（一）犯罪主体

本罪为身份犯，主体是国家工作人员。刑法第九十三条对国家工作人员的定义和范围作了规定，在国家机关、国有公司、企业、事业单位、人民团体中从事公务的人员和国家机关、国有公司、企业、事业单位委派到非国有公司、企业、事业单位、社会团体从事公务的人员，以及其他依照法律从事公务的人员，均系国家工作人员，可成为受贿罪的主体。实践中，判断非国有单位中的人员是否系受贿罪主体，核心在于从事工作是否具有“公务性”，至于是否有公务员编制、是否“吃”财政工资、是否系临时工则在所不问。

值得注意的是，本罪和贪污罪的主体范围略有不同，贪污罪主体中的“受国有单位委托人员”不能构成受贿罪的主体。

（二）犯罪客体

本罪侵害的客体为复杂客体。受贿罪的本质是权钱交易，故本罪主要侵害的是国家工作人员的职务廉洁性，也即不可收买性。同时国家工作人员“为他人谋取利益”的行为也势必会给其他非行贿人带来不公平影响，故该罪同时也侵害了国家的正常管理秩序。

（三）犯罪主观方面

行为人犯此罪的主观心态表现为故意，即明知其收受或索取贿赂是以其职务便利或职务上的影响力作为交换条件的，还依然予以接受或索取。究其本质，在于行为人对于权钱交易的本质是明知的。

（四）犯罪客观方面

受贿罪的客观行为在不同的受贿模式下，有不同的表现。下面针对普通的收受型受贿犯罪详述之。

(1)索取或者收受他人财物。此处的财物即贿赂，包括金钱、物品和财产性利益。所谓财产性利益，即能够用金钱计算衡量其价值的利益。索取是行为人主动索要，一般称为"索取型"；收受则是行贿人主动提出，国家工作人员予以同意或接受，一般称为"收受型"。

(2)利用职务上的便利或职权的影响力。是否利用职务上的便利或职权影响力，这是实践中判断受贿与收受红包礼金的关键点。刑法第三百八十五条规定的是一般受贿罪，客观行为表现为"利用职务上的便利"，即行为人利用其本人职务上主管、负责、承办某项公共事务的职权，或利用职务上有隶属、制约关系的其他国家工作人员的职权。刑法第三百八十八条规定的是斡旋受贿，客观行为表现为：国家工作人员利用本人职权或者地位形成的便利条件，通过其他国家工作人员职务上的行为，为请托人谋取不正当利益并索取或收受财物。此时，其他国家工作人员与行为人之间并没有直接的隶属、制约关系，而是出于人情、社交或其他非权力制约因素予以帮助。

(3)为他人谋取利益。其包括承诺、实施和实现三个阶段，只要实施了任何一个阶段的行为，均可认定为为他人谋利，至于行为人是否实际为他人谋取了利益，谋取利益是否实现则在所不问。

值得注意的是，索取型受贿罪并不要求行为人为他人谋取利益，只要利用了职务上的便利索贿即可构成本罪。

二、常见疑难问题

（一）收受黑社会性质组织贿赂充当"保护伞"的认定

案例25－1　陆某某受贿案[①]

争议焦点：如何认定收受贿赂的行为人充当黑社会性质组织保护伞？

裁判要点：被告人陆某某身为国家的人民警察，担任刑侦大队队长等职务，职责任务之一是依法组织、指挥、协本部门调警力打击包括赌博等各种违法犯罪活

① 参见广西壮族自治区百色市中级人民法院(2018)桂10刑终14号刑事裁定书。

动，维护社会秩序，确保一方平安。而被告人陆某某却利用职务上的便利，顺应开设赌场的人提出刑侦大队不要查处其赌场的要求，充当开设赌场聚众赌博的不法分子的保护伞，明知开设赌场的人多次开设赌场聚众赌博谋取非法利益而不予查处，从而收受取好处费 34 万元人民币。其行为已触犯刑律，构成受贿罪。

案例 25－2　曾某受贿案①

争议焦点：如何处罚黑恶势力的保护伞？

裁判要点：法院认为，曾某身为国家机关工作人员，利用职务上的便利，非法收受他人财物，数额巨大，为他人谋取不正当利益，其行为已构成受贿罪。曾某身为公安机关的领导干部，利用职务之便，收受黑社会性质组织犯罪嫌疑人和毒品犯罪嫌疑人家属数额巨大的财物，承诺为其谋取不正当利益，酌情从重处罚；曾某归案后能如实供述自己的罪行，认罪悔罪，积极退赃，依法可从轻处罚；曾某在被羁押期间，还接受公安机关的安排，积极配合公安机关对涉嫌重大毒品犯罪嫌疑人的审讯工作，其行为虽不构成立功，但应酌情从轻处罚。“保护伞”是黑恶势力得以长期存在并发展壮大的重要因素。习近平总书记强调，要把扫黑除恶同反腐败结合起来，既抓涉黑组织，也抓后面的“保护伞”。人民法院对曾某判处刑罚，对充当黑恶势力的腐败分子形成有力震慑，彰显了人民法院坚决捍卫群众利益、坚决铲除“毒瘤”的鲜明态度。

（二）“国家工作人员”的认定

《全国法院审理经济犯罪案件工作座谈会纪要》（法〔2003〕167 号，2003 年 11 月 13 日施行）

刑法中所称的国家机关工作人员，是指在国家机关中从事公务的人员，包括在各级国家权力机关、行政机关、司法机关和军事机关中从事公务的人员。

根据有关立法解释的规定，在依照法律、法规规定行使国家行政管理职权的组织中从事公务的人员，或者在受国家机关委托代表国家行使职权的组织中从事公务的人员，或者虽未列入国家机关人员编制但在国家机关中从事公务的

① 参见广东省高级人民法院《扫黑除恶典型案例》（2018 年 12 月 20 日）。

人员，视为国家机关工作人员。在乡(镇)以上中国共产党机关、人民政协机关中从事公务的人员，司法实践中也应当视为国家机关工作人员。

(二)国家机关、国有公司、企业、事业单位委派到非国有公司、企业、事业单位、社会团体从事公务的人员的认定

所谓委派，即委任、派遣，其形式多种多样，如任命、指派、提名、批准等。不论被委派的人身份如何，只要是接受国家机关、国有公司、企业、事业单位委派，代表国家机关、国有公司、企业、事业单位在非国有公司、企业、事业单位、社会团体中从事组织、领导、监督、管理等工作，都可以认定为国家机关、国有公司、企业、事业单位委派到非国有公司、企业、事业单位、社会团体从事公务的人员。如国家机关、国有公司、企业、事业单位委派在国有控股或者参股的股份有限公司从事组织、领导、监督、管理等工作的人员，应当以国家工作人员论。国有公司、企业改制为股份有限公司后，原国有公司、企业的工作人员和股份有限公司新任命的人员中，除代表国有投资主体行使监督、管理职权的人外，不以国家工作人员论。

(三)"其他依照法律从事公务的人员"的认定

刑法第九十三条第二款规定的"其他依照法律从事公务的人员"应当具有两个特征：一是在特定条件下行使国家管理职能；二是依照法律规定从事公务。具体包括：(1)依法履行职责的各级人民代表大会代表；(2)依法履行审判职责的人民陪审员；(3)协助乡镇人民政府、街道办事处从事行政管理工作的村民委员会、居民委员会等农村和城市基层组织人员；(4)其他由法律授权从事公务的人员。

(四)关于"从事公务"的理解

从事公务，是指代表国家机关、国有公司、企业、事业单位、人民团体等履行组织、领导、监督、管理等职责。公务主要表现为与职权相联系的公共事务以及监督、管理国有财产的职务活动。如国家机关工作人员依法履行职责，国有公司的董事、经理、监事、会计、出纳人员等管理、监督国有财产等活动，属于从事公务。那些不具备职权内容的劳务活动、技术服务工作，如售货员、售票员等所从事的工作，一般不认为是公务。

《最高人民法院、最高人民检察院关于办理国家出资企业中职务犯罪案件具体应用法律若干问题的意见》(法发〔2010〕49 号,2010 年 11 月 26 日施行)

六、关于国家出资企业中国家工作人员的认定

经国家机关、国有公司、企业、事业单位提名、推荐、任命、批准等,在国有控股、参股公司及其分支机构中从事公务的人员,应当认定为国家工作人员。具体的任命机构和程序,不影响国家工作人员的认定。

经国家出资企业中负有管理、监督国有资产职责的组织批准或者研究决定,代表其在国有控股、参股公司及其分支机构中从事组织、领导、监督、经营、管理工作的人员,应当认定为国家工作人员。

国家出资企业中的国家工作人员,在国家出资企业中持有个人股份或者同时接受非国有股东委托的,不影响其国家工作人员身份的认定。

七、关于国家出资企业的界定

本意见所称"国家出资企业",包括国家出资的国有独资公司、国有独资企业,以及国有资本控股公司、国有资本参股公司。

是否属于国家出资企业不清楚的,应遵循"谁投资、谁拥有产权"的原则进行界定。企业注册登记中的资金来源与实际出资不符的,应根据实际出资情况确定企业的性质。企业实际出资情况不清楚的,可以综合工商注册、分配形式、经营管理等因素确定企业的性质。

案例 25-3 李某、唐某某受贿案①

争议焦点:媒体记者能否构成受贿罪的主体?

裁判要点:记者从事的新闻报道等业务活动属于职务行为,利用采访等实现舆论监督的手段索要财物的,属于"利用职务上的便利"。利用职务便利去强索财物,应构成受贿犯罪。认为本案二被告人构成敲诈勒索罪的意见,由于未能准确评价二被告人要挟行为中的职务因素,因此是不正确的。

① 最高人民法院刑事审判第一、二、三、四、五庭主办.:《刑事审判参考》2010 年第 1 集(总第 72 集),第 608 号案例,法律出版社 2010 年版。

（三）几类特殊的受贿罪主体

《最高人民法院、最高人民检察院关于办理商业贿赂刑事案件适用法律若干问题的意见》（法发〔2008〕33号，2008年11月20日施行）

四、医疗机构中的国家工作人员，在药品、医疗器械、医用卫生材料等医药产品采购活动中，利用职务上的便利，索取销售方财物，或者非法收受销售方财物，为销售方谋取利益，构成犯罪的，依照刑法第三百八十五条的规定，以受贿罪定罪处罚。

医疗机构中的非国家工作人员，有前款行为，数额较大的，依照刑法第一百六十三条的规定，以非国家工作人员受贿罪定罪处罚。

医疗机构中的医务人员，利用开处方的职务便利，以各种名义非法收受药品、医疗器械、医用卫生材料等医药产品销售方财物，为医药产品销售方谋取利益，数额较大的，依照刑法第一百六十三条的规定，以非国家工作人员受贿罪定罪处罚。

五、学校及其他教育机构中的国家工作人员，在教材、教具、校服或者其他物品的采购等活动中，利用职务上的便利，索取销售方财物，或者非法收受销售方财物，为销售方谋取利益，构成犯罪的，依照刑法第三百八十五条的规定，以受贿罪定罪处罚。

学校及其他教育机构中的非国家工作人员，有前款行为，数额较大的，依照刑法第一百六十三条的规定，以非国家工作人员受贿罪定罪处罚。

学校及其他教育机构中的教师，利用教学活动的职务便利，以各种名义非法收受教材、教具、校服或者其他物品销售方财物，为教材、教具、校服或者其他物品销售方谋取利益，数额较大的，依照刑法第一百六十三条的规定，以非国家工作人员受贿罪定罪处罚。

六、依法组建的评标委员会、竞争性谈判采购中谈判小组、询价采购中询价小组的组成人员，在招标、政府采购等事项的评标或者采购活动中，索取他人财物或者非法收受他人财物，为他人谋取利益，数额较大的，依照刑法第一百六十三条的规定，以非国家工作人员受贿罪定罪处罚。

依法组建的评标委员会、竞争性谈判采购中谈判小组、询价采购中询价小组中国家机关或者其他国有单位的代表有前款行为的，依照刑法第三百八十五条的规定，以受贿罪定罪处罚。

《最高人民检察院法律政策研究室关于集体性质的乡镇卫生院院长利用职务之便收受他人财物的行为如何适用法律问题的答复》(〔2003〕高检研发第9号,2003年4月2日施行)

经过乡镇政府或者主管行政机关任命的乡镇卫生院院长,在依法从事本区域卫生工作的管理与业务技术指导,承担医疗预防保健服务工作等公务活动时,属于刑法第九十三条第二款规定的其他依照法律从事公务的人员。对其利用职务上的便利,索取他人财物的,或者非法收受他人财物,为他人谋取利益的,应当依照刑法第三百八十五条、第三百八十六条的规定,以受贿罪追究刑事责任。

(四)"利用职务上的便利"的认定

《全国法院审理经济犯罪案件工作座谈会纪要》(法〔2003〕167号,2003年11月13日施行)

三、关于受贿罪

(一)关于"利用职务上的便利"的认定

刑法第三百八十五条第一款规定的"利用职务上的便利",既包括利用本人职务上主管、负责、承办某项公共事务的职权,也包括利用职务上有隶属、制约关系的其他国家工作人员的职权。担任单位领导职务的国家工作人员通过不属自己主管的下级部门的国家工作人员的职务为他人谋取利益的,应当认定为"利用职务上的便利"为他人谋取利益。

案例25-4 方某受贿案①

争议焦点:国家工作人员以"劳务报酬"为名收受的请托人财物是否应认定为受贿?

裁判要点:对于国家工作人员没有利用职务便利,仅仅是利用个人的技术、管理专长为他人提供服务,收取相应报酬的,因为没有职权与金钱交易性质,故该报

① 最高人民法院刑事审判第一、二、三、四、五庭主办:《刑事审判参考》2006年第4集(总第51集),第407号案例,法律出版社2007年版。

酬属于合理收入，不应认定为受贿。如何正确区分正当的劳务报酬与非法的行贿受贿的界限，司法中应当注意从以下几个方面进行综合把握：(1)国家工作人员是利用职务便利为他人谋取利益收受财物还是利用个人技术换取报酬；(2)是否确实提供了有关服务；(3)接受的财物是否与提供的服务等值。

（五）“利用本人职权或者地位形成的便利条件”的认定

《全国法院审理经济犯罪案件工作座谈会纪要》（法〔2003〕167号，2003年11月13日施行）

三、关于受贿罪

（三）“利用职权或地位形成的便利条件”的认定

刑法第三百八十八条规定的“利用本人职权或者地位形成的便利条件”，是指行为人与被其利用的国家工作人员之间在职务上虽然没有隶属、制约关系，但是行为人利用了本人职权或者地位产生的影响和一定的工作联系，如单位内不同部门的国家工作人员之间、上下级单位没有职务上隶属、制约关系的国家工作人员之间、有工作联系的不同单位的国家工作人员之间等。

（六）“为他人谋取利益”的认定

《最高人民法院、最高人民检察院关于办理贪污贿赂刑事案件适用法律若干问题的解释》（法释〔2016〕9号，2016年4月18日施行）

第十三条　具有下列情形之一的，应当认定为“为他人谋取利益”，构成犯罪的，应当依照刑法关于受贿犯罪的规定定罪处罚：

（一）实际或者承诺为他人谋取利益的；

（二）明知他人有具体请托事项的；

（三）履职时未被请托，但事后基于该履职事由收受他人财物的。

国家工作人员索取、收受具有上下级关系的下属或者具有行政管理关系的被管理人员的财物价值三万元以上，可能影响职权行使的，视为承诺为他人谋取利益。

《全国法院审理经济犯罪案件工作座谈会纪要》(法〔2003〕167 号,2003 年 11 月 13 日施行)

三、关于受贿罪

(四)离职国家工作人员收受财物行为的处理

参照《最高人民法院关于国家工作人员利用职务上的便利为他人谋取利益离退休后收受财物行为如何处理问题的批复》规定的精神,国家工作人员利用职务上的便利为请托人谋取利益,并与请托人事先约定,在其离职后收受请托人财物,构成犯罪的,以受贿罪定罪处罚。

案例 25-5 凌某某受贿案[①]

争议焦点:明知他人有与自己职务相关的请托事项而高价出租房屋给请托人,是否构成"为他人谋取利益"?

裁判要点:为他人谋取利益是一个行为过程,包括主观故意的发生即行贿、受贿双方形成合意,具体的谋取利益行为即利用职务便利实际为他人谋取利益和最终的结果即行贿人因受贿人的职务行为谋取到了利益三个部分。只要具备其中一个部分,就可以认定具备了为他人谋取利益的构成要件。承诺可以是明示的方式,也可以是默示的方式。明示的方式就是当请托人请托时,明确答应帮忙办事。默示的方式是当请托人请托时,国家工作人员不明确表态是否帮忙,但通过行为可以判断出其态度,如收下了请托人的财物。

本案中,行为人明知他人有与其职权相关的请托事项,仍然以明显高于市场的价格向他人出租自己的房屋.实质上是收受请托人的财物,可以视为行为人默示同意为对方谋取利益。

① 最高人民法院刑事审判第一、二、三、四、五庭主办:《刑事审判参考》2014 年第 4 集(总第 99 集),第 1019 号案例,法律出版社 2015 年版。

（七）不正当利益的认定

《最高人民法院、最高人民检察院关于办理行贿刑事案件具体应用法律若干问题的解释》（法释〔2012〕22 号，2013 年 1 月 1 日施行）

第十二条　行贿犯罪中的“谋取不正当利益”，是指行贿人谋取的利益违反法律、法规、规章、政策规定，或者要求国家工作人员违反法律、法规、规章、政策、行业规范的规定，为自己提供帮助或者方便条件。

违背公平、公正原则，在经济、组织人事管理等活动中，谋取竞争优势的，应当认定为“谋取不正当利益”。

《最高人民法院、最高人民检察院关于办理商业贿赂刑事案件适用法律若干问题的意见》（法发〔2008〕33 号，2008 年 11 月 20 日施行）

九、在行贿犯罪中，“谋取不正当利益”，是指行贿人谋取违反法律、法规、规章或者政策规定的利益，或者要求对方违反法律、法规、规章、政策、行业规范的规定提供帮助或者方便条件。

在招标投标、政府采购等商业活动中，违背公平原则，给予相关人员财物以谋取竞争优势的，属于“谋取不正当利益”。

（八）受贿罪中“财物”的范围和计算

《最高人民法院、最高人民检察院关于办理贪污贿赂刑事案件适用法律若干问题的解释》（法释〔2016〕9 号，2016 年 4 月 18 日施行）

第十二条　贿赂犯罪中的“财物”，包括货币、物品和财产性利益。财产性利益包括可以折算为货币的物质利益如房屋装修、债务免除等，以及需要支付货币的其他利益如会员服务、旅游等。后者的犯罪数额，以实际支付或者应当支付的数额计算。

……

第十五条　对多次受贿未经处理的，累计计算受贿数额。

国家工作人员利用职务上的便利为请托人谋取利益前后多次收受请托人财物，受请托之前收受的财物数额在一万元以上的，应当一并计入受贿数额。

《最高人民法院、最高人民检察院关于办理商业贿赂刑事案件适用法律若干问题的意见》(法发〔2008〕33号,2008年11月20日施行)

七、商业贿赂中的财物,既包括金钱和实物,也包括可以用金钱计算数额的财产性利益,如提供房屋装修、含有金额的会员卡、代币卡(券)、旅游费用等。具体数额以实际支付的资费为准。

八、收受银行卡的,不论受贿人是否实际取出或者消费,卡内的存款数额一般应全额认定为受贿数额。使用银行卡透支的,如果由给予银行卡的一方承担还款责任,透支数额也应当认定为受贿数额。

案例25-6 程某某受贿案[①]

争议焦点:行为人收受银行卡但未实际支取卡中款项,是否构成受贿罪?

裁判要点:国家工作人员,利用职务上的便利,为他人谋取利益,收受他人的银行卡并改动密码,至案发时虽未实际支取卡中存款,但主观上明显具有非法占有的故意,应视为收受钱款的行为已经实施终了,构成受贿罪。

(九)贿赂和正常馈赠的区分

《最高人民法院、最高人民检察院关于办理商业贿赂刑事案件适用法律若干问题的意见》(法发〔2008〕33号,2008年11月20日施行)

十、办理商业贿赂犯罪案件,要注意区分贿赂与馈赠的界限。主要应当结合以下因素全面分析、综合判断:(1)发生财物往来的背景,如双方是否存在亲友关系及历史上交往的情形和程度;(2)往来财物的价值;(3)财物往来的缘由、时机和方式,提供财物方对于接受方有无职务上的请托;(4)接受方是否利用职务上的便利为提供方谋取利益。

① 最高人民法院公报案例,http://gongbao.court.gov.cn/Details/05dab109751a14a97db8cfac71fbd0.html。

案例25-7　姜某受贿案[①]

争议焦点:逢年过节收受下级单位"慰问金"的行为如何定性?

裁判要点:在社会生活中,下级单位逢年过节期间出于各种不同的目的,以给上级单位及其工作人员发放所谓的"奖金""福利""慰问金"等名义送钱送物的情况较为普遍。收受钱物的一方是否构成受贿?对此,应当区分不同情况,结合受贿犯罪的构成要件即是否具有为他人谋取利益这一点来加以具体认定。仅仅出于人情往来,不具有为他人谋取利益的意图及行为,属于不正之风,应按一般的违纪处理,不应认定为受贿犯罪;如借逢年过节这些传统节日之机,明知他人有具体请托事项,或者根据他人提出的具体请托事项、承诺为他人谋取利益而收受他人财物的,则不管是单位还是个人,均应认定为受贿行为。

(十)以交易、干股、合作投资、委托理财等特定方式收受贿赂的认定

《最高人民法院、最高人民检察院关于办理受贿刑事案件适用法律若干问题的意见》(法发〔2007〕22号,2007年7月8日施行)

一、关于以交易形式收受贿赂问题

国家工作人员利用职务上的便利为请托人谋取利益,以下列交易形式收受请托人财物的,以受贿论处:

(1)以明显低于市场的价格向请托人购买房屋、汽车等物品的;

(2)以明显高于市场的价格向请托人出售房屋、汽车等物品的;

(3)以其他交易形式非法收受请托人财物的。

受贿数额按照交易时当地市场价格与实际支付价格的差额计算。

前款所列市场价格包括商品经营者事先设定的不针对特定人的最低优惠价格。根据商品经营者事先设定的各种优惠交易条件,以优惠价格购买商品的,不属于受贿。

二、关于收受干股问题

干股是指未出资而获得的股份。国家工作人员利用职务上的便利为请托人谋取利益,收受请托人提供的干股的,以受贿论处。进行了股权转让登记,或

---

① 最高人民法院刑事审判第一庭、第二庭编著:《刑事审判参考》2002年第6辑(总第29辑),第218号案例,法律出版社2003年版。

者相关证据证明股份发生了实际转让的，受贿数额按转让行为时股份价值计算，所分红利按受贿孳息处理。股份未实际转让，以股份分红名义获取利益的，实际获利数额应当认定为受贿数额。

三、关于以开办公司等合作投资名义收受贿赂问题

国家工作人员利用职务上的便利为请托人谋取利益，由请托人出资，“合作”开办公司或者进行其他“合作”投资的，以受贿论处。受贿数额为请托人给国家工作人员的出资额。

国家工作人员利用职务上的便利为请托人谋取利益，以合作开办公司或者其他合作投资的名义获取“利润”，没有实际出资和参与管理、经营的，以受贿论处。

四、关于以委托请托人投资证券、期货或者其他委托理财的名义收受贿赂问题

国家工作人员利用职务上的便利为请托人谋取利益，以委托请托人投资证券、期货或者其他委托理财的名义，未实际出资而获取“收益”，或者虽然实际出资，但获取“收益”明显高于出资应得收益的，以受贿论处。受贿数额，前一情形，以“收益”额计算；后一情形，以“收益”额与出资应得收益额的差额计算。

五、关于以赌博形式收受贿赂的认定问题

根据《最高人民法院、最高人民检察院关于办理赌博刑事案件具体应用法律若干问题的解释》第七条规定，国家工作人员利用职务上的便利为请托人谋取利益，通过赌博方式收受请托人财物的，构成受贿。

实践中应注意区分贿赂与赌博活动、娱乐活动的界限。具体认定时，主要应当结合以下因素进行判断：(1)赌博的背景、场合、时间、次数；(2)赌资来源；(3)其他赌博参与者有无事先通谋；(4)输赢钱物的具体情况和金额大小。

六、关于特定关系人“挂名”领取薪酬问题

国家工作人员利用职务上的便利为请托人谋取利益，要求或者接受请托人以给特定关系人安排工作为名，使特定关系人不实际工作却获取所谓薪酬的，以受贿论处。

《全国法院审理经济犯罪案件工作座谈会纪要》(法〔2003〕167号,2003年11月13日施行)

三、关于受贿罪

(六)以借款为名索取或者非法收受财物行为的认定

国家工作人员利用职务上的便利,以借为名向他人索取财物,或者非法收受财物为他人谋取利益的,应当认定为受贿。具体认定时,不能仅仅看是否有书面借款手续,应当根据以下因素综合判定:(1)有无正当、合理的借款事由;(2)款项的去向;(3)双方平时关系如何、有无经济往来;(4)出借方是否要求国家工作人员利用职务上的便利为其谋取利益;(5)借款后是否有归还的意思表示及行为;(6)是否有归还的能力;(7)未归还的原因,等等。

案例25-8 胡某某受贿案①

争议焦点:如何区分国家工作人员以优惠价格购买商品房与以交易形式收受贿赂?

裁判要点:被告人购房款仅为157,155元,即便加上其弟弟的房屋,总房款也仅为31万余元,××公司给予其5万元的优惠相对于房款幅度太大,本案构成交易型受贿。交易型受贿中的"市场价格"包括"事先设定的不针对特定人的优惠价格",应当从是否"事先设定"和"不针对特定人"两个基本方面,结合案件实际来判断国家工作人员所享受的"优惠价格"是正常市场优惠还是交易型受贿。

案例25-9 胡某某受贿、巨额财产来源不明案②

争议焦点:国家工作人员利用职务便利索要高额投资回报的行为是否构成受贿罪?

裁判要点:国家工作人员假借投资合伙经营,在实际并未经营的情况下,利用职务便利强要合伙人高额投资回报的,属于索贿行为,构成受贿罪。

理由是:第一,姚某某没有与被告人合伙经营出租车业务的意向,是被告人单

---

① 最高人民法院刑事审判第一、二、三、四、五庭主办:《刑事审判参考》2014年第2集(总第97集),第975号案例,法律出版社2014年版。

② 最高人民法院刑事审判第一、二、三、四、五庭主办:《刑事审判参考》2006年第1集(总第48集),第384号案例,法律出版社2006年版。

方面要求与之合伙,并起草合伙协议,确定协议内容。姚某某是鉴于被告人的身份地位以及其还要在上饶做业务的实际情况而违心地签订该协议的。第二,所谓的合伙协议未规定被告人参与共同经营,被告人也不承担合伙经营的风险,合伙经营业务最终未开展起来,合伙经营既无事实依据,也无法律依据。第三,被告人与姚某某从未进行真正的结算,两次所谓的结算都是被告人单方要钱,不仅要100万元的"投资收益",而且还要协议未规定、实际未产生的45万元汽车"升值款";投资115万元、年获利60万元的合伙条件完全背离了经营出租车业务盈利的实际。第四,姚某某没有主动向被告人借钱,没有证据显示其经营遇到资金困难,缺乏借钱的前提;60%左右的年利率不符合资金借贷的现实,所以辩护人称该协议系融资协议的意见是站不住脚的。第五,被告人在整个过程中恃权借机要钱的真实面目暴露无遗,姚某某自始至终认为被告人要求与他合伙就是制造投资回报的借口向他要钱,他签订这个协议就准备让被告人来拿钱。二者索贿与被索贿的关系非常明确。

(十一)特定关系人的认定

《最高人民法院、最高人民检察院关于办理受贿刑事案件适用法律若干问题的意见》(法发〔2007〕22号,2007年7月8日施行)

七、关于由特定关系人收受贿赂问题

国家工作人员利用职务上的便利为请托人谋取利益,授意请托人以本意见所列形式,将有关财物给予特定关系人的,以受贿论处。

特定关系人与国家工作人员通谋,共同实施前款行为的,对特定关系人以受贿罪的共犯论处。特定关系人以外的其他人与国家工作人员通谋,由国家工作人员利用职务上的便利为请托人谋取利益,收受请托人财物后双方共同占有的,以受贿罪的共犯论处。

十一、关于"特定关系人"的范围

本意见所称"特定关系人",是指与国家工作人员有近亲属、情妇(夫)以及其他共同利益关系的人。

案例25－10　朱某某受贿案[1]:

争议焦点:国家工作人员对特定关系人收受他人财物事后知情且未退还,如何判定其是否具有受贿故意?

裁判要点:国家工作人员和特定关系人在事先未通谋的情况下,利用职务上的便利为请托人谋取利益,在知道特定关系人索取、收受请托人财物后虽有退还的意思表示,但发现特定关系人未退还予以默认的,应当认定国家工作人员具有受贿故意,构成受贿罪。

(十二)收受他人物品但未办理权属变更行为的定性

《最高人民法院、最高人民检察院关于办理受贿刑事案件适用法律若干问题的意见》(法发〔2007〕22号,2007年7月8日施行)

八、关于收受贿赂物品未办理权属变更问题

国家工作人员利用职务上的便利为请托人谋取利益,收受请托人房屋、汽车等物品,未变更权属登记或者借用他人名义办理权属变更登记的,不影响受贿的认定。

认定以房屋、汽车等物品为对象的受贿,应注意与借用的区分。具体认定时,除双方交代或者书面协议之外,主要应当结合以下因素进行判断:(1)有无借用的合理事由;(2)是否实际使用;(3)借用时间的长短;(4)有无归还的条件;(5)有无归还的意思表示及行为。

(十三)收受财物后上交行为的定性

《最高人民法院、最高人民检察院关于办理受贿刑事案件适用法律若干问题的意见》(法发〔2007〕22号,2007年7月8日施行)

九、关于收受财物后退还或者上交问题

国家工作人员收受请托人财物后及时退还或者上交的,不是受贿。

---

① 最高人民法院刑事审判第一、二、三、四、五庭主办.:《刑事审判参考》2015年第5集(总第106集),第1145号案例,法律出版社2017年版。

国家工作人员受贿后，因自身或者与其受贿有关联的人、事被查处，为掩饰犯罪而退还或者上交的，不影响认定受贿罪。

（十四）离职后收受财物行为的定性

《最高人民法院、最高人民检察院关于办理受贿刑事案件适用法律若干问题的意见》（法发〔2007〕22号，2007年7月8日施行）

十、关于在职时为请托人谋利，离职后收受财物问题

国家工作人员利用职务上的便利为请托人谋取利益之前或者之后，约定在其离职后收受请托人财物，并在离职后收受的，以受贿论处。

国家工作人员利用职务上的便利为请托人谋取利益，离职前后连续收受请托人财物的，离职前后收受部分均应计入受贿数额。

（十五）改制企业工作人员涉及受贿犯罪的处理

《最高人民法院、最高人民检察院关于办理国家出资企业中职务犯罪案件具体应用法律若干问题的意见》（法发〔2010〕49号，2010年11月26日施行）

五、关于改制前后主体身份发生变化的犯罪的处理

国家工作人员在国家出资企业改制前利用职务上的便利实施犯罪，在其不再具有国家工作人员身份后又实施同种行为，依法构成不同犯罪的，应当分别定罪，实行数罪并罚。

国家工作人员利用职务上的便利，在国家出资企业改制过程中隐匿公司、企业财产，在其不再具有国家工作人员身份后将所隐匿财产据为己有的，依照刑法第三百八十二条、第三百八十三条的规定，以贪污罪定罪处罚。

国家工作人员在国家出资企业改制过程中利用职务上的便利为请托人谋取利益，事先约定在其不再具有国家工作人员身份后收受请托人财物，或者在身份变化前后连续收受请托人财物的，依照刑法第三百八十五条、第三百八十六条的规定，以受贿罪定罪处罚。

案例 25－11 杨某某受贿、非国家工作人员受贿案[①]：

争议焦点：行为人在国有参股企业改制前后均有受贿行为的，如何定罪？

裁判要点：行为人在国有参股企业任职期间系国家工作人员，在国有参股企业改制为非国有制企业后任职期间不具有国家工作人员身份，其在改制前后接受贿赂的行为，因身份发生变化，分别构成受贿罪和非国家工作人员受贿罪；应当数罪并罚。

（十六）受贿犯罪同时又构成渎职犯罪的处理

刑法第三百九十九条第四款

司法工作人员收受贿赂，有前三款行为的[②]，同时又构成本法第三百八十五条规定之罪的，依照处罚较重的规定定罪处罚。

《最高人民法院、最高人民检察院关于办理贪污贿赂刑事案件适用法律若干问题的解释》（法释〔2016〕9 号，2016 年 4 月 18 日施行）

第十七条　国家工作人员利用职务上的便利，收受他人财物，为他人谋取利益，同时构成受贿罪和刑法分则第三章第三节、第九章规定的渎职犯罪的，除刑法另有规定外，以受贿罪和渎职犯罪数罪并罚。

（十七）共同受贿及受贿数额的认定

《最高人民法院、最高人民检察院关于办理商业贿赂刑事案件适用法律若干问题的意见》（法发〔2008〕33 号，2008 年 11 月 20 日施行）

十一、非国家工作人员与国家工作人员通谋，共同收受他人财物，构成共同犯罪的，根据双方利用职务便利的具体情形分别定罪追究刑事责任：

（1）利用国家工作人员的职务便利为他人谋取利益的，以受贿罪追究刑事

① 最高人民法院刑事审判第一、二、三、四、五庭主办：《刑事审判参考》2013 年第 2 集（总第 91 集），第 855 号案例，法律出版社 2014 年版。

② 指司法工作人员犯徇私枉法罪，民事、行政枉法裁判罪，执行判决、裁定失职罪和执行判决、裁定滥用职权罪。——编者注

责任。

(2)利用非国家工作人员的职务便利为他人谋取利益的,以非国家工作人员受贿罪追究刑事责任。

(3)分别利用各自的职务便利为他人谋取利益的,按照主犯的犯罪性质追究刑事责任,不能分清主从犯的,可以受贿罪追究刑事责任。

《全国法院审理经济犯罪案件工作座谈会纪要》(法〔2003〕167号,2003年11月13日施行)

三、关于受贿罪

(五)共同受贿犯罪的认定

根据刑法关于共同犯罪的规定,非国家工作人员与国家工作人员勾结,伙同受贿的,应当以受贿罪的共犯追究刑事责任。非国家工作人员是否构成受贿罪共犯,取决于双方有无共同受贿的故意和行为。国家工作人员的近亲属向国家工作人员代为转达请托事项,收受请托人财物并告知该国家工作人员,或者国家工作人员明知其近亲属收受了他人财物,仍按照近亲属的要求利用职权为他人谋取利益的,对该国家工作人员应认定为受贿罪,其近亲属以受贿罪共犯论处。近亲属以外的其他人与国家工作人员通谋,由国家工作人员利用职务上的便利为请托人谋取利益,收受请托人财物后双方共同占有的,构成受贿罪共犯。国家工作人员利用职务上的便利为他人谋取利益,并指定他人将财物送给其他人,构成犯罪的,应以受贿罪定罪处罚。

《最高人民法院研究室关于共同受贿案件中受贿数额认定问题的研究意见》(法研〔2012〕23号,2012年2月24日施行)

对于共同受贿犯罪,被告人"受贿所得数额"原则上应当以其参与或者组织、指挥的共同受贿数额认定。但在难以区分主从犯的共同受贿案件中,行贿人的贿赂款分别或者明确送给多人,且按照各被告人实际所得数额处罚更能实现罪刑相适应的,依法按照被告人实际所得数额,并考虑共同受贿犯罪情况予以处罚。

三、取证指引

受贿罪的调查取证常具有以下特点:(1)本罪最本质的特征是权钱交易。因此调查取证要围绕受贿人的职务行为与行贿人提供的“贿赂”之间发生了交易这个核心展开。(2)近年来,受贿罪的涉罪金额越来越大,受贿数百万元、数千万元甚至上亿元的案件甚为常见。(3)犯罪手段日趋隐蔽、复杂和多样。受贿行为通常只发生在“一对一”的行贿人和受贿人之间,犯罪行为本身就极具隐蔽性。近些年来,为逃避调查和打击,犯罪嫌疑人更是处心积虑地通过更模糊、隐蔽、可开脱的方式受贿。(4)犯罪嫌疑人的反侦查能力强,调查取证难度加大。受贿人一般都是领导,本身具有较高的智商、情商和丰富的社会生活经验,心理素质好,信息来源多,心理防线不易攻破。受贿人通常在受贿之时就已想好退路,做好了周密安排和充足的心理准备。受贿人和行贿人常订立攻守同盟,转移、处置受贿所得,导致调查难以取得进展。(5)受贿罪最主要的证据形式是言词证据,即口供。办案过程中,一般通过审讯来突破口供,通过口供寻找证据,再通过其他证据来反证口供内容,因此,审讯是调查突破的关键,司法实务中也普遍存在“无供不定案”的现象。但言词证据具有不稳定性,尤其是“一对一”犯罪的受贿案件中,嫌疑人和证人的口供易反复易翻供,因此,获取合法有效、表述明确、细节清楚、稳定一致、能互相验证的口供非常重要。

(一)主体证据

所谓主体证据,是指能证明行为人系从事公务的国家工作人员、可构成受贿罪主体的证据,主要证据形式是书证,包括两大类:行为人身份证据和职务便利证据①。身份证据,顾名思义,即能证明其国家工作人员身份的证据,包括但不限于身份证、户籍证明、干部履历表、公务员登记表、任免文件、选举公告、能证明企事业单位性质和出资情况的营业执照、委派证明、供职证明等证据。

实践中比较关键但易受忽视是职务便利证据,即能证明行为人具体职能分工、管辖范围和承担事项的证据,法院需要凭此证据来判断行为人在某一具体行为中是否“利用职务便利”或“利用本人职权或地位形成的便利条件”。具体证据包括但不限于任免文件、三定方案、单位内部关于职责分工和管辖范围的文件、会议纪要、相关知情人的证人证言等材料。

另外,实践中要特别注意审查企业转型过程中单位性质的变化,如农村信用合作社改制为股份制有限责任公司后,放贷人员收受贿赂为他人谋取利益的行为可

① 郑广宇:《职务犯罪定罪证据认定实务》,中国检察出版社2009年版,第63页。

能不构成受贿罪而涉嫌非国家工作人员受贿罪了。

（二）主观方面证据

主观方面证据是指能证明行为人明知索取或收受他人财物是以利用自身职务便利为他人谋利为交换条件，而故意违反有关规定，希望或者放任取得他人财物的证据。这个“明知”包含两方面的内容：

（1）对索取或收受他人财物的事实是明知的。在特定关系人收受贿赂的案件中，要特别注意对证据的取证和固定。

（2）对利用自身职务便利、为他人谋取利益作为交换条件是明知的，即：行为人明知与对方存在某种职务上的联系，明知对方给予财物不是正常的亲友往来和人情往来，而是“看中”了自身的职务便利；同时行为人以允诺、实施或实现为他人谋取利益为交换条件，如在行贿人提出具体请托事项时不予拒绝而继续收受其财物等，或者行贿人虽未提出请托事项但行为人明知行贿人可能有求于他。

司法实践中，主观心态的证据主要来自受贿人、行贿人的口供。口供应涵盖以下内容：①收送财物的动机和目的，行贿人请托事项的内容是什么，是如何提出的，行为人有何表示等，办案人对此应细问深挖，由行为人予以明确表述，不能模棱两可。②收受或索取财物的具体过程和细节，包括前期联系策划的过程、收受的时间地点和在场人员、具体金额及财物特征等。③赃款的来源和去向。做到实物证据与口供相互印证，以防止行为人翻供。如行为人在一段时间后予以退还的，应查实退还的具体节点及原因，以判断其系主动退还还是为了隐瞒事实逃避调查。④收受财物行为与为他人谋利行为之间的因果关系。⑤对于由特定关系人收受的财物，应问明本人是否知情以及知情后是否要求退还或上交。⑥与他人共同受贿的，应查明共谋的时间、地点及共谋的内容。

（三）客观方面证据

如前所述，受贿罪一般包含索取或收受他人财物、利用职务便利和为他人谋取利益三类行为，行为证据即指能证明上述三类行为真实存在、确切发生的证据。实务中，客观方面证据的形式丰富，既包括受贿人和行贿人的口供，又包括能与口供相互对应和证实的书证、物证和证人证言等证据。办案人员需要根据受贿罪中权钱交易的本质特点，有系统、有逻辑地取得这些证据。

（1）收受或索取贿赂的证据。首先，需要通过口供、银行流水、现金、房产车辆信息、股票账户、名表名包等证据证实受贿人收受或索取财物的行为。在讯问受贿人和行贿人时,要问清受行贿的时间、地点、方式、在场人物、外部环境、货币种类、数量、票面金额及包装袋的物理特征;如果受贿的是财物,则应问清受贿人所收受物品的数量、价格、品种、包装、购买地、支付方式、发票、产权变更登记等信息。要注意在搜集、审查证据时,做到行贿行为与受贿行为的对应。在证据材料中反映出行贿动意、中介过程、收受情节等内容,区别索贿的主动性与收受贿赂的被动性。其次,对于收受的财物,必须要确定数额。对收受美金、港币等外币的,或者收受房产、汽车、古玩等财物的,应按照市场价确定其受贿金额;对于通过收受干股、伪装交易、委托理财等比较复杂的形式收受的财产,必要时还要及时委托专门的鉴定审计机构进行鉴定和审计。最后,还要确定最后贿赂的去向和权属状态。虽然行为人受贿后如何处置财物并不影响受贿罪的构成,但收受或索取他人贿赂是一个行为,只有行为终了、贿赂"归行为人所有"的时候,才能构成受贿犯罪既遂。实践中需要调取如下证据:能证明行为人保管、使用、存放的占有和使用证据,用于消费、收取孳息的收益证据,进行转让的处分证据,办理了权属变更登记的所有权证据等。

(2)利用职务便利的证据。利用职务便利在贿赂和为他人谋利之间建立起了权钱交易的桥梁,在索取或收受他人的贿赂时,利用职务上的便利表现为一种客观存在的状态,而在为他人谋取利益时则表现为一种手段。

具体而言,利用职务便利的证据包括:①行为人与某类公务之间存在直接或间接关系的证据,即或者行为人对某项事务具有主管、负责或者承办的职能,或者与从事某项事务的国家工作人员系上下级、制约关系。②行为人与行贿人及其需求之间的关系证据,如能证明行贿人是其下属或管理服务对象的证据,或者能证明行为人对行贿人或行贿人提出的事项和需求具有领导、协作、管理、制约职能的证据。

(3)为他人谋取利益的证据。为他人谋取利益包括承诺、实施和实现三个阶段,需要通过言词证据、实物证据反映出请托人的请托过程、行为人的承诺表示、着手为对方谋取利益的行为。实施和实现阶段的证据比较好调取,都伴有客观行为,如审批表上的签字、加快办理的口头指示、为请托人打招呼的饭局和电话、短信聊天记录等。而仅仅承诺为他人谋取利益的证据则需要深挖行受贿双方的主观心理状态和真实意思表示,如为了长远利益行贿时双方心知肚明的"感情投资"等,其和下文中的主观证据有重合的部分。

第二十六讲
LECTURE 26

行　贿　罪

一、犯罪构成

> **刑法第三百八十九条　行贿罪**
>
> 为谋取不正当利益,给予国家工作人员以财物的,是行贿罪。
>
> 在经济往来中,违反国家规定,给予国家工作人员以财物,数额较大的,或者违反国家规定,给予国家工作人员以各种名义的回扣、手续费的,以行贿论处。
>
> 因被勒索给予国家工作人员以财物,没有获得不正当利益的,不是行贿。
>
> **刑法第三百九十条　行贿罪的处罚规定**
>
> 对犯行贿罪的,处五年以下有期徒刑或者拘役,并处罚金;因行贿谋取不正当利益,情节严重的,或者使国家利益遭受重大损失的,处五年以上十年以下有期徒刑,并处罚金;情节特别严重的,或者使国家利益遭受特别重大损失的,处十年以上有期徒刑或者无期徒刑,并处罚金或者没收财产。
>
> 行贿人在被追诉前主动交待行贿行为的,可以从轻或者减轻处罚。其中,犯罪较轻的,对侦破重大案件起关键作用的,或者有重大立功表现的,可以减轻或者免除处罚。

(一)犯罪主体

本罪的犯罪主体是自然人,如果是单位实施刑法第三百八十九条规定的相关行为则触犯了刑法第三百九十三条规定的单位行贿罪。自然人犯本罪,应为年满十六周岁、有刑事责任能力者。

（二）犯罪客体

本罪侵犯的客体是国家机关的正常管理秩序和国家工作人员职务行为的不可收买性。

（三）犯罪主观方面

本罪在犯罪主观方面表现为故意，即行贿人对于自己行贿行为的目的、性质都十分清楚，但为了谋取私利而仍然为之的故意行为。无论是主动行贿还是因被勒索而行贿，行为人给予国家工作人员财物的目的都是谋取私利，主观方面没有差异。

根据1999年3月4日最高人民法院、最高人民检察院联合印发的通知，“谋取不正当利益”，是指谋取违反法律、法规、国家政策和国务院各部门规章规定的利益，以及要求国家工作人员或者有关单位提供违反法律、法规、国家政策和国务院各部门规章规定的帮助或方便条件。根据这一规定，“不正当利益”应当包括非法利益和要求他人或者单位提供违法的帮助或者方便条件索取得的利益两个方面。

（四）犯罪客观方面

本罪在犯罪客观方面表现为：(1)为自己谋取不正当利益；(2)用钱财收买国家工作人员的职务行为；(3)违反国家规定，给国家工作人员以各种名义的回扣费、手续费；(4)数额较大。

给予国家工作人员以财物表现为以下几种情形：(1)为了利用国家工作人员的职务行为（包括利用国家工作人员的斡旋行为），主动给予国家工作人员以财物（包括向斡旋受贿者给予财物）；(2)在有求于国家工作人员的职务行为时，由于国家工作人员的索取而给予国家工作人员以财物；(3)与国家工作人员约定，以满足自己的要求为条件给予国家工作人员以财物；(4)在国家工作人员利用职务上的便利为自己谋取利益时或者为自己谋取利益之后，给予国家工作人员以财物，作为职务行为的报酬。①

① 张明楷：《刑法学》（第五版），法律出版社2016年版，第1228页。

二、常见疑难问题

(一)不正当利益的认定

> **《最高人民法院、最高人民检察院关于办理行贿刑事案件具体应用法律若干问题的解释》(法释〔2012〕22号,2013年1月1日施行)**
>
> 第十二条　行贿犯罪中的"谋取不正当利益",是指行贿人谋取的利益违反法律、法规、规章、政策规定,或者要求国家工作人员违反法律、法规、规章、政策、行业规范的规定,为自己提供帮助或者方便条件。
>
> 违背公平、公正原则,在经济、组织人事管理等活动中,谋取竞争优势的,应当认定为"谋取不正当利益"。

以上规定在司法实务中的理解与适用:①

"谋取不正当利益"既包括行贿人谋取的利益本身不正当,也包括谋取利益的程序不正当。

第一,"不正当利益"包括哪些利益。

"不正当利益"包括:一是违法的利益,即行为人谋取的利益违反法律、法规、规章的规定。二是违背政策的利益,即根据相关政策不应当获得的利益。三是违背行业规范的利益,即按照相关行业规范不应当获得的利益。四是程序上的不正当利益,即要求国家工作人员违反法律、法规、规章、政策、行业规范的规定,通过非正常途径、程序为自己提供帮助或者方便条件而获取的利益。五是违背公平、公正原则的利益,即在经济、组织人事管理等活动中谋取竞争优势而获取的利益。综上,"不正当利益"可以分为两大类:一类是从法律、法规、规章、政策、行业规范的规定中能够找到不正当依据的利益;另一类是发生在竞争性活动中的不公平利益。

第二,是否存在可通过贿赂手段实现的"正当利益"。

在办理贿赂犯罪案件时,如果将某种利益认定为"正当利益",则必须要求该种利益既不违背各种成文或者不成文的社会行为规则,也不是处于竞争性活动中的

---

① 参见陈国庆、韩耀元、宋丹:《〈关于办理行贿刑事案件具体应用法律若干问题的解释〉的理解和适用》,载《人民检察》2013年第4期;参见苗有水:《何谓刑法中的"谋取不正当利益"》,载《人民法院报》2018年4月11日,第6版。

不确定利益。若非如此,则该种利益就是《关于办理行贿刑事案件具体应用法律若干问题的解释》第十二条所指的“不正当利益”。因此,只要是向司法机关、行政执法机关工作人员行贿的,都属于“谋取不正当利益”;几乎所有商业活动、人事任免活动中发生的利益都可以评价为“不正当利益”;只有那种依据正当程序必然获得的确定利益,才有可能成为“正当利益”。只有国家工作人员履职不作为而怠于兑现相对人的确定利益时,才可能出现相对人基于谋取利益的心理而贿送财物的情形。

在企业经营者为了获取贷款向银行工作人员贿送财物的案件中,检方通常在起诉书中标明“不符合贷款条件”,以示涉案利益的非正当性。那么,是不是“符合贷款条件的”案件就可以认定为“谋取正当利益”呢?事实上,没有必然批准的贷款种类。符合贷款条件的,同样属于“在经济活动中谋取竞争优势”,应当认定为谋取不正当利益。

第三,施工方为了顺利结算工程款而向工程发包方贿送财物的,是否属于“谋取不正当利益”。

通过贿送财物的方式谋求“顺利结算工程款”的,属于反不正当竞争法第七条禁止的商业贿赂行为。从另一个角度讲,及时结算工程款所涉利益也可以在更为广泛的意义上评价为“在经济活动中谋取竞争优势”而获得的利益。结算工程款虽然是合法行为,但不是一种确定的可得利益。虽然催要工程款本身是合法的,但行贿人找到领导给相关人员打招呼,在同样索要工程款的平等主体中谋取了竞争优势,违背了公平、公正原则。

《最高人民法院、最高人民检察院关于办理商业贿赂刑事案件适用法律若干问题的意见》(法发〔2008〕33 号,2008 年 11 月 20 日施行)

九、在行贿犯罪中,“谋取不正当利益”,是指行贿人谋取违反法律、法规、规章或者政策规定的利益,或者要求对方违反法律、法规、规章、政策、行业规范的规定提供帮助或者方便条件。

在招标投标、政府采购等商业活动中,违背公平原则,给予相关人员财物以谋取竞争优势的,属于“谋取不正当利益”。

以上规定在司法实务中的理解与适用：①

《最高人民法院、最高人民检察院关于在办理受贿犯罪大要案的同时要严肃查处严重行贿犯罪分子的通知》规定，“谋取不正当利益”是指谋取违反法律、法规、国家政策和国务院各部门规章规定的利益，以及要求国家工作人员或者有关单位提供违反法律、法规、国家政策和国务院各部门规章规定的帮助或者方便条件。根据上述规定，刑法中的“不正当利益”包括两种情况：一是利益本身不符合法律、法规、国家政策和国务院各部门规章的规定，即利益本身不正当；二是提供不符合法律、法规、国家政策和国务院各部门规章规定的帮助或者方便条件，即国家工作人员为请托人谋取利益的手段不正当，而利益本身可能是正当的。从司法实践看，适当调整不正当利益的范围，主要是适当调整第二种不正当利益的范围。因为这种利益，主要是从程序上进行判断的利益，在国家法律、法规、政策、规章没有规定或者规定不明确的情况下，根据法律授权或者依职责制定的行业规范，对行为人的某些行为作出规定，行为人如果违反行业规范的规定提供帮助或者方便条件，即应认定其为为请托人谋取不正当利益。另外，该通知中关于“国家政策和国务院各部门规章”的表述过窄，与实际情况和现实需要存在一定差距，不仅“国家政策和国务院各部门规章”应当成为评价利益是否正当的依据，而且一些地方政策和地方规章也应当成为评价利益是否正当的依据，况且国务院各部门规章与地方规章在立法法上属于同一层级的立法规范，因此，《关于办理商业贿赂刑事案件适用法律若干问题的意见》第九条第一款将其统一表述为“规章、政策”。

《最高人民法院、最高人民检察院关于在办理受贿犯罪大要案的同时要严肃查处严重行贿犯罪分子的通知》（高检会〔1999〕1号，1999年3月4日施行）

二、对于为谋取不正当利益而行贿，构成行贿罪、向单位行贿罪、单位行贿罪的，必须依法追究刑事责任。“谋取不正当利益”是指谋取违反法律、法规、国家政策和国务院各部门规章规定的利益，以及要求国家工作人员或者有关单位提供违反法律、法规、国家政策和国务院各部门规章规定的帮助或者方便条件。

---

① 参见逄锦温：《〈关于办理商业贿赂刑事案件适用法律若干问题的意见〉的理解与适用》，载最高人民法院刑事审判第一、二、三、四、五庭主办：《中国刑事审判指导案例》（06卷），法律出版社2017年版，第466～467页。

以上规定在司法实务中的理解与适用:[1]

行贿人在被勒索的情况下,"谋取不正当利益"是行贿罪的客观要件,如果没有获得不正当利益,则不构成行贿罪;在未被勒索的情况下,"谋取不正当利益"是行贿罪的主观要件,即使没有获得不正当利益,只要主观上具有谋取不正当利益的目的,并给予国家工作人员以财物的,就构成行贿罪。

(二)财物的范围

《最高人民法院、最高人民检察院关于办理贪污贿赂刑事案件适用法律若干问题的解释》(法释〔2016〕9 号,2016 年 4 月 18 日施行)

第十二条　贿赂犯罪中的"财物",包括货币、物品和财产性利益。财产性利益包括可以折算为货币的物质利益如房屋装修、债务免除等,以及需要支付货币的其他利益如会员服务、旅游等。后者的犯罪数额,以实际支付或者应当支付的数额计算。

以上规定在司法实务中的理解与适用(1):[2]

关于贿赂犯罪对象"财物"范围的理解,《最高人民法院、最高人民检察院关于办理贪污贿赂刑事案件适用法律若干问题的解释》将财产性利益作了进一步的归类细分,明确财产性利益包括可以折算为货币的物质利益和需要支付货币才能获得的其他利益两种。前者如房屋装修、债务免除等,其本质上是一种物质利益;后者如会员服务、旅游,就其性质而言不属于物质利益,但由于取得这种利益需要支付相应的货币对价,故应当在法律上视同为财产性利益。

实践中提供或者接受后者利益主要有两种情形:一是行贿人支付货币购买后转送给受贿人消费;二是行贿人将在社会上作为商品销售的自有利益免费提供给受贿人消费。两种情形实质相同,均应纳入贿赂犯罪处理,但因表现形式不同有可能导致第二种情形数额认定上的意见分歧,故该解释同时明确:"后者的犯罪数额,以实际支付或者应当支付的数额计算。"

---

① 参见敬大力、王洪祥、韩耀元:《〈关于在办理受贿犯罪大要案的同时要严肃查处严重行贿犯罪分子的通知〉的理解和适用》,载最高人民法院刑事审判第一、二、三、四、五庭主办:《中国刑事审判指导案例》(06 卷),法律出版社 2017 年版,第 474 页。

② 参见裴显鼎、苗有水、刘为波、王珅:《〈关于办理贪污贿赂刑事案件适用法律若干问题的解释〉的理解与适用》,载最高人民法院刑事审判第一、二、三、四、五庭主办:《中国刑事审判指导案例》(06 卷),法律出版社 2017 年版,第 416 页。

以上规定在司法实务中的理解与适用(2):[①]

关于获得“商业机会”或“交易机会”是否可以作为贿赂的问题。国家工作人员为请托人的子女就业问题提供了帮助,请托人为表示感谢,经与国家工作人员商议,由国家工作人员的家属承揽了请托人公司的盈利工程项目,国家工作人员家属通过该工程获利500万元。该案中,官员是否构成受贿罪,取决于能否将其家属承揽该工程的行为理解为财产性利益。承揽工程并获益,从表面来看,无论如何具有财产性,是种巨大的经济利益,很容易被理解成财产性利益。但笔者认为,上例中请托人让国家工作人员家属承揽工程属于给予“商业机会”,是一种好处,但不属于财产性利益。商业机会和财产性利益的区别主要在于:一是商业机会只是一种获取利益的机会和可能,并非直接经济利益,无法折算成具体的、确定的金额,在转变成现实利益的过程中,也存在亏损的风险;财产性利益可能将来也存在盈亏问题,但在收受时是纯粹的经济利益,具有确定的价值。二是商业机会要想转变为经济利益,需要投入资金以及进行经营、管理等;财产性利益则一般体现为“纯粹的好处”,无须再进行额外投入。因此,国家工作人员收受商业机会这一财产性“不正当好处”的行为,不能轻易认定为受贿犯罪。

《最高人民法院、最高人民检察院关于办理商业贿赂刑事案件适用法律若干问题的意见》(法发〔2008〕33号,2008年11月20日施行)

七、商业贿赂中的财物,既包括金钱和实物,也包括可以用金钱计算数额的财产性利益,如提供房屋装修、含有金额的会员卡、代币卡(券)、旅游费用等。具体数额以实际支付的资费为准。

八、收受银行卡的,不论受贿人是否实际取出或者消费,卡内的存款数额一般应全额认定为受贿数额。使用银行卡透支的,如果由给予银行卡的一方承担还款责任,透支数额也应当认定为受贿数额。

十、办理商业贿赂犯罪案件,要注意区分贿赂与馈赠的界限。主要应当结合以下因素全面分析、综合判断:(1)发生财物往来的背景,如双方是否存在亲友关系及历史上交往的情形和程度;(2)往来财物的价值;(3)财物往来的缘由、时机和方式,提供财物方对于接受方有无职务上的请托;(4)接受方是否利用职务上的便利为提供方谋取利益。

① 参见郭竹梅:《受贿罪司法适用研究》,法律出版社2018年版,第56页。

以上规定在司法实务中的理解与适用：[1]

应当注意的是，对收受银行卡的，在具体认定受贿数额时要区别以下情形：

第一，行贿人、受贿人对以送卡的方式行贿、受贿的意思明确（包括明示或暗示）、真实，且行贿人提供了完全充分的信息足以保证受贿人完全取出卡内存款或者消费的，无论受贿人是否实际取出或者消费，卡内的存款数额应全额认定为受贿数额。使用银行卡透支的，如果由给予银行卡的一方承担还款责任，透支数额也应当认定为受贿数额。

第二，行贿人提供了完全充分的信息足以保证受贿人完全取出卡内存款或者消费的，由于银行方面的原因如技术故障导致受贿人暂时不能全额取出存款或者消费的，或者由于受贿人自身操作技术问题，如记错密码操作错误导致受贿人暂时不能全额取出存款或者消费的，或者由于认识错误，如认为已经将卡内存款用完而没有完全取出或者消费的，未取出或者未消费的卡内存款余额应当认定为受贿数额。

第三，行贿人送卡后抽回存款或者以挂失等方式阻碍受贿人取款或者消费的，受贿数额以实际取款或者消费的数额计算。因行贿人的上述行为未能实际取款或者消费的按受贿未遂论处。

《最高人民法院、最高人民检察院关于办理受贿刑事案件适用法律若干问题的意见》（法发〔2007〕22 号，2007 年 7 月 8 日施行）

八、关于收受贿赂物品未办理权属变更问题

国家工作人员利用职务上的便利为请托人谋取利益，收受请托人房屋、汽车等物品，未变更权属登记或者借用他人名义办理权属变更登记的，不影响受贿的认定。

认定以房屋、汽车等物品为对象的受贿，应注意与借用的区分。具体认定时，除双方交代或者书面协议之外，主要应当结合以下因素进行判断：(1) 有无借用的合理事由；(2) 是否实际使用；(3) 借用时间的长短；(4) 有无归还的条件；(5) 有无归还的意思表示及行为。

---

① 参见逄锦温：《〈关于办理商业贿赂刑事案件适用法律若干问题的意见〉的理解与适用》，载最高人民法院刑事审判第一、二、三、四、五庭主办：《中国刑事审判指导案例》(06 卷)，法律出版社 2017 年版，第 466 页。

以上规定在司法实务中的理解与适用：[①]

关于收受贿赂物品未办理权属变更问题。刑法上非法占有的认定标准与物权法上的合法所有的认定标准应当有所区别，非法占有目的的实现并不以得到法律上的确认为条件，是否在法律上取得对房屋、汽车等的所有权，并不能对事实上占有房屋、汽车等的认定构成障碍。反之，即便行贿人以受贿人的名义办理了产权证书，但未及时交付的，应当视情况分别认定为受贿未遂或者不构成受贿。同时，考虑到未办理权属登记情形下受贿罪认定当中的潜在风险，《最高人民法院、最高人民检察院关于办理受贿刑事案件适用法律若干问题的意见》特别强调认定以房屋、汽车等物品为对象的受贿，应注意与借用的区分，并规定“具体认定时，除双方交代或者书面协议之外，主要应当结合以下因素进行判断：一是有无借用的合理事由；二是是否实际使用；三是借用时间的长短；四是有无归还的条件；五是有无归还的意思表示及行为”。需要指出的是，这些因素是一个有机判断体系，在司法实践中应注意综合考虑。其中，核心精神有两点：一是有无借用的必要；二是有无归还的真实意思。对于在借用关系中由对方支付实际发生的有关费用的，现实生活中的表现较为复杂，比如，有些费用是因使用而发生的，有些费用则即便不使用也同样需要支付，而且这些费用通常情况下数额较小，认定起来也有一定难度，故该意见未作明确规定，而是留待办案机关根据个案情况具体处理。

（三）行贿罪的认定

《最高人民法院、最高人民检察院关于办理贪污贿赂刑事案件适用法律若干问题的解释》（法释〔2016〕9号，2016年4月18日施行）

第十四条　根据行贿犯罪的事实、情节，可能被判处三年有期徒刑以下刑罚的，可以认定为刑法第三百九十条第二款规定的“犯罪较轻”。

根据犯罪的事实、情节，已经或者可能被判处十年有期徒刑以上刑罚的，或者案件在本省、自治区、直辖市或者全国范围内有较大影响的，可以认定为刑法第三百九十条第二款规定的“重大案件”。

具有下列情形之一的，可以认定为刑法第三百九十条第二款规定的“对侦

① 参见刘为波：《〈关于办理受贿刑事案件适用法律若干问题的意见〉的理解与适用》，载最高人民法院刑事审判第一、二、三、四、五庭主办：《中国刑事审判指导案例》（06卷），法律出版社2017年版，第455～456页。

破重大案件起关键作用”:

(一)主动交待办案机关未掌握的重大案件线索的;

(二)主动交待的犯罪线索不属于重大案件的线索,但该线索对于重大案件侦破有重要作用的;

(三)主动交待行贿事实,对于重大案件的证据收集有重要作用的;

(四)主动交待行贿事实,对于重大案件的追逃、追赃有重要作用的。

以上规定在司法实务中的理解与适用:①

关于行贿罪从宽处罚适用条件的理解。《最高人民法院、最高人民检察院关于办理贪污贿赂刑事案件适用法律若干问题的解释》第十四条对《刑法修正案(九)》新规定的行贿罪可以减免处罚情形的具体理解作了规定。第一款将犯罪较轻明确为可能判处三年有期徒刑以下刑罚的犯罪。其主要考虑是:将三年有期徒刑以下刑罚作为犯罪较轻的认定标准,符合立法和司法的普遍认识。第二款将判处十年刑期以上刑罚和省级影响性案件确定为重大案件。之所以将《最高人民法院关于处理自首和立功具体应用法律若干问题的解释》规定的无期徒刑以上调整为十年有期徒刑以上,主要有两方面的考虑:一是行贿人的配合对于受贿犯罪的查处具有难以替代的重要作用。行贿罪的从宽处罚规定,既有罪刑相适应的考虑,也有打击策略的考虑。适当调低重大案件的掌握标准,可以为该规定的实践适用提供必要的空间。二是受贿罪的罪重罪轻主要取决于数额大小。将重大案件的标准定得过高,将导致只有极少数犯罪数额极大的行贿犯罪分子才有资格适用本从宽规定的不合理现象,亦即,犯罪越严重越可以得到减免处理,这对于那些罪行更轻但又不属于前述犯罪较轻的行贿犯罪分子将是不公平的。第三款从线索提供、证据收集、追逃追赃等方面列举了对侦破重大案件起关键作用的四种具体情形。行贿人主动交代行贿事实,对侦破重大案件所起的作用主要体现在两个方面:一是提供案件线索,即司法机关不掌握某一行、受贿案件的线索,由于行贿人主动交待,使重大案件得以侦破。其中又分为两种情况:行贿人主动交代的行贿行为相对应的受贿本身就构成重大案件,以及行贿人主动交代的行贿行为相对应的受贿不构成重大案件,但以此为线索另外查出受贿人其他重大受贿犯罪事实。二是对受贿案件的证据收

① 参见裴显鼎、苗有水、刘为波、王珅:《〈关于办理贪污贿赂刑事案件适用法律若干问题的解释〉的理解与适用》,载最高人民法院刑事审判第一、二、三、四、五庭主办:《中国刑事审判指导案例》(06卷),法律出版社2017年版,第418~419页。

集、事实认定、追逃追赃起关键作用,即司法机关虽掌握某行、受贿案件的线索,但未掌握追究刑事责任的足够证据,行贿人主动交代的事实为司法机关收集、完善、固定证据起到关键作用,或者行贿人主动交代的事实涉及受贿犯罪分子的行踪或者赃款赃物的去向等,对于办案机关抓捕受贿犯罪分子、追缴赃款赃物起到关键作用的。

《最高人民法院、最高人民检察院关于办理行贿刑事案件具体应用法律若干问题的解释》(法释〔2012〕22号,2013年1月1日施行)

第五条 多次行贿未经处理的,按照累计行贿数额处罚。

第六条 行贿人谋取不正当利益的行为构成犯罪的,应当与行贿犯罪实行数罪并罚。

第七条 因行贿人在被追诉前主动交待行贿行为而破获相关受贿案件的,对行贿人不适用刑法第六十八条关于立功的规定①……

第九条 行贿人揭发受贿人与其行贿无关的其他犯罪行为,查证属实的,依照刑法第六十八条关于立功的规定,可以从轻、减轻或者免除处罚。

第十一条 行贿犯罪取得的不正当财产性利益应当依照刑法第六十四条的规定予以追缴、责令退赔或者返还被害人。

因行贿犯罪取得财产性利益以外的经营资格、资质或者职务晋升等其他不正当利益,建议有关部门依照相关规定予以处理。

第十三条 刑法第三百九十条第二款规定的"被追诉前",是指检察机关对行贿人的行贿行为刑事立案前。

以上规定在司法实务中的理解与适用:②

《最高人民法院、最高人民检察院关于办理行贿刑事案件具体应用法律若干问题的解释》出台的主要目的是加大对行贿犯罪的惩处力度,因此对相关行贿犯罪的法律适用问题力求进一步明确。解释规定的"行贿犯罪"不仅指刑法第三百八十九

① 第七条后面的内容"依照刑法第三百九十条第二款的规定,可以减轻或者免除处罚",因2015年11月1日施行《刑法修正案(九)》将《刑法》第三百九十条第二款修改为"行贿人在被追诉前主动交待行贿行为的,可以从轻或者减轻处罚。其中犯罪较轻的,对侦破重大案件起关键作用的,或者有重大立功表现的,可以减轻或者免除处罚",故删去。

② 参见陈国庆、韩耀元、宋丹:《〈关于办理行贿刑事案件具体应用法律若干问题的解释〉的理解和适用》,载《人民检察》2013年第4期。

条的行贿罪，还包括第三百九十一条对单位行贿罪、第三百九十三条单位行贿罪。例如，该解释有关行贿犯罪数罪并罚原则、谋取不正当利益的认定等规定均适用以上三个罪名。

（四）行贿罪与单位行贿罪的区分

1. 一人公司实施行贿行为的性质认定

一人公司的行为能否构成单位行贿罪，关键在于其是否具有独立人格，可根据以下几项指标进行判断：第一，是否具有独立的财产利益。一人公司的股东只有一人但公司资产应当与股东私人财产相对分离，为公司生产经营提供保障。是否具有相对独立的财产应由股东承担证明责任。第二，是否具有独立的意志。一人公司是独立的民事主体，享有民事权利并承担民事义务，股东依法依程序做出的决策属于一人公司的意思表示，属于一人公司的行为。第三，是否具有公司法所要求的法人治理结构。公司设立条件包括一定的场所、人员和组织机构。第四，是否依照章程规定的宗旨运转。一人公司按照自己的章程和宗旨开展民商事行为，超出范围的行为不能认定为公司行为。

案例 26－1　周某单位行贿案①

争议焦点：制度健全的一人公司，为单位利益而实施的行贿行为，如何定性？

裁判要点：周某作为晟竹公司直接负责的主管人员，其参与竞标及追索欠款的行为，并不是个人行为，而是履行公司职务的行为，其是为了公司的利益而向他人行贿。

周某经营的晟竹公司为一人公司，是依法成立、拥有独立财产的企业法人，具有经营医疗器械的资格，有证据证明该公司财务制度健全。二审法院认为，晟竹公司的财产并不能等同于周某个人的财产，晟竹公司因中标市一医院招标项目而取得的违法所得，也并不能等同于该违法所得归周某个人所有，且本案也缺少证据证明违法所得为周某个人所有，符合单位行贿罪的构成要件，应以单位行贿罪追究刑事责任。

---

① （2015）钦刑二终字第126号，载中国裁判文书网，http://wenshu.court.gov.cn，最后访问时间：2019年4月25日。

2. 合伙企业实施行贿行为的性质认定

合伙企业是指由各合伙人订立合伙协议，共同出资，共同经营，共享收益，共担风险，并对企业债务承担无限连带责任的营利性组织。合伙企业分为普通合伙企业和有限合伙企业。

个人合伙企业为谋取本合伙企业不正当利益而行贿的，应当认定为单位行贿罪：第一，规范性文件的明示。《全国法院审理金融犯罪案件工作座谈会纪要》规定："以单位的分支机构或者内设机构、部门的名义实施犯罪，违法所得亦归分支机构或者内设机构、部门所有的，应认定为单位犯罪。不能因为单位的分支机构或者内设机构、部门没有可供执行罚金的财产，就不将其认定为单位犯罪，而按照个人犯罪处理。"第二，财产相对分离。与企业法人相似，合伙企业具有与合伙人相对独立的财产。第三，具有独立的意志。与企业法人相似，合伙企业具有独立于合伙人的依法决策程序。

案例 26－2　罗某某非法采矿、单位行贿案①

争议焦点：制度健全的合伙企业，为了企业利益而实施的行贿行为，如何定性？

裁判要点：宏发煤矿为牟取非法利益，多次向相关部门领导、人员送钱，情节严重，该煤矿的法人代表应依法以单位行贿罪追究其刑事责任。

二审法院审理查明，罗某某所在的南阳镇宏发煤矿为依法成立的普通合伙企业，罗某某为合伙事务执行人。宏发煤矿为谋取长期越界、超深开采红线外国家矿产资源产生的暴利，由罗某某向有关人员多次行贿，共计 62 万余元，罗某某的行为已构成单位行贿罪。

3. 采用承包方式经营的单位实施行贿行为的性质认定

个人承包是指企业与个人承包经营者通过订立承包经营合同，将企业的全部或者部分经营管理权在一定期限内交给个人承包者，由个人承包者对企业进行经营管理。个人承包中，承包人以企业名义实施行贿行为，是否属于单位行贿，不能一概而论。

第一，个人承包经营，发包单位在被承包单位中没有出资。发包单位已经转让

---

① (2014)衡中法刑二终字第 51 号，载中国裁判文书网，http://wenshu.court.gov.cn，最后访问时间：2019 年 4 月 25 日。

了企业所有权,承包人取得了单位经营资格。承包人除上缴国家税利外,其余收益均属于承包人个人,即单位利益与个人利益发生了混同。如果承包人实施行贿犯罪,违法所得归个人所有,便不能将此种行为认定为单位犯罪。

第二,个人承包经营,发包单位在被承包单位中有主要出资。发包人仍然对企业具有管控职能,企业按照发包单位的意志运转。承包人如以单位名义行贿,其所得的利益包含单位利益,一般宜以单位犯罪论处。

第三,名为承包,实为将单位所有权转让给个人。单位所有权转让后,单位的法人主体资格已经丧失,如果承包人的生产经营活动不符合单位特征,其以单位名义实施行贿类犯罪,应以自然人犯罪进行定性。

案例 26-3 王某某单位行贿案①

争议焦点:承包经营期间,承包人为了单位利益实施的行贿犯罪,如何定性?

裁判要点:如果承包仅仅是一种经营方式的改变,不改变企业原有性质,则承包企业实施的行贿犯罪就应当认定为单位犯罪,否则应认定为自然人犯罪。

二审法院审理查明,王某某与中强公司签订协议,成立中强分公司,王某某为负责人。分公司实行独立核算,自负盈亏,按承包经营的原则实施经营,中强分公司按完成产值的5%上缴税收给中强公司,后者对分公司的技术、质量、财务等工作进行监督。分公司具备单位分支机构所应有的完整的组织架构。在承包经营期间,王某某为单位谋取不正当利益,多次向国家工作人员行贿共计120万元,情节严重,其行为构成单位行贿罪。

4. 挂靠单位实施行贿行为的性质认定

挂靠主要分为三种形式:第一种是个人"挂靠"单位,单位收取固定的"挂靠费"。不具备特定资质的个人戴上单位的"帽子"独自从事经营行为。第二种是个人"挂靠"单位,单位不仅收取"挂靠费"还依个人经营业绩收取一定比例的管理费。常见情形是,被挂靠单位并未从事管理行为,收取管理费仅仅是为了获取更多的利益,依旧是个人独自从事经营行为。第三种是单位"挂靠"单位。没有资质或资质不够的单位,例如,招标单位需要投标单位具备一级建筑资质而部分有意向企业不具备该类资质,挂靠符合资质条件的单位。

---

① (2014)合刑终字第00092号,载中国裁判文书网,http://wenshu.court.gov.cn,最后访问时间:2019年4月25日。

第一种、第二种挂靠经营中并没有改变双方的经营方式，挂靠人仍然属于个人经营，其从事的行贿类犯罪应定性为自然人犯罪。第三种挂靠是为单位谋取利益，代表了单位意志，只要其符合单位犯罪的条件，其从事的行贿类犯罪就应定性为单位犯罪。

案例26－4　刘某行贿案①

争议焦点：挂靠企业之后，挂靠人以企业名义实施的行贿犯罪，如何定性？

裁判要点：个人为开展经营活动，违法披上企业的“外衣”，不能改变其个人经营的实质，以企业名义实施行贿类犯罪，应当认定行贿罪而非单位行贿罪。

刘某从原宜宾县发改局政策法规股股长赵某处获取工程招投标项目、招标底价、评价标准等信息后，挂靠具备相关资质的企业投标。中标后，刘某分两次送给赵某13万元。一审、二审法院认定刘某构成行贿罪，判处刘某有期徒刑九个月。

5. 单位与个人共同行贿的罪名认定

单位与个人共同行贿属于共同犯罪，按照理论界和实务界的通说一般应当以主犯的犯罪性质进行定性，根据《最高人民法院关于审理贪污、职务侵占案件如何认定共同犯罪几个问题的解释》的规定，具体可分为三种情形：第一，单位为主，个人为辅，应当以单位犯罪对单位和个人定罪处罚；第二，个人为主，单位为辅，应当依照自然人犯罪的有关规定进行定罪量刑；第三，无法分辨双方主次，则以自然人和单位犯罪分别定罪量刑。

案例26－5　温州嘉乐迪餐饮娱乐连锁有限公司、李某甲单位行贿、陈某甲、胡某行贿案②

争议焦点：共同行贿犯罪，行贿人之间存在“主从关系”，如何定性？

裁判要点：共同行贿类犯罪中，参与方存在“主从关系”则以主犯触犯的刑事

① （2016）川15刑终239号，载中国裁判文书网，http://wenshu.court.gov.cn，最后访问时间：2019年4月25日。

② （2015）浙温刑终字第461号，载中国裁判文书网，http://wenshu.court.gov.cn，最后访问时间：2019年4月25日。

罪名对参与人定性，否则，分别对参与方的行为定性。

温州嘉乐迪餐饮娱乐连锁有限公司、陈某甲、胡某等人共同投资一综合楼租赁项目，为解决“未组织竣工验收而投入使用被住房与城乡规划建设局查处”的问题，以低价转让股份的方式给予国家工作人员以财物。二审法院认定，各被告人为谋取共同非法利益，共同行贿，符合共同犯罪构成要件，同时，各被告人平等参与行贿决策，利益均沾，作用相当，不宜区分主从犯，故认定温州嘉乐迪餐饮娱乐连锁有限公司、李某甲（嘉乐迪公司任命的该项目负责人）犯单位行贿罪，陈某甲、胡某犯行贿罪。

6. 单位在行贿时已解散、吊销、注销的罪名认定

为谋取不正当利益，单位请托国家工作人员完成某事项，请托事项完成后给予国家工作人员财物、回扣或手续费，但此时，单位已因某些原因而解散、吊销或注销，对行贿单位的直接负责人员应以行贿罪还是单位行贿罪追究刑事责任？

虽行贿行为是请托事项完成后由个人实施，但双方就请托事项达成合意时，已经通过明示或暗示的方式给予国家工作人员非法财物，所得利益亦归单位享有，个人的行贿行为与请托行为属于一个整体，行贿是行为的最后一个环节，应当认定为单位行贿罪。

7. 单位行贿罪的否定形态

在侦查过程中，时常发现违法人员以“单位”为挡箭牌的行贿行为，即主体存在瑕疵，主要分为以下两种：一是为实施犯罪而设立单位。即犯罪意图形成在前，单位设立在后，单位设立的目的是实施违法活动。二是盗用单位名义实施违法活动。即单位是合法存在的，行为人借用单位的名义实施违法活动并将违法所得归为己有。上述两种情形，单位设立本源违法或单位完全没有参与违法活动，不能认定为单位犯罪，应以自然人犯罪追究行为人法律责任。侦查过程中，违法人员使用的“障眼法”可能还有许多，侦查人员只需牢牢记住“利益归属”问题，即可准确判定行贿类犯罪属于自然人犯罪还是单位犯罪。

（五）行贿罪与民事赠与的区别

行贿往往采取秘密的方式，完全是有条件的权钱交易，数额一般比较大，有时会超出私人经济条件所能承受的限度。而民事赠与则是基于亲友之间的情谊而进行的，且往往是礼尚往来，互赠互请，大多采取公开的正常的方式进行，通常数额较少。司法实践中还可以结合以下几方面判断：一是行为人与国家工作人员平时的交往是否密切，是否经常有相互送礼的行为；二是给付的财物的数额是否正常；三是行为人给付财物前后有无利益所得；四是行为人给付财物的方式是公开还是秘密进行；五是行为人与国家工作人员的关系是否正常，双方交往的基础是什么，是否有利益关系。①

（六）行贿罪的既、未遂认定

行贿人以谋取不正当利益的意思交付了财物就应成立行贿罪既遂；反之，如果行贿人交付财物遭拒绝，则为行贿罪的未遂。不正当利益是否实现，不影响行贿罪既遂的认定。以谋取不正当利益的意思给予国家工作人员财物事后又索回财物的，仍成立行贿罪的既遂。②

（七）行贿罪免予处罚的认定

办案实践中，兑现法律政策允许范围内的较轻的处罚给行贿人，能够打破行、受贿双方之间的信任关系，在大多数贿赂案件的查办中能够起到较好的作用，2015年11月1日施行的《刑法修正案（九）》，对行贿人在被追诉前主动交代行贿行为的，由原来的“可以减轻处罚或者免除处罚”，修改为“可以从轻或者减轻处罚。其中，犯罪较轻的，对侦破重大案件起关键作用的，或者有重大立功表现的，可以减轻或者免除处罚”。根据《最高人民法院、最高人民检察院关于办理行贿刑事案件具体应用法律若干问题的解释》第十三条规定：“刑法第三百九十条第二款规定的被追诉前是指检察机关对行贿人的行贿行为刑事立案前。”在没有新的司法解释对该规定进行修改前，由于监察委员会的监察调查不属于刑事侦查，因此行贿人在移送检察机关之前的交代行为均可以算作被追诉前主动交代行贿行为（国家监察体制改革之前纪委对一些党员行贿对象实行“双规”后，行贿对象的交代行为因为在刑事立案前而被认定为追诉前主动交代行贿行为）。因此在监察委员会调查过程中，办案人员对于行贿人何种情况下可以给予免予处罚等政策要进行掌握，防止谈话中的法律政策讲解、具体案件适用与相关规定不符。以行贿行为发生的时间来区分，具体分以下几种情况：

（1）2015年10月31日前实施行贿犯罪，2015年11月1日之后没有实施行贿

---

① 参见沈志先主编：《职务犯罪审判实务》，法律出版社2013年版，第256页。

② 参见沈志先主编：《职务犯罪审判实务》，法律出版社2013年版，第255页。

犯罪的根据刑法从旧兼从轻原则，对行贿人适用《刑法修正案（九）》修订前关于行贿罪的处罚规定，即适用“行贿人在被追诉前主动交待行贿行为的，可以减轻处罚或者免除处罚”。

（2）2015年10月31日之前没有实施行贿犯罪，2015年11月1日后实施行贿犯罪的，《刑法修正案（九）》施行的时间是2015年11月1日，对行贿人适用修订后的刑法关于行贿罪的处罚规定，行贿人在被追诉前交代行贿行为的，才可以免除处罚的情况有三种：

第一种为“犯罪较轻”的，也就是根据行贿犯罪的事实、情节，可能被判处三年有期徒刑以下刑罚的案件。根据行贿罪法条和司法解释的规定，行贿罪第一档是处五年以下有期徒刑并处罚金，行贿罪数额在3万元至100万元或者行贿有五种情形［行贿五种情形为：①向三人以上行贿的；②将违法所得用于行贿的；③通过行贿谋取职务提拔、调整的；④向负有食品、药品、安全生产、环境保护等监督管理职责的国家工作人员行贿，实施非法活动的；⑤向司法工作人员行贿，影响司法公正的］之一的数额为1万元至50万元，或者造成国家损失数额50万元至100万元的行贿数额为1万元至50万元，在实际中我们根据五年以下的数额标准可以相应推算出可能被判处三年有期徒刑以下刑罚普通行贿罪的数额在60万元左右，其他有情节严重的行贿数额在30万元左右，当然行贿人若有一般立功等情节的，相应的数额可以进行增加等。

第二种为对侦破重大案件起关键作用的。重大案件是指根据犯罪的事实、情节，已经或者可能被判处十年有期徒刑以上刑罚的，或者案件在本省、自治区、直辖市或者全国范围内有较大影响的，可以认定为刑法第三百九十条第二款规定的“重大案件”。根据司法解释具有下列情形之一的，可以认定为“对侦破重大案件起关键作用”：一是主动交代办案机关未掌握的重大案件线索的；二是主动交代的犯罪线索不属于重大案件的线索，但该线索对于重大案件侦破有重要作用的；三是主动交代行贿事实，对于重大案件的证据收集有重要作用的；四是主动交代行贿事实，对于重大案件的追逃、追赃有重要作用的。根据上述规定“重大案件”的一种为“案件在本省、自治区、直辖市或者全国范围内有较大影响”，这种“重大案件”一般是指被媒体高度关注或者省部级以上干部案件等，行贿人主动交代行为只要对案件侦破起关键作用，就可以免予刑事处罚。“重大案件”的另一种是指“可能被判处十年有期徒刑以上刑罚的”，我们结合受贿罪定罪量刑标准：受贿300万元以上或者受贿150万元以上且有受贿八种情形［受贿的八种情形为：①曾因贪污、受贿、挪用公款受过党纪、行政处分的；②曾因故意犯罪受过刑事追究的；③赃款赃物用于非法活动的；④拒不交代赃款赃物去向或者拒不配合追缴工作，致使无法追缴的；⑤造成恶劣影响或者其他严重后果的；⑥多次索贿的；⑦为他人谋取不正当利益，致使公共财产、国家和人民利益遭受损失的；⑧为他人谋取职务提拔、调整的］之一的要被判处十年以上有期徒刑，如果行贿人主动交代向单个受贿人行贿300万元以上或者向具有受贿八种情形之一的单个受贿人行贿150万元以上的，可以给予免予刑事处罚的，对于主动交代向单个受贿人的行贿数额没有达到300万元以上或者向具有八种情形之一的单个受贿人的行贿数额150万元以上的，但其交代行贿行为或者线索使调查部门最终查实该受贿人的受贿数额可能被判处十年以上有期徒刑的过程中起重要作用的，仍然可以免予刑事处罚。

第三种为有重大立功表现的。根据《最高人民法院关于处理自首和立功具体应用法律若干问题的解释》第七条的规定，根据刑法第六十八条第一款的规定，犯罪分子有检举、揭发他人重大犯罪行为，经查证属实；提供侦破其他重大案件的重要线索，经查证属实；阻止他人重大犯罪活动；协助司法机关抓捕其他重大犯罪嫌疑人（包括同案犯）；对国家和社会有其他重大贡献等表现的，应当认定为有重大立功表现。前款所称"重大犯罪""重大案件""重大犯罪嫌疑人"的标准，一般是指犯罪嫌疑人、被告人可能被判处无期徒刑以上刑罚或者案件在本省、自治区、直辖市或者全国范围内有较大影响等情形。

（3）2015年10月31日前实施行贿犯罪，2015年11月30日之后又实施行贿犯罪的，根据1998年《最高人民检察院关于对跨越修订刑法施行日期的继续犯罪、连续犯罪以及其他同种数罪应如何具体适用刑法问题的批复》中"对于开始于1997年9月30日以前，连续到1997年10月1日以后的连续犯罪，或者在1997年10月1日前后分别实施同种类数罪，其中罪名、构成要件、情节以及法定刑均没有变化的，应当适用修订刑法，一并进行追诉；罪名、构成要件、情节以及法定刑已经变化的，也应当适用修订刑法，一并进行追诉，但是修订刑法比原刑法所规定的构成要件和情节较为严格，或者法定刑较重的，在提起公诉时应当提出酌情从轻处理意见"精神，行贿罪处罚要按照2015年11月1日施行的《刑法修正案（九）》中关于行贿罪的处罚规定，即按照第二种"2015年10月31日之前没有实施行贿犯罪，2015年11月1日后实施行贿犯罪的"的情况进行处理。

(八)主动交代用受贿款向他人行贿的行为定性

案例 26-6 刘某受贿案[①]

裁判要点:因受贿案发后又主动交代用受贿款向他人行贿事实,使其他贿赂案件得以侦破,公诉机关已因其在行贿事实案发前如实供述行贿事实而对该事实不起诉,其提供的他人收受其贿赂的线索,属于对行贿事实如实供述,不应再被重复评价为立功。

1. 因涉嫌受贿到案后如实供述所收受财物的使用情况的,不属于其对受贿犯罪事实的如实供述范围,由此又涉嫌其他犯罪或者揭发他人犯罪的,可能构成自首、立功。

立功是司法实践中比较常见,同时也是司法认定上容易产生争议的问题。行为人因涉嫌某种犯罪到案后,供述该罪事实时又供述了与该罪具有一定关联性的其他事实,甚至因此揭发他人犯罪的,如何判断行为人的供述是否超出了其对前罪如实供述的必要范围,后续供述能否构成自首或者立功,是实务中的难点。总体来说,应当以齐备犯罪构成要件包含的全部构成要件要素为标准,来界定行为人对某一犯罪的供述是否完整、充分。行为人实施犯罪的某些情节又涉及本人或者他人的其他犯罪的,如这些情节没有超出该罪的犯罪构成,则仍然属于对该罪的如实供述,因行为人的供述又破获本人或者他人的其他犯罪的,不构成自首或者立功。由于此类情节本身属于该罪犯罪事实的组成部分,与该罪密不可分,如不如实供述此类情节,该罪的基本犯罪事实就不可能完全查清。如果行为人因涉嫌犯罪到案后,供述该罪事实时又供述了超出该罪犯罪构成要件相关事实的,其后续供述构成自首或者立功。在受贿犯罪中,行为人受贿后对贿赂款物的具体使用情况,并不属于受贿罪的构成要素,使用贿赂款物涉及其他犯罪的,对该情节的交代可能构成自首或者立功。

2. 主动供述行贿事实并由此破获他人受贿案件的,其中揭发他人受贿犯罪的内容属于如实供述行贿事实的一部分,可构成行贿罪的自首,不构成立功。

贿赂犯罪属于对合犯,实施贿赂行为的双方互为实现特定犯罪的必要条件。无论是行贿罪还是受贿罪,其客观方面的要件都必然包含财物转移的全过程,均

① 最高人民法院刑事审判第一、二、三、四、五庭主办:《刑事审判参考》2014 年第 4 集(总第 99 集),第 1020 号案例,法律出版社 2015 年版。

涉及双方当事人。行为人供述行贿事实的,必然供述对方的受贿事实,否则其供述的行贿事实就不完整,达不到如实供述的要求。故其对他人受贿犯罪的揭发,并未超出其对行贿犯罪承担的如实供述范围,不能另外构成立功。

三、取证指引

(一)主体证据

本罪的主体是一般主体,即年满十六周岁、具有刑事责任能力的自然人。自然人犯罪的主体证据可参考本书第一讲“高利转贷罪”关于“主体证据”的相关内容。

需要注意的是,《最高人民法院、最高人民检察院关于办理行贿刑事案件具体应用法律若干问题的解释》第十条将“因行贿受过行政处罚或者刑事处罚的”列为一般不适用缓刑和免予刑事处罚的情形之一,办案人员应调取刑事判决书、释放证明书、行政处罚决定书等。

(二)主观方面证据

主观方面证据主要通过行贿人的供述和辩解、受贿人的证言等证据确定以下事实:

(1)行贿人为谋取不正当利益而行贿或给予回扣、手续费的动机、目的,犯意产生的原因、过程;

(2)行贿人送钱时的意思表示和商量的过程;

(3)行贿人对自己行为的性质、目的、结果等的认识。

(三)客观方面证据

客观方面证据表现为行贿人以谋取不正当利益为目的,向国家工作人员给予财物,客观方面的证据应以“牟利”与“给予财物”为中心,具体表现为以下几个方面:

(1)行贿人与受贿人的关系,以及受贿人的个人情况及公职人员身份、职务、职权情况。

(2)谋取不正当利益的事实经过或经济往来的事实经过,重点是受贿人如何违反法律和政策为行贿人谋取不正当利益的,以及获得的不正当利益的情况。受贿人利用职务便利为行贿人谋取不正当利益的批示、文件、会议记录。

(3)给予财物或返还回扣、手续费的时间、地点、人物、经过、结果。支出回扣、手续费的经济往来的合同书,履行合同的有关书面材料。

(4)行贿的金钱数额,物品名称、特征、价值等。

(5)在被追诉前有无主动交代行贿行为的情况。

(6)行贿款来源是公司还是个人的,在财务上又是如何处理的,是否经过单位组织集体讨论,是为了集体利益还是个人利益。

(7)行贿是通过股份、现金、折扣中的哪种方式要搞清楚。

(8)如果行贿的是物品,查清物品的价值,如购物发票、流水,折价等。

(9)主动行贿还是被动索贿。

(10)交代事实对案件的突破是否存在重大贡献。

(11)受贿人是否有退款的情况。

(12)是否存在法律规定的从重情节。

第二十七讲
LECTURE 27

滥用职权罪

一、犯罪构成

刑法第三百九十七条　滥用职权罪　玩忽职守罪

国家机关工作人员滥用职权或者玩忽职守，致使公共财产、国家和人民利益遭受重大损失的，处三年以下有期徒刑或者拘役；情节特别严重的，处三年以上七年以下有期徒刑。本法另有规定的，依照规定。

国家机关工作人员徇私舞弊，犯前款罪的，处五年以下有期徒刑或者拘役；情节特别严重的，处五年以上十年以下有期徒刑。本法另有规定的，依照规定。

（一）犯罪主体

本罪的主体为特殊主体，为国家机关工作人员，具体内容可参考本书第二十讲“包庇、纵容黑社会性质组织罪”有关“犯罪主体”的相关内容。

（二）犯罪客体

本罪的客体为复杂客体，行为人超越职权、擅自用权违法履职的行为既侵害了国家机关工作人员职务行为的正当性，也侵害了国家机关正常的管理秩序，同时也会侵害行政相对方的公民、法人或其他组织的合法权益。

（三）犯罪主观方面

滥用职权罪是1997年刑法新增加的罪名，是从1979年刑法第一百八十七条玩忽职守罪中分离出来的。与玩忽职守罪相比，滥用职权罪在主观上表现为故意，包括直接故意和间接故意,即行为人明知自己滥用职权的行为会侵害国家机关公务行为的合法正当性及人民群众对此的信赖,但仍然希望或者放任这种结果的发生。

当然,构成本罪并不要求行为人对其行为"致使公共财产、国家和人民利益遭受重大损失"的结果持希望或者放任态度,如一些滥用职权的行为虽然导致他人死亡的结果,但行为人对死亡结果并没有持希望或者放任的态度。① 这是因为,很多时候行为人没有预测到其职务行为会造成他人自杀、发生重大安全事故等严重结果,但我们推定默认国家机关工作人员对其职务行为的权限、程序和事项是明知的,对其自身滥用职权的违规性也是明知的,只要职务行为具有非正当性,该行为就具有可归责性。

(四)犯罪客观方面

行为人必须存在滥用职权的行为,并且造成公共财产、国家和人民利益遭受重大损失的严重后果,才能构成本罪。

所谓滥用职权,根据《最高人民检察院关于渎职侵权犯罪案件立案标准的规定》,是指国家机关工作人员超越职权,违法决定、处理其无权决定、处理的事项,或者违反规定处理公务的行为。因此,要构成刑法上的"滥用职权",行为人实施的行为首先要与其职务行为有关,其次行为人是以不正当的方式或抱着不正当目的从事职务行为。从司法实践中看,滥用职权有以下几种具体表现:一是超越职权,擅自决定或处理没有具体决定、处理权限的事项;二是玩弄职权,随心所欲地对事项作出决定或者处理;三是故意不履行应当履行的职责,或者说任意放弃职责;四是以权谋私、假公济私,不正确地履行职责。② 因此,虽然本罪一般表现为作为,但负有法定职责但消极不作为也可以构成本罪。

根据相关司法解释,滥用职权具有以下情形之一的,应当认定为"致使公共财产、国家和人民利益遭受重大损失":(1)造成死亡 1 人以上,或者重伤 3 人以上,或者轻伤 9 人以上,或者重伤 2 人、轻伤 3 人以上,或者重伤 1 人、轻伤 6 人以上的;(2)造成经济损失 30 万元以上的;(3)造成恶劣社会影响的;(4)其他致使公共财产、国家和人民利益遭受重大损失的情形。

---

① 张明楷:《刑法学(下)》,法律出版社 2016 年版,第 1246 页。

② 张明楷:《刑法学(下)》,法律出版社 2016 年版,第 1246 页。

二、常见疑难问题

（一）滥用职权行为人充当恶势力“保护伞”的认定

案例 27－1　高某某贪污罪、受贿罪、滥用职权案①

争议焦点：滥用职权的行为人如何认定为“保护伞”？

裁判要点：高某某为徇私情、私利，利用职务便利，违反规定处理公务，其行为构成滥用职权罪。高某某身为国家机关工作人员，不但未履行打击违法犯罪、维护社会稳定的基本职责，反而利用其职务便利包庇、纵容犯罪分子在辖区内开设赌场，并违规办理人情案、销毁案件证据，自愿充当恶势力犯罪团伙的“保护伞”，造成了恶劣的社会影响，应予以严惩。

（二）渎职犯罪的主体

《全国人民代表大会常务委员会关于〈中华人民共和国刑法〉第九章渎职罪主体适用问题的解释》（2002 年 12 月 28 日施行）

在依照法律、法规规定行使国家行政管理职权的组织中从事公务的人员，或者在受国家机关委托代表国家机关行使职权的组织中从事公务的人员，或者虽未列入国家机关人员编制但在国家机关中从事公务的人员，在代表国家机关行使职权时，有渎职行为，构成犯罪的，依照刑法关于渎职罪的规定追究刑事责任。

《最高人民检察院关于企业事业单位的公安机构在机构改革过程中其工作人员能否构成渎职侵权犯罪主体问题的批复》（高检发释字〔2002〕3 号，2002 年 4 月 24 日施行）

企业事业单位的公安机构在机构改革过程中虽尚未列入公安机关建制，其工作人员在行使侦查职责时，实施渎职侵权行为的，可以成为渎职侵权犯罪的主体。

---

① 参见新疆维吾尔自治区高级人民法院伊犁哈萨克自治州分院（2019）新 40 刑终 13 号刑事裁定书。

案例 27－2　陈某某、林某某、李某某滥用职权案①

争议焦点：村委会、居委会等基层组织人员能否构成滥用职权罪？

裁判要点：随着我国城镇建设和社会主义新农村建设逐步深入推进，村民委员会、居民委员会等基层组织协助人民政府管理社会发挥越来越重要的作用。实践中，对村民委员会、居民委员会等基层组织人员协助人民政府从事行政管理工作时，滥用职权、玩忽职守构成犯罪的，应当依照刑法关于渎职罪的规定追究刑事责任。

（三）“滥用职权”的判断标准

《最高人民检察院关于渎职侵权犯罪案件立案标准的规定》（高检发释字〔2006〕2 号，2006 年 7 月 26 日施行）

一、渎职犯罪案件

（一）滥用职权案（第三百九十七条）

滥用职权罪是指国家机关工作人员超越职权，违法决定、处理其无权决定、处理的事项，或者违反规定处理公务，致使公共财产、国家和人民利益遭受重大损失的行为。

《最高人民法院、最高人民检察院关于办理渎职刑事案件适用法律若干问题的解释（一）》（法释〔2012〕18 号，2013 年 1 月 9 日施行）

第五条　国家机关负责人员违法决定，或者指使、授意、强令其他国家机关工作人员违法履行职务或者不履行职务，构成刑法分则第九章规定的渎职犯罪的，应当依法追究刑事责任。

以“集体研究”形式实施的渎职犯罪，应当依照刑法分则第九章的规定追究国家机关负有责任的人员的刑事责任。对于具体执行人员，应当在综合认定其行为性质、是否提出反对意见、危害结果大小等情节的基础上决定是否追究刑事责任和应当判处的刑罚。

① 最高人民检察院指导性案例第 5 号，载中华人民共和国最高人民检察院网，http://www.spp.gov.cn/spp/jczdal/201608/t20160811_162303.shtml，最后访问时间：2020 年 3 月 1 日。

（四）“致使公共财产、国家和人民利益遭受重大损失”的判断标准

《最高人民法院、最高人民检察院关于办理渎职刑事案件适用法律若干问题的解释（一）》（法释〔2012〕18号，2013年1月9日施行）

第一条第一款　国家机关工作人员滥用职权或者玩忽职守，具有下列情形之一的，应当认定为刑法第三百九十七条规定的“致使公共财产、国家和人民利益遭受重大损失”：

（一）造成死亡1人以上，或者重伤3人以上，或者轻伤9人以上，或者重伤2人、轻伤3人以上，或者重伤1人、轻伤6人以上的；

（二）造成经济损失30万元以上的；

（三）造成恶劣社会影响的；

（四）其他致使公共财产、国家和人民利益遭受重大损失的情形。

《最高人民检察院关于渎职侵权犯罪案件立案标准的规定》（高检发释字〔2006〕2号，2006年7月26日施行）

一、渎职犯罪案件

……涉嫌下列情形之一的，应予立案：

1. 造成死亡1人以上，或者重伤2人以上，或者重伤1人、轻伤3人以上，或者轻伤5人以上的；

2. 导致10人以上严重中毒的；

3. 造成个人财产直接经济损失10万元以上，或者直接经济损失不满10万元，但间接经济损失50万元以上的；

4. 造成公共财产或者法人、其他组织财产直接经济损失20万元以上，或者直接经济损失不满20万元，但间接经济损失100万元以上的；

5. 虽未达到3、4两项数额标准，但3、4两项合计直接经济损失20万元以上，或者合计直接经济损失不满20万元，但合计间接经济损失100万元以上的；

6. 造成公司、企业等单位停业、停产6个月以上，或者破产的；

7. 弄虚作假，不报、缓报、谎报或者授意、指使、强令他人不报、缓报、谎报情况，导致重特大事故危害结果继续、扩大，或者致使抢救、调查、处理工作延误的；

8. 严重损害国家声誉,或者造成恶劣社会影响的;

9. 其他致使公共财产、国家和人民利益遭受重大损失的情形。

国家机关工作人员滥用职权,符合刑法第九章所规定的特殊渎职罪构成要件的,按照该特殊规定追究刑事责任;主体不符合刑法第九章所规定的特殊渎职罪的主体要件,但滥用职权涉嫌前款第1项至第9项规定情形之一的,按照刑法第397条的规定以滥用职权罪追究刑事责任。

案例27-3　罗某甲、罗某乙、朱某某、罗某丙滥用职权案①

争议焦点:如何认定滥用职权"致使公共财产、国家和人民利益遭受重大损失"?

裁判要点:本案被告人系城管大队的协管员,系虽未列入国家机关人员编制但在国家机关中从事公务的人员,在代表国家行使职权时,长期不正确履行职权,大肆勒索辖区部分无照商贩的钱财,造成无照商贩非法占道经营十分严重,暴力抗法事件不断发生,社会影响相当恶劣。根据刑法规定,滥用职权罪是指国家机关工作人员滥用职权,致使"公共财产、国家和人民利益遭受重大损失"的行为。实践中,对滥用职权"造成恶劣社会影响的",应当依法认定为"致使公共财产、国家和人民利益遭受重大损失"。

(五)渎职犯罪造成经济损失的认定

《最高人民法院、最高人民检察院关于办理渎职刑事案件适用法律若干问题的解释(一)》(法释〔2012〕18号,2013年1月9日施行)

第八条　本解释规定的"经济损失",是指渎职犯罪或者与渎职犯罪相关联的犯罪立案时已经实际造成的财产损失,包括为挽回渎职犯罪所造成损失而支付的各种开支、费用等。立案后至提起公诉前持续发生的经济损失,应一并计入渎职犯罪造成的经济损失。

债务人经法定程序被宣告破产,债务人潜逃、去向不明,或者因行为人的责

① 最高人民检察院指导性案例第6号,载中华人民共和国最高人民检察院网,网址:http://www.spp.gov.cn/spp/jczdal/201608/t20160811_162303.shtml,最后访问时间:2020年3月1日。

任超过诉讼时效等，致使债权已经无法实现的，无法实现的债权部分应当认定为渎职犯罪的经济损失。

渎职犯罪或者与渎职犯罪相关联的犯罪立案后，犯罪分子及其亲友自行挽回的经济损失，司法机关或者犯罪分子所在单位及其上级主管部门挽回的经济损失，或者因客观原因减少的经济损失，不予扣减，但可以作为酌定从轻处罚的情节。

《全国法院审理经济犯罪案件工作座谈会纪要》（法〔2003〕167号，2003年11月13日施行）

六、关于渎职罪

（一）渎职犯罪行为造成的公共财产重大损失的认定

根据刑法规定，玩忽职守、滥用职权等渎职犯罪是以致使公共财产、国家和人民利益遭受重大损失为构成要件的。其中，公共财产的重大损失，通常是指渎职行为已经造成的重大经济损失。在司法实践中，有以下情形之一的，虽然公共财产作为债权存在，但已无法实现债权的，可以认定为行为人的渎职行为造成了经济损失：(1)债务人已经法定程序被宣告破产；(2)债务人潜逃，去向不明；(3)因行为人责任，致使超过诉讼时效；(4)有证据证明债权无法实现的其他情况。

（六）“造成恶劣社会影响”的认定

案例27-4　杨某某滥用职权、受贿案①

争议焦点：“造成恶劣社会影响”如何认定？

裁判要点：司法实践中对国家机关工作人员渎职犯罪“造成恶劣社会影响”的认定，在正确认识渎职犯罪行为侵犯的是国家机关公务的合法、公正、有效执行以及人民群众对此的信赖这一法益的基础上，一般可从以下方面予以把握：(1)渎职行为严重损害国家机关形象，致使政府公信力下降的；(2)渎职行为引发新闻媒体广泛关注，引起强烈社会反响的；(3)渎职行为造成大规模上访、暴力冲

① 最高人民法院刑事审判第一、二、三、四、五庭主办：《刑事审判参考》2015年第2集（总第103集），第1089号案例，法律出版社2016年版。

突等事件，影响国家机关正常职能活动的；(4)渎职行为诱发民族矛盾纠纷，严重影响民族团结、社会稳定的；(5)渎职行为造成其他恶劣社会影响的。

(七)渎职行为与危害结果之间因果关系的认定

案例27-5 包某某受贿、滥用职权案①

争议焦点：滥用职权行为与损失后果之间没有必然因果关系的，是否构成滥用职权罪？

裁判要点：被告人在担任南京市劳动局局长期间，未经集体研究，擅自决定以南京市劳动局的名义，为下属企业正大公司出具鉴证书，致使该公司以假联营协议的形式，先后向三家企业借款人民币3700万元，后因正大公司破产，造成3家企业共计人民币3440余万元的损失。本案被告人的行为是一种超越职权的滥用职权行为，在客观上也发生了重大损失，但被告人滥用职权行为与三家企业将资金拆借给正大公司而造成重大损失没有必然的因果关系，正大公司破产是三家企业不能收回借款的直接原因，但正大公司破产、无力偿还所拆借资金系由正大公司自身经营等原因造成的，不是被告人帮助促成借款造成的。因此，被告人滥用职权的行为与造成重大经济损失之间不具有刑法上的因果关系，其行为不构成滥用职权罪。

(八)本罪量刑加重情节的认定

《最高人民法院、最高人民检察院关于办理渎职刑事案件适用法律若干问题的解释(一)》(法释〔2012〕18号，2013年1月9日施行)

第一条

……

具有下列情形之一的，应当认定为刑法第三百九十七条规定的“情节特别严重”：

(一)造成伤亡达到前款第(一)项规定人数3倍以上的；

(二)造成经济损失150万元以上的；

① 最高人民法院刑事审判第一庭、第二庭编：《刑事审判参考》2004年第6集(总第41集)，第327号案例，法律出版社2005年版。

（三）造成前款规定的损失后果，不报、迟报、谎报或者授意、指使、强令他人不报、迟报、谎报事故情况，致使损失后果持续、扩大或者抢救工作延误的；

（四）造成特别恶劣社会影响的；

（五）其他特别严重的情节。

（九）食药领域的滥用职权犯罪的处理

《最高人民法院关于进一步加大力度，依法严惩危害食品安全及相关职务犯罪的通知》（法释〔2012〕18号，2011年5月27日施行）

第九条 负有监督管理职责的国家机关工作人员滥用职权或者玩忽职守，致使不符合安全标准的食品、有毒有害食品、假药、劣药等流入社会，对人民群众生命、健康造成严重危害后果的，依照渎职罪的规定从严惩处。

2011年4月30日以前实施食品安会监管渎职行为，依法构成滥用职权罪、玩忽职守罪或其他渎职犯罪，在5月1日以后审理的，适用修正前刑法的规定定罪处罚。5月1日以后实施食品安全监管渎职行为，未导致发生重大食品安全事故或者造成其他严重后果，不构成食品监管渎职罪，但符合其他渎职犯罪构成要件的，依照刑法相关规定对其定罪处罚。

（十）追诉时效的计算

案例27－6 沈某某滥用职权案①

争议焦点：滥用职权罪追诉时效期限的起算点应如何认定？

裁判要点：以危害结果为条件的渎职犯罪的追诉期限，从危害结果发生之日起计算；数个危害结果的，从最后一个危害结果发生之日起计算。滥用职权罪属于状态犯，而非继续犯。滥用职权罪的犯罪行为实行终了后产生不法状态，即侵害结果，此后侵害结果虽然一直存在，但滥用职权行为本身已经实行终了，没有持续，因此，追诉期限仍应从滥用职权行为造成的侵害结果发生之日起算，而不能以侵害结果终了之日起算。

① 最高人民法院刑事审判第一、二、三、四、五庭主办.：《刑事审判参考》2015年第4集（总第105集），第1134号案例，法律出版社2016年版。

（十一）滥用职权罪与挪用公款罪、玩忽职守罪的区分

案例 27－7　张某某滥用职权案①

争议焦点：以单位名义擅自出借公款给其他单位造成巨大损失的，是构成挪用公款罪还是滥用职权罪？

裁判要点：本案被告人系某军事院校的财会人员，擅自决定将公款借给地方公司使用，但因其系以单位名义出借款项，用款单位也是向被告人所在单位出具借条并支付利息，被告人未从中获取个人利益，因此不符合挪用公款罪要求的"挪用公款归个人使用"的本质特征。国家机关工作人员以单位名义擅自出借公款给其他单位使用，造成巨大损失的行为，应按滥用职权罪处理。

案例 27－8　米某某、姚某某、王某某玩忽职守案②

争议焦点：如何判断行为人系玩忽职守还是滥用职权？

裁判要点：三被告人系国家机关工作人员，下乡到某村考察蓄水池选址事宜。考察过程中姚某某和米某某曾提出选址地点是否在矿区范围内，下方有无煤层。村干部回复不在矿区范围内。三被告人在未去附近矿区核实并征求意见、达成协议的情况下，轻信他人之言，将一个蓄水池选址在了矿区范围内。由于煤矿在该水池下方进行采煤，造成蓄水池出现裂缝，不能蓄水。修建和修复蓄水池涉及款项460余万元，给国家和人民造成巨大经济损失。一审法院对三被告人判处滥用职权罪，后经中级人民法院二审发回重审，最终判决三被告人构成玩忽职守犯罪。

（十二）同时构成滥用职权罪与其他具体渎职犯罪的处理

《最高人民法院、最高人民检察院关于办理渎职刑事案件适用法律若干问题的解释（一）》（法释〔2012〕18号，2013年1月9日施行）

第二条　国家机关工作人员实施滥用职权或者玩忽职守犯罪行为，触犯刑法分则第九章第三百九十八条至第四百一十九条规定的，依照该规定定罪处罚。

---

① 最高人民法院刑事审判第一、二、三、四、五庭主办：《刑事审判参考》2009年第3集（总第68集），第563号案例，法律出版社2009年版。

② 参见新密市人民法院（2014）新密刑初字第147号刑事判决书。

国家机关工作人员滥用职权或者玩忽职守,因不具备徇私舞弊等情形,不符合刑法分则第九章第三百九十八条至第四百一十九条的规定,但依法构成第三百九十七条规定的犯罪的,以滥用职权罪或者玩忽职守罪定罪处罚。

《全国法院审理经济犯罪案件工作座谈会纪要》(法〔2003〕167 号,2003 年 11 月 13 日施行)

六、关于渎职罪

(四)关于"徇私"的理解

徇私舞弊型渎职犯罪的"徇私"应理解为徇个人私情、私利。国家机关工作人员为了本单位的利益,实施滥用职权、玩忽职守行为,构成犯罪的,依照刑法第三百九十七条第一款的规定定罪处罚。

(十三)同时构成滥用职权罪和其他种类犯罪的处理

《最高人民法院、最高人民检察院关于办理渎职刑事案件适用法律若干问题的解释(一)》(法释〔2012〕18 号,2013 年 1 月 9 日施行)

第三条　国家机关工作人员实施渎职犯罪并收受贿赂,同时构成受贿罪的,除刑法另有规定外,以渎职犯罪和受贿罪数罪并罚。

《最高人民法院、最高人民检察院关于办理渎职刑事案件适用法律若干问题的解释(一)》(法释〔2012〕18 号,2013 年 1 月 9 日施行)

第四条　国家机关工作人员实施渎职行为,放纵他人犯罪或者帮助他人逃避刑事处罚,构成犯罪的,依照渎职罪的规定定罪处罚。

国家机关工作人员与他人共谋,利用其职务行为帮助他人实施其他犯罪行为,同时构成渎职犯罪和共谋实施的其他犯罪共犯的,依照处罚较重的规定定罪处罚。

国家机关工作人员与他人共谋,既利用其职务行为帮助他人实施其他犯罪,又以非职务行为与他人共同实施该其他犯罪行为,同时构成渎职犯罪和其他犯罪的共犯的,依照数罪并罚的规定定罪处罚。

案例27-9 黄某某滥用职权、受贿案[①]

争议焦点:滥用职权同时又受贿是否实行数罪并罚?

裁判观点:行为人在实施滥用职权等渎职犯罪行为的同时又收受贿赂,齐备两个犯罪的构成要件,除刑法有特别规定的以外,实行数罪并罚。

（十四）特殊领域滥用职权犯罪的认定

《最高人民法院、最高人民检察院关于办理、非法制造、买卖、运输、储存毒鼠强等禁用剧毒化学品刑事案件具体应用法律若干问题的解释》(法释〔2003〕14号,2003年10月1日施行)

第四条 对非法制造、买卖、运输、储存毒鼠强等禁用剧毒化学品行为负有查处职责的国家机关工作人员,滥用职权或者玩忽职守,致使公共财产、国家和人民利益遭受重大损失的,依照刑法第三百九十七条的规定,以滥用职权罪或者玩忽职守罪追究刑事责任。

《最高人民法院、最高人民检察院关于办理危害生产安全刑事案件适用法律若干问题的解释》(法释〔2015〕22号,2015年12月16日施行)

第十五条 国家机关工作人员在履行安全监督管理职责时滥用职权、玩忽职守,致使公共财产、国家和人民利益遭受重大损失的,或者徇私舞弊,对发现的刑事案件依法应当移交司法机关追究刑事责任而不移交,情节严重的,分别依照刑法第三百九十七条、第四百零二条的规定,以滥用职权罪、玩忽职守罪或者徇私舞弊不移交刑事案件罪定罪处罚。

公司、企业、事业单位的工作人员在依法或者受委托行使安全监督管理职责时滥用职权或者玩忽职守,构成犯罪的,应当依照《全国人民代表大会常务委员会关于〈中华人民共和国刑法〉第九章渎职罪主体适用问题的解释》的规定,适用渎职罪的规定追究刑事责任。

---

① 最高人民法院刑事审判第一、二、三、四、五庭主办:《刑事审判参考》2010年第5集(总第76集),第652号案例,法律出版社2011年版。

《最高人民法院、最高人民检察院关于办理药品、医疗器械注册申请材料造假刑事案件适用法律若干问题的解释》(法释〔2017〕15号,2017年9月1日施行)

第七条 对药品、医疗器械注册申请负有核查职责的国家机关工作人员,滥用职权或者玩忽职守,导致使用虚假证明材料的药品、医疗器械获得注册,致使公共财产、国家和人民利益遭受重大损失的,应当依照刑法第三百九十七条规定,以滥用职权罪或者玩忽职守罪追究刑事责任。

《最高人民法院、最高人民检察院关于办理扰乱无线电通讯管理秩序等刑事案件适用法律若干问题的解释》(法释〔2017〕11号,2017年7月1日施行)

第七条第一款 负有无线电监督管理职责的国家机关工作人员滥用职权或者玩忽职守,致使公共财产、国家和人民利益遭受重大损失的,应当依照刑法第三百九十七条的规定,以滥用职权罪或者玩忽职守罪追究刑事责任。

《最高人民法院、最高人民检察院关于办理与盗窃、抢劫、诈骗、抢夺机动车相关刑事案件具体应用法律若干问题的解释》(法释〔2007〕11号,2007年5月11日施行)

第三条 国家机关工作人员滥用职权,有下列情形之一,致使盗窃、抢劫、诈骗、抢夺的机动车被办理登记手续,数量达到三辆以上或者价值总额达到三十万元以上的,依照刑法第三百九十七条第一款的规定,以滥用职权罪定罪,处三年以下有期徒刑或者拘役:

(一)明知是登记手续不全或者不符合规定的机动车而办理登记手续的;

(二)指使他人为明知是登记手续不全或者不符合规定的机动车办理登记手续的;

(三)违规或者指使他人违规更改、调换车辆档案的;

(四)其他滥用职权的行为。

国家机关工作人员疏于审查或者审查不严,致使盗窃、抢劫、诈骗、抢夺的机动车被办理登记手续,数量达到五辆以上或者价值总额达到五十万元以上的,依照刑法第三百九十七条第一款的规定,以玩忽职守罪定罪,处三年以下有期徒刑或者拘役。

国家机关工作人员实施前两款规定的行为，致使盗窃、抢劫、诈骗、抢夺的机动车被办理登记手续，分别达到前两款规定数量、数额标准五倍以上的，或者明知是盗窃、抢劫、诈骗、抢夺的机动车而办理登记手续的，属于刑法第三百九十七条第一款规定的“情节特别严重”，处三年以上七年以下有期徒刑。

国家机关工作人员徇私舞弊，实施上述行为，构成犯罪的，依照刑法第三百九十七条第二款的规定定罪处罚。

第四条　实施本解释第一条、第二条、第三条第一款或者第三款规定的行为，事前与盗窃、抢劫、诈骗、抢夺机动车的犯罪分子通谋的，以盗窃罪、抢劫罪、诈骗罪、抢夺罪的共犯论处。

《最高人民法院、最高人民检察院关于办理妨害预防、控制突发传染病疫情等灾害的刑事案件具体应用法律若干问题的解释》(法释〔2003〕8号,2003年5月15日施行)

第十五条　在预防、控制突发传染病疫情等灾害的工作中，负有组织、协调、指挥、灾害调查、控制、医疗救治、信息传递、交通运输、物资保障等职责的国家机关工作人员，滥用职权或者玩忽职守，致使公共财产、国家和人民利益遭受重大损失的，依照刑法第三百九十七条的规定，以滥用职权罪或者玩忽职守罪定罪处罚。

《全国人民代表大会常务委员会关于惩治骗购外汇、逃汇和非法买卖外汇犯罪的决定》(主席令第14号,1998年12月29日施行)

六、海关、外汇管理部门的工作人员严重不负责任，造成大量外汇被骗购或者逃汇，致使国家利益遭受重大损失的，依照刑法第三百九十七条的规定定罪处罚。

三、取证指引

滥用职权犯罪案件具有以下特点：(1)与贪污贿赂犯罪相比，渎职类案件的调查难度更大。滥用职权犯罪具有隐蔽性、专业性的特点，案件线索有赖于知情人和群众的举报，但犯罪嫌疑人本身拥有较高的受教育水平和丰富的社会阅历，反侦查能力强，其所在的行业专业性强，而所在单位和同事因维护大局、怕引火上身等种种原因常不愿意配合，深入的案件调查常遭遇制约和瓶颈，导致调查取证难度大。

司法实践中,因果关系难认定更是表现突出。(2)证据类型方面,书证较少,对口供的依赖度高。一般来说,控告人、举报人及受害人愿意积极作证,但不少真正知晓或掌握犯罪事实的司机、秘书、搭档、下属等证人与犯罪嫌疑人有利害关系,他们或因参与了某些活动而怕波及自身,或因获得了好处而三缄其口,或因畏惧权势而不敢声张,从而不愿或不能如实提供证言。(3)司法实务中,办案人员应集中围绕犯罪构成要件“国家机关工作人员 + 滥用职权 + 产生严重后果 + 行为与后果之间存在因果关系”四个层次收集证据。(4)调查模式上,本罪的立案调查有以人立案和以事立案两种模式,与此对应有顺查法和倒查法两种调查方式。对于有明确的犯罪嫌疑人的,一般以人立案,运用顺查法进行侦查,从犯罪嫌疑人身上突破,查找其滥用职权的行为,然后确定其造成的危害后果。而以事立案的,则一般运用倒查法,即在造成的安全事故等危害后果已经非常明确的情况下,从查找事故或案件的原因入手,追溯其中的滥用职权行为,再由滥用职权行为追查到有关的责任人①。

(一)主体证据

主体证据,是指能证明行为人系从事公务的国家机关工作人员的证据,主要是书证,包括两大类:行为人自然身份证据和职务身份证据。具体证据种类和形式可参考本书第一讲“高利转贷罪”有关“主体证据”的内容。

(二)主观方面证据

主观方面证据是指能证明行为人明知其职务行为系超越职权或不符合规定的,认识到了其行为会侵害国家机关公务行为的正当性,但仍然滥用职权,希望或者放任这种危害结果发生的证据。

一般来说,只要行为人知道自己的岗位职责,其对于自己滥用职权行为的主观故意是不言自明的。实践中常见的证据有:犯罪嫌疑人在有关文件上的阅读签名,犯罪嫌疑人的笔记本中能证明犯罪嫌疑人对有些情况“明知”、收受礼品礼金或贿赂的记载等。

实践中,既要注意收集行为人追求或放任危害结果发生的客观行为证据,也要根据案件发生的时间、地点并结合其任职时间、工作年限、社会阅历等情况综合确认其主观状态。

---

① 参见于连国:《关于滥用职权类案件的特点及侦查方法》,载《法制与社会》2013 年第 9 期。

（三）客观方面证据

客观方面证据是指能证明犯罪嫌疑人存在滥用职权行为并造成公共财产、国家和人民利益遭受重大损失的严重后果的证据，可具体分为以下三方面证据：

1. 行为人存在滥用职权的行为

围绕行为人的职责、权限、办理程序等事项，搜集行为人积极滥用或消极不作为的证据，主要包括：(1)关于行为人岗位和具体职权职责的规定，如犯罪嫌疑人所违反的法律、政策及有关规定的具体内容或条文，所在单位的三定方案，部门的岗位职责、个人的职权分工、主管事项和联系部门，单位工作流程等书证和相关的证人证言。(2)行为人滥用职权的证据，如领导班子的会议记录，班子成员记录会议情况的笔记本，犯罪嫌疑人在有关材料上签署的意见或批示、报告，违反规定作出或发放的许可证、出入境证件、处罚决定书，私放在押人员而伪造的法律文书，擅自涂改和伪造的内部流程材料、电脑系统操作记录等书证和相关证人证言、物证等材料。

2. 致使公共财产、国家和人民利益遭受重大损失的严重后果

严重后果可大致分为人员伤亡、经济损失、恶劣社会影响三个方面。(1)造成人员伤亡的，需要收集的证据主要有：伤亡现场勘察笔录、死因鉴定或伤残等级鉴定书、医院病历和诊断证明、死亡证明、事故调查报告、文件笔迹鉴定、技术质量鉴定、相关的证人证言等证据。(2)造成经济损失的，需要收集能反映原来财物价值和因行为人的滥用职权行为而导致财产减损的证据：如产权证明、财物报表和账簿、资产评估报告、物品价值鉴定、会计鉴定、合同、破产公告、企业注销的工商登记、债权执行不能的法律文书、处理事故善后的费用开支、罚款和赔偿支付凭证等。(3)造成恶劣社会影响的，需要收集的证据：引发群众上访和激化社会矛盾的报告、举报材料、情况反映、文件，引起舆论谴责的新闻报道、微博留言、微信文章，相关单位的调查报告等。办案人员在确定重大损失时，经常要勘查现场、对单位财务状况进行查账和审计、进行科学鉴定，专业性较强。

3. 滥用职权行为与损失后果之间存在刑法上的因果关系

应分析危害结果是由哪些因素造成的，涉及哪些人员，这些人员都实施了什么行为，这些行为对危害结果发生起到了什么样的作用。对于集体讨论的滥用职权案件，要分清是领导的责任还是承办人的责任或双方的责任。①

① 郑广宇：《职务犯罪定罪证据认定实务》，中国检察出版社2009年版，204页。

第二十八讲
LECTURE 28

玩忽职守罪

一、犯罪构成

> **刑法第三百九十七条　滥用职权罪　玩忽职守罪**
>
> 国家机关工作人员滥用职权或者玩忽职守，致使公共财产、国家和人民利益遭受重大损失的，处三年以下有期徒刑或者拘役；情节特别严重的，处三年以上七年以下有期徒刑。本法另有规定的，依照规定。
>
> 国家机关工作人员徇私舞弊，犯前款罪的，处五年以下有期徒刑或者拘役；情节特别严重的，处五年以上十年以下有期徒刑。本法另有规定的，依照规定。

（一）犯罪主体

本罪的主体为特殊主体，为国家机关工作人员，具体内容可参考本书第二十讲“包庇、纵容黑社会性质组织罪”有关“犯罪主体”的相关内容。

《全国人民代表大会常务委员会关于〈中华人民共和国刑法〉第九章渎职罪主体适用问题的解释》（2002年12月28日第九届全国人民代表大会常务委员会第三十一次会议通过）明确，在依照法律、法规规定行使国家行政管理职权的组织中从事公务的人员，或者在受国家机关委托代表国家机关行使职权的组织中从事公务的人员，或者虽未列入国家机关人员编制但在国家机关中从事公务的人员，在代表国家机关行使职权时，有渎职行为，构成犯罪的，依照刑法关于渎职罪的规定追究刑事责任。

（二）犯罪主观方面

此罪在主观方面为过失。行为人主观上的过失是针对造成重大损失的结果而言，但并不排斥行为人对违反工作纪律和规章制度或对自己的作为和不作为行为则可能是故意的情形。如果行为人在主观上对于危害结果的发生不是出于过失，而是出于故意，不仅预见到，而且希望或者放任它的发生，那就不属于玩忽职守的犯罪行为，而构成其他的故意犯罪。

在许多场合，行为人主观上是一种监督过失，主要表现为应当监督直接责任者却没有实施监督行为，导致了结果发生；或者应当确立完备的安全体制、管理体制，却没有确立这种体制，导致了结果发生。①

（三）犯罪客体

本罪的客体为复杂客体，行为人不履行职责或者不正确履行职责的行为既侵害了国家机关的正常管理活动，也给公共财产、国家和人民利益遭受重大损失，还可能会侵犯公民的人身财产权。

（四）犯罪客观方面

必须有违反国家工作纪律和规章制度，玩忽职守的行为，包括作为和不作为。所谓玩忽职守的作为，是指国家工作人员不正确履行职责义务的行为。有的工作马马虎虎，草率从事，敷衍塞责，违令抗命，极不负责任。有的阳奉阴违，弄虚作假，欺上瞒下，胡作非为等。所谓玩忽职守的不作为，是指国家工作人员不尽职责义务的行为。即对于自己应当履行而且有条件履行的职责，不尽自己应尽的职责义务。有的擅离职守，撒手不管；有的虽然未离职守，但却不尽职责，该管不管，该作不作，听之任之等。

必须具有因玩忽职守，致使公共财产、国家和人民利益造成重大损失的结果。所谓重大损失，是指给国家和人民造成的重大物质性损失和非物质性损失。物质性损失一般是指人身伤亡和公私财物的重大损失，是确认玩忽职守犯罪行为的重要依据；非物质性损失是指严重损害国家机关的正常活动和声誉等。认定是否重大损失，应根据司法实践和有关规定，对所造成的物质性和非物质性损失的实际情况，并按直接责任人员的职权范围全面分析，以确定应承担责任的大小。

根据《最高人民法院、最高人民检察院关于办理渎职刑事案件适用法律若干问题的解释（一）》的规定，玩忽职守具有以下情形的之一的，应当认定为“致使公共财

---

① 张明楷：《刑法学》（第五版），法律出版社 2016 年版，第 1248 页。

产、国家和人民利益遭受重大损失”:(一)造成死亡1人以上,或者重伤3人以上,或者轻伤9人以上,或者重伤2人、轻伤3人以上,或者重伤1人、轻伤6人以上的;(二)造成经济损失30万元以上的;(三)造成恶劣社会影响的;(四)其他致使公共财产、国家和人民利益遭受重大损失的情形。

二、常见疑难问题

(一)经济损失的认定

《最高人民法院、最高人民检察院关于办理渎职刑事案件适用法律若干问题的解释(一)》(法释〔2012〕18号,2013年1月9日施行)

第八条　本解释规定的“经济损失”,是指渎职犯罪或者与渎职犯罪相关联的犯罪立案时已经实际造成的财产损失,包括为挽回渎职犯罪所造成损失而支付的各种开支、费用等。立案后至提起公诉前持续发生的经济损失,应一并计入渎职犯罪造成的经济损失。

债务人经法定程序被宣告破产,债务人潜逃、去向不明,或者因行为人的责任超过诉讼时效等,致使债权已经无法实现的,无法实现的债权部分应当认定为渎职犯罪的经济损失。

渎职犯罪或者与渎职犯罪相关联的犯罪立案后,犯罪分子及其亲友自行挽回的经济损失,司法机关或者犯罪分子所在单位及其上级主管部门挽回的经济损失,或者因客观原因减少的经济损失,不予扣减,但可以作为酌定从轻处罚的情节。

以上规定在司法实务中的理解与适用:①

(1)经济损失的概念和范围。《最高人民法院、最高人民检察院关于办理渎职刑事案件适用法律若干问题的解释(一)》(以下简称《解释(一)》)对于经济损失的基本定位是已经实际造成的财产损失。具体适用时需要注意以下两点:第一,经济损失必须是实际造成、确定可计算的财产损失。第二,经济损失不限于财产毁损、灭失。

---

① 参见苗有水、刘为波:《〈最高人民法院、最高人民检察院关于办理渎职刑事案件具体应用法律若干问题的解释(一)〉的理解与适用》,载最高人民法院刑事审判第一、二、三、四、五庭主办:《中国刑事审判指导案例》(06卷),法律出版社2017年版,第665页。

(2)计算经济损失的时间界点。《解释(一)》确定渎职犯罪经济损失的认定原则上应以“立案时”为准,主要有两点考虑:一是以起诉或者审判时经济损失是否挽回作为定罪量刑的依据,将直接影响刑事诉讼活动的确定性和严肃性。二是一个行为是否构成犯罪,原则上应以行为实施时为准,由于渎职犯罪行为与结果不同步的特征,为方便实践操作才确定以立案时为损失计算基准,但这不意味着损失挽回的就不构成犯罪。适用本规定时,需要注意以下几点:第一,经济损失的认定以立案时为准,与是否行为人自行挽回没有关系。立案前已挽回或者减少的损失一概不计入犯罪数额。立案后无论是犯罪分子及其亲友自行挽回的经济损失,还是司法机关或者犯罪分子所在单位及其上级主管部门挽回的经济损失,或者因客观原因减少的经济损失,均不影响经济损失的认定。第二,渎职犯罪尚未立案但与渎职犯罪相关联的犯罪已经立案的,以关联犯罪立案时已经实际造成的财产损失认定犯罪数额。在渎职犯罪案件立案前,办案机关对关联案件可能已侦办多时,办案机关可能已经依职权追回全部或部分赃款,渎职犯罪案件犯罪嫌疑人及其亲友或所在单位也可能已自行挽回经济损失,此种情形本质上同样属于司法活动进行当中挽回的损失,故《解释(一)》明确规定关联案件立案后挽回的经济损失部分不予扣除。

我们认为,根据《解释(一)》规定的精神和文字表述,在相关司法解释明确作出相反规定之前,宜将这里的“立案”理解为刑事立案。

(3)债权损失的理解。正确适用《解释(一)》第八条第二款规定,需要注意以下几点:第一,债权本身不是经济损失,只有不能实现的债权才是经济损失。债权损失的认定不适用“立案时的”计算标准。第二,债权范围限于民事之债,不能无限扩大。比如,某国有破产企业清算组谎称需补偿工人工资,上级主管单位不认真审核,将补偿款转至工人工资卡上,致使30余万元被工人支走;又如,行政机关在征收各种费用、税费时,以允许缓交、不进行催交等方式,致使实际上截至被查处时长期未缴纳的;再如,行政执法人员、司法工作人员的渎职行为导致他人的不动产被生效法律文书确认为第三人所有的,均属于对财产权的单方或者强制处分行为,不属于债权损失的范畴,其经济损失认定应适用“立案时”标准。第三,确认债权无法实现的方式可以多种多样。债权是否无法实现,是犯罪事实的内在构成内容,刑事审判可自行认定,不一定都需要经过民事裁判确认。同时,对于生效民事裁判确认无法实现的,行为人是否提出申诉,一般不影响经济损失的认定。

《全国法院审理经济犯罪案件工作座谈会纪要》(法〔2003〕167号,2003年11月13日施行)

六、关于渎职罪

(一)渎职犯罪行为造成的公共财产重大损失的认定

根据刑法规定,玩忽职守、滥用职权等渎职犯罪是以致使公共财产、国家和人民利益遭受重大损失为构成要件的。其中,公共财产的重大损失,通常是指渎职行为已经造成的重大经济损失。在司法实践中,有以下情形之一的,虽然公共财产作为债权存在,但已无法实现债权的,可以认定为行为人的渎职行为造成了经济损失:(1)债务人已经法定程序被宣告破产;(2)债务人潜逃,去向不明;(3)因行为人责任,致使超过诉讼时效;(4)有证据证明债权无法实现的其他情况。

《最高人民法院、最高人民检察院、公安部关于办理盗窃油气、破坏油气设备等刑事案件适用法律若干问题的意见》(法发〔2018〕18号,2018年9月28日施行)

六、关于直接经济损失的认定

《最高人民法院、最高人民检察院关于办理盗窃油气、破坏油气设备等刑事案件具体应用法律若干问题的解释》第二条第三项规定的"直接经济损失"包括因实施盗窃油气等行为直接造成的油气损失以及采取抢修堵漏等措施所产生的费用。

对于直接经济损失数额,综合油气企业提供的证据材料、犯罪嫌疑人、被告人及其辩护人所提辩解、辩护意见等认定;难以确定的,依据价格认证机构出具的报告,结合其他证据认定。

油气企业提供的证据材料,应当有工作人员签名和企业公章。

(二)徇私的认定

徇私在司法实务中的理解与适用:[①]

《最高人民法院、最高人民检察院关于办理渎职刑事案件适用法律若干问题的

① 参见苗有水、刘为波:《〈最高人民法院、最高人民检察院关于办理渎职刑事案件具体应用法律若干问题的解释(一)〉的理解与适用》,载最高人民法院刑事审判第一、二、三、四、五庭主办:《中国刑事审判指导案例》(06卷),法律出版社2017年版,第656~657页。

解释(一)》(以下简称《解释(一)》)第二条第二款规定:"国家机关工作人员滥用职权或者玩忽职守,因不具备徇私舞弊等情形,不符合刑法分则第九章第三百九十八条至第四百一十九条的规定,但依法构成第三百九十七条规定的犯罪的,以滥用职权罪或者玩忽职守罪定罪处罚。"适用本规定时需要注意对徇私舞弊的理解。我们认为,徇私包括徇单位之私的意见尚缺乏充足的理由:一是从文义解释的角度,"徇私"应是指徇个人私情、私利,将"私"与单位相关联称为"单位之私",字面逻辑上存在问题;二是从体系解释的角度,如果"徇私"包括"徇单位之私",那么刑法第一百六十九条规定的徇私舞弊低价折股、出售国有资产罪将陷入自相矛盾的境地,而且,将徇单位之私认定为徇私,一定意义上无异于取消了这一要件。鉴于此,尽管《解释(一)》未对"徇私舞弊"的理解作出明确规定,但通过本条规定,实际上间接回应了徇私舞弊的理解和相关定罪思路,即在坚持《全国法院审理经济犯罪案件工作座谈会纪要》确定的原则的基础上,通过转适用一般罪名解决为单位利益实施的渎职行为的刑事责任追究问题。这里需要特别指出的是,在徇私的具体认定上,既要看形式,更要看实质。对于以单位、集体的名义谋取利益的情形,能否认定为"徇私"关键是为了单位整体利益还是单位中个别人利益。如果行为人为了单位成员的集体福利,一般应认定为单位利益,即便行为人事后按照一定的分配比例从中获取了利益,也不应认定为徇私;如果假借单位、集体的名义,谋取利益后在行为人内部私分的,这种情形与徇个人私利并无实质分别,应以徇私论。

《全国法院审理经济犯罪案件工作座谈会纪要》(法发〔2003〕167 号,2003 年 11 月 13 日施行)

六、关于渎职罪

(四)关于"徇私"的理解

徇私舞弊型渎职犯罪的"徇私"应理解为徇个人私情、私利。国家机关工作人员为了本单位的利益,实施滥用职权、玩忽职守行为,构成犯罪的,依照刑法第三百九十七条第一款的规定定罪处罚。

《最高人民检察院关于渎职侵权犯罪案件立案标准的规定》(高检发释字〔2006〕2号,2006年7月26日施行)

三、附则

(五)本规定中的"徇私舞弊",是指国家机关工作人员为徇私情、私利,故意违背事实和法律,伪造材料,隐瞒情况,弄虚作假的行为。

(三)因果关系的认定

渎职因果关系判断的关键是审查渎职行为对危害后果是否实际发生了作用且为一般人能够预见或认识。①

案例28-1 龚某玩忽职守案②

争议焦点:如何判断刑法上的因果关系?

裁判要点:以事实为基础并依据一般人的经验进行判断因果关系。

在判断行为与结果之间是否存在刑法上的因果关系时,应以行为时客观存在的一切事实为基础,依据一般人的经验进行判断。在存在介入因素的场合下,判断介入因素是否对因果关系的成立产生阻却影响时,一般是通过是否具有"相当性"的判断来加以确定的。在"相当性"的具体判断中,一般可以从以下三个方面来进行:一是最早出现的实行行为导致最后结果发生的概率的高低。概率高者,因果关系存在;反之,不存在。二是介入因素异常性的大小。介入因素过于异常的,实行行为和最后结果之间的因果关系不存在;反之,因果关系存在。三是介入因素对结果发生的影响力。影响力大者,因果关系不存在;反之,因果关系存在。当然,如果介入行为与此前行为对于结果的发生作用相当或者互为条件时,均应视为原因行为,同时成立因果关系。

由于被告人龚某为蒋某某出具的虚假体检结论的效力只有1年,如果蒋某某驾驶的汽车在其换证的当年度由于其本人的原因而发生了交通事故,毫无疑问,该损害结果与被告人龚某的玩忽职守行为之间存在刑法上的因果关系,其应对损害结果负责。蒋某某能够通过审验,完全是由于他人体检失职行为所致,而非

① 参见沈志先主编:《职务犯罪审判实务》,法律出版社2013年版,第299页。

② 参见最高人民法院刑事审判第一、二、三、四、五庭主办:《中国刑事审判指导案例》(06卷),法律出版社2017年版,第576~577页。

龚某的失职行为所致,因为龚某的体检行为在1年之后已经归于无效。龚某的失职行为与交通事故之间不存在刑法上的因果关系。尽管被告人龚某客观上存在失职行为,可依照其他有关规定予以行政处分,但其行为不构成玩忽职守罪。

案例28-2 杨某武玩忽职守、徇私枉法、受贿案①

争议焦点:没有认真履行监管职责导致未能有效防止危害结果发生,是否属于刑法上的因果关系?

裁判要点:一是渎职犯罪因果关系的认定。如果负有监管职责的国家机关工作人员没有认真履行其监管职责,从而未能有效防止危害结果发生,那么,这些对危害结果具有"原因力"的渎职行为,应认定与危害结果之间具有刑法意义上的因果关系。二是渎职犯罪同时受贿的处罚原则。对于国家机关工作人员实施渎职犯罪并收受贿赂,同时构成受贿罪的,除刑法第三百九十九条有特别规定的外,以渎职犯罪和受贿罪数罪并罚。

(四)追诉期限的计算

《最高人民法院、最高人民检察院关于办理渎职刑事案件适用法律若干问题的解释(一)》(法释〔2012〕18号,2013年1月9日施行)

第六条 以危害结果为条件的渎职犯罪的追诉期限,从危害结果发生之日起计算;有数个危害结果的,从最后一个危害结果发生之日起计算。

以上规定在司法实务中的理解与适用:②

适用《最高人民法院、最高人民检察院关于办理渎职刑事案件适用法律若干问题的解释(一)》(以下简称《解释(一)》)第六条规定时,需要注意以下几点:

第一,犯罪结果发生之日仅限于结果犯。经研究,对于结果犯而言,只有结果发生了才构成犯罪,结果犯的"犯罪之日"是结果发生之日而非行为实施之日,《解释(一)》规定"以危害结果为条件的渎职犯罪的追诉期限,从危害结果发生之日起计

---

① 最高人民检察院2012年11月15日发布指导案例第2批第8号。

② 参见苗有水、刘为波:《〈最高人民法院、最高人民检察院关于办理渎职刑事案件具体应用法律若干问题的解释(一)〉的理解与适用》,载最高人民法院刑事审判第一、二、三、四、五庭主办:《中国刑事审判指导案例》(06卷),法律出版社2017年版,第662~663页。

算”与刑法规定的“犯罪之日”并不矛盾。这里需要指出的是，渎职罪除了结果犯之外，还有行为犯和情节犯。对于行为犯，应以行为实施之日或者行为终了之日起计算。对于情节犯，则应区分定罪情节的具体类型分别计算追诉期限，以行为严重程度为情节的，自行为实施之日或者行为终了之日起计算；行为严重程度不足以定罪，以具体危害结果为定罪情节的，自危害结果发生之日起计算。

第二，危害结果发生之日不同于危害结果发现之日。

第三，多个危害结果以最后一个危害结果计算追诉期限。渎职罪的危害结果往往具有持续性和连续性，为此，《解释（一）》明确，“有数个危害结果的，从最后一个危害结果发生之日起计算”。对于本规定，应严格依照刑法关于“犯罪行为有连续或者继续状态的，从犯罪行为终了之日起计算”的规定精神来理解。首先，这里针对的是犯罪结果扩大的情形，最后一个犯罪结果的发生与犯罪结果的持续状态不同，不得以某一犯罪结果持续状态的结束之日计算追诉期限。其次，“从最后一个危害结果发生之日起计算”的根据在于结果的延续性，可以在整体上视为单一的渎职犯罪，如果成立渎职犯罪的危害结果已经停止，由于其他行为的介入又产生新的危害结果的，一般应以之前的危害结果计算追诉期限。

《全国法院审理经济犯罪案件工作座谈会纪要》（法〔2003〕167 号，2003 年 11 月 13 日施行）

六、关于渎职罪

（二）玩忽职守罪的追诉时效

玩忽职守行为造成的重大损失当时没有发生，而是玩忽职守行为之后一定时间发生的，应从危害结果发生之日起计算玩忽职守罪的追诉期限。

（五）其他法律适用

《最高人民法院、最高人民检察院关于办理渎职刑事案件适用法律若干问题的解释（一）》（法释〔2012〕18 号，2013 年 1 月 9 日施行）

第二条　国家机关工作人员实施滥用职权或者玩忽职守犯罪行为，触犯刑法分则第九章第三百九十八条至第四百一十九条规定的，依照该规定定罪处罚。

> 国家机关工作人员滥用职权或者玩忽职守,因不具备徇私舞弊等情形,不符合刑法分则第九章第三百九十八条至第四百一十九条的规定,但依法构成第三百九十七条规定的犯罪的,以滥用职权罪或者玩忽职守罪定罪处罚。
>
> 第三条　国家机关工作人员实施渎职犯罪并收受贿赂,同时构成受贿罪的,除刑法另有规定外,以渎职犯罪和受贿罪数罪并罚。
>
> 第五条　国家机关负责人员违法决定,或者指使、授意、强令其他国家机关工作人员违法履行职务或者不履行职务,构成刑法分则第九章规定的渎职犯罪的,应当依法追究刑事责任。
>
> 以"集体研究"形式实施的渎职犯罪,应当依照刑法分则第九章的规定追究国家机关负有责任的人员的刑事责任。对于具体执行人员,应当在综合认定其行为性质、是否提出反对意见、危害结果大小等情节的基础上决定是否追究刑事责任和应当判处的刑罚。
>
> 第七条　依法或者受委托行使国家行政管理职权的公司、企业、事业单位的工作人员,在行使行政管理职权时滥用职权或者玩忽职守,构成犯罪的,应当依照《全国人民代表大会常务委员会关于〈中华人民共和国刑法〉第九章渎职罪主体适用问题的解释》的规定,适用渎职罪的规定追究刑事责任。

以上规定在司法实务中的理解与适用:①

(1)关于法条适用。如何把握一般罪名与特别罪名的关系,实践中存在不同看法,集中体现在两个问题上:一是同时符合特别罪名规定和一般罪名规定,特别罪名的法定刑轻于一般罪名的,能否以处罚更重的一般罪名处理?二是不符合特别罪名规定但符合一般罪名规定的,能否以一般罪名定罪处罚?经研究,基于量刑需要提出的第一个问题根本上属于立法问题。鉴于刑法第三百九十七条已明确规定"本法另有规定的,依照规定",故无论特别罪名的法定刑高于还是低于一般罪名,凡是符合特别罪名构成要件的,应一律以特别罪名追究刑事责任。

对于第二个问题,经研究论证,我们持肯定立场。主要理由是:一是特别法优于一般法原则主要针对的是法条竞合条件下同时构成多个犯罪的罪名选择问题,而这里只触犯了一般罪名规定,不存在法条竞合和罪名选择的问题。二是从立法角

---

① 参见苗有水、刘为波:《〈最高人民法院、最高人民检察院关于办理渎职刑事案件具体应用法律若干问题的解释(一)〉的理解与适用》,载最高人民法院刑事审判第一、二、三、四、五庭主办:《中国刑事审判指导案例》(06卷),法律出版社2017年版,第655~663页。

度,特别法优于一般法并非绝对性原则,刑法在“生产、销售伪劣商品罪”一节中明确规定,不构成特别罪名但构成一般罪名亦即生产、销售伪劣产品罪的,可以一般罪名定罪处罚。三是司法解释在法律规定限度内可以具有一定的补漏功能,对于因不具备徇私舞弊等要件而不构成特别罪名的严重渎职行为以一般罪名处理,体现了实践中的打击需要,也不违反立法本意。适用本规定时,需要注意徇私的理解问题。

适用《最高人民法院、最高人民检察院关于办理渎职刑事案件适用法律若干问题的解释(一)》(以下简称《解释(一)》)第二条第二款规定时,需要注意转适用一般罪名的定罪量刑标准的把握。考虑到《解释(一)》关于滥用职权罪和玩忽职守罪的定罪量刑标准未能兼顾到各种特别渎职行为的特殊性,为了给有特别罪名规定但以一般罪名处理的渎职犯罪的定罪量刑提供更为便利的掌握标准,我们的初步考虑是,首先,既然以滥用职权罪或者玩忽职守罪定罪,就应当完全适用滥用职权罪或者玩忽职守罪的定罪量刑标准,这是一个基本前提;其次,考虑到滥用职权罪和玩忽职守罪的定罪量刑标准不可能面面俱到地等同客观实际,《解释(一)》在滥用职权罪和玩忽职守罪的定罪量刑标准中还分别规定了兜底条款,确有必要的情况下,这些兜底条款的具体认定可以适当参考特别罪名的判断标准。

(2)关于责任追究和责任人员的确定。正确适用《解释(一)》第五条第一款规定,需要注意两点:一是负责人员的刑事责任追究具有相对独立性。根据监督过失理论,负责人员的监管过错行为可单独成立渎职犯罪,而无须依赖共犯理论或者其他执行人员的行为。是否同时追究执行人员的刑事责任,不影响负责人员的责任追究。二是这里的负责人员,既包括主要负责人,也包括直接负责的分管领导;既包括本单位的负责人员,也包括上级单位的负责人员。

正确适用《解释(一)》第五条第二款规定,需要注意以下三点:第一,追究集体研究相关人员渎职罪的刑事责任,其直接根据既非单位犯罪亦非共同犯罪,而是相关人员自身的具体履职行为。实践中应当注意区分各参与研究人员的地位、作用,合理确定责任人员的范围,对于不负有直接主管职责而只是消极附议的,或者在集体研究当中明确提出反对意见的人员,不宜追究刑事责任。第二,“集体研究”既包括真实意义上的集体研究,也包括假借集体研究行个人之私的情形。第三,对于以徇私舞弊为定罪要件的渎职犯罪,需要结合第二点提到的两种不同情形分别定罪。对于确属单位行为的,因单位利益不在徇私认定之列,故应根据前述法条适用原则转适用滥用职权罪或者玩忽职守罪定罪处罚;对于假借集体研究行个人之私的,因属于实质上的个人行为,可以相应的徇私舞弊类渎职犯罪定罪处罚。对于具体执行人员的刑事责任《解释(一)》仅作了原则性规定,为便于实践中进行具体把握,提出以下几点意见供参考:第一,具体执行行为未明显违反法律规定,或者存在严重性错误但已经提出反对意见或者改正建议的,应由作出决定的人员承担渎职罪的刑事责任,对于执行人员一般不宜作犯罪处理。第二,具体执行行为明显违反法律规定且造成严重危害结果的执行人员承担相应的责任。我国刑法未确立执行命令行为全面阻却责任的原则,故具体执行人对于其实施的具有严重违法性的行为,不得免责。第三,对于执行人员的责任追究应有别于决定人员,实践中可以结合执行中的具体情况适当从宽处理,对于执行人员判处的刑罚不得高于决定人员,更不允许以追究执行人员的责任取代对决定人员的责任追究。

《最高人民法院、最高人民检察院关于办理妨害预防、控制突发传染病疫情等灾害的刑事案件具体应用法律若干问题的解释》(法释〔2003〕8 号,2003 年 5 月 15 日施行)

第十五条　在预防、控制突发传染病疫情等灾害的工作中,负有组织、协调、指挥、灾害调查、控制、医疗救治、信息传递、交通运输、物资保障等职责的国家机关工作人员,滥用职权或者玩忽职守,致使公共财产、国家和人民利益遭受重大损失的,依照刑法第三百九十七条的规定,以滥用职权罪或者玩忽职守罪定罪处罚。

第十八条　本解释所称“突发传染病疫情等灾害”,是指突然发生,造成或者可能造成社会公众健康严重损害的重大传染病疫情、群体性不明原因疾病以及其他严重影响公众健康的灾害。

《最高人民法院、最高人民检察院关于办理非法制造、买卖、运输、储存毒鼠强等禁用剧毒化学品刑事案件具体应用法律若干问题的解释》(法释〔2003〕14 号,2003 年 10 月 1 日施行)

第四条　对非法制造、买卖、运输、储存毒鼠强等禁用剧毒化学品行为负有查处职责的国家机关工作人员,滥用职权或者玩忽职守,致使公共财产、国家和人民利益遭受重大损失的,依照刑法第三百九十七条的规定,以滥用职权罪或者玩忽职守罪追究刑事责任。

第六条　本解释所称“毒鼠强等禁用剧毒化学品”，是指国家明令禁止的毒鼠强、氟乙酰胺、氟乙酸钠、毒鼠硅、甘氟(见附表)。

《最高人民法院、最高人民检察院、公安部关于严格执行刑事诉讼法，切实纠防超期羁押的通知》(法〔2003〕163号，2003年11月12日施行)

五、严格执行超期羁押责任追究制度。超期羁押侵犯犯罪嫌疑人、被告人的合法权益，损害司法公正，对此必须严肃查处，绝不姑息。本通知发布以后，凡违反刑事诉讼法和本通知的规定，造成犯罪嫌疑人、被告人超期羁押的，对于直接负责的主管人员和其他直接责任人员，由其所在单位或者上级主管机关依照有关规定予以行政或者纪律处分；造成犯罪嫌疑人、被告人超期羁押，情节严重的，对于直接负责的主管人员和其他直接责任人员，依照刑法第三百九十七条的规定，以玩忽职守罪或者滥用职权罪追究刑事责任。

《最高人民检察院关于渎职侵权犯罪案件立案标准的规定》(高检发释字〔2006〕2号，2006年7月26日施行)

一、渎职犯罪案件

(十八)违法发放林木采伐许可证案(第四百零七条)

(第三款)林业主管部门工作人员之外的国家机关工作人员，违反森林法的规定，滥用职权或者玩忽职守，致使林木被滥伐40立方米以上或者幼树被滥伐2000株以上，或者致使防护林、特种用途林被滥伐10立方米以上或者幼树被滥伐400株以上，或者致使珍贵树木被采伐、毁坏4立方米或者4株以上，或者致使国家重点保护的其他植物被采伐、毁坏后果严重的，或者致使国家严禁采伐的林木被采伐、毁坏情节恶劣的，按照刑法第397条的规定以滥用职权罪或者玩忽职守罪追究刑事责任。

《最高人民法院、最高人民检察院关于办理盗窃油气、破坏油气设备等刑事案件具体应用法律若干问题的解释》(法释〔2007〕3号，2007年1月19日施行)

第七条　国家机关工作人员滥用职权或者玩忽职守，实施下列行为之一，致使公共财产、国家和人民利益遭受重大损失的，依照刑法第三百九十七条的规定，以滥用职权罪或者玩忽职守罪定罪处罚：

（一）超越职权范围，批准发放石油、天然气勘查、开采、加工、经营等许可证的；

（二）违反国家规定，给不符合法定条件的单位、个人发放石油、天然气勘查、开采、加工、经营等许可证的；

（三）违反《石油天然气管道保护条例》等国家规定，在油气设备安全保护范围内批准建设项目的；

（四）对发现或者经举报查实的未经依法批准、许可擅自从事石油、天然气勘查、开采、加工、经营等违法活动不予查封、取缔的。

第八条　本解释所称的“油气”，是指石油、天然气。其中，石油包括原油、成品油；天然气包括煤层气。

本解释所称“油气设备”，是指用于石油、天然气生产、储存、运输等易燃易爆设备。

《最高人民法院、最高人民检察院关于办理与盗窃、抢劫、诈骗、抢夺机动车相关刑事案件具体应用法律若干问题的解释》（法释〔2007〕11号，2007年5月11日施行）

第三条　国家机关工作人员滥用职权，有下列情形之一，致使盗窃、抢劫、诈骗、抢夺的机动车被办理登记手续，数量达到三辆以上或者价值总额达到三十万元以上的，依照刑法第三百九十七条第一款的规定，以滥用职权罪定罪，处三年以下有期徒刑或者拘役：

（一）明知是登记手续不全或者不符合规定的机动车而办理登记手续的；

（二）指使他人为明知是登记手续不全或者不符合规定的机动车办理登记手续的；

（三）违规或者指使他人违规更改、调换车辆档案的；

（四）其他滥用职权的行为。

国家机关工作人员疏于审查或者审查不严，致使盗窃、抢劫、诈骗、抢夺的机动车被办理登记手续，数量达到五辆以上或者价值总额达到五十万元以上的，依照刑法第三百九十七条第一款的规定，以玩忽职守罪定罪，处三年以下有期徒刑或者拘役。

国家机关工作人员实施前两款规定的行为，致使盗窃、抢劫、诈骗、抢夺的机动车被办理登记手续，分别达到前两款规定数量、数额标准五倍以上的，或者明知是盗窃、抢劫、诈骗、抢夺的机动车而办理登记手续的，属于刑法第三百九十七条第一款规定的“情节特别严重”，处三年以上七年以下有期徒刑。

国家机关工作人员徇私舞弊，实施上述行为，构成犯罪的，依照刑法第三百九十七条第二款的规定定罪处罚。

第四条　实施本解释第一条、第二条、第三条第一款或者第三款规定的行为，事前与盗窃、抢劫、诈骗、抢夺机动车的犯罪分子通谋的，以盗窃罪、抢劫罪、诈骗罪、抢夺罪的共犯论处。

第五条　对跨地区实施的涉及同一机动车的盗窃、抢劫、诈骗、抢夺以及掩饰、隐瞒犯罪所得、犯罪所得收益行为，有关公安机关可以依照法律和有关规定一并立案侦查，需要提请批准逮捕、移送审查起诉、提起公诉的，由该公安机关所在地的同级人民检察院、人民法院受理。

第六条　行为人实施本解释第一条、第三条第三款规定的行为，涉及的机动车有下列情形之一的，应当认定行为人主观上属于上述条款所称“明知”：

(一)没有合法有效的来历凭证；

(二)发动机号、车辆识别代号有明显更改痕迹，没有合法证明的。

以上规定在司法实务中的理解与适用：①

关于车管所等国家机关工作人员的犯罪问题。需要注意的是，《最高人民法院、最高人民检察院关于办理与盗窃、抢劫、诈骗、抢夺机动车相关刑事案件具体应用法律若干问题的解释》第三条第三款中规定车管所等国家机关工作人员“明知是盗窃、抢劫、诈骗、抢夺的机动车而办理登记手续的”，直接就属于刑法第三百九十七条第一款规定的滥用职权罪的“情节特别严重”，应当处3年以上7年以下有期徒刑。这种情形是车管所等国家机关工作人员与盗抢机动车的犯罪分子没有通谋的情况下的定罪处罚问题。如果事前与盗抢机动车的犯罪分子通谋的，就应当按照盗抢犯罪的共犯论处。

---

① 参见祝二军：《〈关于办理与盗窃、抢劫、诈骗、抢夺机动车相关刑事案件具体应用法律若干问题的解释〉的理解与适用》，载最高人民法院刑事审判第一、二、三、四、五庭主办：《中国刑事审判指导案例》(06卷)，法律出版社2017年版，第687页。

《最高人民检察院关于对林业主管部门工作人员在发放林木采伐许可证之外滥用职权玩忽职守致使森林遭受严重破坏的行为适用法律问题的批复》(高检发释字〔2007〕1 号,2007 年 5 月 16 日施行)

林业主管部门工作人员违法发放林木采伐许可证,致使森林遭受严重破坏的,依照刑法第四百零七条的规定,以违法发放林木采伐许可证罪追究刑事责任;以其他方式滥用职权或者玩忽职守,致使森林遭受严重破坏的,依照刑法第三百九十七条的规定,以滥用职权罪或者玩忽职守罪追究刑事责任,立案标准依照《最高人民检察院关于渎职侵权犯罪案件立案标准的规定》第一部分渎职犯罪案件第十八条第三款的规定执行。

《最高人民法院、最高人民检察院关于办理危害生产安全刑事案件适用法律若干问题的解释》(法释〔2015〕22 号,2015 年 12 月 16 日施行)

第十五条　国家机关工作人员在履行安全监督管理职责时滥用职权、玩忽职守,致使公共财产、国家和人民利益遭受重大损失的,或者徇私舞弊,对发现的刑事案件依法应当移交司法机关追究刑事责任而不移交,情节严重的,分别依照刑法第三百九十七条、第四百零二条的规定,以滥用职权罪、玩忽职守罪或者徇私舞弊不移交刑事案件罪定罪处罚。

公司、企业、事业单位的工作人员在依法或者受委托行使安全监督管理职责时滥用职权或者玩忽职守,构成犯罪的,应当依照《全国人民代表大会常务委员会关于〈中华人民共和国刑法〉第九章渎职罪主体适用问题的解释》的规定,适用渎职罪的规定追究刑事责任。

《最高人民法院、最高人民检察院关于办理扰乱无线电通讯管理秩序等刑事案件适用法律若干问题的解释》(法释〔2017〕11 号,2017 年 7 月 1 日施行)

第七条第一款　负有无线电监督管理职责的国家机关工作人员滥用职权或者玩忽职守,致使公共财产、国家和人民利益遭受重大损失的,应当依照刑法第三百九十七条的规定,以滥用职权罪或者玩忽职守罪追究刑事责任。

《最高人民法院、最高人民检察院关于办理药品、医疗器械注册申请材料造假刑事案件适用法律若干问题的解释》(法释〔2017〕15号,2017年9月1日施行)

第七条　对药品、医疗器械注册申请负有核查职责的国家机关工作人员,滥用职权或者玩忽职守,导致使用虚假证明材料的药品、医疗器械获得注册,致使公共财产、国家和人民利益遭受重大损失的,应当依照刑法第三百九十七条规定,以滥用职权罪或者玩忽职守罪追究刑事责任。

三、取证指引

(一)主体证据

主体证据,是指能证明被调查人、犯罪嫌疑人、被告人系从事公务的国家机关工作人员的证据,主要是书证,包括两大类:被调查人、犯罪嫌疑人、被告人自然身份证据和职务身份证据。

1. 自然身份证据。公安机关提供的户籍证明、户口簿或暂住证复印件、户口卡或者居民身份证、护照复印件等。通过以上证据证明被调查人、犯罪嫌疑人、被告人的姓名、国籍、性别、年龄、出生日期、民族、文化程度、婚姻状况和户籍地、经常居住地等个人自然情况,并确定刑事责任能力。

2. 职务身份证据。

(1)既包括工作证、干部履历表、干部登记表、聘书、聘用合同、任免文件(任免审批表、任免通知、任免书、任免决定)、选举公告、委派通知、供职证明、人大代表或政协委员的身份材料等被调查人、犯罪嫌疑人、被告人职务方面的证据,也包括能反映其职权情况的证据,如被调查人、犯罪嫌疑人、被告人所在部门的工作职责、三定方案、党委关于主管分工职责的文件、被调查人、犯罪嫌疑人、被告人具体负责、经手、承办、管理某项具体公务的人证、书证,关于履职程序和权限的法律法规和单位内部规定等材料。

(2)被调查人、犯罪嫌疑人、被告人属于"依照法律、法规规定行使国家行政管理职权的组织中从事公务的人员"的,需要收集被调查人、犯罪嫌疑人、被告人所在组织或单位性质的书证,包括法人证书或统一社会信用代码证、组织机构代码证等,证实被调查人、犯罪嫌疑人、被告人所在单位或组织的性质;规定被调查人、犯罪嫌疑人、被告人所在组织或单位行使行政管理职权的法律、法规;行为职责的书证,包括:岗位责任制度、工作制度、相关会议纪要、工作分工文件等;本级或上级组织人事主管部门出具的有关被调查人、犯罪嫌疑人、被告人身份、任职时间、职权职责的书面材料等,被调查人、犯罪嫌疑人、被告人的供述和辩解;相关证人证言等。

(3)被调查人、犯罪嫌疑人、被告人属于"受国家机关委托代表国家机关行使职权的组织中从事公务的人员"的,重点收集委托被调查人、犯罪嫌疑人、被告人所在组织或单位代表国家机关行使职权的国家机关性质的相关书证;国家机关委托行使职权的相关文件、会议记录、委托书函、委托行使职权的职责、范围等书证。

(4)被调查人、犯罪嫌疑人、被告人属于"虽未列入国家机关人员编制但在国家机关中从事公务的人员"的,需要收集证明被调查人、犯罪嫌疑人、被告人身份的书证,职工登记表、聘书、聘用合同、任免文件等,未列入国家机关人员编制的相关情况说明等。

(二)主观方面证据

主观方面证据,是指能证明被调查人、犯罪嫌疑人、被告人应当预见自己的行为可能发生危害社会的结果,因为疏忽大意而没有预见,或者已经预见而轻信能够避免发生危害结果的证据。

一般来说,只要被调查人、犯罪嫌疑人、被告人知道其所担任职务的职责,其对于自己的履职要求是明确的。

实践中,既要注意收集被调查人、犯罪嫌疑人、被告人追求或放任危害结果发生的客观行为证据,也要根据案件发生的时间、地点并结合其任职时间、工作年限、社会阅历等情况综合确认其主观状态。

(三)客观方面证据

客观方面证据,是指证明被调查人、犯罪嫌疑人、被告人不履行或者不正确履行职责,致使公共财产、国家和人民利益遭受重大损失的证据,可具体分为以下三方面证据[①]:

(1)被调查人、犯罪嫌疑人、被告人存在玩忽职守的行为。围绕被调查人、犯罪嫌疑人、被告人的职责、权限、办理程序等事项,搜集被调查人、犯罪嫌疑人、被告人不履行或者不正确履行职责的证据,主要包括:①关于被调查人、犯罪嫌疑人、被告

---

① 郑广宇:《职务犯罪定罪证据认定实务》,中国检察出版社2009年版,第162~171页。

人岗位和具体职权职责的规定,如被调查人、犯罪嫌疑人、被告人所违反的法律、政策及有关规定的具体内容或条文,所在单位的三定方案,部门的岗位职责、个人的职权分工、主管事项和联系部门,单位工作流程等书证和相关的证人证言。②被调查人、犯罪嫌疑人、被告人不履行或者不正确履行职责的证据,如执法检查日志、有关安全管理的规章制度等物证。

(2)致使公共财产、国家和人民利益遭受重大损失的严重后果。严重后果可大致分为人员伤亡,经济损失,公司、企业等单位停产、停业、破产等,恶劣社会影响四个方面。①造成人员伤亡的,需要收集的证据主要有:伤亡现场勘察笔录、死因鉴定或伤残等级鉴定书、医院病历和诊断证明、死亡证明、事故调查报告、文件笔迹鉴定、技术质量鉴定、相关的证人证言等证据。②造成经济损失的,需要收集能反映原来财物价值和因被调查人、犯罪嫌疑人、被告人的滥用职权行为而导致财产减损的证据:如产权证明、财物报表和账簿、资产评估报告、物品价值鉴定、会计鉴定、合同、破产公告、企业注销的工商登记、债权执行不能的法律文书、处理事故善后的费用开支、罚款和赔偿支付凭证等。③造成公司、企业等单位停产、停业、破产等后果的证据。包括工商登记、审核、变更、注销等材料;公司、企业等单位停产、停业通知;知情人对停产、停业、破产过程、情况的证言;法院作出生效破产裁定等证据。④造成恶劣社会影响的,需要收集的证据:引发群众上访和激化社会矛盾的报告、举报材料、情况反映、文件,引起舆论谴责的新闻报道、微博留言、微信文章,相关单位的调查报告等。办案人员在确定重大损失时,经常要勘查现场、对单位财务状况进行查账和审计、进行科学鉴定,专业性较强。

(3)玩忽职守行为与损失后果之间存在刑法上的因果关系。应分析危害结果是由哪些因素造成的,涉及哪些人员,这些人员都实施了什么行为,这些行为对危害结果发生起到了什么样的作用。

图书在版编目(CIP)数据

刑事重点疑难问题二十八讲：罪名适用与取证指引／高建等编著. --北京：法律出版社，2021(2021.8 重印)
ISBN 978-7-5197-5181-4

Ⅰ.①刑… Ⅱ.①高… Ⅲ.①刑事诉讼－研究－中国
Ⅳ.①D925.204

中国版本图书馆 CIP 数据核字(2020)第 242907 号

刑事重点疑难问题二十八讲：
罪名适用与取证指引
XINGSHI ZHONGDIAN YI'NAN WENTI ERSHIBA JIANG：
ZUIMING SHIYONG YU QUZHENG ZHIYIN

高 建 朱兴亚 戴 奎 黄雀艳 编著

责任编辑 李 群 陈昱希 陈 熙
装帧设计 汪奇峰

出版发行 法律出版社
编辑统筹 法规出版分社
责任校对 张红蕊
责任印制 张建伟
经　　销 新华书店

开本 710 毫米×1000 毫米 1/16
印张 33.5 **字数** 546 千
版本 2021 年 1 月第 1 版
印次 2021 年 8 月第 2 次印刷
印刷 三河市兴达印务有限公司

地址：北京市丰台区莲花池西里 7 号(100073)
网址：www.lawpress.com.cn
投稿邮箱：info@lawpress.com.cn
举报盗版邮箱：jbwq@lawpress.com.cn
销售电话：010-83938349
客服电话：010-83938350
咨询电话：010-63939796

书号：ISBN 978-7-5197-5181-4
定价：88.00 元

凡购买本社图书，如有印装错误，我社负责退换。电话：010-83938349